औरों के बहाने

[संस्मरण और संश्लेषण]

[प्रेमचन्द, चेख़व, काफ़्का, अश्क, रांगेय राघव, कृष्णा सोबती, कमलेश्वर, अमरकान्त, मन्नू भंडारी, ओंप्रकाशजी पर राजेन्द्र यादव के संस्मरण और संश्लेषण। मन्नू भंडारी द्वारा राजेन्द्र यादव का व्यक्तित्व-विश्लेषण। चेख़व से एक काल्पनिक इंटरव्यू।]

औरों के बहाने

राजेन्द्र यादव

राधाकृष्ण प्रकाशन

ISBN : 978-81-8361-648-5

औरों के बहाने

पहला संस्करण : 1980
दूसरा संस्करण : 2014
पहली आवृत्ति : 2023

मूल्य : ₹695

प्रकाशक
राधाकृष्ण प्रकाशन प्राइवेट लिमिटेड
जी–17, जगतपुरी, दिल्ली–110 051

शाखाएँ : अशोक राजपथ, साइंस कॉलेज के सामने, पटना–800 006
पहली मंजिल, दरबारी बिल्डिंग, महात्मा गांधी मार्ग, प्रयागराज–211 001
वेबसाइट : www.radhakrishnaprakashan.com
ई-मेल : info@radhakrishnaprakashan.com

मुद्रक
बी.के. ऑफसेट
नवीन शाहदरा, दिल्ली–110 032

AURON KE BAHANE
by Rajendra Yadav

प्रिय
सेवाराम शर्मा
और
सरयू जी के लिए

''किसी को सम्पूर्ण आत्मीयता से जानना...अपने-आपको ही तो जानना है...''

हैमलेट : शेक्सपियर

''अपने बारे में किसी भी सत्य को पाने के लिए मुझे दूसरे व्यक्ति के ही सम्पर्क में आना होगा। सिर्फ़ अपने अस्तित्व के लिए ही नहीं, बल्कि अपने-आपको समझने के लिए भी दूसरे का होना अनिवार्य है। दूसरे व्यक्ति के साथ-साथ मैं अपने अन्तर्व्यक्तित्व को भी तो अन्वेषित करता हूँ।''

अस्तित्ववाद : सार्त्र

अन्वेषण का क्रम

एक तरह देखा जाए तो सारा ईमानदार कथा-लेखन औरों के यानी पात्रों के बहाने अपनी ही बात कहता है। कहीं बात घटनाओं, वार्तालापों और चरित्रों के स्तर पर होती है तो कभी अनुभवों, स्थितियों और उनकी प्रतिक्रियाओं के रूप में; कहीं इन सबसे भी गहरी उतरकर संवेदना और अवधारणाओं, आस्था और निष्ठा की शक्ल में; होता सब 'अपना' या 'आत्मकथ्य' ही है। हाँ, कहीं यह प्रक्रिया उलटी भी हो जाती है: सामने वाले की बातचीत, बहसें, अनुभव-निर्णय, स्थितियाँ और ज़िन्दगी से निचोड़े गए कटु-मधुर नतीजे देखकर हमें लगता है, "अरे, ये ही सब कुछ तो मेरा भी है।"—दूसरों से अपना सम्बन्ध मूलतः दुहरा, दुधारा और द्वन्द्वात्मक है: औरों में अपने को पाना और अपने को औरों में पहचानना—यह द्वन्द्वात्मकता एक जीवन्त प्रक्रिया है; हर क्षण हममें घटित होती रहती है—बशर्ते हम अपने को 'देखते' रहें, अन्वेषण के क्रम में जीते रहें।

हर पीढ़ी की अपनी भावनात्मक सम्बद्धताएँ और प्रतिबद्धताएँ होती हैं। साथ-साथ उगने, बढ़ने और विकसित होने की सह-यात्राएँ हमें एक-दूसरे से जोड़ती हैं। ईर्ष्या, स्पर्द्धा, प्यार, सहयोग, उपेक्षा और प्रतिशोध हमें एक-दूसरे से बाँधे रखते हैं। ज़िन्दगी की शतरंजी दिशाएँ अलग पड़ जाएँ या पास-पास; मगर उदासीन हम नहीं रह पाते। एक ही समय के हवा-पानी की हिस्सेदारी कहीं मानसिक बनावट को भी निर्धारित करने लगती है। कहना चाहिए कि एक समय और परिवेश की उपज, हम सब एक ही काँच के बने होते हैं; सामाजिक, सांस्कृतिक और आर्थिक परिवेश हमारे व्यक्तित्व के पहलू और कटाव भी करीब-करीब एक जैसे ही तराशते हैं। हाँ, अपनी-अपनी स्थिति, करवट, दूरियों और मुँह की दिशाओं के

कारण बदलती किरणों के प्रिज़्म, पहलू, परछाइयाँ, नक्शे, छाप और बूटे अलग-अलग बनाने लगते हैं, इसलिए किसी भी लेखक के सामने उसकी अपनी पीढ़ी का ही कोई लेखक सबसे बड़ी चुनौती बनकर आता है। उसी की तुलना में वह अपनी उपलब्धियों पर सन्तोष, गर्व, ईर्ष्या, दया, करुणा, घृणा और दुश्मनी या मैत्री अनुभव करता है। कभी रचना केन्द्र में होती है, कभी व्यक्ति...हममें से जो रचना के धरातल पर अपनी पीढ़ी की चुनौतियों का सामना करने का आत्मविश्वास खो चुके होते हैं, वे कुर्सी, सत्ता और समृद्धि के अवांतर साधनों से रचना की चुनौती का सामना करने का भ्रम पालते हैं, उसे ब्लो-अप करके। कृपा लेने और कृपा देने के एकमात्र रिश्ते के बीच वे अपनी' कब्रों के पत्थरों की इबारतें अपनी आँखों के सामने ख़ुद लिखाते हैं : पता नहीं, अगली पीढ़ी वह सब लिखेगी भी या नहीं जो वे अपने बारे में सुनना या कहना चाहते हैं। वे अपने समकालीनों को दिखा देना चाहते हैं कि रचना की चुनौती से कतराकर भी वे महान हैं; युद्ध के मैदान छोड़कर भी उनकी लड़ाई वही है। काश, रचनाओं की श्रेष्ठता या कला की उत्कृष्टता के फ़ैसले स्टॉक-एक्सचैंजों और विधान-सभाओं में हो पाते। अजीब स्थिति है कि अपने अच्छे-बुरे किए की प्रतिक्रिया हम अपने समकालीनों के चेहरों पर देखे बिना नहीं रह सकते और सबसे अधिक खिन्न या आश्वस्त भी वहीं से होते हैं।

बहरहाल, मुझे लगता यही है कि मूलत: हर समकालीन पीढ़ी की बनावट या रसायन अलग-अलग हो सकते हैं; मगर सरोकार प्राय: एक ही हो जाते हैं। तेवर विरोध के हों या समर्थन के, मगर समकालीन होने की नियति ही उन्हें जोड़े रखती है। इस नियति को समझना ही अपने आपको समझना है।

मेरी चेतना और मानसिकता के हिस्से बनकर भी कुछ लोग बढ़े और उगे हैं, कुछ समकालीनता की नियति से बँधे हैं और कुछ को देशकाल की सरहदों से खींचकर मैंने अपने बोध का हिस्सा बनाया है। वे भी मेरे अपने 'होने' के साथ ही हैं। इन सबको 'देखना' मुझे 'आत्मसाक्षात्कार' का ही एक आयाम लगता है। हो सकता है, वे न होते तो आज मैं जो कुछ भी हूँ, वह न होता। इन दूसरों को व्यक्ति और अभिव्यक्ति दोनों की सम्पूर्णता में पाने के प्रयास में मैंने अपने ही किसी दबे-खुले अंश को पाया है।

इन 'व्यक्तित्व-दर्शनों' को 'संस्मरण', 'रेखाचित्र' या 'अध्ययन' की किसी भी परिपाटी-बद्ध-विधा में मैं नहीं रखना चाहूँगा। श्रद्धा और श्राद्ध इनके लिखने की प्रेरणा बिलकुल नहीं है। हर व्यक्तित्व का एक अन्तर्सूत्र या थीम है और उसी की तलाश में ये संश्लेषण (संस्मरण-विश्लेषण, या जो कुछ भी ये हों) लिखे गए हैं।

यशपाल और मोहन राकेश शायद कुछ और ठहराव या पचाव चाहते थे—इसलिए उन पर लिखना पूरा नहीं हो पाया। रचनाएँ भी इन सबके मुकाबले लम्बी हैं, लेकिन इन्हीं की प्रतीक्षा में बरसों से यह पुस्तक स्थगित होती चली गई। यदि वे दोनों रचनाएँ पूरी हो पाईं तो अलग से आएँगी। यों मेरा ख़याल है कि अन्तर्सूत्र दोनों के मेरे सामने लगभग साफ़ हैं।

अपने लेखन के प्रारम्भिक दिनों का 'चेख़व: एक इन्टरव्यू' भी इसलिए दे रहा हूँ कि इन सारे व्यक्तियों से गुज़रते हुए अपने आपको भी एक परिप्रेक्ष्य दे सकूँ; वैसे भी लगभग 25 वर्षों से वह अब कहीं भी उपलब्ध कहाँ है?[1] व्यक्तियों के चुनाव में अपने वहाँ होने का आश्वासन ही रहा है, उनके आकार और क़द नहीं; इसीलिए न कोई क्रम है, न ऐतिहासिक महत्ता...मैं ही तो हूँ जो इन सबके बहाने आप से मुख़ातिब हूँ।

लगभग 18 वर्ष पहले लिखी गई छोटी-सी टिप्पणी भी अन्त में जा रही है।

—राजेन्द्र यादव

दीवाली '80

1. यह 54 में 'रामपुरिया प्रकाशन', कलकत्ता से पुस्तकाकार प्रकाशित हुआ था। उन्हीं के सौजन्य से यह यहाँ शामिल है।

'मैं' और 'दूसरे'

एक आदमी ने बीस साल की उम्र में नौकरी की। नौकरी बिलकुल-बिलकुल उसकी पसन्द की नहीं थी, उसका दम घुटता था—उसे वह गुलामी लगती थी और अकसर ही वह झल्ला उठता और मानसिक रूप से नौकरी के पहलेवाले दिनों की जुगाली किया करता। कभी वह बीवी-बच्चों को मानता, कभी घर की चीज़ें तोड़-फोड़ देता और भरसक दफ़्तर के काम का नुकसान करने की कोशिश करता। लेकिन नौकरी नहीं छोड़ सकता था। घर की, बाहर की अपनी मजबूरियाँ थीं। वह तो नौकरी ही नहीं करना चाहता था। इसलिए उसे उससे घृणा थी। हर साल छोड़ने का पक्का इरादा करता लेकिन मजबूरियाँ थीं कि उसे धकेले लिये जा रही थीं और इस तरह इरादा करते रहना अब उसका अभ्यास बन गया था। उधर घर में नई-नई चीज़ें, सुविधाएँ और प्राणी आते रहे, अफ़सरों और साथियों से सम्पर्क बनते रहे। दौरे की तरह कभी भीतर की तड़प जागती और वह जब-तब नौकरी को कोसता और गालियाँ देता। बीस-तीस साल बाद किसी तरह उसकी इस नौकरी से जान छूटी, वह रिटायर हो गया या निकाल दिया गया या नौकरी उसने छोड़ दी...

वह मानता था कि यह सारा समय, गुलामी का सारा दौर, निहायत ही ग़लत था। उसका बस चलता तो इन सारे दिनों को वह ज़िन्दगी से धो-पोंछ देता। वह आज भी अपनी उम्र के बीस साल तक के दिन ही मधुर-भाव से याद कर सकता था। नौकरी के समय तो उसने जो भी कुछ किया, अनिच्छा और मजबूरी में ही किया। मगर इन सारे दिनों, यानी तीस सालों का वह क्या करे? चाहे जितने नापसन्द हों, ये दिन भी तो उसी की ज़िन्दगी के क़ीमती दिनों में से हैं। इन दिनों उसके घर बहुत कुछ आया है, बहुत कुछ गया है जो

उसका 'अपना' है। क्या वह इस सारे 'अपने' को छोड़ सकता है? नहीं! लेकिन उसे तो हमेशा ही लगता रहा है कि उसने 'अपनी' ज़िन्दगी अभी नहीं जी, एक दिन उसे वह जीनी है। शुरू के, यानी नौकरी से पहलेवाले बीस साल तो केवल तैयारी के थे।

अब अगर मान भी लीजिए कि उसे नए सिरे से ऐसी ज़िन्दगी जीनी है, जो उसकी—'अपनी' है, उस पर कोई बाहरी-भीतरी दबाव नहीं है, हर चीज़ में उसका अपना चुनाव है—ऐसी हालत में क्या उसे अपने इन सारे पुराने दिनों को धो-पोंछ नहीं देना होगा? नौकरी के तीस साल और पहले के बीस साल, जब उसने अपनी समझ में केवल तैयारी की थी—सभी कुछ भूल जाना होगा? क्योंकि उन 'अपने' दिनों के बीच, तीस साल नौकरी के दिनों की दूरी आ गई है। न तो वह इस दूसरी को ऐसे बेदाग़-भाव से फलाँग सकता है, और न यही जाँच सकता है कि 'शुरू के वे अपने' साल वास्तव में कैसे थे? उन दिनों के लिए वह मन में रोमांटिक सपने भले ही पाले रहे, लेकिन वह भी जानता है कि ये सपने, अपनी गुलामी के दिनों से पलायन ही थे। वह पलायन करता रहा और ग़ुलामी के ये दिन उसकी जिन्दगी के सर्वश्रेष्ठ समय की एक-एक ईंट चुनते रहे।

नई ज़िन्दगी, या 'अपने चुनाव' की ज़िन्दगी के पीछे क्या इन तीस सालों का अपना कोई भी हाथ नहीं होगा? ये गुलामी के दिन उसके अपने व्यक्तित्व के भीतरी और बाहरी भाग हैं या नहीं? इन्हें वह 'अपना' कह सकता है या नहीं?

व्यक्ति की ही नहीं, यह हमारे सारे राष्ट्र की कहानी है। जिसे हम 'अपना' या भारतीय कहते हैं, उससे गुलामी के हज़ार बरस बड़ी सफ़ाई से धो-पोंछ देना चाहते हैं—वह हमारा नहीं है, बाहरी है, दूसरों का है; जो कुछ हमारा है उसे तो इन हज़ार बरसों ने बरबाद ही किया है। यानी जो भी अच्छा या महान है, वह सब इस समय से पहले का है। वही हमारा 'अपना' है। हम भारतीय संस्कृति में इन हज़ार बरसों को नहीं गिनते। यानी नौकरी से पहले की ज़िन्दगी को ही हम रूमानियत से चिपकाए फिरते हैं और गाहे-ब-गाहे उसे ही 'अपना' कहते हैं। इतना भी नहीं मानना चाहते कि गुलाम होने की चेतना आदमी को पकाकर गहराई और मेच्योरिटी देती है। ख़ैर न मानें, यही स्वीकार कर लें कि पिछली कोई भी ज़िन्दगी हमारी अपनी नहीं थी, अपनी ज़िन्दगी तो हमें अब से और आज से शुरू करनी है। नहीं,

शायद इतनी हिम्मत और साफ़गोई भी हममें नहीं है, फिर पिछले कुल पचास सालों (व्यक्ति की ज़िन्दगी के हिसाब से 20-30 साल) का क्या हो? वे तो हमारी विरासत हैं...

चाहे तीस साल की गुलामी हो या हज़ार साल की या उससे पहले का स्वर्णकाल...एक झूठा रोमानी, नकली दृष्टिकोण लिए हम आज की ज़िन्दगी के सामने आ खड़े हुए हैं...

यह स्कीज़ोफ्रेनिया हम सबकी बीमारी है, जिसने हमें मूलतः कायर और ढोंगी बना दिया है...राष्ट्र की, व्यक्ति की और सबसे ऊपर लेखक की...जो नौकरी, जो सम्बन्ध, जो परिवेश, जो समय हमें दिया गया है—वह हमारा 'अपना' नहीं है; अपना कहाँ है, पता नहीं...लेकिन एक दिन वह 'अपना' तलाश करना है, शुरू करना है।

और हम सब उस दिन की मौन-निष्क्रिय प्रतीक्षा कर रहे हैं।

जो सम्बन्ध, जो परिवार, जो परिवेश, जो समय हमें मिला है, वह किसी 'अपने' के बदले दिया गया है, यह एक 'कामचलाऊ स्थिति' है, सब्स्टीट्यूट है और चूँकि सब्स्टीट्यूट है, इसलिए वह केवल उसे 'निभा' रहे हैं, प्रतीक्षा के काल को काट रहे हैं। न वह हमारा है और न हम उसके हैं। हम कहीं भी उसे बिलोंग नहीं करते और 'यह न जुड़ पाने का' अहसास या सेंस-ऑफ़ नो—बिलांगिग' हमें ज़िन्दगी का हिस्सेदार (पार्टिसिपेन्ट) नहीं, केवल दर्शक बनाए रखती है, हमें उससे बाहर रखती है—'भीतर का आदमी' नहीं रहने देती। दर्शक हैं और हमें 'अपनी' बस आने तक का समय काटना है, हम क्यों 'दूसरों' के झगड़े में पड़ें? हम तो 'आउट-साइडर' हैं। हमारे लिए बाक़ी सब 'दूसरे' हैं। और ये दूसरे हैं कि हमारे रेशे-रेशे में गहराइ तक समा गए हैं। हम न इन्हें 'अपना' समझा पाते हैं, न निर्ममता से निकाल पाते हैं। कोशिश भी करें तो समझ में नहीं आता कि शुरुआत कहाँ से हो? मेरे व्यक्तित्व में 'दूसरे' कहाँ-कहाँ से और कितने आ गए हैं, यह मैं कैसे पता लगाऊँगा? ऐसा भी तो हो सकता है कि यह सब 'मैं' नहीं सोच रहा, मेरे भीतर समाए 'दूसरे' ही सोच रहे हों? बस, इतना मैं जानता हूँ कि ये दूसरे बड़े ही 'भयानक मायावी' हैं—हज़ारों सालों के इतिहासों में तैरते चले आ रहे हैं और साँस के साथ कीटाणुओं की तरह भीतर उतरते चले जा रहे हैं—हवाई जहाज़ों से, रेलों से, समुद्रों से, किताबों और अख़बारों और सिनेमाओं और पुरातत्त्व की मूर्तियों से—मालूम नहीं, कैसे-कैसे वेश

बनाकर बेरोक-टोक, बेखबर, बेआहट आ जाते हैं और खून की बूँद-बूँद में लाखों 'दूसरों' की तह-पर-तह जमती चली आ रही है। अच्छा, मान भी लीजिए कि कुछ मेरे अपने भूगोल में ही जनमे हैं; मगर सिर्फ़ इसीलिए मैं कैसे उन्हें 'अपना' मान लूँ? और आज भूगोल किसके आड़े आता है?

एक प्रतीक्षा, एक सब्स्टीट्यूट...और यह आशा कि एक दिन ये मेरे भीतर के 'दूसरे' कहीं तिरोहित हो जाएँगे और तब केवल 'मैं' रह जाऊँगा...तब तक इन्हीं से काम चलाओ! लेकिन तब तक मेरा कुछ बचेगा? क्या पता? अभी ही न बचा हो और केवल मैं शुद्ध 'दूसरा' रह गया होऊँ...यानी आउट-साइडर के साथ-साथ मैं खुद अपना सब्स्टीट्यूट भी हूँ...बाहरी आदमी या दर्शक मैं बना रहूँ, लेकिन खुद अपना स्थानापन्न, सब्स्टीट्यूट होना मैं कैसे स्वीकार करूँगा?

अविश्वास, घृणा, तिरस्कार, तटस्थता...दूसरों के प्रति—यानी अपने प्रति...और इन सबके बीच जो सही है वह है एक अतार्किक-बेबुनियाद—भाग्यवादी प्रतीक्षा! मैं हर चीज़ अस्वीकार करता हूँ और हर सप्ताह अपना भविष्य देखता हूँ, (हाथ दिखाता हूँ), ज्योतिषियों के पास जाता हूँ और लॉटरियों के टिकट ख़रीदता हूँ—शायद एक दिन मैं अपने-आप चुनी हुई, अपनी ज़िन्दगी शुरू कर सकूँ...तब तक जो कुछ है वह ग़लत है, झूठ है और अविश्वसनीय है—यानी अस्वीकार्य है। इस बीच प्यार है, परिवार है, दोस्त-अहबाब हैं, नौकरी, पैसा और मकान हैं, काफ़ी-हाउस, बहसें और पढ़ना है, ध्यान-साधना और कला लेखन है...लेकिन असली कुछ नहीं है, असली तो एक दिन होगा...साथ ही इसमें लिप्त होते चले जाने वाले 'मैं' को मैं ऊँचाई से देखता हूँ और इस कमीनेपन के लिए उस पर थूकता हूँ...रोज भाग-दौड़कर कुछ पाता हूँ और इस पाने को धिक्कारता हूँ...लेकिन 'मैं' बेचारा भी क्या करे? मैं मैं' कहाँ है? वह तो 'दूसरे' हैं—'मैं' तो अपनी सलीब खुद ढोनेवाला अभिशप्त प्राणी है जो दूसरों के बीच 'लास्ट-सपर' (मृत्यु-भोज) ले रहा है—

आत्मधिक्कार....आत्मदया...आत्ममुग्धता, सेल्फ़-ग्लोरीफिकेशन।

दयनीय...शहीद...और अभिशप्त, पवित्र-बर्बर।

कहीं भी तो कोई क्षण नहीं है जो मेरा अपना हो; असली सच्चा और जैनुइन हो...सब दूसरे हैं, दूसरों के या दूसरों की दया पर हैं, इसलिए झूठे, नक़ली और दिखावटी है...इन भूखे भेड़ियों के बीच मैं

नंगा और निरस्त्र खड़ा हूँ। दर्शन, भाषण, वक्तव्य, आश्वासन, बजट, प्लान, किताबें, रेडियो, फ़िल्म, अख़बार, बेस्ट-सेलर सब हमारी भाषा के सुन्दरतम शब्दों को खा गए हैं, दूसरों का खूँखार झूठ वहन कर रहे हैं, दिखावे के हैं और हमारे आसपास धुएँ के पर्दे-दर-पर्दे बनाए चले जा रहे हैं। जो कुछ असली है वह तो इनके पीछे है,...हर सुन्दर, शिव और सत्य के पीछे एक घिनौना, राक्षसी भयंकर चेहरा छिपा है जो केवल हमें बहकाने के लिए इन सुन्दर-सुन्दर मुखौटों को सामने कर रहा है...जो दीखता है, सामने लाया जाता है, बोला और लिखा जाता है, वह क़तई-क़तई सच नहीं है, ज़रा उसके पीछे झाँको, थोड़ा सतह को कुरेदो, रीड बिटवीन द लाइन्स तब पता चलेगा कि असली मन्तव्य, स्वार्थ और मुद्दा कहाँ है...

हम भीड़ में अकले पड़ गए हैं क्योंकि भीड़ के एक-एक आदमी को अच्छी तरह समझते हैं...

मगर आदमी को, स्थिति को समझकर ही क्या होगा? जो कुछ आज है वह कल रहेगा? हो सकता है, हर आदमी इन शब्दों के बहाने, इस दिखावे के ज़रिए आज की स्थिति को कल पर टाल ही रहा हो क्योंकि कल पता नहीं क्या होगा? टालो...टालो...इस आज के दिन को जैसे को कल पर टाल दो...यह मैं, ये दूसरे, ये परिवार, यह फ़्लैट, यह नौकरी, यह नगर, यह अर्थव्यवस्था, यह मिनिस्टर, यह शासन, यह देश...पता नहीं, इन सबकी शक्लें कल क्या होंगी? हम सोकर उठेंगे और पाएँगे कि जो कल था वह आज बिलकुल नहीं रह गया है...मैं एक एक्सीडेन्ट का शिकार हो गया हूँ...बीवी कोर्ट में तलाक़ की अर्जी दे बैठी है, बॉस डिसमिस हो गया है, फ़ाइलें ग़ायब हो गई हैं, पी.एम. की हार हो गई है, सरकार गिर गई है, और मिनिस्टर ने दल बदल लिया है, बाहर से क़र्जा नहीं मिला, वियतनाम ध्वस्त हो गया है और रूस-अमरीका ने एटम-बम छोड़ दिए हैं...

एक निराकार-सी प्रतीक्षा, साथ ही हर आनेवाले दिन का आतंक...गहरी होती जाती असुरक्षा और हर चीज़ के अस्थिर हो जाने का नासूर...सब मिलाकर एक असुरक्षा और भविष्यहीनता का संत्रास..यहाँ केवल सच है। यह क्षण इस क्षण का उपयोग, भोग या अपनी एकमात्र नियति...मृत्यु! हाय भगवान, किस माया जाल में फँसा दिया है हमें...हरे रामा, हरे कृष्णा, हरे-हरे...दम लगाओ, देखो, कैसी रंग-बिरंगी दुनिया आपस में एक-दूसरे के ऊपर से तैरती

निकल जाती है...न कोई अपना...न दूसरा...सभी कुछ सोहम्...अनहद नाद—ओं शान्ति...ड्रॉप-आउट।

लेकिन इस ड्रॉप-आउट से हासिल क्या हागा? ये 'दूसरे' समझते हैं कि यों आसानी से हमें बेवकूफ बना लेंगे और सभी कुछ समेट लेंगे? मैं क्या जानता नहीं हूँ कि रातोंरात ये कोठियाँ कहाँ से खड़ी हुई हैं? लम्बी-चौड़ी गाड़ियाँ कहाँ से आई हैं, सौ-सौ रुपयों की बख़्शीशें कैसे दी जाती हैं, नौकरियाँ कैसे मिलती हैं, पुरस्कार कैसे भिड़ाए जाते हैं, अख़बारों में हेड-लाइनें कैसे बनती हैं, लाइसेंस कैसे मिलते हैं, रुपया कैसे दिया और लिया जाता है..., मैं भी तो यही सब कर सकता हूँ...मेरा भी तो चाचा डायरेक्टर है, ताऊ का दोस्त सेक्रेटरी है, परिचित मिनिस्टर है...कल ही लो...कल भी क्यों, कल किसने देखा है? अगर ये सब दूसरे सारा कुछ कर सकते हैं तो मैं भी...हाँ, आज ही "वन्दना के इन स्वरों में एक स्वर मेरा मिला लो"...

कल किसी ने नहीं देखा, जो भी है अभी और आज ही कर डालना है...भागो, भागो...इस दफ़्तर से उस दफ़्तर...एक मंत्रालय से दूसरे मंत्रालय, इस होटल से...दूसरे होटल, टैक्सी, कार, टेलीफ़ोन, लाइसेंस, टेंडर, पासपोर्ट, ग्रान्ट, रिकामेंडेशन, दबाव, शराब, सेंट, लिपस्टिक, पेट्रोलग्रन्ध...ड्राइवर और तेज़ और तेज़ बॉर्डर-चैक पर तीन बार डिपर...और तेज़...मरने दो जो सामने आता है...गाड़ी धीमी मत करना...एक चक्कर में बीस हज़ार की बचत...

हाँ साहब, कोई मज़ाक है कि दूसरे ही सब कुछ करते चले जाएँ...! मैं भी दिखा दूँगा...फ़ोन का रिसीवर नीचे रख दो, सोने को गोलियाँ दो, एक सफ़ेद दो काले...सौदा पक्का...तुम्हारे देश के प्रेसीडेंट की साल-भर की तनखाह मेरी एक दिन की कमाई है...मुनीमजी, बताना ज़रा, इस बार पार्लियामेंट में कितने एम. पी. अपने हैं...कितने राइट, कितने लैफ़्ट...अरे, चलने दो इनक्वायरी, बैठने दो कमीशन...हम भी देख लेंगे, कोई पार्टी आए...होगी तो आदमियों की ही न...वे ख़रीदे नहीं जा सकते क्या?

हाय, यह गद्दी, यह पार्टी, यह मिल, यह नौकरी, यह फ़्लैट, यह कार, यह प्यार, यह यश और कला, यह मौलिकता और नए-से-नए विचार-आन्दोलन सभी कुछ 'दूसरों' के पास हैं। मेरे पास कुछ नहीं है, हमारा कुछ नहीं है...कुछ करो भाई? कुछ करो...हम लोग मिलकर नहीं करेंगे तो सभी कुछ दूसरे ले भागेंगे...हम क्या मुँह ही ताकते

रहेंगे, कभी भी पहल नहीं करेंगे..., ज़िन्दगी-भर नकल और प्रतीक्षा में समय गँवाते जाएँगे... ? मैं कहता हूँ, दूसरों को ठोकर मार दो, उनके घरों में आग लगा दो, उन्हें बदनाम करो, उनके बच्चों को उठाओ, उनके खिलाफ़ जुलूस निकालो, हड़तालें कराओ, गोलियाँ चलवाओ, सरकारें गिराओ, पार्टियाँ फोड़ लो, खरीदो-बेचो, खरीदो...छूम छनन, छूम छनन...जन मन गण अधिनायक...

दूसरे...दूसरे...दूसरे ये दूसरे कहाँ हैं? किधर से आते हैं, कैसे आते हैं..., में ही जब अपने भीतर होता हूँ तो दूसरा होता हूँ...बाहर होते ही दूसरों में होता हूँ...मगर मैं कहाँ हूँ? मैं एक साथ दूसरा हूँ और दूसरों के खिलाफ़ हूँ...मेरे व्यक्तित्व और मूल्यों का वह कौन-सा हिस्सा है, जो केवल मेरा 'अपना' है, दूसरा या दूसरों का नहीं है...

और जब तक मैं इस अपने को न खोज लूँ, जो कुछ कहूँगा, लिखूँगा, सिरजूँगा, सभी कुछ दूसरों का, दूसरों की अनुगूँज, प्रतिक्रिया नहीं होगी? दूसरों की इस भीड़ और आपा-धापी में अपने को खोजने की फुरसत नहीं है और जो 'अपना' लगता है, उस पर विश्वास नहीं है : कहीं 'अपने' जैसा कोई दूसरा तो नहीं है। वह कहाँ है जो केवल मेरा है, मैं हूँ? सभी कुछ तो इस तरह टूट-फूटकर बिखर गया है कि भागती भीड़ के पैरों और धूल में कुचल-मसल गया है, अब उसे पहचानना और खोज पाना मुश्किल है। बैठकर जोड़ने और कुछ अपना जैसा बनाने की तो बात ही दूर है लेकिन कहीं कुछ मिले तो सही, जिसे अपना कहा जा सके; अपनापन कहा जा सके...चाहे वह एक किरच, एक टुकड़ा ही हो...मैं उसे ही सँभालकर रखूँगा।

और इस बिखरन और 'स्टैंपीड' (भगदड़) में लिखने की बात, कला संस्कृति की बात, भाषा की नफ़ासत और लताफ़त की बात कितनी बेमानी, बेईमानी और फ़िजूल, एब्सर्ड लगती है...इसके ज़रिए हम क्या कर लेंगे? किससे संवाद स्थापित करेंगे...किसे बेवकूफ बनाकर कहेंगे कि तुम बैठकर इसके साथ कम्यूनिकेशन (संवाद) बनाओ और भागते घोड़ों की टापों और कीलदार बूटों को अपनी पीठ पर से गुज़रते चले जाने दो...और क्या ठीक है इस सारी भागदौड़ में हमारी रचना, कल एक बड़े झूठ का ख़ूबसूरत विज्ञापन नहीं बना दी जाएगी? सारे ऋषि-मुनियों की उक्तियाँ क्या आज अपना स्वार्थ? प्रचार और मतलब साधने के लिए नहीं इस्तेमाल की जा रहीं? क्या इसी के लिए आज अपनी पीठ पर टापों और बूटों के आघात बर्दाश्त

करें और कल जब कोई मलहम भी न लगाए तो पागल होकर दम तोड़ दे?

इस भगदड़ को भौंचक्की आँखों से मुँह फाड़े देखता, लेकिन साथ ही हर दूसरे के साथ भागता व्यक्ति ही आज का लेखक है; मैं हूँ...और मैं सचमुच नहीं जानता कि वह क्या है, जो मैं हूँ और जिसे मुझे दूसरों को देना चाहिए? क्यों देना चाहिए... ? क्या मैं इसी के लिए अभिशप्त हूँ कि लेनेवाला कोई न हो और मैं अपने उस अंश को काट-काटकर फेंकता रहूँ जिसे 'अपना' समझता हूँ लेकिन नहीं जानता, वह कितना अपना है और कितना दूसरों का... ?

और मैं तय करता हूँ कि एक निहायत व्यक्तिगत प्रेम-कहानी लिखूँगा जो केवल दो व्यक्तियों के आसपास हो, केवल उनकी अपनी समस्याएँ ही वहाँ हों...सब कुछ ऐसी बौद्धिक ऊँचाई से हो कि हीनता का मारा आलोचक उसके रेशे-रेशे में गहराई और युगबोध निकाल-निकालकर दिखा सके।

22-3-70

प्रक्रिया और व्यक्तित्व

'ए रे मेरे, मरण आया द्वार...'
रांगेय राघव

रविवार : 15 जुलाई, 62

(डायरी का एक पन्ना जो उसी दिन लिखा जाना था)

जाने क्यों, शुरू से ही लग रहा था कि रांगेय राघव से मिलकर मुझे अच्छा नहीं लगेगा...वे फिर कोई चुभती हुई बात कह देंगे और मेरे मन की कटुता और भी बढ़ जाएगी; लेकिन उनसे वर्षों बाद मिलने की उत्सुकता के भीतर एक भाव यह भी था कि देखूँ, इस भयंकर बीमारी ने उस दम्भी व्यक्ति को किस किनारे ला छोड़ा है? साथ ही थी एक कर्तव्य-भावना। वे बीमार नहीं होते तो शायद मैं टाल जाता। पदम के साथ पहले ही तय हो गया था कि खाने के बाद उधर चलेंगे। मलाबार हिल से वह जगह दस-बारह मील दूर पड़ती थी। पदम को कृशन चन्दर से किसी पांडुलिपि के बीच के दो-चार पन्ने लेने जाना था। पानी लगातार बरस रहा था और ड्राइव पुष्पाजी कर रही थीं। इसलिए परम-निश्चिंत भाव से पदम अपनी किसी योजना पर विस्तार से बोल रहे थे—और मैं हर क्षण यह सोच रहा था कि रांगेय राघव से मिलकर मुझे कैसा लगेगा? ऐसे व्यक्ति से मिलकर कैसा लगता है, जिसे पता हो कि उसे मौत की सज़ा मिल चुकी है और बस तारीख़ तय होनी शेष है?

और सच बात है कि मुझे देखते ही जब उन्होंने निहायत स्वाभाविक स्वर में कहा—"अरे राजेन्द्र, तुम हो?...तुम तो कहीं कलकत्ते-वलकत्ते...?" तो जहाँ उनके बेहद दुर्बल शरीर को देखकर मुझे धक्का-सा लगा, वहीं बात करने का लहजा वही था, जिसकी प्रत्याशा थी। लगा, शरीर चाहे सूख गया हो और सिर के गंजेपन के कारण, देखने में वे चाहे टिपीकल दाक्षिणात्य लगते हों—लेकिन अन्दर व्यक्ति यह वही है, जिससे मैं नौ-दस साल पहले मिला था।

हम लोग ज़मीन पर ही बैठे थे। उन्हें अभी-अभी अस्पताल से छोड़ा गया था और वे अपनी पत्नी और बच्ची के साथ इसी फ़्लैट में आ गए थे। एक छोटी-सी

तिपाई पर कुछ शीशियाँ थीं और बिस्तर ज़मीन पर ही था। वे दीवार का सहारा लेकर बैठे थे, चौड़ा माथा खोपड़ी तक फैल गया था, केवल कानों के ऊपर बालों की पट्टी रह गई थी। कुर्ता और धोती शरीर पर बहुत ढीले लगते थे। उन्होंने वही दो-चार बातें पूछीं, "मन्नू कैसी है? तुमने अपनी बच्ची का नाम क्या रक्खा है?...पदम के यहाँ ही ठहरे हो? आगरे में घनश्याम से मिले होगे? उसे वह घर छोड़कर, कुछ दिनों को कहीं बाहर रहना चाहिए।"

उन्होंने जब सिगरेट निकालकर मुझे दी, तो पदम न शिक़ायत के स्वर में उनका घरेलू नाम लेकर कहा—"यार पप्पू, तुम अभी भी...।"

हँसकर दृढ़ता से बोले—"कुछ नहीं यार, मैंने डॉक्टरों से पूछ लिया है। इन लोगों को अभी पता ही नहीं कि कैन्सर होता काहे से है, कभी सिगरेट बताते हैं, कभी पान...बहरहाल सिगरेट से इसका कोई सम्बन्ध नहीं है।" फिर एकदम विषय बदलकर—"यार पदम, इन डॉक्टरों के पास तो कोई इलाज़ है नहीं। मुझे एक बार आयुर्वेदिक इलाज़ कर लेने दो...।" वे दोनों बम्बई के किसी प्रसिद्ध वैद्य की बातें करते रहे और पदम उन्हें समझाते रहे कि वे उनके मलाबार हिल के फ़्लैट में शिफ़्ट कर जाएँ, अच्छे-से-अच्छा इलाज़ हो जाएगा। वहाँ से सारी चीज़ें पास भी रहेंगी। शायद दिन भी तय हो गया कि पदम आकर ले जाएँगे। विदा लेते समय मन भीग आया...न मिलता तो अपने प्रति अपराध होता...

गाड़ी में एक बोझिल मौन छाया रहा—पानी-भीगे शीशों के पार दृश्य बदलते-छूटते रहे और पुष्पाजी के हाथ स्टीयरिंग और गीयर को मशीनी ढंग से घुमाते-बदलते रहे।

"इसे अभी पूरी तरह बताया नहीं है कि ब्लड-कैन्सर है...।" पदम चिन्ता से बोलते हैं तो उनकी आँखें फैलकर चमकने लगती है—"मुझे तो विश्वास नहीं होता कि डॉक्टरों ने सिगरेट बता रखी होगी...मैं तो डॉक्टर वालिगा से फिर मिलूँगा। शायद रूस में कुछ हो जाए...।"

"मेरा ख़याल है, समझदार आदमी को इलाज़ करना बड़ा मुश्किल है, अपनी वास्तविक बीमारी के साथ-साथ, वह बीमारी के बारे में इतना कुछ जान और सोच लेता है कि ख़ुद एक मानसिक केस बन जाता है। लेकिन फिर भी..." मैंने धीरे-धीरे कहा—"मुझे तो इस आदमी की विल टु लिव—जीवन-संकल्प—देखकर बड़ी आशा बँधती है...।"

"ओ यस, ओ यस।" पदम ने दो-तीन बार सिर झटका—'यही तो है जो..." फिर सहसा उनका स्वर बुझ गया—"मगर दोस्त, यह कैन्सर है..."

लौटते समय चिन्ता-सी लग रही थी और रास्ता भी उतना लम्बा नहीं मालूम पड़ता था। काफ़ी दूर-दूर वाली जगहें अब बड़ी जल्दी-जल्दी गुज़र रही

थीं।...''आप तो शायद इन्हें बहुत दिनों से जानते हैं न?'' —पुष्पाजी ने पूछा और जल्दी से सामने सड़क पर निगाहें टिका लीं, एक हाथ से छोटा-सा रूमाल निकाला और विंडस्क्रीन के अन्दर की ओर वाली भाप पोंछ डाली तो लौटनेवाला रास्ता और भी साफ हो गया और जगहें दूर से ही पहचान में आने लगीं। पदम अपने और रांगेय राघव के किसी पुराने क़िस्से को सुनाने लगे।

''अपने ही नगर के तो हैं...शुरू से ही वहीं रहे हैं। इनके पितामह शायद भरतपुर के राजगुरु होकर तिरुपथी से आए थे और यहीं बस गए। इनकी माँ तो ब्रजभाषा बोल लेती थीं...'' —मैंने अनुमोदन के लिए पदम की ओर देखा। मुझे पहले बाग़ मुजफ़्फ़र खाँ का मकान, और फिर मुकुट की कोठीवाला हिस्सा याद आ गया। उन दिनों भी वे लम्बी बीमारी से उठे थे और घनश्याम अस्थाना दोपहर की चिलचिलाती धूप में साइकिल पर लदकर उनसे मिलने पहुँचे थे। डॉक्टरों ने उन्हें कोई भी काम न करने की हिदायत दे रक्खी थी—कम्प्लीट-रेस्ट। और इस कम्प्लीट-रेस्ट में उन्होंने मेघदूत, ऋतु-संहार इत्यादि का अंग्रेज़ी और हिन्दी में पद्यबद्ध अनुवाद कर डाला था और सारे दिन उन्हीं छन्दों के भावों को लेकर बड़े-बड़े चित्र बनाया करते थे या अपने गीत लिखा करते थे। दीवार के पास बड़े-से कैनवास पर महाकाल का चित्र तो अब भी मेरी आँखों के सामने है। उस दोपहर को उन्होंने विभोर होकर अपना एक गीत बड़े मधुर स्वर में सुनाया था। पता नहीं अब स्वर कैसा है, लेकिन उन दिनों तो गीत-गोविन्द सुनाते हुए समाँ बाँध देते थे। गीत की प्रथम-पंक्ति थी—'ए रे मेरे, मरण आया द्वार... !' उस दिन चन्द्रकुँवर बत्वलिकी कविता 'यम' की वे देर तक, खुले दिल से तारीफ़ करते रहे थे कि मृत्यु पर ऐसी सशक्त कविता विश्व-साहित्य में शायद ही दूसरी हो...लौटते समय रास्ते-भर मुझे उस पंक्ति की गूँज सुनाई देती रही...ऐ रे मेरे, मरण आया द्वार... !' आज भी लौटते हुए मैं उस पंक्ति को अपने भीतर गूँजते पाता रहा...

बारह-तेरह वर्ष हो गए...मैं और चिताम्बरेजी बाग़ मुजफ़्फ़रखाँ से लौट रहे थे। श्री नारायण श्यामराव चिताम्बरे गांधीवादी पीढ़ी के प्रसिद्ध कथाकार और अत्यन्त सरल-हृदय प्राणी हैं। बक़ौल श्री प्रकाशचंद गुप्त—'रांगेय राघव उन दिनों हिन्दी साहित्यकाश पर 'धूमकेतु' की तरह छाए हुए थे और चिताम्बरेजी उनसे मिलने को अत्यन्त व्याकुल थे।' उनके घर से बाहर निकलकर वे भावुक स्वर में बोले—''रांगेय राघव की कृतियाँ ही सुन्दर नहीं हैं, वह स्वयं विधाता की अद्‌भुत सुन्दर कृति है... कैसी पतली नुकीली नाक, कैसी बड़ी-बड़ी आँखें, लम्बी-लम्बी पलकें, कलात्मक पतले होंठ, गोल मुख, मधुर संगीतमय आवाज़ और कंचन जैसा गौर वर्ण...चौड़ा माथा, रेशमी बाल...''

हँसी आ गई, उनके मुँह से नायिकाओं के नख-शिख वर्णन जैसा ब्यौरा

सुनकर; लेकिन यह सही है कि जब-जब मैंने किसी सुन्दर पुरुष चेहरे को देखा है तो निमिष-भर के लिए रांगेय राघव का ध्यान ज़रूर आ गया है। यों स्वयं उनका चेहरा मेरे सामने एक दूसरे रूप में आता है। दो बड़ी-बड़ी चमकदार आँखें, नुकीली सुती हुई नाक, पतले-पतले होंठ और उनकी और बढ़ती हुई लम्बी-लम्बी उँगलियों में दबी सिगरेट...होंठों के कोनों से झाँकती—व्यंग और हिक़ारत-भरी—आत्म-तुष्टि की, परम आश्वस्त मुस्कान...और उसी मुस्कान के सहारे, एक पलक मूँदकर किसी सुदूर लोक में खोते चले जाना।

आज चेहरे पर वह आकर्षण नहीं था। आँखों की वही चमक, मुरझाए मुख पर डरावनी ही लगती थी। लेकिन उन्होंने उसी तरह एक पलक झपकाकर, उसी आत्म-विश्वास भरी मुस्कान के साथ सिगरेट का क़श खींचा था और मुझे लगा था कि यह वही आदमी है जो अपने सामने सारी दुनिया को तुच्छ समझता है और जिसके घर से निकलते समय एक दिन मैंने निश्चय किया था कि अब इस व्यक्ति से अपनी ओर से कभी नहीं मिलूँगा...।

वह युग 'हंस' का युग था और डॉ. रामविलास शर्मा की तूती बोलती थी। उनके हाथ का परशु, एक सिरे से मही को वीर-विहीन करता चला जा रहा था—महापंडित राहुल सांस्कृत्यायन, सुमित्रानन्दन पन्त, भगवतीचरण वर्मा, जैनेन्द्र, अज्ञेय की ख़बर ले चुकने के बाद 'हंस' के बीस-पच्चीस पृष्ठों का नया लेख रांगेय राघव पर आया था। लेख की मुख्य स्थापना थी कि रांगेय राघव वामपन्थी, लफ़्फ़ाजी, कुंठित वासनाओं और इतिहास के साथ मनमानी करने को प्रगतिशीलता कह-कहकर पेश कर रहे हैं। 'तबले में' नाम की उनकी एक कहानी को उन्होंने तत्कालीन पंजाबी शरणार्थियों के पौरुष और साहस पर कीचड़ उछालनेवाली कहानी बताया था और शायद डॉ. शर्मा को उस कहानी ने ही भड़का दिया था। उनका कहना था कि रांगेय राघव की मूल-चेतना छायावादी भाव-युग की है और उनके खंड-काव्य 'मेधावी' से —'थिरकन की थिरकन' जैसे छायावादी वाक्यों का अपनी दुधारी शैली में उन्होंने खुलकर मज़ाक़ उड़ाया था। आगरे में उस लेख की चर्चा इसलिए भी अधिक थी कि वे दोनों उसी नगर में रहते थे। शुरू में तो रांगेय राघव शायद यही जताते रहे कि उन्होंने वह लेख पढ़ा ही नहीं है, लेकिन कुछ लोगों का अनुमान यहाँ तक है कि उनके स्वास्थ्य और साहित्य में बिखराव उस लेख के बाद ही आया है—यों रांगेय राघव के दम्भ ने इसे कभी स्वीकार नहीं किया। बात ग़लत भले ही हो, यह विचित्र ही संयोग था...

"तुमने रामविलास का लेख पढ़ा है?"—तख़्त पर आलथी-पालथी की मुद्रा में एक टाँग दूसरी पर रखे उन्होंने इत्मीनान से, कुरान पढ़नेवालों की तरह हिलते हुए सिगरेट का क़श लगाया और उसी एक-पलक-झपक कुटिल मुस्कराहट के साथ सवाल किया।

''हाँ, पढ़ा तो है...'' मैंने स्वीकार किया, और कुछ देर रुककर कहा—''और उसकी कुछ बातों से सहमत भी हूँ...।''

''हाँ-हाँ, तुम तो कहोगे ही''—आँखों की ओर आते धुएँ की सिगरेटवाले हाथ से ही झटककर जो कुछ उन्होंने उस मुस्कराहट के साथ कहा, उसका भाव यह था : ''तुम रामविलास के हिज मास्टर्स वॉयस हो न...''

''मेरे पड़ोसी मुहल्ले में रहते हैं, इसके सिवा...'' और सहसा ही मुझे लगा कि मेरे कान तमतमाने लगे हैं। नाम इनका टी. एन. वी. आचार्य है—और मैं इन्हें पप्पूजी नहीं, आचार्यजी कहता हूँ। कुछ देर चुप रहकर मैंने रोष-रुँधे गले से कहा—''आचार्यजी, मुझे इस तरह की भाषा सुनने का अभ्यास नहीं है...।''

उन्हें भी लगा कि बात शायद सख़्त कह दी है। वे और बाबूभाई सारी बात हँसी-मज़ाक़ में टालते रहे, मगर पता नहीं कैसा वह क्षण था कि उसका यह कथन मुझे भीतर तक छेदे चला जा रहा था। उस दिन मैंने निश्चय किया कि अब मैं कभी अपनी तरफ़ से इस व्यक्ति से नहीं मिलूँगा... हालाँकि हम लोग बाद में अनेक बार मिले हैं।

और अनेक ही बार वे और डॉ. रामविलास भी मिले—मगर उन्होंने शायद डॉक्टर साहब को कभी माफ़ नहीं किया, और जब भी, जैसे भी मौक़ा मिला, उस 'कुत्सित समाजशास्त्री' को रास्ता काट कर मारा। वे उनके चिन्तन पर हावी हो गए हैं। 'प्रगतिशील साहित्य के मानदंड' तो केवल रामविलास पर लिखी गई पुस्तक है।

मैं रांगेय राघव को—प्रारंभ की लगभग एक दर्जन पुस्तकों के लेखक रांगेय राघव को—हिन्दी के उस अकेले लेखक के रूप में मानता हूँ, जिसकी भाषा में पिघले लावे जैसा ओज और जिसके विचारों में कड़कड़ाते वज्र की शक्ति है। गोर्की और मायकोव्स्की की कड़क शायद उसी अकेले लेखक के पास रही। उन्होंने मायकोव्स्की की कविताओं का—उसी आज और आवेश के साथ भावानुवाद भी किया है, और प्रयाण-गीतों के लयात्मक प्रवाह को उसी उत्सासहित हिन्दी में उतारा है। भाषा की इसी सामर्थ्य और रवानगी को इन्होंने सजीव किया है 'स्तालिनग्राद' या 'अजेय खंडहर' नाम के अपने खंड-काव्य में।

चाहे गोर्की की तरह विरोधी कोई व्यवस्था हो या कामू की तरह मृत्यु की समस्या—लेखक में ये आग और कड़क आती है उस समय, जब वह अपने को किन्हीं चुनौतियों के सामने प्रत्यक्ष खड़े पाता है और उस ललकार को स्वीकार कर लेता है। रांगेय राघव की सबसे बड़ी शक्ति यह है कि उन्होंने छाती ठोक कर चुनौतियों को स्वीकार कर लिया है, लेकिन कमजोरी यह है कि जिन्हें उन्होंने स्वीकार किया है वे चुनौतियाँ ग़लत हैं। वे समाज के विघटित और प्रतिक्रियावादी मूल्यों को सीधी चुनौतियाँ नहीं बल्कि कुछ व्यक्तियों के माध्यम से प्रतिध्वनित हुई

चुनौतियाँ हैं—और वे व्यक्ति धीरे-धीरे उनके लेखकीय जीवन पर हावी होते चले गए हैं। इसलिए अपनी उन रचनाओं में भी—जो सजीवता, कड़क और ओज के कारण हम सब लोगों के लिए फैशन बनी रही है—उन्हें किसी-न-किसी का उत्तर देते हुए देखा जा सकता है। खंड-काव्य 'मेधावी' में 'कामायनी' की भाषा और परिकल्पना की छाप है तो 'घरौंदे' भगवतीचरण वर्मा के 'तीन वर्ष' को 'स्प्रिंग-बोर्ड' की तरह इस्तेमाल करता है। 'आनन्द-मठ' की धरती को उन्होंने 'विषाद-मठ' में अकाल-विपन्न और गत-वैभव दिखाया है तो 'सीधा-सादा रास्ता' में 'टेढ़े-मेढ़े रास्ते' के ही पात्र और परिस्थितियाँ लेकर जवाब दिया गया है। 'मुर्दों का टीला' की नायिका नीलोफ़र के सामने यशपाल की 'दिव्या' और 'चित्रलेखा' का वातावरण है तो...

ख़ैर, मेरा आशय उनकी लेखकीय मौलिकता पर आक्षेप करना क़तई नहीं है। रांगेय राघव के अहं को शायद यह कभी स्वीकार नहीं होगा कि वे दूसरे की चीज़ अपने नाम से चला दें। मैं तो चुनौतियों को स्वीकार करके उनमें जीने की बात कर रहा हूँ। यों 'घरौंदे' को मैंने जब-जब पढ़ा है, उसके चित्र मेरी चेतना पर छाए रहे हैं। सेन्ट जॉन्स कॉलेज और उसके आस-पास का वातावरण मेरे सामने आ जाता है। 'मुर्दों का टीला' का वह रोमन प्रासादों जैसा भव्य वातावरण तो मैं शायद ही कभी भूल सकूँ—हावर्ड फ़ास्ट के उपन्यास 'स्पार्टाकस' से ही उसकी कुछ तुलना की जा सकती है। मुझे आज भी वह सोलह पन्ने का पत्र याद आता है, जो मेरे नानाजी ने उनके 'ग्वालियर गोली-कांड' पर लिखे गए रिपोर्ताज़ की प्रशंसा में लिखकर भेजा था। उन दिनों मैंने रांगेय राघव की कोई चीज़ नहीं पढ़ी थी। 'तूफ़ानों के बीच' के बंगाल के अकाल पर आँखों-देखे शब्द-चित्र कभी दिमाग़ से उतार सकते हैं? उनकी 'पंच परमेश्वर', 'आवारे', धर्म-संकट' और 'गदल' जैसी अनेक रचनाएँ शुरू से ही मेरे लिए ईर्ष्या का विषय रही हैं। लेकिन इनकी शक्ति और मौलिकता को स्वीकार कर लेने के बावजूद यह तथ्य नहीं ढका जा सकता, कि जहाँ भी वे रचनाओं की चुनौतियों से ऊपर उठते हैं, वहीं व्यक्तियों पर आकर अटक जाते हैं। उनकी महत्त्वाकांक्षा उन्हें रामविलास शर्मा को मार्क्सवादी दर्शन के स्तर पर नीचा दिखाना चाहती है तो राहुलजी को वे इनसाइक्लोपीडिक ज्ञान और पुस्तकों को संख्या के धरातल पर पीछे छोड़ना चाहते हैं। सामयिक सामाजिक समस्याओं को कथा के माध्यम से प्रस्तुत करने में भगवतीचरण वर्मा और यशपाल से उन्हें होड़ है, तो चाणक्य, द्रोणाचार्य, परशुराम इत्यादि के कर्मठ-अपराजेय ब्राह्मणों की प्रशस्ति-गाथावाले कन्हैयालाल माणिकलाल मुंशी के ऐतिहासिक उपन्यास उनका ख़ून खौला देते हैं...उनका ब्राह्मण रक्त उबाल खाता है।

रक्त अर्थात् रेस—मार्क्सवाद और रक्त की शुद्धता का सिद्धान्त! बात अजब

लगे, किन्तु रांगेय राघव ने रचनाओं और व्यक्तियों के धरातल पर ही चुनौती स्वीकार नहीं की, उन्होंने उत्तर और दक्षिण, आर्य और द्रविड़ के धरातल पर भी इस चुनौती को स्वीकार किया है। 'मोअन-जो-दड़ो' यानी 'मुर्दों का टीला' आर्यों के आने से पहले अत्यधिक विकसित द्रविड़-सभ्यता का केन्द्र था। द्रविड़ जाति ने सभ्यता के विकास की वह मंजिल पा ली थी, जहाँ मनुष्य नगर, प्रासाद, स्नानागार, सड़कें और अन्दरूनी नालियाँ बनाकर रहता है—जबकि आर्य लोग ख़ानाबदोशों की तरह लूट-मार करने की ऐतिहासिक अवस्था में जी रहे थे। यही नहीं, उत्तर, पर दक्षिण की सांस्कृतिक विजय के ज्योतिस्तम्भ खोजने की उनकी तड़प ने ही शंकराचार्य, रामानुजाचार्य इत्यादि के जीवन पर आधारित उपन्यास-नाटक लिखने को प्रेरित किया और यही क्रम 'कब तक पुकारूँ' के अनार्य नटों तक चला आया है...शायद मुंशी और राहुल का आर्य-वाद सामने था।

'विशाल भारत' के दक्षिण-भारत विशेषांक का प्रारम्भ रांगेय राघव की एक लम्बी कविता से होता है। कविता काफी प्रसिद्ध है और उसका शीर्षक है—'वन्दना हो।' कविता की प्रारम्भिक पंक्तियाँ हैं—'अहे आदिम भूमि, सागर-मेखलामय, वन्दना हो... ।' और इस आदिम-भूमि का भूगोल है : विन्ध्य जिसका शीश है और कावेरी जिसका वसन है...इसमें अपने विषय में उन्होंने लिखा है कि मैं उस पुरातन कुल में जनमा हूँ, जिसके पूर्वजों के चरण-चिह्न तिरुपथी से नील यमुना-तट तक बने हैं। यहीं आगे कुछ ओजस्विनी पंक्तियाँ हैं :

आज मेरी धमनियों में बज उठा है
उस द्रविड़ का तप्त लोहू—
जो लड़ा था
वर्ण-दम्भी, जाति-दम्भी आर्यों से... ।

यह दृष्टि भृगु-ऋषि के वंशजों अर्थात् अपने पुरखों की कीर्ति-पताकाएँ खोजनेवाले मुंशी की हो या जगद्गुरु आचार्यों की परम्परा को अपने तक लाने वाले रांगेय राघव की—जहाँ एक ओर यह शक्ति और सृजन का स्रोत होती है, वहीं दूसरी ओर इतिहास के प्रति अन्याय भी कराती है...

बहरहाल, नेपथ्य में चाहे जो भी प्रेरणा काम करती रही हो, लेकिन ऐसी प्रचंड मेधा का स्वामी, ऐसी अजस्र प्रतिभा का धनी और ऐसा अगाध विद्वान—जिसने आयु के चालीस वर्ष पूरे नहीं किए, शायद भारत की किसी भी भाषा के पास नहीं है। अतीत और वर्तमान पर उन्होंने जितना अधिक और जितनी अधिक विधाओं में लिखा है, उस सबका मूल्यांकन करने के लिए एक स्वतंत्र पुस्तक की आवश्यकता है। ये एक-सौ तीस किताबें जिस धुआँधार गति से आई हैं, वह आश्चर्य-स्तब्ध कर देती हैं...अभी समाज-विज्ञान, अपराध-विज्ञान, नृतत्व-शास्त्र इत्यादि आधे दर्जन

विज्ञानों पर उनके दस-दस रुपयों वाले पोथों का विज्ञापन देखा ही है कि सम्पूर्ण शेक्सपियर का अनुवाद सामने है; कबीर, सूर, तुलसी, मीरा, भारतेन्दु के जीवन पर उपन्यास-माला आए देर नहीं हुई कि सूचना आती है—वे इलियड और ओडेसी का अनुवाद पूरा करने जा रहे हैं; नाथ-सम्प्रदाय पर थीसिस आते-न-आते, भारत के पौराणिक युग पर मोटे इतिहास-ग्रन्थ अवतरित होने लगते हैं—एक ओर मानव-सभ्यता के सम्पूर्ण विकास पर दस खंडों में (एक खंड लगभग दो हज़ार पन्ने, यानी चार भाग) विराट उपन्यास की योजना बनती है—एक खंड प्रकाशित भी होता है—तो दूसरी ओर शायद ही कोई वर्ष आता हो, जब समाज की विभिन्न समस्याओं पर आधे दर्ज़न छोटे-बड़े उपन्यास न आ जाते हों...कविता, नाटक, खंड-काव्य, उपन्यास, कहानी, आलोचना, इतिहास, पुरातत्व, दर्शन, विज्ञान, अनुवाद—हर क्षेत्र में उनकी पुस्तकों की संख्या आश्चर्यजनक और अविश्वसनीय है...

अविश्वसनीय उस व्यक्ति के लिए तो और भी, जिसे अड्डेबाज़ी का भी बेहद शौक़ हो... । शायद इस युग में रांगेय राघव ही ऐसे व्यक्ति हैं, जिनके लिखने को लेकर अनेक किंवदन्तियाँ चल निकली हैं कि वे सेर-भर क़ागज़ रोज़ लिखते हैं, कि वे चार-चार किताबें एक साथ लिखते हैं, वे गप्पें लड़ाते जाते हैं और लिखना चलता रहता है, वे सारे दिन अड्डेबाज़ी करते हैं और सारी रात लिखते हैं, सौ-दो सौ पन्नों के उपन्यास एक-एक, दो-दो दिनों में और 'मुर्दों का टीला' या 'कब तक पुकारूँ' जैसे उपन्यास दो या तीन सप्ताहों में लिखे गए हैं (एक बार उन्होंने महीने-भर रोज़ एक कहानी लिखी थी); जितने पृष्ठों का उपन्यास लिखना हो उतने पन्ने लेकर, वे पहले एक-दो बैठकों में हर पैराग्राफ की पहली पंक्ति लिखे लेते हैं, इसके बाद दूसरी दो-एक बैठकों में उन पैराग्राफों को भर डालते हैं... । इनमें से कुछ बातें सही हैं, कुछ झूठ। सही सिर्फ़ इतना है कि लेखन को उन्होंने मशीन की तरह साध लिया है। मैंने पूछा भी था... "आचार्यजी, एक बैठक में आप अधिक-से-अधिक कितना लिख लेते हैं?"

"सामान्यत: मैं बिना अधिक श्रम किए, एक दिन में तीस-चालीस पृष्ठ लिख लेता हूँ—यों साठ और अस्सी फ़ुलस्केप पृष्ठ भी लिखे हैं।" उन्होंने बताया।

एक बार गिरीश अस्थाना ने सलाह दी—"यार पप्पू, तुम इतना अधिक लिखते हो, इसीलिए ऐसा लिखते हो। थोड़ा लिखो और जमकर लिखो!"

"जहाँ तक उसकी क्वालिटी का सवाल है—वह तो समय बताएगा, उस पर राय देनेवाले तुम कौन होते हो?" उद्धत आत्मविश्वास-भरा जवाब मिला—"आप लोगों में जाने कैसे यह मिथ्या-धारणा पनप गई है कि कम लिखना और श्रेष्ठ लिखना एक ही बात है। कभी रवीन्द्रनाथ की क़िताबें गिनी हैं? टॉलस्टॉय, गोर्की, रोला, ह्यगो, ज़ोला, डिकेन्स, स्कॉट, शॉ या मॉम—कभी पता लगाना कि एक-एक

ने कितना-कितना लिखा है। दॉस्तोयवस्की के लिखे पन्ने गिनोगे? इनमें से किसी एक के साहित्य का बोझ अकेला आदमी नहीं उठा सकता!" जब गिरीशजी ने यह घटना सुनाई तो हममें से कोई बोल उठा—"लेकिन इन सब लोगों को लिखने के लिए चालीस-पचास साल का समय मिला था, आपकी तो अभी कुल उम्र ही तीस साल की है...

हिन्दी में राहुलजी के सिवा शायद इधर किसी ने इतनी पुस्तकें नहीं लिखीं लेकिन राहुलजी ने अपने पाठकों और आलोचकों को अपनी पुस्तकें पढ़ने, उन पर राय बनाने, उन्हें तोलने-परखने का समय दिया—जबकि रांगेय राघव में तो इतना धैर्य ही नहीं है। वे तो जैसे उन्मत्त अधैर्य से, अपने ज्ञान को दोनों हाथों से उलीचते हैं। नतीजे में वे गुरुदत्त की तरह क़िताब-पर-क़िताब लिखते चले जाते हैं, लेकिन सामयिक साहित्य और चिन्तन पर उनका प्रभाव खो गया है—इतना ही नहीं बल्कि वे स्वयं जीवन के अनुभवों से कट गए हैं। मैं यहाँ पचास साल पुरानी शैली में लिखे गए, किशोर भावुकताक्रान्त गुरुदत्त के 'ट्रैश' से उनकी तुलना नहीं कर रहा—क्योंकि जहाँ तक थीम और बौद्धिक स्तर का सवाल है, रांगेय राघव की शायद ही कोई रचना इतनी बचकानी और छिछली हो...

मगर जहाँ तक थीम के निर्वाह का सवाल है, बहुत अधिक लिखनेवालों के सारे दोष उनकी रचनाओं में मौजूद हैं—प्लॉट में न सन्तुलन है न सधाव, घटनाओं और क्रियाओं में कोई तर्क-संगत अन्विति नहीं है, उनके सारे कथा-साहित्य में शायद ही कोई चरित्र ऐसा हो, जिसका व्यक्तित्व घटनाओं और परिस्थितियों के कारण नहीं, बल्कि स्वयं अपनी वैयक्तिक विशेषताओं के कारण उभरकर सामने आता हो—और उसके नाक-नक्श जीवित व्यक्ति की तरह सामने आ खड़े होते हों—जैसे रेणु, अमृतलाल नागर या अश्क़ के उपन्यासों के पात्रों के अपने विशिष्ट व्यक्तित्व सामने आ जाते हैं।...अकसर ही एक अध्याय से दूसरे अध्याय का, एक पैरा से दूसरे का, और प्राय: एक वाक्य से दूसरे का कोई सम्बन्ध नहीं होता। जीवन के अनुभूति-संवेदित स्थलों का उनकी रचनाओं में अभाव है—शायद उन्होंने दो व्यक्तियों के आत्मीय क्षणों या एक व्यक्ति की दुहरी चेतना के द्वंद्व को कभी कथा में नहीं बुना क्योंकि अपनी कथा के व्यक्तियों को उन्होंने कुछेक समस्याओं के माध्यम से ही देखा, समस्याओं को व्यक्तियों के माध्यम से नहीं। परिणामत: उनके पात्र या तो बैठकर पन्नों-लम्बी बहस करते हैं या सिनेमा जैसी अति-नाटकीय घटनाओं में उलझ जाते हैं। 'बाढ़ पर आई नदी जैसी भाषा—जो किसी ज़माने में उनकी शक्ति और ओज की अभिव्यक्ति थी, शीघ्र ही कृशन चन्दर की तरह मैनरिज़्म बनकर रह जाती है—और प्राय: लफ़्फ़ाजी और शब्दाडम्बर का रोग लगाती है। उनकी इन सारी प्रवृत्तियों ने शायद सबसे निर्मम हत्या की है 'कब तक पुकारूँ'

की सशक्त थीम की। सचमुच इस उपन्यास में 'गोरा' से अधिक शक्तिशाली उपन्यास की संभावनाएँ थीं; लेकिन अनुपात और सन्तुलन न रहने से इस समय तो उपन्यास—शिल्प की दृष्टि से बेहद बेडौल और फ़ालतू वर्णनों से भरा पड़ा है, और ज़रूरत-ग़ैरज़रूरत इतनी अधिक लफ़्फ़ाजी है कि ऊब होने लगती है, सम्भव-असम्भव घटनाओं की झिलमिली में सारा कथ्य गड़बड़ा गया है...सबसे आपत्तिजनक बात तो यह कि उन्होंने सुखराम नट द्वारा वर्णन की जिस शैली में उसे प्रारम्भ किया है, उसी का निर्वाह नहीं कर पाए हैं...काश, रांगेय राघव ने अपने उपन्यासों का एक बार पुनः संशोधन कर लिया होता। उनके वे ही उपन्यासांश या अधिकतर कहानियाँ अधिक कलापूर्ण और गठे हुए हैं, जिन्हें उन्होंने एक भीतरी दबाव और एक ही बैठक में लिख लिया है...

हो सकता है, मेरे लेखन में एक समकालीन लेखक की प्रतिस्पर्द्धा ही बोल रही हो—लेकिन यह मैं अपने मन में ईमानदारी से टटोलकर पाता हूँ कि अपने लेखन को मैंने उनके क्षेत्र से हमेशा ही अलग समझा है, इसलिए प्रतिस्पर्द्धा कभी नहीं हुई। प्रारंभ में मैंने उनका जागरूक पाठक रहने की कोशिश ज़रूर की थी, लेकिन दस-बारह क़िताबों के बाद ही मेरा धैर्य जवाब दे गया। बहुत दिनों के बाद इधर 'छोटी-सी बात' और 'दायरे' लघु-उपन्यास पढ़ने प्रारम्भ किए, तो लगा कि शायद मेरी रुचि अब बहुत बदल गई है। मैं समझता हूँ—छोटे उपन्यासों में 'हुजूर' उनकी सर्वश्रेष्ठ रचना है। उनकी सामाजिक जागरूकता में मुझे कभी सन्देह नहीं रहा, लेकिन उनकी कथा की गति और घटनाओं का विन्यास भी मेरे गले कभी नहीं उतर पाए। उनमें योजना का चिन्तनीय अभाव है।

हाँ, ईर्ष्या और श्रद्धा मैंने मन-ही-मन? साथ-साथ महसूस की है—उनके परिश्रम के प्रति, उनकी लगन के प्रति। जब भी मैं उनकी किसी नई क़िताब की सूचना पढ़ता हूँ, तो मुझे अपना कामचोर स्वभाव और बिगड़ी आदतें—आत्मग्लानि और भर्त्सना बनकर कचोटने लगते हैं...मैं शायद कहीं उनसे डरता भी हूँ—जैसे हर बहानेबाज़ और आरामतलब आदमी, सच्चे और परिश्रमी आदमी से डरता है...और इसी डर के बीच कभी-कभी यह शंका भी सिर उठाती है कि जिसे मैं उनका दम्भ समझता हूँ, वह एक परिश्रमी लेखक की निष्ठा और गौरवमय आत्म-विश्वास ही तो नहीं है, और क्या इसे मैं अपने भीतर अनुपस्थित नहीं पाता? उनके सामने तो इस बात को स्वीकार नहीं करूँगा, लेकिन मन में ज़रूर मानता हूँ कि यह अकेला आदमी है—जिसने लेखन में कभी किसी से समझौता नहीं किया, ज़िन्दगी में शायद कभी किसी का अहसान नहीं लेना चाहा... दुःख और सुख की अनेक स्थितियों से गुज़रना पड़ा होगा, लेकिन होंठों की वह दर्पीली मुस्कान अब भी ज्यों-की-त्यों है। लिखा चाहे जैसा हो, लेकिन जो भी लिखा—अपने ही भीतर की आग और तपिश

की रोशनी में। उसकी एकनिष्ठता ने कभी लेखकीय प्रतिष्ठा का सौदा और मोल नहीं किया...उनकी पीढ़ी के सारे लेखक जब एक सिरे से चुके या बिक गए हैं, तब यही हैं जो...

क्या इसी सबके बदले में तो इन्हें मौत की सज़ा नहीं मिली—जिसकी अब सिर्फ़ तारीख़ तय होनी शेष है... ?

लगता है, विंडस्क्रीन फिर पानी से धुँधला हो गया है और लौटनेवाले रास्ते की जानी-पहचानी जगहें, गाड़ी की गति में एक-दूसरे से गड्डमड्ड दीवार बनकर पीछे छूटने लगी हैं। भीतर की घुटन इतनी बढ़ गई है कि सड़क पर फिसलते इस बन्द डिब्बे में, बाहर की हवा और बरसात से अछूते और अवश चलते चले जाना असहनीय-सा लगता है...अगर काँचों की किरचें चुभ जाने का भय न हो तो...

बड़ा प्यारा नाम रक्खा है इन्होंने, अपनी बच्ची का—सीमतिनी!

एक डाइनेमिक व्यक्तित्व
अश्क़

हर लेखक या तो दो 'पाप' कर चुका होता है, या करने की साध पाल लेता है और सुअवसर की प्रतीक्षा करता है। एक : अपनी पुस्तकों का प्रकाशक वह स्वयं हो; दूसरेः उसके हाथ में एक पत्र हो। गुनाह आदमी किस उम्र में कर गुज़रे, इसका कोई ठीक नहीं। प्रकाशक बनने का गुनाह मैंने लेखकीय जीवन के प्रारम्भिक दिनों में ही कर लिया था[1] और तभी मैं अपने से पुराने और सफल (आदर्श?) गुनहगारों के सम्पर्क में आया। पर नहीं, सम्पर्क में आने से पहले ही ये लोग मेरे इस 'साहस' के कारण या प्रेरणा भी बन चुके थे। आन्द्रेज़ीद, समरसेट मॉम, टी.एस. ईलियट, हावर्ड फ़ास्ट[2] की तरह जब अपने देश में भी श्री मैथिलीशरण गुप्त, वृन्दावनलाल वर्मा, रामवृक्ष बेनीपुरी, दिनकर, यशपाल, मनोज बसु—दिग्गज लेखक होने के साथ सफल प्रकाशक हो सकते हैं, तो मैं क्यों नहीं हो सकता? इसी सूची में, उन दिनों सबसे ताज़ा नाम था उपेन्द्रनाथ अश्क़ का। अश्क़ जी की प्रकाशकीय सफलता की बहुत-सी किंवदन्तियाँ उन दिनों सुनाई देती थीं। एक मित्र ने सान पर धरा और बस हमने 'विश्व-साहित्य प्रकाशन' की घोषणा कर दी। इससे कम प्रकाशक का होना, न होना बराबर था।

प्रकाशन तो ख़ैर क्या चलता, अश्क़जी से पत्र-युद्ध ज़रूर हो गया। लेखकीय विशेषाधिकार का वास्ता देकर हमने उनसे अतिरिक्त कमीशन चाहा था—और अश्क़ दम्पत्ति थे कि हर बार हमें अपनी नियमावली भेज देते थे। मैं समझ नहीं पाता कि लेखक होते हुए भी, एक संघर्षशील लेखक की विशेषधिकार की माँग को ये

---

1. पता नहीं था कि लगभग 13 साल बाद फिर 'अक्षर' में उनका उलझना होगा।
2. मैं जानता हूँ, इन नामों से अश्क़ जी को आध्यात्मिक कष्ट होगा। वे मज़ाक़ उड़ाते हुए कहेंगे...इन दयाँ जुबाँ गोगाँ और क़ैमुस (क़ामू...मुझे चिढ़ाने के लिए जिसे वे कैमुस कहते हैं) के बिना तेरा काम नहीं...इत्यादि...इत्यादि...

लोग कैसे अनसुना कर सकते हैं? 'व्यापारिक नियम' और 'लेखकीय आदर्श' को लेकर हम लोगों में तेज़-तर्रार पत्राचार भी हुआ। शीघ्र ही बात साफ़ हो गई, लेकिन मेरे मन में बैठ गया कि ये लोग 'निहायत टची' हैं। 'निहायत टची' और 'व्यापारिक सफलताएँ' दोनों बातें कहाँ सामंजस्य पाती हैं—इसे समझने में मुझे समय लगा।

और तब से इन अनेक वर्षों में मैंने अश्क़जी को अनेक रूपों में, अनेक मन:स्थितियों में देखा है—लेकिन जो रूप शेष सारे रूपों पर छाया रहा है, वह है एक 'यारबाश' आदमी का रूप, और जो मन:स्थिति प्रभावित करती है—वह है उनकी अतिशय आत्मविश्वास की मन:स्थिति। आत्मविश्वास अदम्य और अपराजेय जिजीविषा की अभिव्यक्ति है। और इस लिहाज़ से अश्क़जी जैसा ज़िन्दा आदमी मिलना मुश्किल है। अकसर मैंने उन्हें—'मेरी तबीयत ख़राब है' कहते या लिखते देखा है, मेरे सामने वे दवा भी लेते रहे हैं, सिर दबवाते रहे हैं और डॉक्टर के यहाँ भी गए हैं—लेकिन 'बीमार' मैंने उन्हें कभी नहीं पाया। लगता है, यह सब कहते और लिखते रहने का उन्हें अभ्यास हो गया है और यह सिर्फ़ उनका तकियाक़लाम है, वरना ऐसा आदमी कभी बीमार हो ही नहीं सकता।

इसी जीवनी-शक्ति का दूसरा रूप है—उनकी कार्य-शक्ति और चुलबुलापन। जाने क्यों, अश्क़जी और गम्भीरता—ये दो शब्द मेरे दिमाग़ में साथ-साथ आते ही नहीं। सामान्य-से-सामान्य बात को निहायत मनहूस मुँह बनाकर 'गम्भीरता' प्रदान करनेवालों के बीच, व्यंग्य और परिहास से मुस्कराते होंठ और आँखों की कुटिल चमक, अकारण और अनायास ही कौंध जाती है—और अश्क़जी का ख़याल आ जाता है। गम्भीरता, बुज़ुर्गी, मनहूसियत, मुर्दनी अश्क़जी के जीवन-कोश में नहीं है। महत्त्वपूर्ण-से-महत्त्वपूर्ण बात को वे ऐसी आसानी और लापरवाही से कह डालते हैं कि लगता ही नहीं कि वे महत्त्वपूर्ण बात कह रहे हैं। ठहाके लगाते, नक़लें उतारते, छेड़ख़ानी करते उन्हें किसी भी पार्टी-गोष्ठी में देखा जा सकता है।

कलकत्ते की सांस्कृतिक संस्था 'अनामिका' का संगीत-नाटक अकादमी का पुरस्कार मिला था और उन्होंने अशोक होटल (नई दिल्ली) में लोगों को चाय पर बुलाया था। तय था कि अश्क़जी हमारे यहाँ आएँगे और हम लोग साथ ही चलेंगे। कपड़ों के बारे में मैं सोच ही रहा था, कि रेशमी तहमद और ढीला-ढाला कुर्ता डाले अश्क़जी सीढ़ियों पर नमूदार हुए। हँसी के मारे मेरा बुरा हाल था। लेकिन वे निहायत इत्मीनान से चाय पर गए और सारे दिन उसी वेश में रहे। साथ ही यह कहकर मज़ा भी लेते रहे, कि कौशल्या मुझे इस वेश में देख ले तो गोली मार दे। कौशल्याजी की निमयबद्धता और अपने फक्कड़पन के अनगिनत क़िस्से उनके पास हैं—और चूँकि उन क़िस्सों को वे स्वयं अनेक बार लिख चुके हैं, इसलिए उन्हें दोहराऊँगा नहीं। हाँ, सूत्र-रूप में इतना ज़रूर कहूँगा कि वेश और परिवेश दोनों पर

छा जाने का उनमें अद्‌भुत गुण है, और अपनी इस विजय का वे शैतान बच्चे की तरह आनन्द लेते हैं। कौन आदमी किस बात से चिढ़ता है, उसे कहाँ कौंचकर क्या प्रभाव पैदा किया जा सकता है, कैसे उसका कैरीकेचर किया जा सकता है—इस बात में उन्हें अपूर्व सिद्धि प्राप्त है।

और शायद अपनी पीढ़ी में वे ही अकेले ऐसे हैं, जो उम्र और अवस्था की सारी दीवारें तोड़कर नए-से-नए लेखक से उसी के धरातल पर मिल सकते हैं, उसके कन्धे पर हाथ मारकर हँसी-मज़ाक कर सकते हैं और समान मित्र की तरह सलाह दे सकते हैं—इसलिए भय या श्रद्धा के स्थान पर, एक अजब आत्मीयता का सम्बन्ध फ़ौरन स्थापित कर लेते हैं। हाथों को उलटने-पलटने की तरह घुमाकर कहे हैं—'और मैंने वह पटखनी दी कि...' लेकिन उससे भी ज़्यादा मज़ेदार बात यह है कि मित्र और आत्मीय बन जाने की इस कला के बावजूद—नया या पुराना शायद ही कोई लेखक हो, जिसे वे 'पटखनी' न खिला चुके हों...मुझे तो लगता है, वे दोस्ती के बजाय 'दुश्मनी' ही ज्यादा 'एंजॉय' करते हैं...उनकी मित्रता या आत्मीयता में सबसे ज्यादा दिलचस्प और सजीव क्षण वे होते हैं, जब वे अपने 'भूतपूर्व मित्रों या वर्तमान विरोधियों' की 'खिंचाई' कर रहे होते हैं...मन तो यहाँ तक कहने को करता है कि अश्क़जी मित्रों के बिना शायद रह लें, लेकिन शत्रुओं के बिना रह ही नहीं सकते—हर क्षण उनके सामने कोई-न-कोई होना चाहिए, जिस पर वे अपनी वर्णन-शक्ति, 'विट', परिहास-वृत्ति माँजते रह सकें...उन्हें 'मित्र' बनाने की ही कला नहीं आती, 'शत्रु' बनाने की कला भी आती है...और हमेशा दिल धड़कता रहता है—ख़ुदा जाने इस सूची में अगला नाम किसका होने जा रहा है...। उनके इसी अन्तर्विरोधी स्वभाव को लक्ष्य करके एक मित्र ने कहा था: 'अश्क़जी लेखक से अच्छे ऐक्टर, ऐक्टर से अच्छे वक़ील और वक़ील से अच्छे व्यापारी हैं...।

सुनकर मन हुआ कि जैनेन्द्रजी की अदा से माथे पर तीन बल डालकर कहूँ—'वे सब कुछ हैं और कुछ भी नहीं हैं—अर्थात् होने-न-होने के बीच...कहिए ख़ुदा हैं।' उनसे तो नहीं, लेकिन एक बार अश्क़जी से ही ज़रूर कह दिया था—आपसे मिलकर ख़ुदा में विश्वास नहीं रह जाता। वे बड़ी तन्मयता से, अपनी और मन्टो की दुश्मनी का कोई प्रसंग सुना रहे थे। सहसा रुक गए। पूछा—"क्यों?"—"क्योंकि जैसे-जैसे आप चाहते या सोचते हैं—सब कुछ उसी तरह हो जाता है..." कुछ देर सोचने का भाव दिखाकर, छत-फाड़ ठहाके में बात उड़ गई। किस तरह उन्होंने 'दुश्मन' को नाच-नचाए या उसका 'नातिक़ बन्द कर दिया', और किस तरह उनकी एक-एक चाल ठीक उसी तरह काम करती गई, जैसे सोची गई थी—और उस सबको कैसी लेखकीय अन्तर्दृष्टि और वक़ीली सावधानी से, सारा-का-सारा वर्षों पहले 'चॉक-आउट' कर लिया गया था—इस सबका साभिनय वर्णन करना

उनकी प्रिय हॉबी है।

उनके लेखन के प्रकार को लेकर बहुत बहस की जा सकती है—वह अच्छा है या बुरा, इससे भी यहाँ कोई सरोकार नहीं है—लेकिन मुझे लगता है, वे दोस्त-दुश्मन, परिवारी, व्यापारी, कुछ भी नहीं हैं—वे सिर्फ़ लेखक हैं, निहायत आत्म-केन्द्रित और निहायत ही परिश्रमी। उनके लिए, दुश्मनी के पैतरे और दोस्ती के गर्म हाथ—कौशल्या भाभी का संरक्षण और गुड्डे (नीलाभ) का प्यार—सभी कुछ अनुभव का अंग है, जीवन का नहीं—उन क्षणों को वे सिर्फ़ इसीलिए जीते हैं कि उन क्षणों के अनुभव को एक दिन कहक़हों के साथ, क़िस्से में पिरोकर सुना देंगे। उनके जीवन की हर घटना उनकी अनुभव-वृद्धि का एक ऐसा माध्यम होकर आती है, जिसके नायक वे स्वयं होते हैं...

मैंने अश्क़जी को हमेशा विराट, अनेकमुखी अनुभवों और भविष्य के मचलते सपनों के बीच की एक बेचैन कड़ी के रूप में देखा है...उनकी स्मरण-शक्ति अच्छी है, इसीलिए उनके साथ कब-कहाँ-क्या गुज़रा—उन्हें सब याद है...न जाने कब-कब की पढ़ी हुई कहानियाँ, उपन्यासों के कथानक, सब कुछ सूक्ष्म-से-सूक्ष्म विवरण के साथ वे ज्यों-के-त्यों—शायद ज़्यादा प्रभवशाली तरीके से सुना सकते हैं। चूँकि गम्भीरता का मुखौटा नहीं लगाते, इसलिए बिना निकट आए यह जान पाना भी मुश्किल है कि उन्होंने कितना पढ़ा है। नए-पुराने, देशी-विदेशी साहित्य के सम्पर्क में ही नहीं, वे उर्दू-हिन्दी की प्राय: सभी प्रमुख पत्रिकाओं के पाठक हैं। वे बीमार हैं, फिर भी हज़ारों पन्नों से कम लिखने की बात नहीं सोचते। निहायत व्यस्त हैं, फिर भी गप-गोष्ठी में—क्या मजाल जो उठने में पहल करें! 'भूतपूर्व मित्रों' से घायल हैं, फिर भी हर नए मित्र के लिए उन्मुक्त भाव से—समय, स्वास्थ्य, सामर्थ्य, सम्पर्क सभी से तैयार हैं। अनुभवों ने कडुवाहट ला दी है, लेकिन दिल खोलकर हँस-हँसा सकते हैं—मनहूसी को पास नहीं फटकने देते...

अश्क़ अनेक—कहीं-कहीं अत्यन्त तीव्र अन्तर्विरोधों की निर्मिति हैं। चूँकि प्रकृति से मस्त-मौला और फक्कड़ है, इसलिए किसी भी चीज़ को गम्भीरता से नहीं ले पाते। अपने घर के गम्भीर, शिष्ट और नियमबद्ध वातावरण में वे स्वयं रहते हुए भी रहते नहीं—टिके हुए लगते हैं। लगता है, कहीं कुछ ऐसा है—उनके भीतर या बाहर—जो उनके व्यक्तित्व की मौलिक माँग के साथ मेल नहीं खाता—और शायद यह खंडित व्यक्तित्व का ही अप्रत्यक्ष बोध है कि उनके लेखन और जीवन में एक अजब 'सिनिसिज़्म' झलक मारने लगता है जो कुछ प्रिय और पवित्र है, उसे एक दुष्ट-दिलचस्पी से खुरचने की प्रवृत्ति अकसर, उनकी कई रचनाओं में दिखाई दी है...यह प्रवृत्ति लेखकीय निर्भीकता और तत्त्वगामी जिज्ञासा नहीं—एक गहरे अविश्वास और प्रतिशोध की सूचना देती है।...अन्तर्विरोध हर व्यक्ति में होते हैं—

और कलाकार के भाग्य में तो उत्कट अन्तर्विरोधों का शिकार होना बदा ही होता है, लेकिन यहाँ उनका रूप दूसरा होता है...आन्तरिक रूप से यह उसकी संस्कृत (आदर्श) मनुष्यता और आदिम मानवता का निरन्तर-अविश्रान्त युद्ध होता है...लेकिन अपनी मौलिक निष्ठा वह प्रिय और पवित्र पर ही रखता है...जहाँ-जहाँ और जब-जब यह निष्ठा टूटी है—पराजय के हताश उन्माद में कलाकार ने, अविश्वास और प्रतिशोध के पंजों से अपने 'प्रिय और पवित्र' को ही नोचा है...मुझे नहीं मालूम, अश्कजी की मानसिक प्रक्रिया में कहाँ, क्या-कुछ ग़लत हो गया है—लेकिन इतने सम्पन्न व्यक्ति और परिवेश के बीच, भीतर की यह टूटन चौंकाती अवश्य है...तब लगता है—यह -'खींचना' और 'खेलना' मात्र मन-बहलाव ही नहीं है—किसी गहरी ट्रेजिडी की अनजानी प्रतिक्रियाएँ हैं...(या प्रतिशोध ?)...

अश्क़जी 'आयु-जयी' ज़रूर हैं—'काल-जयी' हों-न-हों। उनका श्रम श्रद्धा उपजाता है और उनके क़हक़हे उदास-से-उदास मन को चहका देते हैं। उनकी सलाहें और अनुभव-सूत्र विकट क्षणों में रास्ता दिखाते हैं...और उनका पंजाबी खुलापन सारी दूरियाँ समेट लेता है। वे हर स्थिति में अपनापन (ऐटहोम) महसूस करने लगते हैं, साथ ही अपने साथवालों को भी, घर-बाहर हर जगह यही अहसास करा देते हैं...और हर परिस्थिति का अधिकतम फ़ायदा उठाना जानते हैं—वे सफल लेखक हैं, समर्थ प्रकाश हैं, सुखी परिवार के स्वामी हैं—लेकिन भीतर ही बहुत अकेले-अनचीन्हे होने की कचोट—मुझे लगता है—उन्हें जरूर है। हो सकता है, यह कचोट उनके जीवन और अनुभवों को प्रौढ़ता कृति का व्याकुल स्फुरण ही हो—क्योंकि उनकी जीवनी-शक्ति के प्रति मैंने हमेशा आदर-भाव रखा है। शायद इसीलिए जब वे चूना चाटते हुए, तमतमाकर कहते हैं : 'मैं दुनिया-भर का लफंगा आदमी, मैंने मंटो और राशिद-जैसों को कुछ नहीं गिना—और ये 'पिद्दी न पिद्दी के शोरबे- कहते थे—अश्क़ को...उखाड़ देंगे—एक-एक करके ख़ुद उखड़ गए...।' तो कटुता नहीं, विजय का उल्लास और मज़ा लेने का भाव ही महसूस होता है।

व्यक्तित्व की खोज
कृष्णा सोबती

कृष्णा सोबती बीच-बीच में हम लोगों से खिन्न हो जाती हैं। रविवार या दूसरी छुट्टियों में वे कभी भी प्रकट होंगी और फिर महीनों चुप। फिर एक दिन टेलीफ़ोन पर पता चलेगा कि नाराज़ हैं: 'आप लोग सोशल आदमी हैं; व्यस्त हैं। लेकिन कभी-कभी हम सोचते हैं...यू नो वन ऐक्स्पैक्ट्स...' मतलब शिष्टाचार के नाते ही आदमी बदले में सम्पर्क करता है। 'शिष्टाचार' शब्द का उनके व्यक्तित्व में कुछ ज़्यादा ही बड़ा स्थान है। उन्हें यह समझाना बड़ा मुश्किल है कि उनके दफ़्तर के फ़ोन पर दो-तीन बिचौलिए हैं जो कभी-कभी तो यह भी नहीं बताते कि वे आईं भी हैं या नहीं। लेकिन सामनेवाले आदमी को बिना 'छोटा' बनाए अपराधी महसूस करा देने की अद्‌भुत कला कृष्णाजी जानती हैं। उनके मिलने की अनिश्चितता, दिल्ली की भाग-दौड़, ग़मे-ज़िन्दगी और ग़मे-पर्स आप कोई भी तर्क दीजिए, मगर वे हैं कि, ''अजी छोड़िए, हम कोई ऐसे महत्त्वपूर्ण आदमी थोड़ी ही हैं। मैंने तो वैसे ही...यू नो, आई अंडरस्टैंड...!'' यानी वे वहीं बरक़रार, और टेलीफ़ोन पर आधे-घंटे के हँसी-मज़ाक। मैं जानता हूँ उन्हें मुझसे बातें करना बुरा नहीं लगता। शाब्दिक पैंतरों में उनसे लोहा लेना आसान नहीं है। दो-चार मिनट की बातचीत या चलती-सी मुलाक़ात हमेशा मन में एक कचोट छोड़ जाती है।

आपको और उन्हें दोनों को फ़ुरसत हो, वे सही मूड में हों, उस समय कृष्णाजी व्यक्ति नहीं, सचमुच एक चीज़ या फ़िनोमिनन होती हैं। उनकी ज़बान पर शब्द किस तरह तस्वीर बन जाते हैं, बिना ज़रा भी नाटकीय हुए कैसे वे दृश्य ही नहीं खड़ा कर देतीं, उससे अलग हटकर कैसे खुद भी उसमें मज़ा लेने लगती हैं, यह सिर्फ़ अनुभव करने से ही ताल्लुक़ रखता है। उस समय हीन-भावना के साथ-साथ यही महसूस होता रहता है कि बोलना केवल औरतों का क्षेत्र है, वे शायद शब्दों के साथ अधिक एकाकार हो पाती हैं और अगर माहौल अनुकूल न हो तो कृष्णाजी

लकड़ी के कुन्दे की तरह बोझिल और चुप...मैंने उन्हें मंच पर विरोधियों को ऐसा महीन काटते देखा है कि मज़ा आ जाए। यह कला जैनेन्द्र जी में उनसे भी महीन है, मगर वे काटते-काटते, कातने लगते हैं। सार्वजनिक बोलने से प्रायः कृष्णाजी कतराती हैं और अपने सर्वश्रेष्ठ रूप में आपसी वार्तालाप में ही होती हैं। बेहद झुँझलाहट होती है उस समय जब किसी भी बात को अच्छी तरह समझते-बूझते हुए भी वे इस तरह के साश्चर्य हुँकारे देती हैं; जैसे पहली बार सुन रही हों। इस कला के आदिगुरु कवि अजितकुमार के साथ को जिसने झेला हो, उसे कृष्णाजी को पकड़ने में कितनी देर लगती है? बहरहाल, उनके इस 'अभिनय' को न समझ पाने के कारण मेरे छोटे भाई सत्येन्द्र जैसे जाने कितने लोग आध्यात्मिक चमत्कार और गुरुओं के महात्म्य उनके गले उतारते हैं और मैं जानता हूँ भीतर से वे कितनी बोर हो रही होती हैं। उन्हें मूड में लाने की कला भी मुझे मालूम है। उनकी पिछली यात्राएँ, रोचक घटनाएँ, लोगों की बनावटी अदाएँ और दिलचस्प मुलाकातें किसी तरह बातचीत में आ जाए तो उन्हें सुनना, न भुलाए जा सकने वाले क्षणों का साक्षी होना है। उस समय उनके हाव-भाव, भौंहों और आँखों के उतार-चढ़ाव सभी कुछ धीरे-धीरे ग़ायब हो जाते हैं और आप किसी पहाड़ी दुरूह पगडंडी पर एक-एक क़दम घसीटते किसी एकान्त डाक-बँगले में पहुँच जाते हैं, जहाँ कृष्णाजी चौकीदार से कह रही होती हैं, 'देखिए, आपको हम थोड़ी तकलीफ़ देंगे। पहले पानी गर्म करके एक बाल्टी में, चाय के साथ ले आइए। सुबह से चढ़ाई और चलने से हमारे पैर सूज गए हैं।' चौकीदार बोलता है, 'हुजूर ने बड़ी हिम्मत कर डाली...'

जब तक आप कृष्णाजी की भौहों या चश्मे के पीछे फैलती-सिमटती आँखों, चमकती भूरी पुतलियों, खूबसूरत होंठों और उनकी बेबाक हँसी को देखते रहते हैं—समझ लीजिए कि आपको बाहरी सरहदों पर ही रोके या वहीं उलझाए हुए हैं और जब यह सब डिज़ॉल्व होकर या घुलकर एक तस्वीरी आवाज़ में बदलने लगे तो चैतन्य हो जाइए, विमान टेक-ऑफ कर रहा है। बरसों की देखा-देखी में हो सकता है वे क्षण दो-एक बार ही आएँ, मगर आप हैं कि उन्हीं के लालच में बाहरी या और भी बाहरी सरहदों पर ही भटकते रहें।

सख़्त सरहदों और बीहड़ पगडंडियों वाली यह महिला एक चट्टानी पहाड़ की गर्वोन्नत हिमानी शिखर जैसी दिखाई देती है। अतिरिक्त ढील साटनी ग़रारा, कुर्ता और सिर पर लपेटा दुपट्टा, काला चश्मा—सब मिलाकर हमेशा भीड़ में विशेष। और पास आइए, एक औपचारिक 'हलो...' तटस्थता और ऊँचाई की एक अदा 'हम तो यहाँ ऐंवेईं आ गए...आप कौन हैं कि यूँ ही 'फिर झटके से, 'हमने आपको उस दिन फ़ोन करने का सोचा था, फिर ख़याल आया बड़े आदमियों को...' उनके दोनों हाथ, हाथों में लेकर ग़ौर से चेहरा देखिए, होंठों पर शैतान मुस्कुराहट पकड़ते

ही खिलखिलाकर उनके ठहाके के साथ-साथ हँस पड़िए...कृष्णाजी फिर से आपकी दोस्त। खुद ही अपने पर हँसती हुई बताएँगी, 'देखिए, इस ड्रैस में हमें बड़े-बड़े फ़ायदे हैं! यानी कि लोग गाने-वाने का शौक रखनेवाली से लेकर समझते हैं, यानी हम कहीं के प्रिंसेस-व्रिंसेस हैं—हम भी सोचते हैं, समझो यार, हमें क्या फ़र्क पड़ता है...यू नो, बनाकर फकीरों का हम भेंस ग़ालिब...।

बात ग़लत भी नहीं है। बाद में जब मौज़ में आकर उन महफ़िलों, गोष्ठियों, समारोहों, मुलाकातों का वे खाका उतारेंगी तो आप जानेंगे कि 'हशमत मियाँ' यूँ ही नहीं भटक रहे थे—दिमाग़ी कैमरे का शटर पूरा खुला था। ऊँचे तबक़े की बनावटी फैशनेबुल महिलाओं से लेकर, नए-नए रईस हुए लोगों की अदाओं और उज़ड्ड क्लर्क या टैक्सीवालों का जैसा वर्णन देंगी, उनके डायलॉग और अपने भीतर चलते वार्तालाप को इस अन्दाज़ से बयान करेंगी कि आप हँस-हँसकर दुहरे हो जाएँ। इस तरह की नकलें उतारने में उनके भाई जगदीशजी को भी कम कमाल हासिल नहीं हैं। मगर महिला-सुलभ महीन ऑब्ज़र्वेशन तो उनको अपनी ही चीज़ है। ऊँचे, तगड़े, रौबदार मर्दाने व्यक्तित्व के लिए उनके मन में अजीब मोह-मिश्रित सम्मान है। इसलिए छः फुटिए सरदारों या मिलिटरी के अफसरों का जब वे वर्णन करती हैं तो वह केवल वर्णन नहीं होता, वहीं उसमें अभिवादन जैसी चीज़ भी आ जुड़ती है। उन्होंने शायद ही अपने किसी लेखन में आदमी को अपराधी या ग़लत बताकर औरत की स्थिति का वर्णन किया हो या उसके व्यक्तित्व और नियति के लिए पुरुष को ज़िम्मेदार माना हो। खुद उनका अपना व्यक्तित्व भी कम प्रभावशाली नहीं है, एक अजीब कॉन्फिडेंस और सब कुछ समझ लेने का भाव उनकी हर मुद्रा से झलकता है।

उनकी बातचीत में ऊँचे होटलों, महँगे रेस्तराओं, टैक्सियों और डाक-बँगलों का जैसा लापरवाह तज़किरा होता है उससे मेरा हिसाबी मन हमेशा चौकन्ना बना रहता है। 'आइए, मेडन्स में कॉफ़ी पिएँगे...' या 'तो ला-बोहीम में ठीक रहा न...' के साथ जब बात खत्म होती है तो मैं जोड़ता हूँ, आने-जाने में दस-बारह रुपए, बीस के आस-पास का बिल, (जो उनकी संस्कृति के लिहाज़ से 'मेरा सौभाग्य है।' के वाक्य के साथ सिर्फ़ मर्द का ही विशेषाधिकार है) दिल्ली जहाँ प्रतिदिन एक के हिसाब से कोई न कोई अनुपेक्षणीय मित्र-आत्मीय आता ही रहता है; या यहीं के लोगों से कोई-न-कोई प्रोग्राम रखना पड़ता है वहाँ दस-पन्द्रह बार तो ऐसे 'सौभाग्य; मिलेंगे ही! फिर कृष्णजी से आप 'कहीं-भी' नहीं मिल सकते, जगह सही होनी चाहिए। बहुत न मिलने के पीछे यह भी एक कारण रहा होगा। मुझे ऐसा भी लगता है कि बातचीत में हँसी-मज़ाक की सारी छूटें लेने के बावजूद कृष्णाजी से वह बेतकल्लुफ़ी नहीं हो सकती जो उन्हें आपके साथ एकदम घरेलू बना दे या

जिस लापरवाह खुलेपन की उम्मीद आप साथी लेखक से करते हैं, अपने मुहावरे में कहूँ तो उनसे बहुतों की दोस्ती 'सॉरी, थैंक्यू' से आगे नहीं बढ़ पाती। अंग्रेज़ी तहज़ीब के ये दो शब्द उसे पूरी तरह परिभाषित ही नहीं करते, बीच मे हमेशा दीवार की तरह खड़े रहते हैं। पन्द्रह-सोलह साल की दोस्ती के बावजूद कभी-कभी मुझे भी लगता हे कि हमारे बीच ये आज तक खड़े हैं। हालाँकि मुझे उनकी पिछली ज़िन्दगी जानने की कभी कोई उत्सुकता नहीं रही, मगर बातचीत में लगा कि शायद कभी वे किसी राजस्थानी राजघराने से भी जुड़ी रही है। न भी रही हों तो उनकी चाल-ढाल, बोल-चाल सबमें एक राजसी स्पर्श तो है ही। शायद इसीलिए उनके साथ हम जैसे फक्कड़ लोग बहुत खुला हुआ नहीं महसूस करते। बल्कि कहना चाहिए कि इन तकल्लुफ़ी छिलकों के बीच से उस पंजाबी, सिख, बेबाक औरत को खोजना ही उनके व्यक्तित्व का चुम्बक है। इसके बारे में खुद कृष्णाजी ने लिखा है : 'अगर हमें कभी भी अपनी गृहस्थी जुटानी होती तो घर में सबसे पहले लगता तन्दूर, मिट्‌टी के बरतनों की लगती कतारें, कनालियों में गूँधती मैं आटा। चंगेरों में रखती घी-सनी रोटियाँ और सौंधी गन्धवाले सालन पकाती मैं हँडिया में। मेरे धर में दूध-बिलोने की चाटियाँ होतीं। पानी भरने को घड़े। बैठने को होतीं रांगली पीढ़ियाँ और पसरने को होतीं सुतली की मंजियाँ।'

कहाँ यह सारा माहौल, और कहाँ लकदक वर्दी में झुका बैरा, "हुजूर, बिल।" एक बार राकेश ने कहा था, "फिर इनका चेहरा हमेशा एक मुखौटे जैसा लगता है।" मैं हँसकर बोला, "फिर रह क्या गया, कलाइयों तक ढके दो हाथ और काले चश्मे से ढका चेहरा, बाकी तो सब रेशमी..." लिबास, स्टाइल, अन्दाज अदा...और उसके पीछे एक औरत, आत्म-विश्वास और अनुभव से लैस दूसरों के हर पर्दे को भेदकर देख लेनेवाली निगाह और अपने आपको 'सॉरी, थैंक्यू' से लेकर साटनी-थानों के पर्दों में अधिक-से-अधिक छिपाए रखने को चौकस। कहीं कोई गुमान ही नहीं होता कि इस सबके भीतर सुर्ख चूड़े पहने एक खूबसूरत कलाई तन्मय गुनगुनाहट में डूबी कहीं तन्दूर लगा रही है...

कभी-कभी आश्चर्य होता है : वे कौन से तहखाने, द्वीप, दुर्ग या बियाबान हैं जहाँ कैद हुई राजकुमारियों को किसी राजकुमार ने मुक्त नहीं किया ? इस किले की खिड़की पर बैठकर भी तो किसी ने अपने गीले बाल सुखाए होंगे ? या छत पर खड़े होकर सूरज को दर्पण में बाँध किसी राहगीर को चकाचौंध करके भटकाया होगा...नहीं, उन छतों और खिड़कियों तक कृष्णाजी आज किसी को नहीं जाने देंगी। आपकी गुज़र सिर्फ़ ड्राइंग-रूम तक है, जहाँ से उनका जब मन होगा, वे अन्तःपुर में चली जाएँगी और आप सिर्फ़ दीवारों की सजावट ? क़ीमती पर्दे ही देखते रहेंगे...आप आइए, आपका स्वागत है, बरसों...और एक नाजुक-सी

'एक्सक्यूज़ मी...' यानी वे गायब...

कृष्णाजी ने लिखा बहुत ही कम है...लम्बी कहानी या लघु-उपन्यास जैसी कुल चार-पाँच चीजें, चार-पाँच कहानियाँ। बीस-पच्चीस सालों की मात्र यही उपलब्धि। लेकिन मोती चुनना, पच्चीकारी या ज़रदोज़ी की महीन-नफ़ीस कारीगरी...शब्दों को कोई भी ऐसा नाम दिया जा सके तो हिन्दी में वह सिर्फ़ कृष्णाजी ने किया है। एक-एक शब्द, वाक्य, कॉमा, फुलस्टॉप जैसे हफ़्तों के परिश्रम से आया है। वे भयानक परफैक्शनिस्ट हैं। अपनी कलम से कभी भी उस चीज़ को बाहर नहीं आने देंगी जिसकी सारी नोक-पलकें उन्होंने दुरुस्त न कर ली हों। सुनते हैं, कफों में ग़लत बटन लग जाने के कारण जिन्ना इतना बेचैन हो उठता था कि बिना बदले बैठ नहीं पाता था। इसलिए तीन-चार या अधिक बरसों में कृष्णाजी की एक रचना आती है और तहलक़ा मच जाता है। सुनते हैं, उन्होंने पंजाब-विभाजन पर 'चन्ना' नाम से एक बड़ा उपन्यास लिख रखा है। स्पष्ट है कि बहुत काम किया होगा। उसे उन्होंने लीडर-प्रेस में छपने दिया तो पाठकजी ने उसका सम्पादन कमलेश्वर से कराया। शायद वह छपा भी लेकिन तभी लहर आई कि इसे नहीं छपना चाहिए। कागज़-छपाई के सारे पैसे दिए और रुकवा दिया। तब से न जाने किस तहख़ाने में कैद पड़ा रो रहा है। पूछो तो कहती हैं, ''देखने में डर लगता है। पता नहीं क्या लिख रखा है। हाशियों पर कमलेश्वर की खूबसूरत लिखाई देखकर ही सन्तोष हो जाता है। दिखा तो सकती ही नहीं।'' अब उन्हीं के मुँह से सुनता हूँ कि उसकी हथकड़ियाँ खोली गई हैं, कभी नैशनल-आरकाइव्ज़, कभी नेहरू म्यूजियम और कभी पुरानी दिल्ली के किसी इन्तहा बुजुर्गवाली गली के चक्कर काटे जा रहे हैं कि उस बारे में कुछ चीज़ें जाननी हैं। इतनी मेहनत से मैं तो शायद एक पूरी थीसिस लिख डालता। पता नहीं वे कैसा ताजमहल बना रही हैं। कहती हैं, राजस्थान की, पंजाब की ज़िन्दगी पर इतना कुछ लिख रखा है—मगर वे हैं कि निकालने-छपाने का नाम ही नहीं लेतीं।...बहरहाल, अपनी हर रचना को उन्होंने ऐसी तन्मयता और आत्मीयता से लिखा है कि सचमुच लगता है जैसे वे बरसों उसके साथ रही हैं और लिखे हुए सौ पन्नों के पीछे हज़ार पन्नों की सामग्री है। लिखने को लेकर उनकी निष्ठा या पूजा जैसी आस्था जरूर कहीं उनके सारे व्यक्तित्व में ऐसी बात पैदा किए है कि सम्मान जगाती है। शायद यही कारण है कि उनकी 'मित्रो मरजानी' या 'यारों के यार' पर अश्लीलता, अनैतिकता के चाहे जितने आरोप लगते रहे हों, आज तक खुद कोई उनसे हल्की बात कहने या कहने की हिम्मत नहीं कर पाया।...अच्छे भारी-भारी कागज़ों पर खुला-खुला लिखने की उन्हें आदत है, जिसे वे जरा भी ग़लत हो जाने पर लापरवाही से फाड़ फेंकती हैं। यानी रचना जब तक उनके मन की न हो जाए आप उसकी हवा भी नहीं पा सकते।

लेकिन उसके बारे में बोलेंगी ऐसे कि "अजी वो कुछ नहीं, वो तो हमने यूँ ही लिख-लिखा डाला..."

बेहद क़रीने से रक्खा हुआ घर, चलने-फिरने से लेकर चाय-पानी देने में वही परफ़ैक्शनिस्ट सलीका, लेकिन अन्दाज़ ऐसा लापरवाह और 'कैजुअल' जैसे यह सब तो यूँ ही है! हर तरह का और बहुत कुछ पढ़ने का नशा, बीच-बीच में जाने कहाँ घूमने-भटकने के अज्ञातवास, और अपने सिवा हरेक की रचनाओं पर बोलने का उत्साह, हल्के और छिछोरेपन का मज़ाक और इधर की महिला लेखिकाओं के अतिरिक्त आत्म-संवर्धन (सेल्फ प्रमोशन) पर ऊँचाई से तन्ज़। मगर इसका कतई यह मतलब नहीं कि आप उनसे बहुत छूट ले सकते हैं। मेरा खुद ख़याल था कि इतने दिनों की साहित्यिक ज़िन्दगी या दुनिया-भर की ज़िम्मेदार, ग़ैर-ज़िम्मेदार आलोचनाओं, टिप्पणियों, रायों या फिक़रों पर ये जिस तरह 'अक्ल पर तरस खाने' का भाव दिखाती हैं, लोगों की समझ का मज़ाक उड़ाती हैं, हिन्दी की पंडिताऊ गम्भीरता, और दुमुँहेपन (हिप्पेक्रेसी) की जैसी खिंचाई करती हैं—उस हिसाब से उनके अडिग आत्मविश्वास और भीतरी मज़बूती ने उन्हें निश्चय ही इस सबसे ऊपर उठा दिया होगा। मगर पाया कि अपनी रचनाओं को वे इतनी गैर-गम्भीरता से नहीं लेती कि असहमति या आलोचना से उनका चेहरा तमतमा न उठे! वहाँ उनकी प्रतिक्रिया ठीक वही है जो आम औरत अपने बच्चे की बुराई सुनकर करती है। इनकार इस बात से मैं भी नहीं कर सकता कि उनकी हर पंक्ति में उनके खून की गरमाहट और रंगत है।

अमृता प्रीतम की आत्मकथा 'रसीदी टिकट' या शिवानी के वक्तव्यों में अपने लिखे को लेकर जैसा आत्मविश्वास और सार्थकता की अनुभूति या सैन्स ऑफ फुलफिलमेन्ट है उसे देखकर सचमुच श्रद्धा ही हो सकती है। हम लोग संशय और शंकाओं के मारे हुए हैं—न अपने लिखने को लेकर वैसी आत्मसन्तुष्ट सार्थकता महसूस करते हैं, न आज के समाज में लेखकीय व्यक्तित्व की वैसी प्रासंगिकता तलाश कर पाते हैं। उन जैसी फ़िल्मी-अभिनेता छाप तालियाँ न मिलने की कुंठा भी इसके पीछे हो सकती है। मगर प्रश्नाक्रान्त बौद्धिकता की इस मार का कोई इलाज नहीं है कि न तो समाज या राज्य में शोभा बन जाने में सन्तोष होता है और न ही उन सबमें रचनात्मक कृत-कृत्यता दिखाई देती है—हमेशा बनी रहती है सिर्फ़ एक बेधक अनुभूति—फालतू, व्यर्थ और सतह पर ही तरने की, अपना वास्तविक न लिख पाने की। ऐसे माहौल में अमृता, शिवानी जैसी चरम आत्मार्चन चकित श्रद्धा ही जगाता है। कृष्णाजी की तेज़ निगाहें सबको नहीं पहचानतीं, मैं ऐसा बिलकुल नहीं कहूँ। यह उनकी सतर्क, आर-पार चीर जाने वाली निगाह या बौद्धिक तेजस्विता को कम करके आँकना होगा—मगर अपने लिखे को लेकर चौकस तो वे

हैं ही—ऊपर से लापरवाह और भीतर से टची...हाँ, यह दूसरी बात है कि इन लोगों की तरह अपनी निगाह में वे अपनी रचना की महानता पाठकों की पत्र-संख्या से न तय करती हों...

देखें तो कृष्णाजी का सारा लेखन चार या पाँच-पाँच सालों के अन्तरालों के बीच कुछ गिनी-चुनी रचनाओं के रूप में ही है और वे 'डार से बिछुड़ी', 'तिन-पहाड़', 'मित्रो मरजानी' या 'सूरजमुखी अँधेरे के' जैसे बहुत छोटे उपन्यासों की लेखिका के रूप में ही जानी जाती हैं—या फिर 'बादलों के घेरे', सिक्का बदल गया' या 'यारों के यार' कहानियों के लिए। ढंग से छपे तो यह सब-कुछ चार-सौ पन्नों से अधिक नहीं होगा। करीब पच्चीस बरसों में इतना-सा लिखकर उन्होंने जैसी प्रतिष्ठा पाई है वह सचमुच ईर्ष्या की चीज़ है। वे निर्विवाद रूप से हिन्दी की सबसे चर्चित लेखिका हैं और जैसा उन्होंने लिखा है उसे अंग्रेज़ी में कहते हैं 'फुल ब्लडेड' लेखन।

ऊपर से देखने में उनकी हर रचना के बीच चाहे जितना अन्तर और अन्तराल लगे, लेकिन ज़रा गहराई में जाकर देखने पर मुझे लगता है कि उनके पास एक निश्चित थीम है जो हर रचना में विकसित हुई है, आगे बढ़ी है। हो सकता है वे खुद भी उसके प्रति सचेत न हों: वह है, नारी का क्रमशः स्वतंत्र होता हुआ व्यक्तित्व—उसका 'चीज़' से व्यक्ति और फिर व्यक्तित्व बनना। उनके लेखन को जब मैंने इस दृष्टि से देखा तो सचमुच एक थ्रिल जैसी ही महसूस हुई। वैसे तो उत्तर-पश्चिमी सीमान्त के गुजरात (अब पाकिस्तान) से लेकर दार्जिलिंग या भवाली सैनेटोरियम से लेकर दिल्ली तक फैले उनके चरित्रों में कहीं कोई समानता, साम्य या अन्तर्सूत्र दूर-दूर तक नहीं दिखाई देता...

यात्रा शुरू होती है 'डार से बिछुड़ी' से। डार यानी उड़ते पक्षियों की कतार, बलाका या घरेलू पशुओं के झुंड। प्रकाशन के साथ ही 'डार से बिछुड़ी' ने अपने नए ताज़ेपन से हिन्दी-पाठक को चौंका दिया था। लोक-कथाओं के बिम्बात्मक मुहावरेवाली बेहद चुस्त, कटी-छँटी भाषा और एक-एक वाक्य में स्थिति की पूरी की पूरी गत्यात्मक और झपटती हुई तस्वीर, सुदूर उत्तर-पश्चिम के सीमा-प्रान्त की अपरिचित लेकिन अतिपरिचित लगने वाली ज़िन्दगी। खत्रियों की पाशो बड़ी हुई तो शेखों के यहाँ जा-बैठने वाली माँ की लांछना सिर पर थी। इसलिए पाशो को लेकर नानी, मामा, मामियाँ अतिरिक्त सावधान और सशंक। गाली-गलौज और कुटना-पिटना ही दिनचर्या...शक हुआ कि इसके भी 'पर' निकल रहे हैं तो जमकर पिटाई और ज़हरमोहरा खिलाने की कोशिश, फिर अगले दिन मेले में ठिकाने लगाने की साज़िश, लेकिन पाशो उसी रात भागकर शेखों की हवेली में माँ के पास, वहाँ से दीवानजी के यहाँ '...एक बार का थिरका पाँव ज़िन्दगानी धूल में मिला देगा' और

सचमुच पाशो तूफ़ानी दरिया में भटकते तिनके-सी कभी यहाँ तो कभी वहाँ। आज दीवानजी के घर कल मँझले के। पाशो मानो व्यक्ति नहीं, चीज़ है, पशु है—जिसे जो मन हो सो उठाकर ले जाए, जहाँ से वहाँ उसका घर सँभाले, बिस्तर गर्म करे और वंश चलाने के लिए सन्तान दे...और पाशो है कि पिछले को छाती से चिपकाए जहाँ है वहीं की खैर मानती रहे, मर्दों की हलचल-भरी ज़िन्दगी को अपनी नस-नस में जीती रहे...चाहे वह दीवानजी की मौत हो या खालसों की अंग्रेज़ों से लड़ाई की बजती तुरहियाँ...उसे तो बांदी, बीवी या बहन कुछ भी बनकर रहना है और कभी जान बचाने के लिए पशु की तरह इस घर से उस घर भागना है या फिर खरीदी-बेची-छीनी जाकर एक दूसरे को सौंपे जाना है। जहाँ है उसे ही नियति मानकर स्वीकार करने की कोशिश में वह सिर्फ बीते सम्बन्धों में कृतार्थ भाव से जीती है...नानी, मामा-मामी, भाई, दीवानजी, बेटा—उसके सम्बन्धों की दुनिया इन्हीं चार-छः नामों के इर्द-गिर्द है, इन्हीं के लिए वह जीती है, इन्हीं के सुख की बलाएँ लेती है। इतनी लम्बी कहानी के जिन मूलभूत नाटकीय क्षणों को पकड़कर कृष्णाजी ने सवा-सौ पन्नों में कहा है उसे मुझ जैसा लेखक कम-से-कम पाँच सौ पन्नों में कहता। इसके लिए सबसे पैना और प्रभावशाली हथियार उनके पास है भाषा, जो सारे लोक-कथात्मक माहौल के साथ-साथ अनुभव और स्थिति को खड़ा कर देने के लिए सिर्फ़ एक या दो शब्द चाहती है—ऐसे शब्द जो सिर्फ़ औरत ही जी सकती है, सोच या कह सकती है।

इस कहानी के साथ ही मुझे याद आती है उनकी दूसरी कहानी 'सिक्का बदल गया...' विभाजन का काल और अपना ठाठ-बाट सजाए शाहनी, सब कुछ सँभालती और एकच्छत्र शासन करती हुई—दयालु, उदार और दबंग। लेकिन परिस्थिति की मजबूरी है कि उसे सब कुछ छोड़ना है। जीप में 'बस, कुछ' लेकर हिन्दुस्तान आना पड़ता है, मगर प्राण तो वहीं अटके हैं—मानो फिर से वहाँ लौटना हो। इस तकलीफ़देह वास्तविकता को शाहनी स्वीकार नहीं कर पाती कि अब सिक्का बदल गया है। वह तो वहाँ के एक-एक तिनके में बिखरी और फैली है।

छूटते हुए घर, जमीन-जायदादें, खेत-खलिहान, सम्बन्ध-रिश्ते—सारा परिवेश जो अस्तित्व की साँस-साँस में रचा-बसा है। एक पूरी सामन्ती दुनिया, जहाँ औरत या तो केवल एक वस्तु है या वस्तुओं से ऐसी चिपकी है कि उन्हीं का एक हिस्सा हो गई है। लकता है पाशो और शाहनी जैसे कभी अपनी जमीन से उखड़ी ही नहीं, वे तो वहीं रहीं—सिर्फ़ उनकी आत्माएँ वहाँ से छूटकर भटकने-मँडराने लगीं, जैसे जड़ से उखड़ते ही वे अशरीरी हो गईं।

कृष्णाजी के कथा-विकास में ज़मीन से टूटी हुई यह औरत 'बादलों के घेरे' और 'तिन-पहाड़' में सिर्फ़ एक भावना है, एक उच्छ्वास या अहसास। यहाँ वह

उतनी साकार और ठोस नहीं है, बादलों के धुंध जैसी छाया और परछाई है जो किन्हीं सम्बन्धों में जुड़कर अपनी सार्थकता तलाश करती है। लेकिन ये रिश्ते अब पहले वाले मामा-मामी या माँ-वीरजी के साथ नहीं जुड़े जिनमें पाशो मरती या जीती थी। यह तो शुद्ध पुरुष के प्यार की वह तलाश है जो औरत को अपने होने का 'बोध' कराती है। यह भटकन, तलाश या भावना, इतनी अधिक अशरीरी, वायवी और निराकार है कि लगता है शरीर के पाने की याचना करती आत्माएँ ही सिसक रही हैं। शायद इसलिए यह महज़ संयोग ही नहीं लगता कि इन दोनों का परिवेश धुएँ, धुंध, बादलों और बर्फ़-भरे पहाड़ों से बना है और यह भी आकस्मिक नहीं है कि दोनों ही कहानियों की नारियाँ मन्नो और जया मृत्यु के प्रति समर्पित हैं, मरने के लिए अभिशप्त। मगर वे अकेली नहीं मरतीं, मानो इस छूत और दंश को साथ वाले पुरुषों को सौंप जाती हैं—तिल-तिल घुलने और घुटने के लिए...

शारीरिक रूप से खुद मृत्यु को समर्पित, अपने से जुड़े पुरुषों के माध्यम से क्षण-क्षण मरती हुई ये नारियाँ रूमानी भावुकता और अशरीरी छायावादी सपनों के मरने की ही प्रतीक हैं। जैसा मैंने कहा, 'लगता ऐसा है जैसे पाशो और शाहनी ही अपने परिवेश और जड़ों से टूटकर, शरीर छोड़कर निराकार, अनाक्रामक छायाओं के रूप में फिर से कहीं जीवन पाने के लिए व्याकुल हैं। लेकिन वे साँस लेती हैं अपनी सीमाओं में बँधे पुरुषों के हृदय की धड़कन बनकर। ये निहायत संस्कारी, सम्भ्रान्त और शायस्ता लोग उन्हें जीवन शरीर नहीं दे पाते...अनुभूतियों और स्मृतियों की झिझकती उँगलियों से सिर्फ़ एक दर्द की तरह उन्हें पकड़े रहने की कोशिश करते हैं...'

और जैसे इसी प्रतिक्रिया में आती है निर्भीक, दबंग, बेबाक और बीहड़ मित्रो..तमक से सिर उठाए, समाज और पुरुष को ठेंगा दिखाती और ललकारती हुई...एक साक्षात् गाली या गोली की तरह। इसके तेवरों और तरेर के सामने सास-ससुर के सम्बन्ध क्या, खुद उसका पति छोटा और ओछा पड़ जाता है। इसे भी मैं संयोग नहीं मानता कि मित्रो का पति उसके मुकाबले सिर्फ़ नपुंसक और मेमना बनकर रह गया है। 'बादलों के घेरे' और 'तिन-पहाड़' के गाउनधारी 'देव-शिशु-नुमा' नायक पहली बार जीवित और जीवंत औरत के सामने अपना क़द पहचानते हैं। मित्रों को लेकर जो तूफ़ान उठा था उसका कारण सिर्फ़ यही था कि मित्रो हिन्दी कथा-साहित्य की एकमात्र नारी है, जो अपनी जरूरत को अपनी ज़बान में कहती है, अपनी भाषा में अपने होने की घोषणा करती है। यानी सम्बन्धों और मर्यादाओं पर हिक़ारत और उपेक्षा से हँसकर अपनी तरह चलती है। मुझे मित्रो हिन्दी की अकेली ऐसी कथा-नारी लगती है जो सदियों से नारी पर लादे गए संस्कारों-सम्बन्धों, सुन्दर-सुन्दर उपमाओं को ललकारती, मुँह-चिढ़ाती और उन्हें झुठलाती

हुई अपनी मूलभूत ज़रूरत और ज़बान के साथ हमारे सामने आ खड़ी हुई हो, छिन्नमस्ता काली की तरह और मानो हम उसके तेज को बर्दाश्त नहीं कर पाते...कहाँ पाशो और शाहनी जैसी सब कुछ बर्दाश्त करती और 'सब जिए जागें' का आशीर्वाद देती ममतामयी नारियाँ, कहाँ मन्नो और जया जैसी भावना और सपनों में ही घुलती-मरती, आत्महत्याएँ करती स्वप्निल-प्रेयसियाँ और कहाँ पति, सास-ससुर, देवरानियों-जिठानियों को सीधे-सीधे मुँह-चिढ़ाती, अपने-आप को एसर्ट करती यह मित्रो...सुनते हैं कृष्णाजी ने बहुत पहले कभी इलाहाबाद की एक कथा-गोष्ठी में भारतीय नारी के त्याग-तपस्या का कीर्तन करनेवाले हिन्दी वालों के बीच गुस्से से कहा था, "आप यू.पी. वाले लोग क्या जानें पंजाब की ज़िन्दगी क्या थी और पंजाबी चरित्र क्या होता है? आपके यहाँ तो पंजाबी औरत आई ही नहीं। लुटे-पिटे, सकुचाए-हारे शरणार्थी आए और उन्हें देखकर ही आपने तय कर लिया कि यही शायद पंजाब है। अपनी कुंठाओं और फ्रस्ट्रेशन में आपने उन पर कुछ कहानियाँ लिख डालीं। मेहनत और स्वतंत्रता के बीच पली पंजाबी औरत जब सीना तानकर खड़ी होती है तो आप जैसों के तो पसीने छूट जाएँ..." यह बात है पचपन-सत्तावन की और उस समय नरेश मेहता जैसे 'वैश्वानरी कवि' शरणार्थी लड़कियों के आस-पास कहानियाँ लिखने लगे थे। ...बहरहाल, मित्रो के जन्म से तीन-चार साल पहले की कृष्णाजी की यह बात तब भी गाली जैसी ही लगी थी:

गलियाँ और चुनौती...यानी हिन्दी की सबसे भीषण कहानी 'यारों के यार'। इस कहानी की सिर्फ़ इसलिए इतनी चर्चा हुई कि पुरुष जिन मर्दानी गालियों को लिखित रूप में ज़बान पर लाने की हिम्मत नहीं कर पाते, डॉट और डैश लगाकर जिनका संकेत भरकर देते हैं, उन्हें कृष्णाजी ने धड़ल्ले और बेबाक़ी के साथ लिखा है। मगर 'मित्रो' के बाद आनेवाली यह कहानी मेरे लिए कृष्णाजी के लेखकीय मूड को समझने की बहुत बड़ी कुंजी है। दुनियाभर की जाल-साज़ियों, दन्द-फ़न्दों, बेईमानियों और आगे बढ़ने या अपने को बचाने के लिए दूसरे के गले पर पाँव रखने की क्रूर हृदयहीनताओं के बीच अपने को अकेला और मिसफिट पानेवाला सूद, गालियाँ देने के सिवा कुछ और कर ही नहीं पाता। न इस सारी व्यवस्था को तोड़-फोड़ सकता है और न बदल सकता है—वह सिर्फ़ गालियाँ दे सकता है, कुढ़ और घुटकर...माँ-बहन की; हरेक के मुँह पर और पीछे...क्लर्कनुमा सारे लोग इस तकलीफ़ और फ्रस्टेशन को समझते हैं, भीतर-ही-भीतर इस दबंग ईमानदारी की कद्र करते हैं, लेकिन अपने-अपने स्वार्थों से बँधे हैं। इस घुटे और सड़े माहौल में सब कुछ के होते हुए भी अपने होने की आवाज बुलंद करते इस क्लर्क सूद और मित्रों में मुझे बहुत कम अन्तर दिखाई देता है। भारतीय सभ्यता और संस्कृति के नाम पर सदियों से एक और औरत के शरीर और शरीर से जन्म लेने वाली इच्छाओं

को बाँधा गया है तो दूसरी तरफ पुरुष की स्वतंत्रता और महत्त्वाकांक्षाओं को। मित्रो और सूद दोनों इसी सबके खिलाफ़ कृष्णाजी के 'डिफांट' मूड की अभिव्यक्तियाँ हैं, मित्रो अपने परम्पराबद्ध पारिवारिक वातावरण में और सूद टिपीकल दफ़्तरी परिवेश में। मूलत: दोनों एक ही तकलीफ़ से ग्रस्त हैं और दोनों इस सबके प्रति 'अस्वीकार' को एक ही भाषा में बोलते हैं। यानी अपने होने की ईमानदारी को झुठला नहीं पाते—झूठ और फरेब के ख़िलाफ एसर्ट करता व्यक्तित्व ही यहाँ कृष्णाजी का मुख्य-पात्र है।

'मित्रो' के रूप में नारी के अपने शरीर होने की इस स्थापना के बाद आता है कृष्णाजी का अगला और अब तक का अन्तिम उपन्यास, 'सूरजमुखी अँधेरे के' यानी अँधेरे से उभरता हुआ एक सूर्य-पुष्प। अलग से परखने में 'सूरजमुखी' अधिक ठहरा हुआ और संयत उपन्यास लगता है, लेकिन जिस तरह मैं उनकी मूलभूत थीम को समझने की कोशिश कर रहा हूँ? उस दृष्टि से यहाँ कृष्णाजी की नारी एक खतरनाक दिशा की ओर मुड़ती दिखाई देती है। 'डार से बिछुड़ी' में आदमी ने औरत को 'चीज़' की तरह इस्तेमाल किया था, यहाँ औरत आदमी को एक दूसरी दृष्टि से इस्तेमाल करती है। बहुत बचपन में किसी ने रत्ती के साथ 'बुरा-काम' किया था और इस अनुभव ने जैसे उसके भीतर की सारी कोमलता, सपनों, कैशोर्य और नारीसुलभ भावनाओं को कुचलकर रख दिया। वह जड़ और शिलीभूत, यानी फ्रिज्जड हो गई। उपन्यास का प्रारम्भ भी फिर वही बर्फ़ानी पहाड़ों से होता है और वहाँ रत्ती एक सुखी गृहस्थ-परिवार के बीच पाती है कि न तो वह पत्नी है, न बहू, न औरत, न माँ—वह सिर्फ़ एक जड़ता है, जो कहीं भी, किसी भी रूप में पिघल नहीं पाती—कोई रिस्पॉन्स नहीं दे पाती। पारिवारिक सम्बन्धों की ऊष्मा के बीच भी वह अछूती और अनछुई रह जाती है और तब उसे लगता है कि कहीं भी, किसी भी रूप में जुड़ने से पहले उसे सबसे पहले 'नारी' बनना होगा। अपने भीतर ज़मी बर्फ के नीचे दबी अहल्या को खोदकर निकालना होगा। कहानी का पहला खंड 'पुल' जैसे इसी सच्चाई के अहसास तक पहुँचने का माध्यम है।

लेकिन आगे है 'सुरंग'—यानी 'बीमारी' की पहचान और इलाज की अनजानी गुमनाम, अचेतन चेष्टाएँ। यहाँ रत्ती पाती है कि उसके भीतर एक साथ दो लाशें हैं, एक सहज स्वाभाविक बालिका रत्ती की लाश और दूसरी उस समय के भावुक-स्वप्न असद की लाश। इन दोनों पहलुओं से घायल और चुटीली रत्ती नाम की जो लड़की बन रही है वह है उद्दंड, गुस्सैल और बदतमीज़ रत्ती। कृष्णाजी के कथा-सन्दर्भ में यह कुछ-कुछ वही रत्ती है जो मित्रों....पुरुषों को तरसाती, खिलवाड़ करती और फिर बेकार चीज़ की तरह एक ओर फेंक देती हुई—लेकिन भीतर से घायल, सहमी और सशंकित...बाहर का हर प्रयोग जैसे उसे भीतर से और भी

आतंकित, स्तब्ध छोड़ जाता है। कहानी का यह हिस्सा मुझे हमेशा एक ऐसे बिछड़े इन्जन की याद दिलाता है, जिसे ठीक करने में लगा कुल मिस्त्री कभी पेचकस, कभी रिंच, कभी प्लास लेकर उसमें जुटा है और हर बार हताश होकर एक-एक औज़ार फेंकता जाता है। हर व्यर्थ प्रयत्न उसे और उद्विग्न कर जाता है : यह औज़ार भी बेकार गया...रंजन, सुमेर, भानुराव, सुब्रामनियम...सभी को रत्ती उठाती है, तोलती है, और अगला वर्क़ उलट देती है।

और तब आता है दिवाकर। रत्ती के भीतर की औरत 'सूँघ' लेती है यही वह पुरुष है जो उसे सुरंगों से निकालकर 'आकाश' देगा। और फिर डाक-बँगले का एकान्त कमरा, दीवार अँगीठी से जलती आग और उसमें सूखी लकड़ियाँ डालकर लपटों को उकसाती रत्ती...बरफ़ की एक-एक सतह का पिघलना और पथराई रत्ती का सतहें तड़काकर अँगड़ाई लेकर आँख खोलती नारी...बचपन से हवा-घर और असद की कब्रों से निकलती रत्ती...। मैंने अनेक देशी-विदेशी उपन्यासों में बहुत से बैडरूम सीन पढ़े हैं, लेकिन जिस नाजुक कलम और तन्मय विभोरता से इसे कृष्णाजी ने लिखा है वह सिर्फ़ और सिर्फ़ कविता है। वे जैसे सीधे उस अनुभव को छूते हुए डरती है, उपमाओं, उत्प्रेक्षाओं और बिम्बों से ही उसे साकार करना चाहती है। शायद पहली बार छायावादी मुहावरे को ऐसा मांसल धरातल मिला है। नारी-पुरुष के इस बेबाक मिलन, संभोग की विभिन्न स्थितियों को निश्चय ही इसमें उन्होंने पूजा जैसी गरिमा दी है। शायद ऐसी ही निष्ठा से खजुराहो और कोणार्क के मिथुन-युग्म तराशे गए होंगे...जहाँ हर तलाश और तराश सिर्फ़ एक ऋचा जैसी लगे...

कहने की ज़रूरत नहीं कि इस अनुभव से अभिभूत दिवाकर जब अपनी पत्नी प्रीति को छोड़कर रत्ती के पास आने की कोशिश करता है तो वह इनकार कर देती है। यहाँ मैं कृष्णाजी की खूबसूरत भाषा या युक्तियों के जाल को काटकर इसी सच्चाई की ओर इशारा करूँगा कि अब रत्ती ने अपना 'इलाज' कर लिया है—उसे जिस औरत की तलाश थी उसे अपने भीतर से खोज निकाला है और इसीलिए दिवाकर उसके लिए अप्रासंगिक हो गया है।

इस रूप में कृष्णा सोबती की सारी कथा-यात्रा से गुज़रते हुए मुझे कभी-कभी ऐसा लगता है जैसे अलग-अलग समय में उन्होंने अलग-अलग रचनाएँ नहीं कीं, एक ही रचना के विभिन्न अध्याय लिखे हैं। जगहें, काल और परिवेश या नाम बदल कर वे एक ही कहानी को आगे बढ़ाती रही हैं, बहुत सधे शिल्प और बेहद जानदार ज़बान के साथ और अपनी इस रचना-यात्रा में दो चीज़ों की उन्होंने कभी चिन्ता नहीं की, इसलिए उनका कहीं कोई हवाला भी नहीं है : वे हैं नैतिक-अनैतिक की रूढ़ियाँ और आर्थिक असुविधाएँ। पुरुष के प्रति किसी भी प्रकार के

असम्मानजनक संकेत भी उनके यहाँ नहीं मिलते, न व्यक्ति की तरह, न हज़ारों वर्षों की साज़िश के प्रतिनिधि की तरह। उनके पात्रों में न कहीं विद्रोही होने का दम्भ दिखाई देता है, न किसी को छोटा करने का अहंकार। अपनी ही ज़िन्दगी को सुलझाते, उलझाते, बढ़ते-लौटते उनके पात्रों के लिए सामाजिक मान्यताएँ? श्लील-अश्लील, नैतिक-अनैतिक कहीं कुछ है ही नहीं। मुझे कोई जगह याद नहीं आती जहाँ उनके किसी पात्र ने किसी संस्कार, रूढ़ि, मूल्य या मान्यता की आलोचना की हो या उसे लेकर मन में किसी प्रकार का द्वन्द्व या दंश पाया हो। बेज़बान जानवर की तरह इधर से उधर भटकती पाशो हो या घर-परिवार सबको ठेंगे पर रखने वाली मित्रो, तपेदिक में मरती हुई मन्नो हो या आत्महत्या करती जया—वे सिर्फ़ अपनी ज़िन्दगी जीने में डूबी है। शायद उन्हें पता भी नहीं होता कि कब वे इस सबसे ऊपर होती हैं और कब इन सबके शिकंजे में। इसी तरह, खुलकर बख्शीशें देते, होटलों और डाक-बँगलों में घूमते उनके पात्रों की सामाजिक, आर्थिक स्थिति कभी भी उनके सोच का विषय नहीं रहा। प्राय: उनके सारे प्रमुख पुरुष-पात्र विवाहित हैं मगर इसके लिए न उन्होंने मन में छोटा महसूस किया, न कराया। लगता है वैवाहिक सम्बन्धों के ईर्ष्या, द्वेष, शक-सन्देह उनके किसी पात्र को कहीं व्यापते ही नहीं हैं। भावनाओं के प्रति उनका यह इकहरा रवैया, कहीं अवास्तविकता के तत्व-सैन्स ऑफ अनरिएलिटी का आभास देता है।

पुरुष पात्रों के प्रति जिस तरह का दुलार-भरा सम्मान उनकी नारियाँ अपने में पाती हैं उसे देखकर लगता सिर्फ़ इतना है कि मानवीय लगाव के प्रति उनके मन में गहरी, बहुत गहरी आस्था है। उनमें रिजैक्शन और अस्वीकार कहीं नहीं है, सिर्फ अपने विकसित और प्रस्फुटित होने के प्रति ही एकान्त निष्ठा है। बाकी कुछ भी न उनके लिए प्रासंगिक है, न उसका कहीं कोई अस्तित्व है।

काफी आसानी से कृष्णाजी को अनुत्पादक वर्ग या केवल उपभोक्ता-समाज (जिसे लेज़र समाज भी कह सकते हैं) की भावनात्मक समस्याओं का कहानीकार कहा जा सकता है—उनके पात्रों को न जीविका की चिन्ता है, न समय और समाज की। लेकिन ज्यादा-से-ज्यादा मैं इसे ज़िन्दगी के प्रति ज़नानी, एकनिष्ठ, इकहरी और एकान्त या सब मिलाकर रूमानी एप्रोच कहना चाहूँगा। मगर इस सबके बावजूद जब उनकी रचनाओं से हाड़-माँस की आत्म-प्रबुद्ध, क़द्दावर, गर्वोन्नत औरत उठकर खड़ी होने लगती है तो ज़रूर लगता है जैसे कभी-कभी रचना खुद रचनाकार को अनावश्यक और अप्रासंगिक बना जाती है और वहाँ खूबसूरत मुहावरे, नपी-तुली शब्दावली, कटी-छँटी अर्थ-ध्वनियों और काव्यात्मक सजावट के भीतर से उभरती है एक प्राकृतिक सच्चाई...आपके खुद के बावजूद और आपके अपने लिए अपरिचित...मगर कितनी चिर-परिचित...

कृष्णाजी जितना ही अपने को कपड़ों, शिष्टाचार और 'सॉरी-थैंक्यू' के जाल-जंजाल में छिपाती जाती हैं, उनकी रचनाओं की नारी उतनी ही निर्विरोध अपना क़द उभारती जाती हैं—उनका रचनात्मक व्यक्तित्व उतना ही उजागर होता जाता है। मैं बिलकुल भी नहीं चाहूँगा कि उनके लेखन के प्रति मेरी यह दृष्टि उनकी किसी भी अगली रचना को, किसी भी रूप में निर्धारित करे...

मेरा हमदम, मेरा दोस्त कमलेश्वर

''कमलेश्वर ? कमलेश्वर साला सच बोल ही नहीं सकता...'' दुष्यन्त बीड़ी मुँह में लगाकर कहता है। वह जब गम्भीर हो तब भी कुछ-न-कुछ 'उछालता' लगता है, उसे छिपाने के लिए ढेर-सा धुआँ नाक से निकालता है—ज़रा-ज़रा सी बातों में और बिना वजह झूठ बोलता है। आप पूछिए—'मद्रास होटल की तरफ से आ रहे हो ?' तो जवाब देगा—'नहीं, सिन्धिया-हाउस से चला आ रहा हूँ...' सूरत से बदमाश नहीं लगता ?'' मैं ज़ोर से हँस पड़ता हूँ। दिल्ली में रोहतक रोड़ पर मैं और दुष्यन्त काफी नज़दीकी फासले पर रहते थे और रोज मिलना होता था। एक दिन मैंने उसे समझाने की कोशिश की—''अब तू काफी बड़ा हो गया है। ज़िम्मेदार पद पर है। अपने अन्दर कुछ सीरियसनेस और सोब्राइटी ला, और यह बचकानी हरकतें बन्द कर। एक तो तेरी शक्ल ही ऐसी है कि गिरहकट और उठाईगीरे का गुमान हो और फिर तेरी यह करतूतें...।'' दुष्यन्त ने मुस्कराकर काइयाँ निगाहों से मेरी ओर ग़ौर से देखा कि मैं कितनी गम्भीरता से अपनी बात कह रहा हूँ, और फिर हो-हो करके अपनी मुरादाबादी हँसी हँसने लगा। बस, तभी से उसके दिमाग़ में बैठ गया कि वह शक्ल से भला आदमी नहीं लगता और कोई दूसरा यह बात न कह बैठे, इसलिए खुद दूसरों के बारे में यही कहता फिरता है। सुबह से कमलेश्वर दूसरा शिकार था...

लेकिन कमलेश्वर शक्ल से बदमाश नहीं, शैतान और इन्टेलिजेन्ट लगता है। हो सकता है दुष्यन्त ने कमलेश्वर को 'क़ैदियों' वाली उस पोशाक में देखकर ऐसा कहा हो जिसे वह गर्व से नाइट-ड्रेस कहता है या इलाहाबाद में अश्कजी के यहाँ उमेश की शादी पर उसे बाक़ायदा साबुन और ब्रश लेकर मेरी और राकेश की हज़ामत बनाते देख लिया हो। लेकिन मूलतः कमलेश्वर बदमाश नहीं, दुष्ट—यानी मिस्चीवियस अधिक है। शीन क़ाफ़ से दुरुस्त तलफ़्फ़ुज़, साफ और तराशी हुई सन्तुलित आवाज, बात को निहायत प्रभावकारी तरीके से कहने की कला, पतले-

पतले होंठ, तीखे और फ़ोटोजिनिक नक्श, साँवला रंग और शातिर आँखें...लगता है जैसे आप सचमुच किसी समझदार आदमी से बातें कर रहे हैं—एक हाथ की उँगलियाँ खोल-खोलकर मेज़ पर हाथ पटक-पटककर वह आपको घंटों किसी ऐसी किताब, फ़िल्म, घटना, कहानी या चीज़ के बारे में सविस्तार, पूर्ण-आत्मविश्वास से बताता रहेगा, जिसे न उसने पढ़ा है, न देखा है...और न उसके बारे में उसे कोई जानकारी है।

इसलिए दुष्यन्त की इतनी बात सच है: कमलेश्वर अव्वल नम्बर का झूठा है। मुँह से जब वह झूठ बोलता है तो एक अच्छी कम्पनी होता है और क़लम से बोलता है तो सफल कहानीकार। मुझे कोई आश्चर्य नहीं होगा, अगर वह भी एक दिन कृश्नचंदर जैसा सफल और पॉपुलर कहानीकार बन बैठे...[1]

हर झूठा और पढ़ा-लिखा आदमी कहानीकार नहीं हो सकता, वरना आज सारे के सारे प्रयागवासी कवि-आलोचक कहानीकार हो गए होते और उनके चारणों को कहानी भी 'आधुनिक संवेदनाओं को वहन कर सकनेवाली विद्या लगने लगी होती। ...हाँ, हर कहानीकार को कहीं-न-कहीं झूठ को साधना ज़रूर पड़ता है। यह न हो तो उसकी कला और फोटोग्राफी में फ़र्क करना मुश्किल पड़ जाए। लेकिन कमलेश्वर ने झूठ को आदत बना लिया है। अपने एक प्रेम-सम्बन्ध को लेकर, साहसहीनता के कारण वह झूठ बोला करता था, आज उन्हें ऐसे किसी बहाने की आवश्यकता नहीं है। जाने उसके कितने भाई और चाचा हैं, जिनके अकसर एक्सीडेन्ट हो जाते हैं और वह अपने एपॉइन्टमेन्ट निभा नहीं पाता। इसके अलावा अपनी तरफ से गढ़-गढ़कर झूठ बोलना या घटनाओं को बढ़ा-चढ़ाकर नमक-मिर्च लगाकर सुनाना उसकी प्रिय हॉबी है। और उसने हम सबके बारे में कुछ बहुत ही दिलचस्प चुटकुले गढ़ रखे हैं। इन्हें सुना-सुनाकर अकसर वह महफ़िलों में कहकहे बटोरता है और 'खिंचाई करने' का आनन्द पाता है—'उखड़े हुए लोग और राजेन्द्र यादव का इलाहाबाद आगमन, 'दुष्यन्तजी इन्टरव्यू देने दिल्ली पहुँचे', मार्कंडेय की लोक-गीत मंडली 'राकेश का विरोधी कैम्पों में मेल कराने का प्रयत्न'...इत्यादि दर्जनों चंडूखाने के किस्से उससे आप सुन लीजिए। इनका उद्‌देश्य केवल दूसरों की टाँग खींचकर मज़ा लेना है, लेकिन जिन लोगों से उसकी लगती है उनके किस्सों में ज़हरीला डंक देना भी वह जानता है।

मेरा व्यक्तिगत परिचय कमलेश्वर से उन दिनों हुआ, जब दुष्यन्त, मार्कंडेय और कमलेश्वर का त्रिशूल, त्रिवेणी का त्रास बना हुआ था। इन तीनों में सबसे छोटे

---

1. बम्बई जाकर वह निहायत ही लोकप्रिय टी.वी. स्टार (परिक्रमा के कारण) ही नहीं बना बल्कि कृष्णचन्द्र की तरह फ़िल्मों में भी गया, भाषणकर्ता भी हुआ, और समानान्तर नेता बन गया।

क़द के साफ़ कुर्ता-पाजामा पहने लड़के-से लगने वाले कमलेश्वर को ही मैंने सबसे अधिक ज़िन्दादिल वार्तालापकर्ता के रूप में पाया। आज जैसी टेढ़ी और सी. आई. डी. इंस्पेक्टर वाली शातिर निगाहें तब उसके पास नहीं थीं और देखने में मासूम लगता था; लेकिन बहुत ही हाज़िर-जवाब, पुरमज़ाक, समझदार और तेज़ वह तब भी था। दिल्ली का एक छोटा-सा किस्सा सुनाए बिना नहीं रहा जा...

भूतपूर्व आलोचक और नई कविता के शास्ता कवि को दिल्ली-रेडियो ने कुछ अपेक्षाकृत और भी नए कवियों के साथ बुक कर लिया था, इसलिए जब प्रोग्राम के बाद वे बाहर निकले तो निहायत भन्नाए हुए थे—चेहरा उतरा हुआ और पाँव लडखड़ाए हुए...सीधे स्टेशन की सवारी लेकर इलाहाबाद का टिकट लेने को उतारू। रेडियो और ग़ैर-रेडियो के ये लोग दुनियाभर की टीका-टिप्पणियाँ करते हुए पार्लियामेंट-स्ट्रीट पर चले आ रहे थे...लेकिन कविजी एकदम चुप। कमलेश्वर से नहीं रहा गया और निहायत ही संजीदा स्वर में बोला—"...साहब, क्या आप घंटे-भर के लिए मुझे अपना चेहरा उधार दे देंगे ?" सब लोग चौंके—यह क्या माँग है ? कवि ने प्रश्न-दृष्टि से देखा, गला सूखा हुआ होगा, इसलिए इशारे से ही पूछा—"क्यों ?" "बस, सिर्फ़, घंटे-भर को ही चाहिए। फिर लौटा दूँगा।" अब सबने आग्रह किया—"क्यों भाई ? आखिर मक़सद तो बताओ !" तो निहायत मासूम लहजे में जवाब देता है, धीरे से—"जूते खाने को मन करता है।" बात शायद बहुत चुभ जाती, लेकिन कमलेश्वर का अन्दाज़ेबयाँ...और बाद के क़हक़हे...

हाँ, तो मैं कह रहा था कि निहायत यथार्थवादी हाव-भाव, प्रभावशाली मुद्रा-मूड, साफ़-सुथरी ज़बान, चरम आत्मविश्वास-भरा लहजा और उसे अर्थ देने का अपना व्यक्तित्व—और ठाठ, एक मूलतः झूठी बात के लिए—यह कमलेश्वर व्यक्ति नहीं कथाकार है। काल्पनिक रोमानी कथ्य, वास्तविक लगनेवाला कथानक और घोर यथार्थवादी परिवेश...मैं इसे उसकी कला का गुर मानता हूँ और दिल्ली की ज़िन्दगी पर लिखी गई कहानियों तक में इसके भग्नावशेष हैं...शायद इसे ही रोमान्टिक-यथार्थवाद कहते होंगे, जो कृशनचन्दर में अपने सारे दोषों और ख़ामियों के साथ मौजूद है। मैं अपने को पाठकों के उस दल में पाता हूँ जो कमलेश्वर की ज़बान पर मुग्ध हैं, लेकिन इस सत्य का ज्ञान मुझे सबसे पहले उसकी 'नीली झील' कहानी पढ़कर हुआ। 'नीली झील' की भाषा, उसका वातावरण, उसकी शैली की सांकेतिकता, और ऐन्द्रिय बोध के अनेक स्तरों को छू सकने वाली भंगिमा, सभी ने मुझे इतना आच्छन्न और अभिभूत कर दिया कि पहली बार तो मैं चकरा गया...जब दुबारा पढ़ा तो लगा कि और तो सब ठीक है, लेकिन मूल बात में कुछ गड़बड़ है; फिर कुछ समय बाद तो अपने आप साफ हो गया कि एक असम्भाव्य कहानी को यथार्थवादी जामा पहना दिया गया है—यानी निहायत सुरुचिपूर्ण, शिक्षित

और सुसंस्कृत, सौन्दर्य-बोध और संवेदना वाले शहरी नवयुवक कवि को महेश पांडेय का शरीर दे दिया गया है। 'राजा निरबंसिया' में भी यही क़मजोरी थी, लेकिन दुहरी-कथा का शिल्प उसे सँभाल ले गया था। जहाँ यह कुंजी मेरे हाथ लगी तो पाया कि 'तीन दिन पहले की रात', 'डाक-बँगला', 'एक सड़क : सत्तावन गलियाँ'—सभी का रहस्य मेरे सामने खुलता चला जा रहा है—कि क्यों 'नीली झील' में पानी की छोटी-से-छोटी लहरीली सलवट और उस पर तैरता मरा पक्षी, खून की लाल धारा और मुलायम घास सभी कुछ याद आता है—नहीं याद आते तो महेश पांडेय और पारबती...कि क्यों 'डाक-बंगला' में चीड़-वन का एक-एक पेड़, पहाड़ी-पगडंडी पर दौड़ता घोड़ा, बर्फीली सुनसान घाटी में भटके हुए लोग—सभी याद रहते हैं, नहीं याद रहती तो खुद वह औरत—जिसके बूते पर डाक-बँगले का प्रतीक गढ़ा गया है...'एक सड़क : सत्तावन गलियाँ' का बस-अड्डा—जिसे मैं शानी के 'कस्तूरी' वाले बस के अड्डे से कभी-कभी कनफ्यूज कर जाता हूँ...) वहाँ आती बसें, उड़ती हुई धूल, आवाज़ें लगाते, बीड़ी पीते क्लीनर-ड्राइवर, रामलीला... सभी दृश्य सामने आते हैं...

कभी-कभी मुझे आश्चर्य हुआ करता था कि जिस व्यक्ति की निगाह से वातावरण का महीन-से-महीन डिटेल और नाजुक रेशा न छूटे, जो जड़ परिवेश को सजीव मूड दे देने की कला में ऐसा माहिर हो, उसकी आँख कथानक और व्यक्तियों की मोटी-मोटी असंगतियों पर क्यों नहीं जाती? और क्यों कश्मीर का ऐसा खूबसूरत यथार्थवादी वर्णन देने वाली क़लम, अगली ही साँस में सुन्दर नगर के ठेकेदार की बकवास सुनाने लगती है? मुझे लगता है कि कमलेश्वर का यही कॉनफिडेन्स उसे खुशफहमी देता रहा है कि सामनेवाला उसकी मनगढ़न्त कहानी को सिर्फ़ इसलिए गले उतारता जाएगा कि कमलेश्वर को बहुत आत्म-विश्वास, खूबसूरत ज़बान और सही हाव-भाव के साथ बात को कहने की कला आती है।

लेकिन इधर मैं देख रहा हूँ कि 'कस्बे के कहानीकार' का स्टंट सफल कर चुकने के बाद से ही कमलेश्वर अपनी इस कमजोरी से पीछा छुड़ाने की कोशिश कर रहा है क्योंकि लेखक चाहे जितना झूठ बोले, जिन्दगी में चाहे जितना बहके, उसका दर्द और 'ग़लत' का अहसास सबसे ज़्यादा उसे ही खाता है...लोग भूल जाते हैं, लेकिन वह खुद नहीं भूल पाता कि वह एक बिखरा और मरोड़ा हुआ व्यक्तित्व लेकर जी रहा है—जीने को मजबूर है। अनुभूति और कचोट की यह तीव्रता ही बताती है कि कहीं वह संवेदनशील और ईमानदार प्राणी है, वरना भटकन और खोएपन के दर्द को वह 'खोई हुई दिशाएँ' जैसी ज़बरदस्त कहानी में कैसे उतार पाता? जाने-अनजाने गलतियों और झूठों के जितने गहरे तिलिस्मी जाल में कमलेश्वर फँसता चला जा रहा है, उतनी ही उसके लेखन में गहराई आती चली जा

रही है, उसकी आत्मा की तड़प संवेदना को निखारती जाती है...मैं जब-जब उसे इस पहलू में देखता हूँ, मुझे ईर्ष्या होने लगती है। उसने ज़िन्दगी में, शाब्दिक अर्थ में पापड़ नहीं बेले—यह सही है, लेकिन यह राकेश और मेरी तरह 'हॉट-हाउस-ब्रीड' आदमी नहीं है। बाहरी और भीतरी कटुताओं ने उसके लेखन को निश्चित प्रगति और सान दी है—इसे उसकी पहली अच्छी कहानी 'गर्मियों के दिन' से लेकर 'खोई हुई दिशाएँ' और 'दिल्ली में एक मौत' में देखा जा सकता है। उसने अपनी ग़लतियों से अकसर कुछ सीखा है। वह खुद कहता है : "यह अहसास मुझमें न होता तो मेरा आज पता न होता—खोखले सामन्तवाद के जिस माहौल में मैं पला हूँ, उसमें क्या-क्या बुराइयाँ नहीं थी, लेकिन बचपन में ही पितृहीन हो जाने ने मुझमें एक ज़िम्मेदारी का अहसास भी भर दिया..."[1]

जिन्दगी हो या कला, सैकंड-हैंड अनुभवों पर जीना उस समय बहुत भारी पड़ जाता है, जब अपने पास उन्हें पचा सकने लायक शक्ति न हो। दूसरों की तरह कमलेश्वर ने भी लेखक-प्रकाशक बनकर अपना व्यक्तित्व खड़ा करना चाहा था—बिना अपनी और अपने साथियों की एकनिष्ठता को तोले हुए। उसी तरह सैकंड-हैंड अनुभवों पर शुरू की कुछ कहानियाँ लिखने की ग़लती भी उसने की थी...और चूँकि ये सारी कहानियाँ वे हैं, जिन पर अपने समय में काफी पुष्पवर्षा हुई है, इसलिए मैं जानता हूँ कि कमलेश्वर अपने उसी शातिर अन्दाज़ में कहेगा—"यहाँ तो प्यारे, एक कहानी लिखते हैं, और साल-भर को निश्चित हो जाते हैं। जब तक उस कहानी का घाव ठंडा होता है, तब तक अगले साल फिर एक लिख देते हैं तुम सब साले (यानी मैं और राकेश) इसीलिए तो कुढ़ते हो कि इसकी हर कहानी क्यों झंडे-गाड़ती चलती है... ?"

मगर इधर उसने रोज़ झंडे-गाड़ने शुरू कर दिए हैं और इतने गाड़ दिए हैं कि वे गड़े-मुर्दे होकर रह गए हैं। इसलिए उखाड़-उखाड़कर एक-एक झंडे को पाँच-पाँच, छः-छः जगह गाड़ा है। शिकायत के जवाब में अब वह इतना ही कहता है—"यार, इन सबको संग्रह में थोड़े ही दूँगा! लेकिन बताओ, इतना न लिखूँ तो क्या करूँ? कैसे रहूँ?" इस सबके बावजूद, कमलेश्वर की शायद ही कोई कहानी हो, जिसने कहीं-न-कहीं मुझे अपनी सामर्थ्य का अहसास न करा दिया हो...कभी प्रारम्भ का वाक्य ही ऐसा होता है कि तबियत फड़क उठती है और कभी बीच में ऐसा कुछ आ जाता है कि गुस्सा आता रहता है—यह कम्बख़्त सारे दिन इस या उस तिकड़म में लगा रहता है और यह सब लिख किस समय लेता है? इसका कमरा क्या है, अच्छा-खासा वेटिंग-रूम है। कोई-न-कोई बैठा ही रहता है। और हाँड़ी

1. बाद में तो उसने अपने ही गढ़े हुए इस झूठ का ऐसा घटाटोप अपने आस-पास बना लिया कि खुद उसके बाहर निकल पाना उसके लिए असम्भव हो गया।

जैसी ऐश-ट्रे में चारमीनार झाड़ते हुए आप प्रवचन पिला रहे होते हैं। कभी-कभी वेटिंग-रूम एक ऐसी धर्मशाला में बदल जाता है, जहाँ खाना-कपड़ा से लेकर हजामत का सामान, जूता और जेब-खर्च सभी कुछ बिना 'ऑब्लिगेशन' मिलता हो, और गुसलखाना साफ़ करने वाला जमादार भी बिना किसी दुविधा-संकोच के सिगरेट या ब्लेड खुद निकाल लेना अपना अधिकार मानता है। मैं इन मामलों में कुछ फ़्यूडल हूँ और ये बातें मेरा मूड खराब कर देती हैं, लेकिन खुद तंगी और तकलीफ़ में रहकर औरों को सुविधा जुटाने में कहीं कमलेश्वर का बड़प्पन तृप्त होता है और धर्मशाला के यात्रियों के बीच निहायत इत्मीनान से औंधा लेटा, अपनी बेहद सधी खूबसूरत हैंडराइटिंग में किसी कहानी को पहली और अन्तिम बार लिख रहा होता है...उसकी यह शान्ति और एकाग्रता मुझे जलाकर खाक़ कर देती है...

मन्नू 'नई कहानियाँ' का विशेषांक सम्पादित कर रही थी। चाहती थी कि जैसे भी हो, मेरी, राकेश और कमलेश्वर की कहानियाँ जरूर जाएँ। उन्हीं दिनों कमलेश्वर 'नई कहानियाँ' का सम्पादक हुआ था और मैं उसी सिलसिले में दिल्ली आया था। उसके साथ ही ठहरा था। कमलेश्वर की व्यस्तता का क्या कहना! उसे कहानी लिखने का समय ही नहीं मिलता था। जब कहो तो नकियाए स्वर में कह देता—"तों यांर; जांन क्यों खांता हैं, सुबंह कहांनी ले लैना...।" ऐसी जाने कितनी सुबहें हुईं, और समय नहीं रह गया। एक दिन सुबह उठकर देखा तो तकिए को मरोड़कर पसली के नीचे रक्खे, मेंढक-मुद्रा में कथाकार कहानी पर जुटे हैं...मैं चुपचाप भीतर बैठकर सिगरेट पीने लगा। वह वहीं से बोला—"कहानी शुरू कर दी है...।" और उठकर भीतर आ गया...दो सिगरेटें पीं, और नमाज़ पढ़ने की तरह घुटने सामने मोड़कर फिर लिखने लगा। कोई साहब मुझसे मिलने आ गए तो हम वहीं बातें करने लगे...उनसे माफी माँगने के स्वर में कहा—"बस, अभी कहानी खत्म करता हूँ...इस वक्त...नायिका बहुत ही भावुक डायलॉग बोल रही है।" हम लोग बातें करते रहे, वह सामने पलंग पर बैठा लिखता रहा। पन्द्रह मिनट बाद बोला—"भावुकता कुछ ज़्यादा हो गई है...बस ज़रा-सा यथार्थवादी वातावरण डाला कि ठीक हुई...थोड़ा-सा नीम का सरसराना...धूल का उड़ना...दीवारों की धूप..." फिर पन्द्रह मिनट बाद..." यार, बड़ा करुण प्रसंग आ गया है, मशीन का दृश्य है...!" कहकर काइयाँपने से हँस पड़ा—"बस, इसके बाद एक मोड़ दिया कि कहानी खतम...!" और दस-पन्द्रह मिनट बाद ही उसने कहानी मेरे सामने फेंक कर कहा—"लीजिए साहब, कर दीजिए मन्नूजी को खबर...।" कहानी में कहीं कोई काट-छाँट नहीं—नाम रक्खा—'जो लिखा नहीं जाता।'

मैं सचमुच दंग रह गया! दो आदमी सामने बैठे बातें करें, और मैं रुक-रुककर ऐसे हलकेपन से हर स्थिति की खबर देता जाऊँ...यह मेरे लिए कतई...कतई

मुमकिन नहीं है। ''इसे कहते हैं कहानी लिखना...तुम और राकेश कहानी लिखते हो? दंड पेलते हो दंड!'' बड़ी असंगत लगती है ऊपरी बिखराव के साथ यह मानसिक एकाग्रता...भीतरी शान्ति...

शान्ति और एकाग्रता केवल उस समय जब कलम हाथ में हो, वरना कमलेश्वर से कभी मिल लीजिए, कहीं मिल लीजिए...वह या तो कहीं से भागता-दौड़ता चला आ रहा है या जल्दी-जल्दी सामने का काम खत्म करके उसे भागना है! इस बीच के समय में बातें करते हुए हमेशा लगेगा कि वस्तुतः उसके दिमाग़ में कोई गहरी तिकड़म चल रही है! वह बातें आप से कर रहा है, लेकिन दिमाग़ में जल्दी-जल्दी कुछ योजनाएँ बना रहा है...और मेरी लेखकीय दृष्टि बता देती है कि वह प्लेनिंग 'लेखन प्रक्रिया' नहीं है। इस तरह की तिकड़म-भरी प्लेनिंग राकेश के दिमाग में भी चलती रहती है, लेकिन कमलेश्वर का चेहरा उस तनाव को ज़ाहिर कर देता है! यही कारण है कि वह राकेश की तरह अपने घनिष्ठ-से-घनिष्ठ मित्र के साथ दुराव नहीं बरत पाता, न बाद में रोता है कि उसके मित्र उसकी ईमानदारी में शक करते हैं कि वह दुनिया में बहुत अकेला और अन-समझा है...

इसलिए कमलेश्वर की यह बेचैनी—एक ऐसे व्यक्ति की बेचैनी लगती है, जिसके भीतर जीवन का स्रोत, प्लावन की तरह बह निकलना चाहता हो और उसकी समझ में न आता हो कि उसका वह क्या करे...! लिखते-लिखते उठेगा, गुड्डो को ऊपर-नीचे झुलाएगा, रसोई में जाकर दो-चार कौर कुछ चबाएगा और फिर आकर लिखने लगेगा; बातें करते-करते अचानक उठेगा, सिगरेट का धुआँ घुँटता हुआ इस कमरे से उस कमरे में झाँकेगा, खिड़की पर खड़ा होगा और फिर बातें करने लगेगा...। रात को ग्यारह बजे सिगरेट लेने 'गली के कोने तक' जाएगा, आप प्रतीक्षा करते रहेंगे और वह दो बजे लौटकर कुछ पढ़ता हुआ सो जाएगा... सुबह सात-आठ पर फिर तैयार...उसकी यह बेचैनी हमेशा आप पर कुछ ऐसा प्रभाव डालेगी, जैसे वह कहीं फौजों को लड़ते छोड़ आया है और जाते ही उसे उनका चार्ज सँभाल लेना है...कोई लड़ाई है, जिसे फिर जाकर लड़ना है...

और शायद इस तरह लड़ते हुए उसे बहुत दिन हो गए हैं। कभी-कभी आशंका होने लगती है—किसी दिन वह हार तो नहीं जाएगा, और उसके मोती-जैसे अक्षर, लहजे का आत्मविश्वास, हाज़िर-जवाबी और मज़ाकिया विट, शैली की खूबसूरती और वातावरण को मूड देने की कला—टूटे हुए कवच की तरह दयनीय तो नहीं हो उठेंगे? क्योंकि यह लड़ाई सीधी और सरल नहीं है, यह विचित्र विरोधाभासों की लड़ाई है। यही क्या कम विरोधाभास है कि कमलेश्वर ज़िन्दगी के छोटे-छोटे झूठों के हथियारों से, युग के अनेकस्तरीय, सबसे बड़े झूठ के ख़िलाफ़ लड़ रहा है...हम सबकी तरफ से लड़ रहा है...

वह झूठ जो कभी उसे 'कम्यूनिस्ट' घोषित करके बी.बी.सी. लंदन में मिलती नौकरी से हटाने की कोशिश करता है, तो कभी 'डेविल ऑफ पीस' और 'नई कहानी का औरंगज़ेब' बताकर अपने को 'शाहजहाँ' का गौरव प्रदान करता है...सुना? तो मैंने कहा—"औरंगज़ेब तो ठीक है! लेकिन शाहजहाँ तो कई हैं और हर शाहजहाँ दूसरे को पीछे धकेल कर कहता है—'असली शाहजहाँ मैं हूँ। मुझे पकड़कर कैद करो'—और मैं, मन्नू, कमलेश्वर देर तक हँसते रहे..."हाँ यार, ये नैतिक-पुनर्शस्त्रीकरण के स्तूप मुझे औरंगज़ेब बताते हैं...मेरे हाथ में हथियार देकर कहते हैं : मुझे मारो...।"

वह औरंगज़ेब के नहीं, अभिमन्यु के ज़्यादा निकट पड़ता है...

और उसकी ऊपरी तेजी, एक हथियार की तेज़ी की ही याद दिलाती है—यह उसका स्वयं-आरोपित व्यक्तित्व है...जो व्यक्ति इस हथियार को लेकर लड़ रहा है, वह भीतर से बहुत सरल, संवेदनशील और अज़हद भावुक है..ऐसा भावुक जो सिंसियर होने के सिवा कुछ हो ही नहीं सकता...! आप ग़लत हों या सही, अगर वह आपका मित्र है तो फिर आपके लिए सब कुछ कर सकता है—आपके मित्र उसके मित्र हो जाते हैं: आपके शत्रु उसके शत्रु! राकेश का पीछा किया जा रहा था और टैक्सियों में या अकेले में वही उसके साथ था—रात-दिन! राकेश को हवाई-जहाज़ से बम्बई जाना था और वही रात को सामान लेकर पालम पहुँचा था...सारे दिन भटककर रात को दो-दो बजे आता था और हर समय किसी खटके की आशंका से चौकन्ना रहता था..."गुगलानीजी (राकेश) तो मजे में अपनी तिन्नी को लेकर बम्बई उड़ गए और अगले दिन फ़त्ते पाँच लड़कों को लेकर मुझे पीटने आ-पहुँचे...।" यही नहीं, आज जयन्त की समस्या हल कर रहे हैं, कल जोशीजी की शादी करने में बड़े भाई बने हैं, परसों नरेश का सामान लदवाए चले आ रहे हैं...! हाँ, यह पता लगाना ज़रा टेढ़ी-खीर है कि किन क्षणों में उस पर एकदम विश्वास किया जा सकता है? किन क्षणों में बिलकुल नहीं...चारों तरफ़ से कमरा बन्द करके, अत्यन्त गम्भीरता से वह जिसके साथ तीन घंटे बातें करता है, विश्वास देता और लेता है—हो सकता है, उसके सीढ़ियाँ उतरते ही कहे—"चुग़द कहीं के! कमलेश्वर ही एक बेवकूफ मिला है...दुनिया-भर की तवालतें ले, विश्वास में आकर ब्लैंक चेक दे दे और आप बैठे-बैठे मक्खन खाएँ...उस वक्त कमलेश्वर को याद भी न करें...।"

उसके इलाहाबाद और दिल्ली के मित्रों ने उसका जिस तरह 'उपयोग' करना चाहा है, वह उसे तल्ख़ भी बना देता है...वह कुढ़ता है, भन्नता है, लेकिन जब सामने आकर वे कन्धे पर हाथ रखकर, आँखें गीली करके कहते हैं—"यार कमलेश्वर, तू समझता नहीं है...।" तो कमलेश्वरजी फिर भावुक हो जाते हैं।

भावुकता शक्ति और कमजोरी दोनों है—यह देखने के लिए कमलेश्वर के निकट आना होगा क्योंकि उसकी भावुकता, बात-बात में बह निकलनेवाली गिलगिली भावुकता कतई नहीं है।

भावुक लोगों की बहुत किस्में हैं। मैं उनमें दो तरह के भावुकों को जानता हूँ। कुछ लोग होते हैं जिन्हें ज़रा-ज़रा-सी बातें छू जाती हैं। वे आपसे उम्मीद किए बैठे हैं कि मिलते ही आप उनसे उनके स्वास्थ्य के बारे में पूछेंगे, ''हल्लो'' कहकर आप उनके गले से लिपट जाएँगे; लेकिन आप निहायत संयत-भाव से, बिना कुछ बोले उनकी तरफ कॉफ़ी सरका देते हैं। लीजिए साहब, उनकी भावनाओं को चोट पहुँच गई और वे अब आँखों में आँसू भरे, आपकी बेमुरव्वती पर खफ़ा हैं। ज़रा-सी उपेक्षा उनमें आत्महत्या की इच्छा जगा देती है, और ज़रा-सा प्यार उनकी आँखों में आँसू ले आता है। छोटी-छोटी बातों पर वे ऊपर से रोते, सिर धुनते हैं, खुश होते और नाचते हैं; लेकिन भीतर से निहायत व्यावहारिक, स्वार्थ-द्रष्टा और निर्विकार, कोल्ड, हिसाबी; उनका हर आँसू और क़हक़हा प्राणों का उन्मुक्त विसर्जन नहीं, सिर्फ हथियार या ढाल होता है—एक बैल कैलकुलेटेड इन्वेस्टमेंट इसीलिए व्यवहार में ये लोग घोर प्रैक्टिकल और किसी हद तक क्रूर भी होते हैं। कोई बता रहा था कि गोएबल्स की आज्ञाओं पर जब हज़ारों बेक़सूर यहूदी गैस-चैम्बर्स में घुट-घुटकर दम तोड़ रहे होते हैं, उस समय वह खुद बाख़ का संगीत सुनता हुआ, भाव-विभोर रो रहा होता था...गांधीवाद ने तो इस तरह के भावुकों की पूरी एक फ़ौज ही पैदा कर दी है...

दूसरी तरह के भावुक न बात-बात पर रोते हैं, न गदगदाते हैं। उनकी आँखों में आँसू नहीं आते और भावना और विश्वास की एक नन्ही-सी गंध चुपचाप ज़िन्दगी की धार को मोड़कर चली जाती है और पूरे होश में सुने हुए केवल दो छोटे-छोटे वाक्य, संघर्षरत सिपाही की आत्मा की धरोहर बन जाते हैं...हो सकता है, यह हद दर्जे की भावुकता ही हो, लेकिन कमलेश्वर की भावुकता कहीं 'उसने कहा था' के लहनासिंह की वंशधर भी है...उस दिन वह मेरे लिए सचमुच अभिनन्दनीय हो उठा था, जिस दिन हर प्राप्त सुविधा और साधन की क़ीमत पर उसने इस भावना को ख़रीदा था...

पाँचेक साल पहले की बात है: मैं कलकत्ता से आगरा जा रहा था। रीढ़ की हड्डी में दर्द था और बैठना मुश्किल था। कमलेश्वर ने हर तरह की सुविधाएँ जुटाई थीं कि मैं 'कुलटा' का उत्तरार्द्ध पूरा कर लूँ। होली का भूत बने हुए उसने मुझे कहीं से एक टाइपराइटर लाकर दे दिया था। रोज़ रात को देर तक हम लोग गप्पें लड़ाते, योजनाएँ बनाते। कमलेश्वर ने नया-नया प्रकाशन शुरू किया था, सो दुनियाभर का जोश मन में था। कुछ भी सुनने की फ़ुरसत नहीं थी। रात को दो बजे जब वह मुझे

स्टेशन छोड़ने आया तो मैंने सवाल सामने रख दिया। खिड़की पर कुहनी टेके वह खड़ा था—"बेवकूफ़ी ही सही राजेन्द्र, लेकिन है...ज़िन्दगी में सभी कुछ अच्छा करने का ठेका लेकर तो हम आए नहीं थे..." रास्ते-भर वह मुझे निहत्थे अभिमन्यु की याद दिलाता रहा। शायद 'अभिमन्यु की आत्महत्या' कहानी की पहली चिनगारी वहीं मिली...

यह वह खुद जानता है कि ऐसी भावनात्मक निष्ठा—एडॉलेसेन्स और बेवक़ूफ़ी ही है, एक ऐसी कमज़ोर पतवार जो जाने किस मँझधार में जाकर टूट जाए...शायद यह भी वह जानता है कि ऐसे ही नाजुक तलवे को बचाने के लिए नुकीले और खुरदरे जूते पहनने होते हैं...ताकि हर व्याध उसे ही निशाना न बना ले और तब आदमी हठपूर्वक झूठा और सजग बनता है। भावनात्मक निष्ठा सचमुच एक कमजोरी है—यह अहसास उसे उकसाता और ललकारता है कि वह दुनियादार और साधन-सम्पन्न लोगों को उनके स्तर पर मात दे...यह दूसरी चक्रव्यूही असहायता है...यह उसका बहुत संवेदनशील होना है, जो उसे एक के बाद दूसरी भूल-भुलैयों में ले जाता है...मजबूरी यह है कि न तो वह दूसरों की भावनाओं के प्रति क्रूर हो पाता है, न अपने प्रति ग़ैर-ईमानदार...लेकिन अपने और दूसरों के बीच संगति नहीं बैठ पाती। तब निश्चय-अनिश्चय का द्वन्द्व उसके जीवन का पर्याय बन जाता है...उसके लिए निर्णय न ले सकना साहसहीनता नहीं—क्रूर और कैलस न हो पाना है। ईमानदारी से पूछा जाए तो आज व्यक्तिगत नैतिकता और परम्परागत नैतिकता के इस द्वन्द्व को पार कर लेना किस अकेले आदमी के बस का है? इसके लिए तो शायद पूरी एक संवेदनशील पीढ़ी को, निर्णयहीनता की इस घुटन से गुज़रना होगा...क्योंकि निर्णय...वरण...चुनाव, कर सकने के लिए हममें से कौन स्वतन्त्र है? कौन कह सकता है कि उसने किसी-न-किसी भीतरी-बाहरी, दूर और पास की लाचारी में अपना हर निर्णय नहीं लिया है? फिर एक की जगह दूसरे एब्सर्ड को चुनते चले जाने की अपेक्षा, न चुन पाने की इस मजबूरी को स्वीकार कर लेना सचमुच ग़ैर-ईमानदारी ही है क्या? 'कुछ नहीं: कोई नहीं' से लेकर 'नीली झील' तक कमलेश्वर की अनेक कहानियाँ भावनात्मक निष्ठा, यानी परम्परागत नैतिकता के खिलाफ़ व्यक्तिगत नैतिकता की प्रतिष्ठा को आकस्कि रूप से ही रेखांकित नहीं करती...

बहरहाल, दुष्यन्त की इज्ज़त की खातिर मैं इतना ज़रूर मान लेता हूँ कि कमलेश्वर अपना सच नहीं बोल सकता, मगर अपने युग और अपनी पीढ़ी का सच वह ज़रूर बोल सकता है! उसके पास ज़बान है और उसे बात करना भी आता है...क्योंकि इसी सच पर आकर बड़े-बड़े ज़बानदार लोग चुप हो जाते हैं...[1]

---

1. है कुछ ऐसी ही बात जो चुप हूँ,
   वरना क्या बात कर नहीं आती...

सहज और पारदर्शी मन्नू भंडारी

कृष्णाचार्य को अक़लमंदी के दौरे आते हैं। एक बार अपने अनुभव का निचोड़ देते हुए बोले—"मास्टरनी और औरत दो अलग जातियाँ हैं। मास्टर होने के बाद औरत में 'मांस' तो रह नहीं जाता, रह जाती है टर्र-टर्र। इसीलिए उसे कहते हैं मास-टर्रनी...! सो भैया, हमने तो कम सुनना शुरू कर दिया है और ज़िन्दगी में परम-सुखी हैं!!" इस 'परम-सुखी' वर्ग के सरगना हैं ठाकुर साहब, जो उनसे भी कम सुनते हैं ओर उनसे भी ज्यादा सुखी हैं...

मन्नू तेरह-चौदह साल से मास्टरनी (सॉरी, इधर तीन साल से लेक्चरर) हैं, और मुझे कम सुनाई भी नहीं पड़ता। इसलिए सबसे अधिक सुख का क्षण वह होता है, जब मैं चुपचाप मेज़ पर बैठकर कुछ पढ़ने की कोशिश कर रहा होता हूँ और मन्नू कुछ-न-कुछ बोल रही होती है! इस वर्ष सुख कुछ कम हो गया है, वरना पिछले दो वर्ष—जब उसे हफ़्ते में कुल पाँच-सात पीरियड लेने होते थे, सुख का यह क्षण और भी बढ़ जाता था। "मैं इस किताब को फेंक दूँगी, पहले मेरी बात सुन लो!" के तकिया-क़लाम के साथ, आज क्लास में क्या पढ़ाया, फिर बीच में क्या प्रसंग आ गया, कौन-सी लेक्चरर कैसी 'स्वीट' है और मैं उसे देखकर किस तरह मुग्ध हो जाऊँगा, किस पंक्ति या प्रश्न को उसने कितने नए ढंग से क्लास में समझाया, ऐसी नई लेकिन सीधी-सही व्याख्या क्यों नहीं किसी के दिमाग़ में आती ?—"नई, ताज्जुब तो मुझे यह है कि ये लोग दस-दस सालों से पढ़ा रहे हैं, किसी को साहित्य समझने की कोई निगाह ही नहीं है! कोई आठ-आठ घंटे पढ़कर तैयारी कर रहा है, कोई नोट्स घोटे डाल रहा है। कविता को शब्दों से और कहानी-उपन्यासों को तत्त्वों से समझना चाहते हैं। कथ्य या बात क्या है, इसकी ओर किसी का ध्यान ही नहीं जाता। कोई नई बात बताओ तो कहेंगे कि आलोचक तो ऐसा नहीं कहते—अरे, आलोचक कोई ख़ुदा है कम्बखत!"...

और इसी प्रवाह में मन्नू भूल जाती है—बात किसके बारे में और क्यों कही जा रही थी। वह मुझे डाँटने लगती है। तब मुझे याद दिलाना पड़ता है कि न तो मैं नोट्स-थीसिस लिखने वाला आलोचक हूँ और न कहीं पढ़ाता हूँ—"नहीं, मैं आपसे नहीं कह रही। मैं तो एक बात कह रही हूँ!" के बाद स्वर कुछ धीमा होता है, लेकिन पैंतालीस मिनट से पहले घंटा पूरा नहीं होता...ऐसे समय टिंकू (रचना) ही मेरा उद्धार करती है—"मन्नू, पापा से बात नई कलो। हमाली कविता छुनो" मैं उसे टोकता हूँ—"टिंकू, हमने मन्नू बेटी कहना सिखाया था न... ।" "तुम इसको बिगाड़कर छोड़ोगे" के बाद बात बदल जाती है—"आज तुम्हारी इस बिटिया ने क्या किया, पता है? ऊपर जाकर अनिल की सारी किशमिश खा गई। यहाँ लाकर रक्खी है, उन्हें छूती नहीं है! तुम इसे डाँटते क्यों नहीं हो?" और जब मैं डाँटने से इनकार कर देता हूँ तो इसी पर मुझे डाँटने लगती है कि मैं नौकरों को, टिंकू को या खुद उसे—डाँटता क्यों नहीं हूँ? इस पर झल्लाकर एक दिन मैंने कहा—"तुम ऐसा करो, मुझे बच्चों को डाँटने की एक दुकान खुलवा दो। जिसके बोर्ड पर लिखा हो—"बच्चों को डाँटने की सस्ती और अच्छी दुकान।" फिर मज़ाक आगे खिंचता जाता है—"उसमें समय-समय पर मैं रिआयती दरों का विज्ञापन भी किया करूँगा। इश्तहार निकलवाऊँगा—'दो बच्चे डँटवाने वाले का तीसरा बच्चा मुफ़्त डाँटा जाएगा'—या—'चार बच्चे डँटवानेवाली माँ को भी डाँटा जाएगा।" और मन्नू हँस-हँसकर दोहरी हो जाती है—"फिर तो तुम माँओं को ही बुलवाया करोगे! बच्चे बेचारे बाहर ही खड़े रहेंगे... !!"—"क्या करें, चार बच्चों से कम की माँओं को तुम उस दुकान में आने ही नहीं दोगी!"

"मुझे क्या है? तुम बिना बच्चोंवालियों को ही बुलाया करना..." और सारा मज़ाक झटके से ग़ायब हो जाता है। किस समय, कौन-सी बात, कब इस तरह के संकेत पर आकर ख़त्म होगी—इसे मैं तो क्या, मन्नू की 'पितु-मातु सहायक स्वामी-सखा' सुशीलाजी भी नहीं बता सकतीं। वह मित्रों-परिचितों में बैठकर शिकायत करती हैं—"इन लेखकों को? इन्हें तो एक प्रेमिका अलग हो, कुछ मित्र हों, कुछ प्रशंसिकाएँ-पाठिकाएँ और उन सबके बीच में ये लोग कृष्ण-कन्हैया बने रहें"—मैं पूछता हूँ—"और पत्नी?"—"पत्नी को कौन पूछता है कि बेचारी किधर पड़ी है!" मैं प्रतिरोध करता हूँ—"पड़ी है? अरे, सारे घर-भर में पत्नी-ही-पत्नी छाई है!"—"बस, कहने को ही ये सारी बातें हैं...अपने उनको देखो, उनको देखो।" और इस सूची में नाम जुड़ते चले जाते हैं, गला भर्राने लगता है। मुझे फिर याद दिलाना पड़ता है—"लेकिन भाई, मैंने उन सबका ठेका तो नहीं लिया!" —"अरे, हैं तो तुम्हारे ही दोस्त...तुम भी वैसे ही हो"—"अगर ऐसा ही है तो तुम भी एकाध मित्र बना लो... । —अभी हम लोग यह कर नहीं सकते न। आप जानते हो। संस्कारों से बँधे हैं। वरना

हम लोग भी दिखाते ....सारी अक्ल ठिकाने आ जाती!'' और मन्नू का मूड ख़राब हो जाता है।

मैं अकसर ही आश्चर्य करता हूँ—बात दुनिया के किसी विषय से शुरू हो, कहीं से शुरू हो—वह चाहे बसों की भीड़ हो या बंगालियों की संकीर्णता, नौकरों की ज़्यादती हो या भाइयों की प्रशंसा, मौसम की ख़राबी हो या बढ़ती हुई महँगाई—पाँच-सात मिनट बाद ही मैं अपने को कठघरे में खड़े हुए पाता हूँ...मानो जहाँ-कहीं भी, जो भी ख़राब हो रहा है, उसमें कहीं-न-कहीं मेरी साजिश ज़रूर है। गुस्से में नथुने फड़काते हुए कहेगी—''हमारे ये? हमारे ये बड़े खुश हैं कि चीनी लोग तेजपुर तक आ गए हैं। देश के ग़द्दारों से मुझे कोई सहानुभूति नहीं है...!'' मैं हक्का-बक्का रह जाता हूँ—'भाई, मैंने यह सब कहा कब?''... नारायण साहब बीच में छोंक लगाकर मजा लेते हैं—''नहीं यादवजी, आप रेड न सही, पिंक तो हैं ही!'' मन्नू और भी बिफर उठती है—''अरे ये? ये तो उनके लिए फूलमालाएँ लिए तैयार बैठे हैं।'' मुझे गुस्सा आ जाता है—''मेरी तरफ़ से झूठी बकवास मत करो। मैंने यह सब कहा?''—''आप कह किस मुँह से सकते हो? उस दिन आप मुझे बर्ट्रेंड रसेल की किताब (अनआर्म्ड विक्टरी) में नहीं पढ़कर बता रहे थे कि हिन्दुस्तान का केस कमजोर है?'' मैं तर्क से समझाने की कोशिश करता हूँ—''लेकिन यह तो मैं उसके विचार सुना रहा था। वह कहता है यह बात!'' —''अरे जाओ, कोई भी कहे! लेकिन जो राष्ट्र के संकट के समय ऐसी बातें करता है, उसे शूट कर देना चाहिए। मैं ऐसे आदमी के साथ नहीं रह सकती!'' नारायण साहब मज़ा लेते हैं—''ये हुई न कुछ बात! भारतीय नारी की जय हो!!'' लेकिन उनकी बात पूरी होने से पहले ही प्रतिभा जी (मन्नू की अभिन्न और बाद में मन्नू की साथिन लेक्चरर) उन्हें डाँटना शुरू कर देती हैं—''आप तो बस बोलिए ही मत! जब से मैनेजर हुए हैं...'' सहसा बौखलाहट में उनकी सिगरेट का धुआँ मुँह में ही घुटकर रह जाता है, सहायता के लिए इधर-उधर देखते हुए बोलते हैं—''अरे...ये...ये मैं किस सिलसिले में...?''

उस दिन हम लोग अच्छे-ख़ासे आनन्द साहब के यहाँ गए थे। वहाँ ठाकुर साहब और उन्होंने मिलकर जवाहरलाल नेहरू को खींच डाला। कुछ समय तो मन्नू तर्कों से जवाब देती रही, अचानक देखा वह रोने लगी—''आप लोग जब देखो, नेहरूजी के ही पीछे पड़े रहते हैं...।'' आख़िर आनन्द साहब को बात सँभालनी पड़ी—''हम लोग उनके कोई दुश्मन थोड़े ही हैं? व्यापक हित की दृष्टि से एक बात कह रहे हैं। वरना साहब, उस अकेले आदमी ने जितना काम किया है वह...।'' और नेहरू-प्रशंसा कुछ ज़्यादा होने लगी तो मन्नू मुस्कराती हुई अपनी बेवक़ूफ़ी पर झेंपने लगी। लेकिन चूँकि अभी पैंतालीस मिनट पूरे नहीं हुए थे, इसलिए बिना हथियार डाले बोली—'आप लोगों की बात दूसरी है, लेकिन ये? इनके अपने तो

कोई विचार हैं नहीं...बेकार की किताबें पढ़-पढ़कर अपना दिमाग़ और आँखें ख़राब करते हैं...उस सबके लिए इन्हें टाइम है। हमारा कोई काम होगा तो आँखें ख़राब हैं! पन्द्रह दिन हो गए, आप डॉक्टर के पास गए आँखें दिखाने? बस, इनसे तो दुनिया-भर में भटकवा लो...या वो भी मैं ही करूँगी? इनको तो हमेशा बस, एक सेवक चाहिए—कोई इनके कपड़े ठीक कर दे, चाय-कॉफ़ी दे दे। इनका बस चले तो नहाने की बालटी मँगाकर मेज़ पर ही नहाया करें तिनका तक नहीं टूटता!''

'तिनका तक न टूटनेवाला' रिमार्क मुझे दिन में अकसर दो-तीन बार मिल ही जाता है। एक बार मैंने ऐश-ट्रे से माचिस की तीली निकालकर तोड़ते हुए कहा—''देखो, ये टूटा तिनका! कितने तोड़ दूँ ताकि रोज-रोज का यह झंझट...मुझे तो दृढ़ विश्वास है कि अकेली होने पर कस्तूरबा भी गांधीजी से यही कहती होंगी—तुम बुड्ढे हो गए। जाने कब अकल आएगी तुम्हें?...'' मन्नू रीझकर हँसी रोकती है ऐसे अवसरों पर। गुस्सा बनाए रखने की कोशिश में कहती है—''बस इनसे तो ये करवा लो! अरे, घर बसाया है तो उसमें कुछ दिलचस्पी लो! ऐसा तो नहीं है कि साहित्यिक घर का कुछ काम ही न करते हों...कमलेश्वर जी को देखिए, सत्येन्द्र शरत को देखिए...घर में कितनी दिलचस्पी लेते हैं।'' मैं गुर्राकर कहता हूँ—''मुझे साहित्यिक-कुल-कलंकों के उदाहरण मत दो! और ये कमलेश्वर साहब कबसे उदाहरणीय बन गए?''—''हाँ, वो तो बेवक़ूफ़ हैं।'' आपको तो सारे दिन बैठकर सिगरेट-कॉफ़ी पीना—लिखने के नाम पर, अभी मूड बन रहा है। जाने किस-किस को पकड़ लाएँगे और दुनिया-भर की बकवास करेंगे। एक वो हमारे अब्बाजान[1] थे? जिन्दगीभर अम्माजी से सेवा कराते रहे। ऊपर तीन-मंजिले पर बैठे-बैठे आवाज़ें लगा रहे हैं। बाईजी बेचारे ऊपर जाएँगे तो कहेंगे—ज़रा पीछे दीवार-घड़ी में देखकर बताना क्या बजा है? या सुराही से पानी दे देना। बोलो, पास में सुराही-गिलास रक्खे हैं, आपसे पानी नहीं पिया जाता? पीछे मुड़कर घड़ी देखने में तकलीफ़ होती है, और दूसरा इस उमर में सत्तर पीढ़ियाँ चढ़कर आए...'' फिर अम्मा के दुख से आँसू।

बात अब्बाजान की, और मैं फिर कठघरे में। नीरा ने नाम रक्खा है—'मन्नू मासी खिच-खिच'। दुनिया की हर चीज से मन्नू को शिकायत है। घर के काम से मुझसे ज्यादा नफ़रत है, लेकिन अगर बस चले तो सारे समय नौकर से या तो बर्तन चमकवाया करे या फ़र्श पुँछवाया करे—मेज़ पर ये दाग़ क्यों हैं? ये प्लेट साफ़ हुई है? ये तौलिया रखने की जगह है? अगर मैं विरोध न करूँ तो मुझे भी 'विम' से मँजवाकर साफ़-सुथरा रक्खा करे! रमणजी ने आकर मज़ाक में कहा—''आप

1. स्वर्गीय श्री सुखसम्पतिराव भंडारी

लोगों ने 'एक इंच मुस्कान' लिखा है, मैं तो 'एक इंच चादर' लिखूँगा। नौकर बिस्तर लगाकर गया है, अब आप फुटा लेकर नाप रही हैं कि किधर चादर आधा-इंच ज़्यादा या कम है।'' मन्नू देर तक हँसती ज़रूर रही, लेकिन बात चूँकि रमणजी की पत्नी की अपेक्षा उसके लिए ज़्यादा सच थी, इसलिए बचाव में कहने लगी—'ये सब न करो, तो चार आदमियों के बीच आप लोग ही हमारी शिकायतें करो—भई, मुझे तो तब अच्छा लगता है, जब सब चीजें जगह-की-जगह हों। घर खूब साफ़-सुथरा हो। ये नहीं कि जब आओ तो कपड़े इधर पड़े हैं, किताबें उधर, और अगर कोई साथ चला आया तो देखे कि आप बनियान पहने बैठे हैं...।''

अकसर मन्नू उन्हीं लोगों से मेरा मिलना-जुलना पसन्द और प्रोत्साहित करती है जो 'सद्गृहस्थ' हों, पति लोग 'सज्जन' हों, पत्नियों का हर कहना मानते हों, उनके साथ बाज़ार जाकर बेड-कवर, क्रॉकरी, साड़ी-पर्दे लाते हों। कभी अकेले बाहर घूमने न जाते हों, और सिनेमा के पास से तो बिना पत्नी को साथ लिए निकलते भी न हों! ठीक साढ़े-पाँच बजे घर आ जाते हों...रोज़ बता देते हों कि आज यह पकेगा, साग-सब्जी रुचिपूर्वक ख़रीद लाते हों, और बाहर जाने पर रोज़ दस पन्नों की एक चिट्ठी बिना नागा भेज देते हों (यह भला आदमी होने की ऐसी अनिवार्य शर्त है, जिसमें कोई समझौता नहीं हो सकता। मन्नू खुद बहुत ही आत्मीय और प्यारे ख़त लिखती है। लेकिन जितने पन्ने वह लिखे, उससे दो लाइन कम वाले पत्र को वह अपनी उपेक्षा और अपमान मानती है।) एक दिन मैंने आत्म-समर्पण के भाव से पूछा—''अच्छा, तुम एक आदर्श-पति दिखा दो। मैं उसी तरह का बनने की कोशिश करूँगा!'' फिर मैंने एक नाम लिया तो भड़ककर बोली—''थू, वो भी भला कोई आदमी है? मैं ऐसे आदमी के साथ एक दिन न रहूँ...अगले दिन तलाक़ दे दूँ। बी. जी.!'' बी. जी. यानी बीवी का गुलाम—''ऐसे आदमी से मुझे बड़ी चिढ़ होती है, जो औरतों के कामों में दिलचस्पी लें, औरतों जैसी बातें करें। आज मेज़-पोश ला रहे हैं, कल रंग करा रहे हैं, परसों...।'' हारकर मैं कहता हूँ ''तो भाई मैं क्या करूँ फिर?''—''मुझे तो तुम ऐसे ही पसन्द हो। वो तो मेरी आदत है! मुझे तो तुमसे बातें करना अच्छा लगता है। खिच-खिच करना तो मेरी आदत है! मेरा कहीं मन ही नहीं लगता, बस यही लगता है कि तुम्हारे पास रहकर बकवास करती रहूँ...।''

मैं दिल्ली में था, और हम दोनों में ज़िद थी कि कौन दिल्ली या कलकत्ता छोड़े। ठाकुर साहब ने भड़काया—''मन्नू बाईसा, आप बिलकुल मत जाना। अपने आप आएगा साला!'' झट बोली—''ज़्यादा ज़िद करेंगे, तो मैं तो फ़ौरन चली जाऊँगी।'' ठाकुर साहब ने चिढ़ाया—''छी-छी, आपकी इसी कमज़ोरी ने तो उसे बिगाड़ दिया है।''—हमारे तो बिगड़े ही ठीक हैं...!''

और समस्याएँ तलाश करके, या तैयार करके उन पर बहस करना, बार-बार विचार करना, अनलिखी कहानियों के प्लॉट डिस्कस करना—मैं अपनी कहानियों के प्लॉट या अधलिखी कहानियाँ क्यों नहीं उसे सुनाता; मैं कभी नाराज़ क्यों नहीं होता, मैं हर स्थिति में इतना प्रसन्न क्यों रहता हूँ, मैं प्रसन्न क्यों नहीं रहता, मैं अपनी चिन्ता क्यों नहीं करता, क्यों हमेशा अपनी ही बातें सोचता हूँ—उसकी बात क्यों नहीं सोचता, हरेक पर विश्वास क्यों कर लेता हूँ, इतना अविश्वासी क्यों हूँ?—इत्यादि मन्नू के 'विचार करने' के प्रमुख विषय हैं। उसके लिए सुबह-शाम कभी भी बैठकर बातें करना ही सुखी होना है; दो दिन अगर ऐसा न हो तो तीसरे दिन अकेली लेटी मन्नू रोती दिखाई देगी—'हम तो फ़ालतू हैं। सिर्फ़ घर की देख-भाल करो और पड़े रहो...इनकी और इनकी बिटिया की सेवा में ज़िन्दगी गुज़ार दो...।'' मैं कहता हूँ—'तो तुम भी घूमा करो। शाम को मैं जहाँ कहूँ, वहाँ आ जाया करो।' सो किसी की गाड़ी या टैक्सी के बिना चलने-फिरने के नाम पर नानीजी को परम-पद। कुढ़कर जवाब देती है—''आ जाया करो! मुझसे तो नहीं रबड़ा जाता। सारे दिन कॉलेज से थके-माँदे आओ, फिर आपके साथ भटको। मशीन हूँ?'' मैं सीधेपन से उत्तर देता हूँ—'मत भटको। आराम किया करो!'' तो आवाज़ में आँसू आ जाते हैं—'हाँ आप तो चाहते ही हो कि अकेले घूमो। अकेले सिनेमा जाओ। आपको मेरे साथ अच्छा ही नहीं लगता!' मन्नू के साथ सिनेमा या कहीं चाय पीने जाने का अर्थ है, अच्छा रेस्त्राँ या ऊँचे क्लास का टिकट और इन सारे 'तर्कों के सामने मैं बिना शर्त हथियार डाल देता हूँ, और ध्यान करने की कोशिश करता हूँ कि ऐसी विकट स्थिति में पी.के. जैन कैसे अपना 'आदर्श-पतित्व' प्रमाणित करते? क्योंकि निहायत कॉन्फ़ीडेन्स में लेकर वे अकसर कहते हैं—''यार रजिन्दर, हम हुए, बैनी साहब हुए—ये लोग तो सब बी. जी. हैं, बी. जी.! अपनी और कोई नियति नहीं है।'' और ये दोनों भी 'मास्टरजी-पति' वर्ग के आजीवन-सदस्य हैं। मैं हमेशा अपने को—'जिमि दाँतन बिज जीभ बिचारी' की स्थिति में पाता हूँ।

''मुझे? मुझे अच्छा लगता है—हम लोग साथ चाय पिएँ, बैठकर साहित्य-चर्चा करें...यही तो एक बात है, जहाँ मैं अपने-आप को औरों से भाग्यशालिनी समझती हूँ।'' उसके कॉलेज़ से आते ही नौकर चाय रख जाता है। (नौकर की घर में मुझसे ज्यादा इज़्ज़त है, क्योंकि तिनके उसे ही तोड़ने पड़ते हैं) मेरी कुर्सी के पास ज़मीन पर बैठी, निहायत सन्तोष से, स-भाषण मन्नू चाय बनाती रहती है। इस बीच मौक़ा पाकर टिंकू मेज़ पर जा-चढ़ती है, और मेरे अधूरे लेख या पत्र का अगला हिस्सा टाइप करती रहती है, मैं मुग्ध श्रोता का पार्ट अदा करता हूँ—हमारी गृहस्थी का यह सबसे प्रसन्न-दृश्य है...इसी बीच दरवाज़े पर खट्-खट् होती है, और मन्नू की

निगाहों में तलवारें लपक उठती हैं...सारा दृश्य पलट जाता है। चार-छः परिवारों को छोड़कर, अनिमंत्रित मेहमान मन्नू के सबसे बड़े शत्रु हैं...और चार-छः व्यक्तियों की भीड़ में वह बड़ी जल्दी ऊब जाती है। मूलतः अकेले रहना उसे अच्छा लगता है। भीड़—बाजार या घर, कहीं भी उसे पसन्द नहीं है। प्रसन्नता और सुख की उसकी धारणाएँ, मुझे इस चार साल के विवाहित जीवन और तीस-बत्तीस साल की उम्र में, बड़ी बचकानी और एडॉलेसेन्ट लगती हैं..आदर्श-प्यार के नाम पर आज भी सस्ते चित्रों का वह नक्शा उसे आक्रान्त किए है, जिसमें नदी का किनारा, हरी-भरी घास, ऊपर थाली बराबर चाँद, पेड़ पर दो चिड़ियाँ, ठंडी-ठंडी हवा, और हम दोनों ही वहाँ बैठे, अपने-अपने लेखन की योजनाओं पर बातें कर रहे हों...एक दिन मज़ाक-मज़ाक में ही मैंने यह बात कही थी; लेकिन सचमुच पाया कि मन्नू कुछ इसी प्रकार के सपने से आक्रान्त—ऑब्सेस्ड—है...उधर उदाहरणीय पति ठाकुर साहब भी ऐसे ही लेक या विक्टोरिया के माहौल में बैठकर, भाभीजी को अंग्रेज़ी की स्पेलिंग याद कराते हैं...

'मैं कहीं भी हो आऊँ, स्वर्ग में भी—मुझे तो अपना यही घर अच्छा लगता है।'—अकसर वह भावुक होकर पत्रों में लिखती या कहती है—"पहले सुशीला के यहाँ बहुत अच्छा लगता था। अब तो बड़ी ऊब होती है। वहाँ घरवाले कम, नौकर ज़्यादा हैं।" फिर अगली ही साँस में—"लेकिन यह भी अब बड़ा बोर हो गया है। मुझे बिलकुल इस घर में अच्छा नहीं लगता। हर चीज़ को देखकर चिढ़ छूटती है।..." मैं क्या कहूँ? चुप रहकर आगे की बात की प्रतीक्षा करता हूँ। मन्नू को कहीं गहरी शिकायत है कि चार-साल उसके साथ रहकर भी मैं सुधर नहीं पा रहा हूँ।

"आप हो कि कुछ बोलते ही नहीं, घुन्ने की तरह सुनते रहते हो!" फिर आत्मालोचना—"मैं ही बोलती रहती हूँ। आप भी सोचते होंगे, सारे दिन बोलती है।" फिर अपने बोलने पर एक भाषण। अचानक झटका—"आज एक ऐसी कहानी आई है दिमाग़ में कि आप सुनोगे तो आत्महत्या कर लोगे... !" मैं समझाता हूँ—"तब तो अच्छा हो, मत सुनाओ। पहले उसे लिख ही लो।" —"मैं आपकी तरह घुन्नी थोड़ी ही हूँ? जो सारी बातें दिल में ही रख लूँ!" फिर मेरी खुशामद करती है कि मैं उसका प्लॉट सुन लूँ। मैं क़ागज़ पर पेन रखकर विस्तार से कहानी सुनता हूँ। प्लॉट मन्नू के दिमाग़ में हमेशा ही बहुत मौलिक और सशक्त आते हैं। इस तरह कहानियाँ मेरे दिमाग़ में क्यों नहीं आतीं—यही सोचता हुआ मैं—भीतर से प्रशंसा करता हुआ भी—ऊपर से ठंडे ढंग से फिर लिखने की तरफ़ मुड़ते हुए कहता हूँ—'ठीक है! पहले लिख लो इसे...'—मन्नू बच्चों की तरह मचल जाती है—"प्लॉट की तारीफ़ नहीं करोगे, बस चुप बैठे रहोगे।' फिर उस स्थिति से लेकर कहानी पूरी होने तक मुझे इतनी बार सुननी पड़ती है कि मुझे जबानी याद हो जाती है। छप जाने के

बाद भी लोगों को अनुवाद की अनुमतियाँ देना, या उनकी कटिंग इत्यादि सँभालकर रखना मेरा ही डिपार्टमेन्ट है।

और मन्नू की जिन बातों की मैं बहुत-बहुत इज़्ज़त करता हूँ—उनमें उसके लिखने का तरीका, उसकी सहजता और निर्व्यांज आत्मीयता का प्रवाह है। खाने की मेज़ पर बैठकर, रसोई में उचित आदेश देती हुई, टिंकू को खेल में लगाकर पास बैठी हुई, घर की सारी व्यवस्था देखती हुई वह कहानी लिखती रहती है। ...वैसे साँझ को नहा-धोकर, एकदम धोबी के धुले सफ़ेद कपड़े पहनकर, बहुत अधिक चूने वाला पान खाते हुए लिखना उसे सबसे अधिक प्रिय है। किसी दिन कॉलेज से लौटकर जब वह कहती है—"आज लड़कियों के इम्तहान थे, या पीरियड खाली था, सो लाइब्रेरी में जाकर मैंने एक कहानी पूरी लिख डाली" तो मुझे अब आश्चर्य नहीं होता। हाँ, अपनी असमर्थता पर आत्महत्या कर लेने को जी चाहता है। अपनी इस अद्‌भुत प्रतिभा के कारण मन्नू की समझ में कभी नहीं आ सकता कि लिखना किसी के लिए बेहद-बेहद कष्टकर कार्य भी हो सकता है। सारे दिन सिगरेट फूँकने और कॉफ़ी पीने के बावजूद, क्यों मेज़ पर बैठा आदमी एक भी पंक्ति नहीं लिख पाया—यह उसके लिए अकल्पनीय विषय है लेकिन अपनी इस सहज-प्रतिभा का निर्मम सर्वनाश करना भी मन्नू के प्रिय कामों में से एक है। जब तक तारों, चिट्ठियों और मेरे रात-दिन पीछे पड़ने के कारण सिर पर ही न आ जाए, मन्नू कहानी लिखने बैठ ही नहीं सकती। प्रकाशक लोग उपन्यास के लिए इस तरह पीछे नहीं पड़ते, इसलिए आज तक नहीं लिखा गया। —"मुझे तो भ्रम है नहीं कि मैं लेखिका-वेखिका हूँ। ठीक है, कभी मन हुआ तो कुछ लिख-लिखा लिया। मेरे लिए लिखना, आपकी तरह जीवन-मरण का सवाल नहीं है। नहीं ही लिखा जाएगा ज़िन्दगी में कुछ, तो कौन-सी दुनिया अधूरी रह जाएगी?" लिखने के प्रति उसकी इस हिकारत और उदासीनता से मैं जलकर ख़ाक हो जाता हूँ—"मन्नू, मैंने शादी तुम्हें बहुत सफल अध्यापिका समझकर नहीं की थी। बहुत अच्छी लेखिका मानकर की थी!"

कहानी हो या क्लास की कोई चीज, हर बात को एक मौलिक ढंग से देखना-समझना मन्नू का एक ऐसा गुण है, जो मुझमें अकसर हीनता-बोध जगा देता है: "मैं क्या करूँ, मैं जब कलास में बोलने लगती हूँ तो पता नहीं क्या हो जाता है! एक-से-एक नई बात अपने-आप आती चली जाती है। आपको तो कुछ पता ही नहीं कि आपकी बीवी कितनी इन्टेलिजेन्ट है। लड़कियों में कितनी प्रिय है; और वो ही क्यों, मैं भी उनके लिए जो चाहे सो कर दूँ।" —"बस, इसी मोलिकता के चक्कर में तुम सबको फेल करा देना...।" मैं उसकी बात से कन्विन्स होते हुए भी निर्जीव ढंग से बोलता हूँ, तो और भन्ना जाती है—"जनाब, मेरे हाथ की पढ़ाई

लड़कियाँ ही डिस्टिंक्शन लाती हैं—कहीं पहुँच जाएँ, आज भी प्रभा, बीना, सन्तोष, उषा...''लम्बी लिस्ट के साथ मौलिक बात कुलबुलाती है, तो श्री विष्णुकान्त शास्त्री को फ़ोन होता है, और अपनी ''छत-फोड़, दीवार-तोड़'' हँसी के साथ शास्त्रीजी उस मौलिकता का लोहा-मानते हैं मन्नू और शास्त्रीजी में से कौन-किसका भक्त है—यह तय कर पाना कठिन है। क्योंकि मन्नू की 'अनैतिक' कहानियों के बावजूद, शास्त्रीजी मन्नू की मौलिकता और सूझ के सचमुच क़ायल हैं। वरना कोई शास्त्र-थीसिस और डॉक्टरी-आलोचना के बाहर की हर चीज़ का अप्रामाणिक मानती हैं—और कोई हर मौलिकता को बकवास मानने को इसलिए बाध्य हैं, कि मौलिक और रचनात्मक लिखनेवाले निरपवाद रूप से 'चरित्र-हीन'[1] होते हैं...लेकिन ये प्रोफ़ेशनल राइवेलरी हैं, और मेरी समझ में ठीक उसी तरह नहीं आती, जैसे लोगों को मेरी, कमलेश्वर और राकेश की दोस्ती समझ में नहीं आती। क्योंकि हम तीनों एक-दूसरे को निहायत घटिया लेखक मानते हैं, जबकि लोग दोस्ती का अर्थ लेते हैं एक-दूसरे पर अक्षत-चंदन लगाना। ''हाय, मेरी किरणजी, हाय मेरी प्रतिभा' से मन्नू का दिन शुरू होता है। पी.के. जैन आदर्श पति हैं, लेकिन नारायण साहब आवाज़ में डंक घोलकर कह देते हैं—''तुम्हारे लिए मन्नूजी खुदा हैं...'' मन्नू खुदा प्रतिभाजी के लिए नहीं, अपनी लड़कियों के लिए हैं और मन्नू के लिए खुदा हैं उसके भाई-बहन—जिनमें मानवीय प्रतिभा और सद्‌गुणों का चरम-विकास हुआ है!

सुबह उठते ही मन्नू का पहला वाक्य होता है—''आज तो सच्ची, बिल्कुल नींद नहीं आई। अगर आज दिन में नहीं सोई तो मर जाऊँगी!'' और रात को सोते समय का वाक्य है—''आज तो सच, सारे दिन पल-भर को आराम नहीं मिला। बस, लेटते ही ऐसी नींद आएगी कि सुबह ही आँखें खुलेंगी'' लेकिन रात में जब भी उठो, मन्नू के पाँवों की सिर्फ़ उँगलियाँ धीरे-धीरे हिलती रहती हैं, और धीरे से पुकारो तो जागी मिलती हैं। गर्मियों में रातभर पंखे का खेल होता है गर्मी ज़्यादा है, ज़ोर से रेगुलेटर का कान उमेठ दिया। कुछ देर बाद हवा ज़्यादा लगी, उठकर झटके से कम कर दिया। बहुत कम हो गया, फिर पूरा खोल दिया। जाड़ों में रज़ाई की रुई से धाँस लगती है, कम्बल चुभता है—और पूरे वर्ष की रातें रज़ाई-कम्बल-पंखे के खेल में जाती है। चूँकि मैं लेटते ही गहरी नींद में सो जाता हूँ, इसलिए मेरी नींद पर कुढ़ती मन्नू अपनी इस हॉबी को बड़ी निष्ठा से चलाए रखती है।

लेकिन जिस चीज़ से मुझे सचमुच झुँझलाहट होती है, वह है उसका खाने के प्रति दृष्टिकोण। सारी ज़िन्दगी मन्नू को शिकायत रही है कि उसे मन का खाना नहीं मिलता क्योंकि अकसर ही चीज़ें उसे नापसन्द हैं 'बैंगन? चिमटे से छूकर, चिमटा

1. इस नाम के उपन्यासकार भी

आग में डालकर शुद्ध किया जाता है...काशीफल? हमारे यहाँ तो जानवर खाते हैं...कटहल? देखने में ही जाने कैसा लगता है। गोभी? भगवान बचाए! लहसुन? बू से ही उबकाई आती है। करेला? कड़वा होता है। भिंडी? चिपचिपी होती है। जिमीकंद? गला काटता है। मीठा? मुझसे बिलकुल नहीं खाया जाता...वह अपने जैन-संस्कारों के बावजूद, मुर्गा खाते हुए व्यक्ति के साथ मेज़ पर बैठकर खाना खा सकती है। लेकिन मीठा न खा सकती है न खाते हुए देख सकती है। रसगुल्ले का रस नींबू की तरह निचोड़कर खाती है, और दूसरे को दो से अधिक रसगुल्ले नहीं खाने देती। अब आप ही बताइए, ऐसे आदमी के भाग्य में भूखों मरना नहीं लिखा होगा तो किसके में होगा? उधर मेरा हिसाब बिलकुल उल्टा है—"आप तो हो चट्टे! जो भी सामने रख दो, उसे ऐसी तृप्ति से खाते हो कि उसे देखकर ही मेरा पेट भर जाता है।" अकसर वह सबके सामने मेरी केवल इसी बात की तारीफ़ करती है, कि मैं खाने के मामले में एकदम फ़सी नहीं हूँ—ज़बान का चटोरा हूँ, लेकिन सानी भी सामने रख दो उसे प्रेम से खा जाता हूँ। उधर 'बेहद-भूख' का नारा लगाते हुए केवल डेढ़-रोटी खाकर, आधी अनिवार्य रूप से प्लेट में छोड़ दने के बाद, पापड़ की माँग करने पर मैं मन्नू पर भन्ना जाता हूँ। मुझे कब्ज़ की शिकायत है, और जितने दिनों मन्नू के साथ रहता हूँ कभी ठीक नहीं होती, क्योंकि सुबह के नाश्ते से लेकर खाने, चाय, और रात के खाने (चारों का नियमतः पालन होना ही चाहिए) के समय तक उसे 'बेहद भूख' लगती है—और नतीजे में कभी चीज़ मन की न होने से, कभी मन-मुताबिक तैयार न होने से, वह तो दो-एक कौरों के बाद हाथ खींच लेती है और मैं अपनी स्वाभाविक खुराक़ में मन्नू से तीन-गुना खा जाता हूँ। साथ न बैठो तो आदर्श पतित्व के पद से धक्का! इसलिए खाने की मेज़ पर नाश्ते में भी मुझे अपने पोच-टोस्ट के साथ, मन्नू के अत्यन्त स्वास्थ्यवर्धक' कल्लेफूटे, रात भर भीगे मूँग-चना सभी कुछ खाने पड़ते हैं। बाहर कहीं मिर्च-मसाले ज़्यादा हो जाते हैं, तो कहीं खाना उचित सफाई से नहीं बनता। सो 'जलबिच मीन पियासी' की तरह, घर और बाहर मन्नू के भाग्य में भूखा मरना लिखा है।

जिस व्यक्ति ने पेशा ऐसा अपनाया हो जो निहायत मानसिक शान्ति और निर्विघ्न एकाग्रता चाहता हो, और उसे पत्नी के रूप में एक भूखी, बे-सोई और लेक्चरार स्त्री मिले, फिर भी जिसका स्वास्थ्य ज़रूरत से ज्यादा ठीक और स्वभाव मस्त हो—यह 'मानो-न-मानो' कॉलम का मज़ाक़ नहीं, मेरी ज़िन्दगी की हक़ीक़त है। वस्तुतः मन्नू को एक होल-टाइमर पति की आवश्यकता थी, और मिल गया उसे ऐसा आदमी जो लिखने से लेकर मित्र-मंडली तक, अपनी समानान्तर दुनिया अलग ही रखने में विश्वास करता है। इसके लिए मुझे भी सचमुच अफ़सोस कम नहीं है लेकिन आश्चर्य का विषय एक और भी है—मन्नू का विश्वास है कि "जो

काम तीस-चालीस रुपए का नौकर कर सकता है, उसके लिए अपनी चार-पाँच सौ की तनख़्वा और लाख रुपए की प्रतिभा क्यों गँवाई जाए?" नतीजे में उसे घर के काम से घृणा, रसोई से नफ़रत, पति-सेवा से अपरिचय है, और फिर भी मेरा घर (मेरी मेज़ के सिवा, जिसे मैंने अनेक सप्ताहों के गृह-युद्ध के बाद 'स्वतंत्र-द्वीप' की मान्यता दिला दी है) कैसे व्यवस्थित और करीने से रहता है और मेरे बावजूद रहता है—यह मेरे लिए अत्यन्त सुखद अनुभव है। टूटे बटनों के सिवा, मुझे प्रायः अहसास भी नहीं होता कि मेरी सेवा नहीं की जा रही है। शायद इसका कारण यह है, कि शुरू से ही मन्नू ने मुझे ऐसा इम्प्रेशन नहीं दिया कि वह मेरी सेवा करेगी। जिन दिनों मैं अकेला, एक कमरा लेकर कभी गड़ियाहट, कभी हिन्दुस्तान-पार्क में रहता था—उन दिनों भी अपने सारे बचकाने-रोमांटिक सपनों के बावजूद, मन्नू ने न तो कभी मेरे कमरे को व्यवस्थित किया, न मेरी किताबें जमाईं, न कपड़ों की मरम्मत की, न कभी बटन लगाए। उन दिनों भी वह अपनी कहानियाँ और क्लास ही दिमाग़ में लेकर आती थीं वरना मैंने तो शरतचन्द्र इत्यादि से यही सीख रक्खा था, कि प्रेम की पहली स्टेज में अकसर लड़कियाँ अपने प्रेमियों के अव्यवस्थित कमरों को ठीक करती हैं, और इस प्रकार मातृत्व-भाव से प्रणय-भावना को पाती हैं। उन दिनों भी, मुझे याद है: एक बटन लगाने की ज़िद पर मैं उससे एक हफ़्ते को लड़ बैठा था। बल्कि उन्हीं दिनों जब मेरे एक दिल्लीवासी मित्र की कृपा से, कुछ समय के लिए मेरा कमरा अचानक 'व्यवस्थित' हो उठा था तो दीदी, मन्नू और सुशीलाजी ने मेरी इस 'हरक़त' पर ऐसा वातावरण बनाया, कि 'व्यवस्थापक' महोदय आज भी अपनी ग़लतफ़हमी को छाती से चिपकाए कहीं घूम रहे हैं।

बहरहाल, इस तरह मेरे दिए हुए सारे इम्प्रेशन मन्नू के दिमाग़ से उतर गए हैं, लेकिन अपने इम्प्रेशन को वह सफलतापूर्वक आज भी निभाए जा रही है। वह चाहे अपने से अलग मेरे लिए किसी भी स्वतंत्र ज़िदंगी की छूट देने को तैयार न हो, लेकिन मैं शायद कभी अपने आपको कहीं एस्मर्ट नहीं करता। इसलिए अभी तक तो हम लोग परम्परागत अर्थ में पति-पत्नी हैं ही नहीं। वह मेरे सामने पत्नी के रूप में न आकर मित्र के रूप में ही आती है...ऐसे दो मित्र, जिनकी समानान्तर चलती ज़िन्दगी एक ही छत के नीचे गुज़र रही है और किसी भी दिन ये छतें दो हो सकती हैं। हमारी रुचियाँ, आदतें, स्वभाव, रहन-सहन, मनोरंजन, सभी कुछ प्रायः एक-दूसरे के विरोधी हैं, लेकिन उन्हें लेकर आज तक शायद ही कभी हम लोगों में मत-भेद हुआ हो। अब तो यह नियम ही हो गया है कि मेरे सारे विरोधी मन्नू के मित्र हों, या यों कहूँ कि मेरे सारे विरोधियों को तलाश करके वह उन्हें अपना मित्र बना ले, और उन्हें अपने निष्कपट व्यवहार से जीत ले। निरस्त्र कर देने वाली सरलता और स्वार्थ-हीन उदारता चूँकि मुझमें बिलकुल नहीं हैं, इसलिए मन्नू में मुझे

आवश्यकता से अधिक लगती हैं। अकसर मुझे लगता है, बड़े-बड़े आधुनिकों से अधिक आधुनिक और प्रयोगवादी साथ है, मेरा और मन्नू का...लेकिन अपने सारे आधुनिक दृष्टिकोण के बावजूद, मन्नू भीतर से वही सदियों पुरानी दक़ियानूस पत्नी है...''मैं सब सह सकती हूँ, बस एक जगह...मुझे एकनिष्ठ और एक्सक्लूसिव प्यार चाहिए...।'' इसी नुक़्ते पर हर समय एक शंका और तनाव का वातावरण।

इस रूढ़-संकीर्णता और मन्नू की व्यवहार एवं विचारगत उदारता में मुझे कहीं कोई तर्क या संगति नज़र नहीं आती। वस्तुतः वह तीव्र अन्तर्विरोधों का शिकार है। साहस का यह हाल है कि बड़े-से-बड़े आदमी के मुँह पर टके-सा जवाब पकड़ा देगी, लाख विरोधों के बावजूद अपने मन का करेगी (मेरे साथ शादी इसी दुस्साहस का परिणाम है) अत्यन्त निर्भयता और निडरता से, जो कहना होगा कहेगी (जैसे बिड़ला-कॉलेज में पढ़ाते हुए ही पूँजीपतियों को गालियाँ) लेकिन घर का ताला खोलने के बाद, पहले मैं ही भीतर जाकर रोशनी जलाऊँगा, फिर डरते-डरते वह प्रवेश करेगी, छिपकली कूदने से उछलकर मेज़ पर जा चढ़ेगी।

मन्नू के जिस गुण के सामने मैं अपने को निहायत छोटा महसूस करता हूँ—वह यही निःस्वार्थ-उदारता है। रुपया-पैसा, सामान, साड़ी-कपड़े, गहनों को लुटाने की हद तक उदारता देखकर मेरा खून जल जाता है। जिसको जो चीज़ हमारे घर पसन्द आ जाती है (मेरे सिवा) वह प्रायः उसे दे दी जाती है। जरा साड़ी मन से उतरी नहीं, कि आया को दे दी। कुली, रिक्शेवाले, टैक्सीवाले, ठग, दुकानदार सभी प्रसन्न, मन-ही-मन कुढ़ रहे हैं सिर्फ राजेन्द्र यादव...इसे भाँपकर मानो मुझे समझाती है—''अरे क्या है, कौन हमारी तकदीर ले जाएगा... ?'' ''जयदेव अकसर नाराज़ हो जाता था—यह लीला तीन बार आपसे बुरी तरह लड़कर गई, फिर आपने उसे इस बार शॉल-साड़ी क्यों दे दिए?'' अगले दिन देखता हूँ कि जयदेव साहब मेरी कार्डरॉय की पेन्ट और शार्कस्किन की बुश्शर्ट बग़ल में दबाए, अपनी साइज़ का बनवाने के लिए किसी सस्ते-से दर्ज़ी की तलाश में घूम रहे हैं। देखते ही आकर्ण दाँत दिखाकर कहते हैं—''हमें बीबीजी ने दे दिया!'' आस-पास के बंगाली समझते हैं, कोई बेवकूफ़ मारवाड़ी आ गए हैं। इस उदारता के यश का ही परिणाम है, कि हफ़्ते-भर को घर अकेला छोड़ो कि चोरी। तीन बार चोरी हुई। पहली बार रेडियो, टाइपराइटर, गहने चले गए, तो अगली बार किताबों-कपड़ों और बर्तनों के सिवा कुछ बचा ही नहीं—'चलो पाप कटा, मुझे यों भी गहनों का शौक नहीं है।'' घर में जो भी तत्काल काम की चीज नहीं है उसे फेंको, किसी को दे दो—'क्या होगा खटारे का? अगर सभी लोग यों ही दबा-दबाकर बैठ जाएँगे तो चीज़ों और पैसों का सर्कुलेशन कैसे होगा?' किसी दिन धोबिन बुढ़िया गठरी बाँधे चली जा रही है—''घर में मेरे, तुम्हारे और टिंकू के बहुत-से बेकार कपड़े पड़े थे, उसे दे दिए। मुहल्ले में

बाँट देगी या किसी के काम आ जाएँगे।'' अगले दिन खाना बनाने वाली, ख़ाली टीन, दाल-मसाले लिए चली जा रही है...फेंको! फेंको! नई-से-नई चप्पलें, पर्स, मेज़ के प्लास्टिक-कवर, शीशियाँ, क्रॉकरी—फेंको! घर में 'फेंकोवाद' का कुछ ऐसा पहाड़ा चलता रहता है, कि जब भी मैं बाहर जाता हूँ? मन में शंका बनी रहती है: 'देखें, आज क्या चीज़ फेंकोवाद का शिकार हुई?' मज़ाक भी करता हूँ—''इस घर में सबसे फालतू मैं ही हूँ, सो किसी दिन तुम्हारे फेंकोवाद का शिकार मैं ही न हो जाऊँ...! और हम दोनों इस बात से सहमत हैं कि 'असल में हम लोगों में से कोई भी गृहस्थी के लायक नहीं है। हमें तो किसी होटल में रहना चाहिए, जहाँ सभी कुछ मिल जाए, और कुछ भी अपना न हो...कौन इस सबकी देखभाल करे...न मुझे ताला-चाबी में विश्वास है, न ताक-झाँक में। जो जिसका मन आए सो करो। हमारा तो विश्वास है कि जो ले जाएगा, सो उसके काम में ही आएगा। चीज़ जल-टूट जाए तो अफ़सोस होता है, लेकिन जो आपके नहीं सही, दूसरे के काम में आ रही है, उसका क्या अफ़सोस?'' यानी कहीं आने-जाने पर मुझे ही ध्यान रखना पड़ता है, कि क्या बन्द है और क्या खुला। पर्स और पत्र सँभालना तो मेरे कर्तव्यों में से एक हो गया है। नौकर या मैं, कोई भी चाहे तो पाँच-सात रुपए—जब मन हो तब पर्स में से साफ़ कर सकता है। अगले दिन कॉलेज या बाहर जाने के समय से पहले मन्नू को ध्यान ही नहीं आता कि पर्स कहाँ छोड़ा था। माइन्ड-इट, बी.जी. होने की योग्यता का मुझमें नितान्त अभाव पाया गया है, इस सबके बावजूद।

मगर मुझे लगता है कभी-कभी कि यह मन्नू की उदारता नहीं है, उसकी मूलभूत प्रकृति, अधीरता ही की एक अभिव्यक्ति है। अधीरता अर्थात् असहिष्णुता... मन्नू का दूसरा नाम है। कोई भी काम मन के ख़िलाफ़ हो जाए, यानी अनुकूल न हो—मन्नू की ज़िन्दगी बेकार और बेमानी नज़र आने लगती है। बड़े उत्साह से कहीं जाने को घर से निकलते हैं, बसों की भीड़ देखकर टैक्सी की बात तय होती है, पाँच मिनट कोई टैक्सी नहीं मिलती—लीजिए साहब, जाने का सारा उत्साह ही ख़त्म—''घर लौट चलें, अब हम नहीं जाते...।'' किसी के यहाँ खाने पर गए, खाना खाया और फिर ताश या शतरंज खेलने बैठ गए, लीजिए मन्नू का मूड ख़राब! सिनेमा जाओ, हॉल में बैठो, और खेल ख़त्म होते ही सीधे घर। इसी अधीरता और असहिष्णुता का नतीजा है कि जाने कितने उपन्यास, तीन-तीन पृष्ठों से आगे आज तक नहीं लिखे गए। बोल-बोलकर सोचना, योजनाएँ बनाना तो उसे प्रिय है ही, उस समय मैं कुछ भी टिप्पणी करने के बजाय यही सोचता हूँ कि इसकी जगह नई संशोधित योजना कब आएगी।

पहले प्राय: बिलकुल नहीं पढ़ती थी, कॉलेज में आने के बाद काफ़ी पढ़ना शुरू कर दिया है। विशेषकर जब वह रस-सिद्धान्त से सिर-फोड़ रही होती है तो

करुण-रस की साकार प्रतिमा लगती है। मन में आता है, कहाँ यह बेचारी इन स्कूली किताबों और टीचराना नोट्स के चक्कर में पड़ी है, इसे तो एक-से एक नई-नई चीज़ें लिखनी चाहिए। सो गहरा लिखने के लिए ज़िन्दगी को बँधे दायरों के बाहर जाकर जीना, देखना और समझना पड़ता है। दूसरों के भोगे हुए को अपना अनुभव बनाना पड़ता है—यह बात कभी भी उसकी समझ में नहीं आ सकती। मैं चाहता हूँ कि वह दुनिया की अच्छी-से-अच्छी कृतियों को पढ़कर अपनी निगाह और क़लम को निखारे और केवल छोटी-मोटी कहानियों-चुटकुलों में ही अपनी प्रतिभा को बर्बाद न कर दें...सो मन्नूजी में इतना धैर्य कहाँ? "मरे तीन-तीन मंजिलें तो नाम होते हैं। पता ही नहीं चलता कौन आया, कौन गया, किसने कहा, किसने सुना?" मुझे गुस्सा आ जाता है—इतनी आसानी से नाम हो गया है न, सो तुम्हें क्या पता कि यह लोगों के लिए कितना अकल्पनीय और संघर्ष-सिद्ध स्वप्न है।..." उसकी बातें सुनकर और सारे व्यवहार को देख-देखकर प्राय: हँसी भी आती रहती है कि इस संक्षिप्त और बक़ौलखुद, 'एज-प्रूफ़' शरीर में ये सब बातें और खुराफ़ातें कहाँ से और कैसे आती हैं? उसकी बातें सुनकर मुझे हमेशा ऐसा लगता है—जैसे रेडियो में एक ही मीटर पर कई स्टेशन एक-दूसरे को ओवर-लैप कर रहे हों! पहले वह जिस तरह खुलकर और खिलखिलाकर हँसती थी, आजकल नहीं हँसती। उसके कथनानुसार इसका ज़िम्मेदार भी मैं ही हूँ। लेकिन मेरे कम लिखने और अपने बिलकुल न लिखने की ज़िम्मेदार वह स्वयं है, इस बात को वह कभी स्वीकार नहीं करती...इसके लिए कभी-कभी सचमुच बहुत दु:खी भी हो उठता हूँ— "औरों की तरह यह घर और मेज़-कुर्सी ला जुटाने के लिए हम लोग साथ नहीं आए थे, लिखना और अधिक अच्छा लिखने का वातावरण बनाने का विश्वास ही हमें निकट लाया था...लेकिन...।"

मन्नू के बारे में मैं चाहे जो कुछ भी सोचूँ, लेकिन वह मेरे बारे में क्या सोचती है, यह मैं बहुत अच्छी तरह जानता हूँ। उससे संसार के सबसे अधम व्यक्ति का नाम पूछा जाए तो निस्संकोच कहेगी—"राजेन्द्र यादव!" उसी साँस में उससे संसार के सर्वश्रेष्ठ व्यक्ति का नाम पूछा जाए तो बेलाग कहेगी—"राजेन्द्र यादव!!" हाँ, हो सकता है उसे इस समय मुझे सर्वश्रेष्ठ व्यक्ति मानने में संकोच हो, क्योंकि यह सब मैं 'गुंडों की राष्ट्रीय-पोशाक' यानी लूँगी-बनियान पहनकर लिख रहा हूँ और जो भी यह कपड़े पहनता है, उसका कोई गुण मन्नू को स्वीकार्य नहीं है। पता नहीं किसने कहा था—पति के रूप में सर्वगुण-सम्पन्न मर्यादा-पुरुषोत्तम राम की कल्पना करते हुए, हर स्त्री कहीं मन में यह विश्वास भी पाले रहती है कि उसे वह अपने मन-मुताबिक़ ढाल लेगी, और इस 'ढलाई' की प्रक्रिया में जो लेख लिखा जा रहा है, उसकी आप अन्तिम पंक्ति पढ़कर सम्पूर्ण कर रहे हैं...

एक 'अस्तित्व'वादी कथाकार अमरकान्त

अमरकान्त की कहानियाँ या साहित्य पर मैं क्यों लिखूँ? वह मुझे क्या देगा? उससे मुझे कोई हिसाब भी नहीं चुकाना। न वह किसी महान-साहित्यिक लोकप्रिय पत्रिका का सम्पादक है, न अफ़सर या अध्यक्ष। सच पूछिए तो मैं किसी को बताना भी नहीं चाहता कि मुझे उसकी कहानियाँ पसन्द हैं। क्यों हमेशा उसे ही अच्छी कहानी लिखने का श्रेय दिया जाए? मैं तो चुप रहूँगा और अगर कभी ज़िक्र भी आया तो विषय बदल दूँगा। दुष्ट को ज़िन्दा रहने की सज़ा और अच्छी कहानियाँ लिखने का मज़ा तो देना ही होगा। जी नहीं! साहित्य-वाहित्य की बकवास आप कहीं और कीजिए, मुझे तो सीधी बात बताइए कि हमारे 'गेम' में वह फ़िट कहाँ होता है? फिर मेरी उसके साथ कोई ऐसी ख़ास दोस्ती भी नहीं है। थोड़ा-बहुत परिचय है, सो उसे भी मुद्दतें गुज़रीं...

और जिस व्यक्ति से मेरा परिचय हुआ था, उसका नाम श्रीराम वर्मा था, अमरकान्त था भी नहीं। प्रगतिशील लेखक-संघ की मीटिंग में दो लड़के आए थे: श्रीराम वर्मा और विश्वनाथ भटेले। 'सैनिक' में काम करते थे। भटेले बहुत बोलता था, लड़ने-मरने को तैयार रहता था और रोज़ एक कहानी लिख डालता था। वर्मा चुप रहता, मुस्कराता रहता और कभी कोई कटखना फ़िकरा उछाल देता। बहस में भी, बहुत आग्रह करने के बाद, अन्त में निर्णयात्मक अन्दाज़ से, कुछ शाश्वत लगने वाले वाक्य से बात समाप्त कर देता। स्वाभाविक था कि फिर सब चुप हो जाते, और जब यह चुप्पी बोझिल हो जाती। तो हो-हो करके बहुत मोटे गले से हँसने लगता और अकसर बनावटी लगता। एक ख़ास तरह का माहौल बनाकर, या अपने किसी अप्रत्याशित निर्णय से सुननेवालों को चकित या प्रभावित करके, एक चुस्त फ़िकरे या हँसी से सबको छिन्न-भिन्न कर देना वर्मा को उन दिनों भी—उसकी चुप्पी के बावजूद काफी नाटकीय बनाए हुए था। अकसर बातचीत 'सैनिक' के

सम्पादक या अपने किसी सहयोगी के बारे में होती, और तब वर्मा अपने सर्वश्रेष्ठ रूप में होता। वह हमेशा उस शैतान और दुष्ट बच्चे का-सा कुतूहल पैदा करता था, जो अवसर की घात में सज्जनता का अभिनय कर रहा हो। गले में मफ़लर की फाँसी लगाए वह काफी आत्मतुष्ट दिखाई देता और ख्वाहमख्वाह औरों के भीतर बेचैनी पैदा करने का आनन्द चुघलता। वह कहानी भी लिखता है—यह तो हम लोग सोच भी नहीं सकते थे।

हाँ, वर्मा ग़ज़ल बहुत अच्छी गाता था, और हर मीटिंग या बैठक का एक जरूरी प्रोग्राम उसकी ग़ज़ल ही होता था—'मुझसे न पूछ मेरा हाल, सुन मेरा हाल कुछ नहीं...मेरे लिए जहान में माज़ी और हाल कुछ नहीं...' हम लोगों को बहुत प्रिय थी। आगरे के किसी भी हिस्से में, श्रीराम वर्मा और विश्वनाथ भटेले की यह सुन्द-उपसुन्दी जोड़ी कहीं भी मिल जाती। उधर मैं और राजेन्द्र शर्मा साथ होते। परम पत्नी-भक्त और समय की क़ीमत समझनेवाला राजेन्द्र शर्मा किसी-न-किसी बहाने खिसक लेता, और हम लोग परिचितों-मित्रों की निन्दा-प्रशंसा में लीन हो जाते। कभी वर्मा के यहाँ चाय-पकौड़े का प्रोग्राम बन रहा है, कभी शास्त्री के रेस्त्राँ में आमलेट-कॉफ़ी का। कभी बेकार ही हीवेट-पार्क या दयालबाग वाली पुलिया पर रात को देर तक बैठे ग़प्पें लड़ा रहे हैं, योजनाएँ बना रहे हैं। ऐसी ही एक चाँदनी रात को भटेले ने पुलिया पर बैठकर—'जहाँ लक्ष्मी क़ैद है' की कहानी सुनाई थी, और उन दोनों ने मिलकर लिखित और ज़बानी इस बात की खिंचाई की थी कि 'अज्ञेय' जैसे प्रतिक्रियावादी की पत्रि में मेरी रचनाएँ क्यों छपती हैं। उन्हीं दिनों दो मीटिंगों में वर्मा ने कहानियाँ सुनाईं—'गले की जंज़ीर' और 'सन्त तुलसीदास' के चमत्कारी शीर्षक और छद्म-गम्भीर शैली ने हम लोगों को चौंका दिया। फिर हम लोग बिखर गए...कलकत्ते में पत्र मिला—'मैं अमरकान्त हो गया हूँ।' मैंने सोचा बदमाश अब गम्भीर होने की कोशिश कर रहा है। मेरी कहानियों की प्रशंसा वह प्राय: इस प्रकार की पंक्तियों में करता—'बहुत सोचने पर मैं इस निर्णय पर पहुँचा हूँ कि 'जहाँ लक्ष्मी क़ैद है' को सोचने में तेरी नाक ज़रूर 'हाथी की सूँड़ जैसी हो गई होगी...'

इलाहाबाद उन दिनों केन्द्र था, और त्रयी बनाने का इलाहाबादियों को पुराना रोग है। दुष्यन्त, मार्कंडेय, कमलेश्वर की त्रयी—परिमलियन-त्रयी के साथ-साथ सुनाई देती थी—फिर नई कहानी के नाम से हम लोगों की 'त्रयी' आ गई। अमरकान्त इस सबमें कहीं नहीं था। उसकी सिर्फ कहानियाँ आती रहती थीं। कभी-कभी भैरव, शेखर जोशी और अमरकान्त का नाम सुनाई देता था...कलकत्ते से आगरा-दिल्ली आते-जाते मैं अमरकान्त के साथ रुकता, और वह मुझे हमेशा ही बड़ा अलग-अलग या आत्मकेन्द्रित-सा दिखाई देता। इलाहाबादी हलचल—और

चुप्पा अमरकान्त। अवैध-संभोग के समय पास बैठकर देखता। कोई कुत्ता-घोड़ा या बैल, अपनी 'सब कुछ समझनेवाली' निगाहों से जैसी बेचैनी पैदा कर देता है—कुछ-कुछ वही भाव अमरकान्त देता था। दुष्ट एक्सप्रेशन और चुस्त रिमार्क...हमेशा लगता—यह जानता-समझता सब है, या तो बोलता नहीं है या बोलना नहीं जानता...

मैं जब-जब अमरकान्त की कहानियों पर सोचता हूँ, तो मुझे हेमिंग्वे के उपन्यास 'फ़ेयरवेल टु द आर्म्स' का एक हिस्सा याद आता है। एक जगह नायिका शेक्सपियर का उद्धरण देती है,—"कावर्ड्स डाइ मेनी ए डेथ, ब्रेव बट वन।" नायक कहता है—"जिसने ये पंक्ति लिखी है, वह बेहद डरपोक और इन्तहा बुज़दिल आदमी रहा होगा।" —'कैसे?" —नायिका पूछती है। "साफ़ है, डरपोकों के बारे में यह इतना कुछ जानता है, और बहादुरों को एक शब्द में टरका देता है।" शब्द चाहे जो हों, बातचीत का भाव यही था। अमरकान्त भी टुच्चे, दुष्ट और कमीने लोगों के मनोविज्ञान का मास्टर है। उनकी तर्क-पद्धति, मानसिकता और व्यवहार को जितनी गहराई से अमरकान्त जानता है, मेरे ख़याल से हिन्दी का कोई दूसरा लेखक नहीं जानता। श्रीलाल शुक्ल ने ज़रूर 'मकान' में उस ऊँचाई को छूने की सराहनीय कोशिश की है। स्थिति और घटना कोई भी हो, अमरकान्त उसके या उससे जुड़े हुए लोगों के इसी पेटी या टुच्चे पक्ष पर अंगुली रखता है, और मुझे उसकी यही चीज़ सबसे अधिक आकर्षक लगती है। पहले वह इस टुच्चेपन की ओर संकेत करता है, फिर रेखांकित करने लगता है, फिर रस लेते हुए, तटस्थ वर्णन के दौरान कब सैडिस्ट हो जाता है, पता नहीं चलता। आप सचेत होते हैं उस समय, जब इस सैडिस्ट खिलवाड़ में कोई नाजुक, मानवीय और नन्ही-सी चीज़ कुचलकर दम तोड़ देती है। अमरकान्त उधर न देखने का पोज़ लेकर चलता चला जाता है, मगर आप जानते हैं कि भारी बूट के नीचे अभी-अभी कुचल गई नन्ही चिड़िया—आपके भीतर छटपटाने लगी है। बेहद अचूक लेकिन बहुत खतरनाक टेकनीक है—और इसका सर्वश्रेष्ठ इस्तेमाल 'पलाश के फूल', 'बहादुर', 'हत्यारे' या 'दुर्घटना' जैसी कहानियों में देखा जा सकता है। मुझे नहीं मालूम, चेख़व के सिवा इस टेकनीक का उपयोग किस दूसरे कथाकार ने इतने प्रभावशाली ढंग से किया है।

अमरकान्त इस अर्थ में सामाजिक जागरूकता का कथाकार नहीं है कि उसने दलितों, शोषितों या पीड़ितों पर—'हाय तुम लोगों की भी क्या ज़िन्दगी है' के बौद्धिक विगलन से कहानियाँ लिखी हैं। मुझे उसकी ऐसी एक भी कहानी याद नहीं है। निम्न-मध्यवर्गीय दयनीयता, असफलता और असहायता के बीच, उस सबका हिस्सा बनते हुए उसने कहानियाँ लिखी हैं। आर्थिक रूप से विपन्न, आधी ओढ़ने आधी निचोड़ने वाले बुजुर्ग, छोटे क्लर्क या बेकार नवयुवक अमरकान्त के प्रिय पात्र हैं, और अभाव किस तरह नैतिकता और संस्कारों को स्तर-स्तर तोड़ता है—

इसका सशक्त अध्ययन-क्षेत्र है। मान लीजिए, किसी भव्य समारोह में कोई फ़टीचर क्लर्क या मास्टर—जैसे-तैसे शामिल होने की तिकड़म भिड़ा ले, और फिर खुद ही अपनी ओर दूसरों की निगाह में गौरवान्वित महसूस करे, लेकिन वहाँ जाकर अपने कोट या जूते के फटेपन को छिपाने की कोशिश करे, अपने आत्म-विश्वास को साधने के तर्क ईज़ाद करे—उसके ये सारे शारीरिक और मानसिक प्रयास ही अमरकान्त की कहानी बनाते हैं। या तो वह सीधे इसी व्यक्ति पर कैमरा टिकाता है, या उस व्यक्ति पर जो इससे घनिष्ट रूप में जुड़ा है, लेकिन यहाँ उसे पहचानने से इनकार कर रहा है। हो सकता है, यह व्यक्ति भी खुद उसी मानसिकता से गुज़र रहा हो, लेकिन ऊपर से इसकी विपन्नता का मज़ाक उड़ा रहा है—किसी विशेष स्थिति में अपनी असमर्थता, असहायता और बुद्धिहीनता को ढँकने, नकारने या भुलाए रखने में जो-जो तर्क या भ्रान्तियाँ निम्न-मध्यवर्गीय व्यक्ति काम में लाता है—उन सबका अमरकान्त को अद्‌भुत ज्ञान है। इन तर्क और भ्रान्तियों की स्वाभाविक परिस्थिति—यानी तिकड़मों और हथकंडों का इसतेमाल अमरकान्त के इस पात्र को 'सामाजिकता' से जोड़ता है। 'घुड़सवार' का पात्र अपनी जिस कमी को हफ़्ते भर में जीत सकता था, उसके लिए दुनिया भर में घोड़े दौड़ाता फिरता है। अमरकान्त इस सारी मानसिकता को जैसे आर-पार देखता है, और चूँकि इतनी सफ़ाई से 'देख' सकता है, इसलिए उस पर हँसता और उसका मज़ा लेता है। वह इस सबकी मजबूरी और अनिार्यता को भी समझता है और व्यर्थता को भी। बल्कि व्यर्थता का यह ज्ञान ही उसे बेहद तटस्थ, क्रूर होने या इस सबका मज़ाक उड़ाने, खिंचाई करने की सामर्थ्य देता है।

जिसे मैं टुच्चापन और कमीनापन कहता हूँ, वह हमेशा अपने आपको दूसरों की निगाहों से देखने का परिणाम है। चाहे तो इसे तटस्थ दृष्टि कह लें। अमरकान्त के अधिकांश पात्र अपनी समस्याओं, स्थितियों या सपनों में उलझे-फँसे और डूबे हुए लोग हैं—और उन्हें जब दूसरों की निगाह से देखा जाता है, तो उनकी सारी छोटी-छोटी कोशिशें, हास्यास्पद चेष्टाएँ बनकर रह जाती हैं। जाड़ों में कभी-कभी बच्चे, छोटे-छोटे पिल्लों को सुबह-सुबह पानी में फेंक देते हैं, और किनारे पर आकर निकलने के उनके सारे प्रयास उन्हें इतने मज़ेदार लगते हैं, कि हर बार किनारे पर जमे उनके पंजों को हटाकर उन्हें पानी में सरका देते हैं और तालियाँ बजाकर हँसते हैं। कभी-कभी अमरकान्त अपने पात्रों से ऐसा ही खिलवाड़ करता हुआ लगता है। लेकिन खुद भी उनके बीच होने का एक ऐसा लगाव भी उसके यहाँ है, कि ये कसाई की ठंडी निगाहों की नहीं, डॉक्टर की तटस्थ दृष्टि की याद दिलाती हैं। अगर यह तटस्थ दृष्टि या सामाजिक चेतना उसके पास नहीं होती, तो निश्चय ही उसके पात्रों का टुच्चा-कमीनापन, कुंठाओं, विकृतियों, संत्रास की मृत्यु-भोगी

नियतियों में समर्पित कहानियों के रूप में प्रकट होता। अपने को अपनी ही निगाह से देखना—आत्मदया, सेल्फ़ जस्टिफ़िकेशन और कुंठाओं के महिमान्वीकरण को जन्म देता है। उसकी कहानियों में उन स्थितियों की कमी नहीं है, जिन्हें हम 'अस्तित्ववादी' स्थितियाँ कहते हैं। इसे बताने की ज़रूरत नहीं है कि उसकी कहानियों में सेल्फ़-जस्टिफ़िकेशन अपेक्षाकृत सफल, जमे हुए और तथाकथित इज़्ज़तदार लोगों की ओर से आया है, और उनके माध्यम से उसने विलक्षण सामाजिक व्यंग्य दिए हैं। लाठी, तिकड़म या पैसे के बल से राय साहब, कच्ची उम्र की अंजोरिया को एक कीचड़ में घसीटते हैं, और फिर बड़ी आसानी से किसी माया, शैतान या दुःस्वप्न से छूट जाने पर अपनी ही पीठ ठोंकते हैं, और भगवान की इस कृपा पर गद्‌गद होते हैं...या प्रिंसिपल रामकिशोर की सहज मानवीयता, ईमानदारी और कर्तव्यनिष्ठा की पीठ पर पाँव रखकर बिमल बाबू (अन्तरात्मा) अपनी सफलता में परम सन्तुष्ट हैं। नामवर ने अमरकान्त को अन्डर-स्टेटमेन्ट का कथाकार कहा है, शायद उन दिनों उन्होंने हेमिंग्वे पर कोई समीक्षा पढ़ी थी। मैं उसे खलनायकत्व का कथाकार कहना ज़्यादा पसन्द करूँगा। वह या तो सीधे ही टुच्चे स्वार्थी, घटिया और ओछे पात्र को केन्द्र बनाकर कहानी कहना चाहता है, या फिर शीघ्र ही, स्थिति के सन्दर्भ में मनुष्य के इसी पक्ष को पकड़ लेता है।

लेकिन मनुष्य के छोटेपन के साथ-साथ, वह छोटे मनुष्य का कथाकार भी है। व्यक्तित्व की लड़ाई से नीचे उतरकर अस्तित्व के लिए लड़ते लोग, उसकी कहानियों को एक और आयाम देते हैं। इस प्रकार की कहानियों को 'ज़िन्दगी और जोंक' के केन्द्र से समझा जा सकता है। ज़िन्दा रहने की मुक्तिहीन मजबूरी, अस्तित्व को साधे रखनेवाले एक-एक तार के टूटते जाने पर भी पीछा नहीं छोड़ती। परिचय, पहचान या आइडेंटिटी के पूरी तरह छिन जाने क बाद, ज़िन्दगी और मौत का चूहे-बिल्ली वाला गुमनाम खेल किस तरह नितान्त पाशविक धरातलों और प्रयासों पर भी चलता रह सकता है—इस बात को समझने के लिए मनुष्य के न-मरने में भयानक आस्था की ज़रूरत है। यह 'अज्ञेय' के देवीसिंह वाली बौद्धिक आस्था नहीं है, जहाँ मनुष्य के हाथ-पाँव कट जाने पर भी जीवन की इच्छा होने की बात कही गई है। यहाँ तो व्यक्तित्व की पहचान और भी निखरकर सामने आती है—जीने के अहंकार के रूप में। ज़िन्दगी और जोंक' में तो खुद ज़िन्दगी को चकमा देकर ज़िन्दा रहने की अभिशप्त नियति है। रजुआ को पता भी नहीं है कि उसे क्यों ज़िन्दा रहना चाहिए, और ज़िन्दा रहना चाहिए भी या नहीं।

अमरकान्त के ये सारे पात्र ज़िन्दगी से इसी तरह चिपके हैं। कभी आशा और कभी पराजय में यह पकड़ छूट जाती है, लेकिन जल्दी ही फिर वहीं जा चिपकते हैं—और इसी क्रूर खेल में वे दूसरों से जुड़ते और टूटते भी हैं। वे माँ भी हैं और बाप

भी—'डिप्टी कलेक्टरी' और 'दोपहर का भोजन' में यह खेल बहुत महीन स्तरों पर चलता है। अमरकान्त का शायद ही कोई पात्र, अपनी नियति या स्थिति को बदलने की बात सोचता या करता हो। जहाँ-जहाँ ऐसा हुआ वहाँ उठे हुए उबाल की तरह फ़ौरन ही ठंडा हो गया है। प्रयत्न की व्यर्थता समझने वाला लेखक इस उबाल को मज़ाकिया अन्दाज़ से बताता है। अभाव, पराजय, टूटन और घुटन के बीच भी अमरकान्त का कोई पात्र आत्महत्या या हत्या करने की बात भी इसलिए नहीं सोचता, कि वह हमेशा बहुत गहरे में दूसरों से जुड़ा है। अपवाद सिर्फ़ रजुआ लगता है। मैं आज तक तय नहीं कर पाया कि 'ज़िन्दगी और जोंक' जीवन के प्रति आस्था की कहानी है, या जुगुप्सा, आस्थाहीनता और डिसगस्ट की। यहाँ ज़िन्दा रहने को जिस पाशविक या जैविक धरातल पर उतरकर देखा गया है, वह सचमुच दहला देने वाला है। आस्था शब्द यहाँ काफ़ी छोटा पड़ जाता है। आस्था मुझे अस्तित्व से कुछ अलग जैसी चीज़ लगती है, क्योंकि उसे अपने भीतर पहचाना या पोसा जाता है। गाय का बछड़े के प्रति भाव—मातृत्व में आस्था नहीं है, उसका 'होना' है। बचपन में मैंने शिकारियों को देखा था। वे जंगली कबूतरों के बच्चों को पकड़ लेते थे, और उन्हें दिखाकर बड़ी आसानी से माँ-बाप को बुला लेते थे। जानते-बूझते हुए भी कैसे ये कबूतर-कबूतरी उनकी पकड़ में आ जाते थे, यह दिल दहला देनेवाला दृश्य था। चंगुल में आते ही, गर्दन मरोड़-मरोड़कर एक तरफ़ ढेर लगता जाता था। यहाँ माँ की आस्था कहाँ है? आस्था को तो आप बड़ी आसानी से छोड़ सकते हैं। यह तो खुद ज़िन्दगी है, और इसका साक्षात्कार सिर्फ़ आतंक पैदा करता है। अमरकान्त की कहानियाँ इसी आतंक की कहानियाँ हैं।

अभावग्रस्त होना एक स्थिति है, और ग़रीब होना एक मानसिकता। बहुत समृद्धि और अभावहीनता में भी ओछे, तुच्छ, टुच्चे और स्वार्थी—यानी सब मिलाकर 'दरिद्र' हो सकते हैं। अमरकान्त के यहाँ भी ये ग़रीब—सम्पन्न और अभावग्रस्त दोनों जगह हैं। लेकिन मुख्य सरोकार और आत्मीयता उसकी निम्न-मध्यवर्ग के साथ है। अभावों के बीच भी ये पात्र नैतिकता, महानता, आदश इत्यादि को तोड़ते नहीं, अपने भीतर टूटता हुआ देखते हैं। वे ईमानदारी से उनसे चिपके रहना और उन पर विश्वास करना चाहते हैं, लेकिन ये सारे मूल्य हैं कि खोखले होते चले जा रहे हैं। इस वास्तविकता और व्यर्थता को जानते हुए भी, लोग इन शब्दों से दूसरों को बेवकूफ़ बनाते हैं, अपने भीतर नैतिक बल होने का भ्रम पालते हैं, और असम्भव सपनों में (फैंटेसियों में नहीं) स्थिति की इस भयावहता को भूल जाना चाहते हैं। मगर वास्तविकता का एक धक्का हड्डी-पसली एक कर जाता है। आशा की एक हल्की-सी किरण को देखकर ये उत्साहित हो जाते हैं, दुनियाभर के सपने पालने लगते हैं, उसके टूटते ही फिर ज़मीन पर—हाथ-पाँव झाड़कर फिर वही

ज़िन्दगी की घिसटन—पानी के सहारे आधे कौर का दोपहर का भोजन...। और इन सारे प्रयासों में वे दयनीय कम, हास्यास्पद और बेवकूफ़ अधिक दिखाई देते हैं—क्योंकि लेखक के साथ-साथ स्थिति की एब्सर्डिटी या अर्थहीनता इनसे खुद भी छिपी नहीं है। वे सिर्फ़ पक्के तौर पर एक-दूसरे को इस्तेमाल करके झूठा सन्तोष पाने के सिवा और कुछ नहीं कर सकते...पशुत्व के धरातल पर अपने अस्तित्व की मूलभूत समस्याओं से जूझते इन लोगों की हर कोशिश, अमरकान्त को आसपास के किसी जानवर की याद दिलाती है। इस सबकी अनिवार्यता और व्यर्थता दोनों को लेखक बहुत अच्छी तरह समझता है।

जिस तरह की दम-तोड़ स्थितियों का कथाकार अमरकान्त है, उनमें प्रेम, प्रेम के पैंतरे या स्त्री-पुरुष के सम्बन्धों की बारीक़ियों की गुंजाइश कम ही है। कभी कुछ पनपता भी है तो बहुत डरा-सहमा, बीमार और असमर्थ। प्रेमचन्द की तरह, इस दिशा में उसके यहाँ एक प्रकार का सन्नाटा ही है।

वस्तुत: वह हिन्दी का सबसे 'अनऐस्यूमिंग' कथाकार है—यानी मुग़ालते देने-लेने से अलग। मैंने उसके नाम से बहुत वक्तव्य या दावे भी नहीं देखे और जैसाकि मैंने कहा—अपनी मूल बनावट, रचना-संसार और संवेदना में हर बार चेख़व की ही याद दिलाता है। वह है भी अभाव, अवसाद और अर्थहीनता का कथाकार। मन:स्थितियों के उसके विश्लेषण और प्रयत्नों की हास्यास्पदता किसी बहुत बड़ी तकलीफ़ से है। जैसे हम किसी बहुत दिनों के बीमार या एक्सीडेन्ट से घायल मित्र को देखने जाएँ, और हमें देखकर वह सूखा-मरियल या पट्टियों से जकड़ा आदमी उठने या करवट बदलने की कोशिश करे, दर्द और टीस के पॉइन्ट तक उठे और फिर झटके से नसें ऐंठकर वहीं जा गिरे, या हमारी आँखों से अपनी इस कार्टूनियत और प्रयतन की असफलता देखकर हँसे—"देखो, साला मेरा क्या बजरबट्टू बनाया है!"

नहीं, अमरकान्त भैरवप्रसाद गुप्त के अर्थों में तो प्रगतिशील नहीं है!

एक स्थगित क्षण
डॉ. पद्मसिंह शर्मा 'कमलेश'

मई की दोपहर थी। अचानक साइकिल लिए हुए कमलेशजी आए—"मेरे साथ ज़रा चलो!"—"कहाँ"—मैंने पूछा। "कहीं जाना है।" गर्मी, धूप, पसीने के बावजूद मैंने कुछ नहीं कहा, और वे मुझे साइकिल पर आगे बैठाकर चल दिए। "कल मेरी बाबूजी से बात हुई थी।" —वे मेरे पिताजी को बाबूजी कहते थे—"उनकी भी राय है कि तुम्हें बात मान लेनी चाहिए। आगरा कॉलिज, इतना पुराना और प्रतिष्ठित कॉलिज है। इसमें काम करते हुए तुम्हारे लिखने में बाधा नहीं आएगी। लोग महीनों तिवारीजी की खुशामद करते हैं कि उन्हें आगरा कालिज में ले लें, और अब तिवारीजी खुद कह रहे हैं तो तुम्हें..." फिर वे मुझे रास्ते भर आत्म-निर्भर हाने के बारे में तर्क देते रहे—"बाबूजी यह नहीं चाहते कि तुम उन्हें मदद दो, लेकिन तुम्हारे अपने लेखन, जीवन के लिए बहुत ज़रूरी है कि आत्म-निर्भर बनो। मेरी तो यही सलाह है।" मैं हमेशा की तरह कुछ भी निर्णय कर सकने में अपने को असमर्थ पा रहा था; सिर्फ़ इतना साफ़ था कि किसी नौकरी में नहीं बँधना। स्वतन्त्र रहना है और लिखना है, जगह-जगह घूमना है, तरह-तरह के लोगों से मिलना है। उन दिनों मैं कभी किसी अनजान स्टेशन पर रात बिताने के सपने देखता था, कभी किसी सुदूर गाँव में अपरिचितों के बीच, कभी बड़े शहर की भीड़ और होटल में—खूब घूमूँगा, निरुद्देश्य भटकूँगा और डायरियाँ लिखूँगा, उपन्यास-कहानियाँ लिखूँगा, और राहुल जी की तरह कभी यहाँ रहूँगा, कभी वहाँ। एक घर, शहर या नौकरी से बँधे रहने की बात तब किसी भी तरह मन के नक्शे पर नहीं थी...घर से पैसे लेने बन्द कर दिए थे, इसलिए आर्थिक कष्ट जरूर कभी-कभी कमज़ोर कर देता था, और बड़े भाई की आत्मीयता के अधिकार से कमलेशजी उसी जगह को छू रहे थे। "चलो मेरी ही ख़ातिर सही..." —वे मेरी ज़िद के आगे कभी-कभी कहते। लेखन-जीवी' होने की अपनी कठिनाइयों के बारे में बताते। पं. जगन्नाथ तिवारी

उस दिन नहीं मिले, हम लोग दो-एक जगह उनकी खोज में गए—"तुम नहीं जानते, तिवारीजी तुम्हें कितना प्यार करते हैं..."

मैं जानता था: गुरुवर तिवारीजी मुझे बहुत प्यार करते थे, एम.ए. में छमाही इम्तहान की मेरी कॉपियाँ उन्होंने क्लास में पढ़कर सुनाई थी, मेरा लिखा उन्होंने कितना पढ़ा था, यह तो नहीं पता, लेकिन प्रथम श्रेणी में मेरी पोजीशन और लेखन में होनेवाले नाम को लेकर उन्हें बहुत गर्व था—वह सब था, लेकिन उस दिन तो कमलेशजी का प्यार ही था, जो पसीने स तर-ब-तर वे मुझे लिए घूम रहे थे। पहले तिवारीजी की बात को नम्रतापूर्वक अस्वीकार कर चुकने के बावजूद, शायद मैं उस दिन आगरा कॉलेज के स्टाफ़ में जाने की बात मान लेता। अगर वह हो जाता, तो पता नहीं आज ज़िन्दगी क्या होती...

अकसर मैं सोचता हूँ कि कमलेशजी मुझे न मिले होते, तो आज ज़िन्दगी क्या होती? झाँसी से आया था। तीन उपन्यास लिख चुका था। लेकिन मेरा व्यक्तित्व मूलत: उस सहारे की तलाश कर रहा था, जिसकी ज़रूरत एक समय हर उगता हुआ लेखक महसूस करता है। नागरी प्रचारिणी सभा में, सुन्दर, स्वस्थ और आत्मविश्वास से भरे इस व्यक्ति ने मुझे सचमुच ही अनायास अपनी ओर खींच लिया था—ओजपूर्ण स्वर में 'तू युवक है' कविता सुनाते हुए। फिर मैंने पाया कि घनश्याम अस्थाना, राजनाथ शर्मा, प्रकाश दीक्षित, ब्रजेन्द्र तिवारी, गिरिजाशंकर लवानिया आदि अनेक युवकों का एक मंडल उनके आस-पास है, और केन्द्र में हैं कमलेशजी...हॉकर से उठकर साहित्य-रत्न तक आया हुआ संघर्षशील युवक, तेजस्वी कवि और प्रियदर्शी अग्रज...उन दिनों वे इन्टरव्यू-क्षेत्र में अपनी जगह तलाश कर रहे थे...

यह मंडल अधिक समय नहीं चला। शायद हरेक की अपनी स्वतन्त्र महत्त्वाकांक्षाएँ थीं। मगर उनके बहुत-बहुत निकट आने का अवसर मुझे ज़रूर मिल गया। अकसर उनके गुण-दुर्गणों का हम मित्र लोग घंटों ज़िक्र करते? और इसी नतीजे पर आते कि सब मिलकर आदमी प्यारा है! बेहद अभाव, संघर्ष और परिणामत: अपमानों से गुज़रते हुए जो चीज़ आदमी को साधकर रखती है, वह है मान्यता—अपने होने की स्वीकृति और कुछ हो पाने का विश्वास। इस रास्ते पर एकमात्र सम्बल होती है आनतरिक जीवनी-शक्ति और आदर्श—जिसे ज्यादा ठोस शब्दों में कहते हैं, 'फिलॉसफ़ी ऑफ़ लाइफ़।' कमलेशजी उन दिनों प्रगतिशील साहित्य के साथ थे, युवकों के आदर्श थे, और जीवन तथा साहित्य में रोज़ नई उपलब्धियों का आश्वासन उन्हें गतिशील बनाए हुए था। यही कारण था कि आगरा का जीवन जितना गतिशील उन दिनों था—वैसा बाद में कभी नहीं रहा। हम सभी लोग या तो रांगेय राघव के साथ होते थे या कमलेशजी के। यह कहना ज़्यादा सही

होगा कि पहले कमलेशजी के फिर रांगेय राघव के। होने को डॉ. रामविलास शर्मा भी थे, लेकिन उनका व्यक्तित्व इतना स्वकेन्द्रित रहा कि प्रेरणा वे शायद कभी किसी की नहीं रहे। वे हमेशा ही आगरा में उस क्लासिक ग्रंथ की तरह रहे, जिसके लिए सम्मान सबके मन में होता है—पढ़ता कोई नहीं है। यही कारण है कि रांगेय राघव और कमलेशजी के बाद, आगरा में वे साहित्यिक हलचलें प्राय: समाप्त हो गईं। पिछले बीस वर्षों से मेरा उस नगर की ज़िन्दगी से सम्बन्ध टूट गया है, बस मेहमान की तरह साल में दो-एक बार आना-जाना होता है। बाहर रहते हुए या वहाँ जाकर नहीं लगता कि इस शहर में कहीं-कोई साहित्य, संस्कृति या कला है। इलाहाबाद, बनारस, लखनऊ, जबलपुर, भोपाल, जयपुर-जैसे शहरों के मुक़ाबले आगरा एकदम मरा हुआ शहर लगता है। मैं व्यक्तिगत रूप से इसका कारण डॉ. रामविलास शर्मा, और जीवन तथा साहित्य के प्रति उनके दृष्टिकोण को मानता हूँ। ले-देकर एक राजेन्द्र रघुवंशी हैं...बहरहाल, रांगेय राघव और कमलेशजी की कमी वहाँ जाकर बहुत खटकती है...

संयोग की बात यह है कि कमलेशजी से रोज़ का मिलना-जुलना उन्हीं दिनों रहा, जब वे आर्थिक कठिनाइयों और प्रतिष्ठा का ऊँचाइयों—दोनों को एकसाथ जी रहे थे—ज़िन्दगी में एक स्थायित्व की तलाश थी। क्रमश: आर्थिक तनावों को उतनी लापरवाही से लेने का रवैया छूटता जा रहा था। उन्होंने हैक-लेखन भी किया था और गुमनाम लेखन भी...एक-ऐ-एक अच्छे इन्टरव्यू भी लिखे थे और ओज एवं माधुर्य की कविताएँ भी लिखी थीं, छोटे-छोटे समझौते भी किए थे और चुनौतियों का सामना भी...लेकिन व्यवहार में एक ऐसी निश्छल आत्मीयता हमेशा बनी रही, जो दूसरों को जीत लेती है। बचपन के दिनों में प्रतिष्ठा, सम्मान, मान्यता न मिलने से शायद इन सबके प्रति कमज़ोरी की हद तक आकांक्षा उनके मन में बनी रही। बाद में तो जैसे सारी दुनिया उनके लिए 'बेटों' और 'चेलों' में बदल गई—और वे अनेक ग़लतफ़हमियों के शिकार बने। लेकिन यह सही है कि 'बड़ा भाई' बनाकर उनसे संसार का हर काम कराया जा सकता था। जेब में पैसे नहीं हैं, और वे सबको मिठाई खिला रहे हैं; खुद जाकेट नहीं है और दूसरों के लिए कपड़े बनवा रहे हैं; अपनी परीक्षाएँ हैं और चार-चार घंटे औरों को पढ़ा रहे हैं—नौकरियों या दूसरी सहायता के लिए भाग-दौड़ कर रहे हैं। उनकी यही मानवीयता थी, जो उन्हें बीस कमज़ोरियों से ऊपर उठा देती थी।

कमियों और कमज़ोरियों के साथ, वे हम सबकी तरह ही मनुष्य थे। स्थायित्व, प्रतिष्ठा, घर, सुख की आकांक्षा भी उनमें हम सब-जैसी ही थी लेकिन हम लोग उनसे उस उम्र में मिले थे, जब हर युवक को आदर्श हीरो की ज़रूरत होती है—निर्दोष और देवत्व से भरपूर...इस हीरो-मूर्ति की ज़रा-सी भी कमी हमें धक्का

पहुँचाती थी। निस्पृह, परम मानवीय, परोपकारी और चारित्रिक–नैतिकता की दमित आकांक्षा हमें कमलेशजी की तरफ खींचती थी—क्योंकि उनमें वे गुण, या कम–से–कम उन गुणों के प्रति आस्था जरूर दीखती थी। लेकिन मानो उन सारे गुणों की ज़िम्मेदारी उन पर डालकर, हम अपने–आपको उनसे मुक्त समझते थे। कमलेशजी सिगरेट, शराब या बहुत अधिक चाय नहीं पीते—यह हमें उनके 'नैतिक गुण' लगते थे; लेकिन हम ये सब करें और उन्हें इसमें आपत्ति हो, या कहीं अपना अपमान लगे—तो वह उनकी संकीर्णता लगती थी। उनके लिए अभाव और साधना छोड़कर, हम अपने लिए हर छूट लेना चाहते थे। उस सबमें उनका भी दम घुटता है—यह हमारे लिए कल्पनातीत था। परिणामतः उनके लिए हम उच्छृंखल और उद्धत होते चले गए और हमारे लिए वे दकियानूस...क्रमशः हमने पाया कि हम लोग दो ज़बानें बोलने लगे हैं। आज सोचता हूँ तो लगता है कि कमलेशजी को उस समय सामाजिक, आर्थिक और भावनात्मक सुरक्षा की तलाश थी, और हमारे सामने उस सबके लिए बहुत समय पड़ा था। उन्हें लए लेखकों का रहन–सहन, कॉफ़ी–हाउसिंग, लड़कियों से सम्पर्क, निरुद्देश्य भटकना या शादियाँ करना–तोड़ना बिलकुल पसन्द नहीं था—और हम समझते थे कि सुविधाहीनता ने ही, इस सबके विरोध को उनके लिए मूल्य का रूप दे दिया है...क्योंकि ऐसे मूल्यों के नीचे छटपटाते मनुष्य को तो हमने भी देखा था...

कमलेशजी की शादी में हम सब मित्रों की बिलासपुर (शिमला) की यात्रा, ज़िन्दगी की कुछ सर्वश्रेष्ठ यादों में है: कमलेशजी की ज़िन्दगी का तो एक सबसे बड़ा मोड़...। उससे पहले और कुछ समय बाद के अनेक आत्मीय क्षणों का गवाह रहने के अवसर मुझे याद हैं: 'अखिल विश्व की वेदना से विकल मैं, अकेले हृदय के व्रणों में न बाँधो। मुझे प्यार के बन्धनों में न बाँधो।' —उन्हीं दिनों लिखी गई उनकी यह कविता आज भी मुझे याद आती है। लेकिन प्यार से अधिक ज़िम्मेदारी की भावना ही रही होगी कि वे अपने लेखकीय सर्वश्रेष्ठ को स्थगित ही करते रहे...। 'मैं इनसे मिला' के अगले खंड, एक उपन्यास, समीक्षा, और भी पता नहीं क्या–क्या...इस दौरान उनकी उपलब्धियाँ ज्यादा ठोस और भौतिक ही रहीं...पता नहीं यह दूसरी प्रकार की चुनौतियों को स्वीकार कर लेना था, पुराने मूल्यों के सार्वभौमिक रूप से ग़लत सिद्ध हो जाने की व्यक्तिगत प्रतिक्रिया थी, या असुरक्षित किशोर की सब प्रकार से सुरक्षित हो जाने की ललक...

अभाव और संघर्ष—कमलेशजी के नाम के साथ मेरे मन में दो ही शब्द हैं, इन दोनों शब्दों के पर्याय बदलते गए हैं...उस समय भी जब पाँच या सात रुपए महीना किराया वे नहीं दे पाते थे, और उस समय भी जब उनके पास कोठी, कार, फ़ोन सभी था। मेरे सामने उनकी कल्पना एक ही रूप में आती है: खादी का हाथ का बना

जाँघिया-बनियान पहने वे चूल्हे पर मोटी-मोटी रोटियाँ सेकते हैं, फिर उठते हुए कहते हैं—"आओ राजेन्द्र भैया, इन्हें ठिकाने लगाएँ...फिर बैठकर मैं लेख पूरा करूँगा..."

शायद भीतर से वे ज़िन्दगी-भर रहे भी वही...शायद अभी ही वह क्षण आया था, जब वे कहते—"अब बैठकर लेख पूरा करूँगा..." अभाव और संघर्ष के साथ इसी क्षण की प्रतीक्षा का नाम कमलेशजी था...और यह प्रतीक्षा क्या हम सबके भीतर नहीं है? नाम और शब्द चाहे जो दे लें—क्या हम सब एक कमलेशजी को अपने अन्तर में छिपाए नहीं जी रहे?

सहयात्री
ओंप्रकाशजी

फूलों की क्यारियाँ,
पानियों तक सरकते जंगल,
पहाड़ियों की सलवटों में एकान्त, मन्दिर
चाँदनी और बरिश
गलबहियाँ डाले कबूतर...
पहले ये सब देखता था
और तुम मेरे सामने खड़ी होती थीं...
आज हारे हुए पेड़
झुकी थकान और ढलानें,
बारात लिए डूबती नावें,
नक्षत्रों का टूटना ही
मुझे तुमसे जोड़ता है...
पहले तुम उमंगती सीढ़ियों का न्योतता उजास थीं,
आज सब कुछ जान लेने की दहशत हो...

लगभग तीस बरस बाद मैंने यह कविता लिखी है—ओंप्रकाशजी के न रहने पर—13 अगस्त 1979 की सुबह। खुद नहीं जानता कि मैं उनसे, भीतर इतनी गहराई से जुड़ा रहा हूँ। हालाँकि ऊपर से हमारे सम्बन्धों में ऐसा असाधारण कुछ भी नहीं था। बस, एक घनिष्ठ और बेतकल्लुफ़ पुराना परिचय—छेड़छाड़। शायद एक-दूसरे के प्रति गहरा और अनकहा सम्मान—शब्दों से अधिक व्यवहार में मुखर। नफ़रत और प्यार के लम्बे परिचय में यह खुलाव आया, एमर्जेन्सी और एमर्जेन्सी से दो-तीन साल पहले से। जब मालाएँ पहनाने और विरुदावलियाँ गाने के दिन आए, तो हम लोग

अनजाने ही ऐसे धकिया दिए गए कि दोनों ने ही एक-दूसरे को आमने-सामने, दीवार के साथ, कोने में पाया। मैं हर बार इनकार कर रहा था। अनेक निमन्त्रण, दबाव और धमकियाँ ओंप्रकाशजी के ही माध्यम से मुझ तक पहुँची थीं। कभी फ़ोन पर वे समझाते, कभी डराते। अकसर ही छेड़ते: "वहाँ नहीं जाओगे? इस बार आपके वे मित्र डैलिगेशन लेकर जा रहे हैं, मुझे कहा है कि आपको कह दूँ..."—"आप जा रहे हैं?"—"मैं तो न लेखक हूँ न पत्रकार..." —"तब छोड़िए..."

इधर तो चार-पाँच सालों से शायद ही कोई हफ़्ता-दिन गया हो, जब हम लोग टेलिफ़ोन से या व्यक्तिगत रूप से न मिले हों। सब लोगों की तरह वे भी मुझसे आग्रह करते, उकसाते और छेड़ते कि मैं लिखता क्यों नहीं हूँ। मैं कहता—"ओंप्रकाशजी, मैं नियमित ही तो लिखता और पढ़ता हूँ। शायद ही किसी दिन अपनी दुनिया से बाहर रहा होऊँ। हाँ, कहानी और उपन्यास इन दिनों लिखने का मन नहीं हुआ।" —"मगर वही तो आपका असली क्षेत्र है।"—"आपकी बात सही है। मगर यह क्षेत्र भी तो मैंने ही चुना था। सवाल साहित्य के माध्यम से अपने-आप और अपने परिवेश से जुड़े होने का है, और उसमें मुझे चूक नहीं लगती। मैं सुबह जल्दी उठकर रोज़ दो-तीन घंटा लिखता-पढ़ता हूँ।"—"छोड़िए, हिन्दुस्तान का कोई लेखक जल्दी नहीं उठता। राकेश नौ बजे..." मैं बात काट देता—"यही तो रोना है! लेखकों के बारे में आपकी सारी धारणाएँ राकेश को लेकर ही बनी हैं। आप समझते हैं, कुछ आदतें गुरुकुलवालों की ही बपौती हैं" और यही देखने के लिए वे महीनों सुबह साढ़े-पाँच के आस-पास फ़ोन करते थे। बाद में भी, जब कोई गम्भीर बात करनी होती तो यही समय होता। उनके डर से में आज तक फ़ोन पास ही रखकर सोता हूँ, कि पता नहीं उन्हें कब यह लगे कि माइकेल हैर नाम के पत्रकार ने वियतनाम-युद्ध से जो 'डिस्पैचेज़' लिखे हैं वे कितने हृदयस्पर्शी हैं, और अमुक समाजशास्त्री ने ब्राज़ील के ग़रीब परिवार पर जो पुस्तक लिखी है, वह कितने उपन्यासों से अधिक महत्त्वपूर्ण है—और उधर हमारे हिन्दी के लेखक कैसे मन के भीतरी चहबच्चों में ही कुदकड़े लगा रहे हैं! और कुछ नहीं तो—"बिस्मिल्ला की शहनाई टेप पर चढ़ी है, और मैं लकैरी का नया उपन्यास पढ़ रहा हूँ। सच ए ब्यूटीफुल थिंग...आपको जगा दिया क्या?..."

हर बार पढ़ने-लिखने, संगीत-रेकॉर्ड्स, अपनी और दूसरों की नई किताबों की सूचना। मैं अकसर ही उन पर झल्ला पड़ता—"ओंप्रकाशजी, जो किताब आप छाप या पढ़ रहे होते हैं, वह संसार की सर्वश्रेष्ठ पुस्तक होती है, हिन्दी (नागरी) के सिवा हर लिपि में छपी चीज़ ब्यूऽऽऽटीफुल होती है..." —"तो दो न भाई मुझे, मैं अपनी राय बदल दूँगा।" वे कहते। या मैं छेड़ता—"हम लोगों को धमकाने और रौब डालने के लिए आप संगीत की बातें करते हैं। आपकी समझ-वमझ में तो कुछ

आता नहीं है!'' वे हँसते और भड़क उठते—''समझ? हुँह, भाई मेरे, मैंने रात-रात भर संगीत-सम्मेलन अटैन्ड किए हैं।'' —''भाभीजी को दुखी करने या मुझ जैसों को डराने के लिए! म्यूज़िक-कॉन्फ्रेंसें अटेंड तो मैंने भी की हैं, मगर मुझ में तो हिम्मत है कि कहूँ, मेरी समझ में ख़ाक नहीं आता। अपना तो सुगम-संगीत ही ठीक है...''''अरे भाई, कैसी बातें करते हो? इतना आनन्द आता है, इतना आनन्द आता है कि शब्दातीत...'' और फिर वे चालू हो जाते, भीमसेन जोशी, पं. जसराम, कुमार गन्धर्व, मेंहदी हसन, बेग़म, अख़्तर, मलिका पुख़राज या क्या-क्या...पिछले दिनों जब उन्हें दूसरा या तीसरा हार्ट-अटैक हुआ था, तो एकदम आराम करने की सलाह दी गई थी। आराम या रिलैक्स करने का मतलब अकेले, चुपचाप लेटे रहना नहीं, दोस्तों से मिलना, अनेक विषयों पर बातें या बहसें करना भी है—अपने इस हठ पर डॉक्टरों-नर्सों से लड़ने के अलावा, उन्होंने संगीत-नाटक अकादमी की लाइब्रेरी से न जाने कब-कब के पुराने संगीत दर्जनों की संख्या में टेप करा लिए थे, और एकान्त में चुपचाप उन्हें सुना करते थे...परिणामस्वरूप पिछले दिनों बड़े-बड़े संगीतज्ञों, संगीत के उदात्त आनन्द और लोकोत्तर शान्ति को लेकर ज्यादा ही उत्साह से बोलने लगे थे। मैं कहता —''पहले आप साहित्य को लेकर धमकाया करते थे, अब एक हथियार यह और मिल गया...'' —''धमकाना? हुँह! आपको पता ही नहीं, संगीत आदमी की आत्मा को कैसे ट्रान्सफ़ॉर्म करता है।'' दो-चार बार मैंने उनके घर जाकर उनकी मुग्ध-तन्मय उपस्थिति में आत्मा को ट्रान्सफॉर्म करने की कोशिश की, और फिर एक दिन 'गर्म हवा' की क़व्वाली—मौला सलीम चिश्ती, आक़ा सलीम चिश्ती, रविशंकर और यहूदी मैनुहिन की जुगलबन्दी, और 'राधा क्यूँ गोरी, मैं क्यूँ काला' भरवा कर ले आया...संगीत के नाम पर उनकी यही एक भेंट मेरे पास है, जो उन्होंने एक-एक शब्द-लय पर उच्छ्वसित होकर खुद टेप की थी...

लगता था, जैसे पिछले दो-ढाई सालों से वे केवल संगीत में बीते थे। कहते थे—रात में कभी आँख खुल जाती है, तो बहुत धीमे सुर में चुपचाप स्टीरियो पर सुनता रहता हूँ।'' और टेलिफ़ोन पर बातचीत या छोटी-सी मुलाक़ात में हमेशा लगता रहता, जैसे भीतर के किसी संगीत में डूबे हैं...कलकत्ता, बम्बई—पता नहीं, कहाँ-कहाँ से उन्होंने संगीत टेप करके मँगाए थे....फ़ैज़ और संगीत उन्हें बच्चों जैसे उत्साह से भर देते थे, और नए खिलौने की तरह इन्हें वे हरेक को दिखाना चाहते थे...

भौतिक शरीर के वस्त्रों, यानी रेशम और साड़ियों से शुरू होकर, भावों और विचारों के 'वस्त्रों—भाषा और शब्दों तक की यह मात्रा, किस तरह सूक्ष्म शब्द या सुर तक जाती है, ओंप्रकाशजी इसी के उदाहरण थे। स्थूल से सूक्ष्म की ओर उड़ान

भरने की उनकी यह बेचैनी और उत्साह-छटपटाहट...यह उनके व्यक्तित्व की गतिशीलता—डायनेमिज़्म और चुम्बक था, जो मुझे निरन्तर उनकी तरफ़ खींचता था। उधर मुझमें ऐसा क्या था, जो उन्हें प्रायः सुबह टेलिफ़ोन से, या शाम को दफ़्तर से उतरकर सिर्फ़ पाँच-सात मिनट की देखा-देखी वाली भेंट को बुला लाता था? क्यों वे मुझे संगीत के आनन्द या ब्लिस में हिस्सेदार बनाना चाहते थे? क्यों वे हर किताब पढ़कर हिन्दी-लेखक के झूठे-हवाई मूल्यों का गुस्सा मेरे सामने व्यक्त करते थे? क्यों राष्ट्रीय-अन्तर्राष्ट्रीय उठा-पटक पर अपनी कुढ़न निकालते थे, और भारतीय चरित्र की गिरावट पर मुझे गवाह बनाकर अपना उबाल निकालते थे? निश्चय ही, अपने अन्दर की इस अशान्ति में वे औरों को भी शामिल करते रहे होंगे, क्योंकि आदमी तो यार-बाश थे। मगर वह कौन-सा अधिकार था कि अपनी आन्तरिक कचोट के हर पहलू को वे ऐसे निस्संकोच होकर खोलते थे? मुझे लगता है, वह थी एक निर्वैयक्तिक निजी पसन्द, एक स्वार्थहीन पुरानी मैत्री...लगभग पच्चीस वर्ष समानान्तर विकास की निकटता, लगाव। क्योंकि न मेरा उनक साथ कोई व्यावसायिक सम्बन्ध था, न लेखकीय। इसलिए दोनों आश्वस्त थे कि इस सहज-पसन्द और एक-दूसरे में दिलचस्पी का कोई ग़लत इस्तेमाल नहीं होगा। दिल्ली या किसी भी महानगर में, हर सम्बन्ध के पीछे किसी-न-किसी स्वार्थ की गंध या आशंका बनी रहती है। बहुतों के लिए अकल्पनीय है—स्वार्थहीन सम्बन्धों की निरन्तर ऊष्मा को पचाना। मगर मेरे तो दसियों बरसों के, दर्जनों ऐसे सम्बन्ध हैं—जहाँ दोनों ओर से कभी-कोई मतलब नहीं निकाला जा सका—यों साथ हैं तो दुख-सुख की हिस्सेदारी तो है ही। पिछले दिनों में हमने पार्क में साथ बैठ कर मूँगफलियाँ भी खाई हैं, और उच्चतम पदों पर बैठकर शराबें और पार्टियाँ भी उड़ाई हैं। किसी का उपयोगी-अनुपयोगी होना मेरे लिए आत्मीयता का आधार कभी नहीं रहा। ओंप्रकाशजी से भी निकटता तभी हुई, जब हम दोनों ने ही अनजाने, मानसिक रूप से तय कर लिया कि एक-दूसरे के किसी काम नहीं आ सकेंगे (मन्नू के उपन्यास 'महाभोज' का प्रसंग तो ठीक उनके अन्तिम दिनों में आया)।

अधीरता, बेचैनी और उत्साह—शायद उनके व्यक्तित्व के ये अत्यन्त ही महत्त्वपूर्ण तत्त्व रहे हैं। जब देखो तब, किसी-न-किसी योजना की जान को-लगे हैं, और हमेशा ही आवेश में हैं। जो भी कार्य, समस्या, पुस्तक या व्यक्ति सामने है, उसे लेकर मैंने उन्हें हर वक्त एक तनावभरे जोश में ही पाया। वे उससे इतना अधिक जुड़े होते थे, कि वह भूत या ऑब्सेशन बनकर उन पर हावी रहता था। शायद जिस व्यक्ति से इस तरह वे आख़िरी बार जुड़े थे, वह राकेश था!

मैं जानता हूँ, इस तरह अतिरिक्त भावनावेश से जुड़नेवालों की दोस्ती और दुश्मनी—दोनों आसान और सहज नहीं होतीं। दोस्त हैं तो आपकी हर समस्या उनकी

अपनी है, समय-साधनों की चिन्ता किए बिना वे आपकी हर सनक और ज़रूरत पूरी कर रहे हैं, अपने बीवी-बच्चों की शान्ति-सुविधा की क़ीमत पर वे आपकी आकांक्षाओं, इच्छाओं और योजनाओं को अपने ऊपर ओढ़े हैं! आप उनके लिए एक धार्मिक उद्देश्य या होली-कॉज़ बन जाते हैं। अब चूँकि आवेश एक अस्थायी मनोभाव है, इसलिए एक दिन किसी भी छोटी-सी बात पर टूटकर अपने-आप में वापस लौट आता है। इस तरह लौटा हुआ आवेश पहले आत्म-धिक्कार बनता है, कि क्यों उसे कभी कोई सही आदमी नहीं मिलता, लोग क्यों हमेशा उसे ही बेवकूफ़ बनाकर ठगते हैं, और हर बार उसका ही इस्तेमाल किया जाता है! इस शहीदाना धिक्कार के बाद आता है एक ठहराव, या पुनः बाहर की यात्रा। इस बार अगर लक्ष्य नया हो तो फिर पुराना होली-कॉज़ वाला भाव, और अगर वही हो तो हिंस्र प्रतिशोध : नहीं, मैं इतनी आसानी से न तो बेवकूफ़ बनूँगा, न ही इस्तेमाल किया जाऊँगा...मैं दिखा दूँगा...यानी 'सबक़ सिखाने' का नया दौर और नया उत्साह...

कहने की ज़रूरत नहीं कि यह मूलतः भावुक व्यक्ति का स्वभाव है, और यह व्यक्ति बहुत जल्दी ही कुंठित और आत्मकेन्द्रित होने के लिए अभिशप्त है। लोगों के स्वार्थी, टुच्चे और ज़लील होने की इस उपलब्ध सच्चाई से 'तृप्त' यह व्यक्ति, खुद अपने भीतर सिमट आता है। वस्तुतः स्थिति हो या लोग, वह उन्हें 'चीज़' की तरह देखता है—जिनसे वह अपनी भावनात्मक-उदात्तता का आश्वासन निचोड़ सके, या कलाकार की तरह उन्हें अपने सपनों-योजनाओं के अनुरूप ढालकर एक उत्कृष्ट कलाकृति के रूप में बदल सके। मगर जब सामनेवाले का व्यक्तित्व इस तरह 'चीज़' या कच्चा माल बनाए जाने से विद्रोह करता है, स्वतंत्र रूप से उगने और उठने लगता है, तो इन्हें 'ठगे' जाने का अहसास होता है। ओंप्रकाशजी जब किताबों के बारे में ऐसे प्यार, उत्साह, लगाव और मुग्ध भाव से बोलते थे, तो मुझे अकसर ही भीतर शक होता था, कि हर कलाकार की तरह, वे भी व्यक्ति को चीज़ और चीज़ को व्यक्ति की तरह देखते हैं।

ओंप्रकाशजी के लिए पुस्तकें—किसी सजीव और प्राणवान व्यक्ति की तरह आच्छन्न कर लेने वाला अनुभव थीं। बेहद शिद्दत से व्यक्तियों के साथ जुड़ने के बाद जब वे उनसे निराश होते थे, या आत्मधिक्कार या शहादत की मनः-स्थितियों से गुज़रते थे, तो दुगुने जोश से किताबों की दुनिया में लौट आते थे। वे उनकी शक्ति और शरण्य दोनों थी। उनके स्वभाव की अधीरता ने उन्हें शायद ही किसी और ठहराव या कुंठा में रुकने दिया हो। पुस्तकें उनका स्थायी-अन्तरा थीं। समानान्तर ही किसी-न-किसी से जुड़े होना, गहरे आवेश के साथ एककार रहना उनकी इतनी बड़ी मजबूरी थी, कि वही उनकी जीवन्तता का पर्याय हो गई थी। मैं

दसियों लेखकों के नाम ले सकता हूँ जो—यदि ओंप्रकाशजी न होते तो वे भी शायद उस रूप में न होते। और उन दसियों लेखकों को भी जानता हूँ, जिनसे, ओंप्रकाशजी की बाक़ायदा लड़ाइयाँ, पंचबाज़ियाँ हुई हैं। कहने की जरूरत नहीं कि इस दूसरे वर्ग में भी अधिकांश नाम वे ही हैं, जो कभी पहले में थे। बल्कि मैं तो यहाँ तक नतीजा निकालूँगा कि जिस भी किसी लेखक में 'आग' रही है वह दोस्ती या दुश्मनी, किसी-न-किसी रूप में ओंप्रकाशजी के साथ जुड़ा रहा है...बहुत स्वभाविक था कि वे अपने पहले के 'मित्रों' को यों शत्रुओं जैसा व्यवहार करते देखकर क्षुब्ध और डिस्गस्टेड हो जाते, या बाक़ायदा लेखक या लेखन-विरोधी बन जाते और 'टु हेल विद् दीज़ डैम बास्टर्ड्स' का नारा लगाते हुए, किसी दूसरी दिशा की तरफ़ मुड़ लेते। परास्त और हताश क्षणों में ओंप्रकाशजी ने भी प्रकाशन-कार्य को गालियाँ दी हैं, और किसी दूसरे व्यवसाय में जाने की बातें सोची हैं—किसी ज्यादा मुनाफ़ेवाले, साफ़-सुथरे व्यवसाय की बातें।

प्रकाशन और फ़िल्म—दो ही ऐसे व्यवसाय हैं, जिन्हें आप जब चाहें तभी नहीं छोड़ सकते—जिनकी मदद के लिए न बैंक हैं, न व्यक्तिगत आर्थिक सहयोग। जब भी छोड़ेंगे, तो जो कुछ लगा हुआ है, उस सारे का मोह त्यागकर ही छोड़ पाएँगे। करोड़ों की फ़िल्म को बीच में छोड़ देने का अर्थ है—सारी लागत का डूब जाना। इसी तरह लाखों के प्रकाशन को छोड़ने का अर्थ है—कुछ टन रद्दी और कुछ दफ़्तरी ताम-झाम। नतीजे में, इन दोनों व्यवसायों में लगा हुआ व्यक्ति ज़िन्दगी भर कुढ़ता रहता है, मगर निकल नहीं पाता। ओंप्रकाशजी के सामने ऐसा अवसर आया था कि वे आसानी से इस लाइन को छोड़ सकते थे। राजकमल प्रकाशन छोड़ा था और वहाँ से उन्हें पैसा मिला था। देवराजजी ऑफ़सेट प्रेस की दिशा में चले गए...उधर दो महीने बीतते-न-बीतते 'राधाकृष्ण प्रकाशन' के सर्कुलर आने शुरू हो गए। कहते थे—राधाकृष्ण उनके पिताजी का नाम है, मगर हम लोगों का ख़याल था कि राजकमल के.आर.के. को बनाए रखने के लिए ही उन्होंने यह नाम लिया है। बहरहाल, साल-डेढ़ साल में ही ओंमप्रकाशजी फिर अपने असली रूप में आ गए—ज़िन्दा और ज़िन्दादिल...कहते थे—प्रकाशन कुत्तेगिरी का व्यवसाय है; मगर इसका अपना सन्तोष (कन्वैन्सेशन) है। बौद्धिक, मानसिक और कलात्मक सन्तोष किसी दूसरे व्यवसाय में कहाँ है? पैसा कमाकर भी तो आदमी इसी सबकी तलाश में क्लबों, संस्थाओं, मन्दिरों में भटकता है। मुझे यह सन्तोष यहीं मिलता है। इसीलिए तो सर एलेन ने इसे 'अभिजात व्यवसाय' कहा है।

शब्द उनके लिए नशा था या फ़ैशन, वह उनकी मजबूरी थी या आस्था—यह बता पाना मेरे लिए मुश्किल है। मगर सच्चाई यह है कि बिना शब्दों के ओंप्रकाशजी की कल्पना की ही नहीं जा सकती। सारी बेचैनियों, भटकनों और 'छलाँगों' के

बीज शब्द ही वह सुर था—जो उनकी साँस-साँस में बोलता था। जिन दिनों वे अमृतसर में अपना कपड़े का व्यवसाय देखते थे, उन दिनों भी 'आज की बात' साप्ताहिक का सम्पादन करते थे और पिछले चालीस सालों से शब्द ही उनका ओढ़ना-बिछाना था। अच्छे-बुरे शब्द-शिल्पियों से उनका साबिक़ा हुआ, अच्छी-बुरी किताबें आईं, अच्छे-बुरे दिन भी देखे ही होंगे—मगर जिस एक चीज़ से उनकी आस्था कभी डिगी नहीं, वह थी शब्द। चाहे मैग्नीफ़ाइंग शीशा लेकर ऑक्सफ़ोर्ड-डिक्शनरी से एक-एक शब्द के पुरखों की खोज हो, किसी पांडुलिपि पर एक-एक नुक़्ते के लिए धुआँधार बहस हो, या किसी किताब के लिए फ़्लैप का मैटर हो...मैंने उन्हें हमेशा ही शब्दों से घिरे पाया। 'महाभोज' में 'आगज़नी' शब्द को लेकर हम लोगों में मतभेद हो गया था। उन्होंने दसियों डिक्शनरियाँ छानी थीं और अड़े थे कि अगर 'ज़नी' होगा, तो हिन्दी का आग न लगकर फ़ारसी का 'आतिश' लगेगा। रात को एक बजे फ़ोन पर झगड़ रहे हैं कि या तो 'ज़नी' के नीचे से नुक़्ता हटाओ या 'आतिश' लगाओ। मैं भी अडिग था—अगर राहज़नी हो सकता है, 'मुँहज़ोर हो सकता है—और तो और, बँगला में महामुश्किल हो सकता है, तो आगज़नी क्यों नहीं होगा, मुझे याद है, एक बार इसी तरह का झगड़ा 'शैम्पू' को लेकर हुआ था। मेरा कहना था कि यह हिन्दी के 'चम्पी' से निकला है, तो और ज़ोर से हँसे, बोले—"आगे आप कहेंगे कि वेदों में था और फ्रेंच लोग चुराकर ले गए थे।" ख़ैर, यह समस्या तो एक डिक्शनरी ने ही हल कर डाली। मगर राकेश के 'अँधेरे बन्द कमरे' की भूमिका में 'दरकिनार' शब्द का ग़लत प्रयोग बरसों नहीं सुलझ पाया। व्यवहार, व्यवसाय, भाषा, शब्द, उच्चारण—हर चीज़ का मानकीकरण उनकी ज़बरदस्त चिन्ता का विषय था, और अपने यहाँ इन सबके न होने को वे भारतीय चरित्र के ढुल-मुलपने के साथ जोड़ते थे...

हम मानकर चलते हैं कि हिन्दी-प्रकाशक बेपढ़ा-लिखा, दुनिया से बेख़बर, और सिर्फ़ पैसों पर निगाह रखनेवाला कुछ लिजलिजा-सा ऐसा प्राणी होता है, जो कभी किसी जगह एजेन्ट था और जगह-जगह किताबें बेचा करता था। ओंप्रकाशजी इस तस्वीर को तोड़ते ही नहीं, उससे घृणा करते थे। साहित्यिक, सांस्कृतिक—हर मामले में दुनिया की नवीनतम गतिविधियों से परिचित वे भाषा और साहित्य के किसी भी मसले को, अपने को प्रबुद्ध कहनेवाले लेखकों के मुकाबले अधिक समझते थे। सही है कि व्यवसाय को उन्होंने साध लिया था, और वह सब कुछ भी किया था जो इसमें होता है, मगर अपनी मूल मानसिक बनावट में वे हमेशा अत्यन्त जागरूक बुद्धिजीवी और कलाकार थे। हर चीज़ को बहुत बड़े धरातल पर सोचते थे, और छोटी-से-छोटी बात को लेकर परफ़ेक्शनिस्ट हो जाते थे। अपने प्रकाशन के विज्ञापनों, सूचियों और फ़्लैप-मैटर पर जितनी मेहनत करते थे—मैंने खुद को

और साथी लेखकों को अपनी रचनाओं पर करते नहीं देखा। पांडुलिपियों पर उस तरह की मेहनत और ख़र्चा तो शायद कोई भी भारतीय प्रकाशक नहीं करता। बड़ा और निर्दोष—यही उनका ख़ब्त था—"देखिए, अमुक पांडुलिपि को मैंने उन साहब को दिखाया है—उस रचना के स्केच या कवर-डिज़ाइन मैंने वहाँ से बनवाकर मँगाए हैं। आर्टिस्ट को वहाँ फ़लाँ मूर्ति या पेंटिंग दिखाने ले गया कि मुझे इस आधार पर डिज़ाइन चाहिए...'मेरी टायलर' की फ़ोटो और हस्ताक्षर के लिए आज ही केवल किया है...रात को उन साहब से बातें करूँगा..." दिमाग़ में एक बात बैठ जाए तो वे उसके लिए कलकत्ता, बम्बई, लन्दन, न्यूयॉर्क कहीं भी जा सकते थे और कितने भी पैसे ख़र्च कर सकते थे। जाने कितने फ़्लैप, छपे-छपाये कवर, पुस्तकों के फ़र्मे उन्होंने ख़र्चा बर्दाश्त करके नष्ट कर दिए...उनकी ज़िन्दगी-भर की कशमकश, कलाकार और व्यवसायी के बीच सन्तुलन बनाए रखने की थी।

उन दिनों तो नहीं, लेकिन अब यह सब लिखते हुए मुझे उनकी मानसिक बनावट बहुत कुछ जवाहरलाल नेहरू जैसी लगती है। जो कुछ है उससे भयानक असन्तोष, और सब कुछ को जल्दी-से-जल्दी बदल डालने की अधीर तड़प—एक स्वप्न और विज़न के अनुरूप सारी स्थिति को ढाल देन की उतावली, धीमी गति या रुकावटों को लेकर झुँझलाहट, और फिर डिप्रेशन या 'भाड़ में जाए सब' के उदासीन अन्तराल। शायद यही निष्ठा और झख थी कि उस अकेले व्यक्ति ने हिन्दी-प्रकाशन के नक्शे को आमूल बदल दिया। 'हिन्दी-सेवी' नुमा ज़ाहिलों और गद्‌दी लगाकर बैठे मुंशी-छाप प्रकाशक को एकदम आधुनिक रंग-रूप और मिजाज़ देने का एकमात्र श्रेय ओंजी को ही है। पांडुलिपियों ने परिश्रम, अधिकारियों से उनका मूल्यांकन, मुद्रण-शुद्धता और कलात्मक रूप-रंग देने से लेकर, लेखकीय सम्मान, उन्हें बाक़ायदा रॉयल्टी या पारिश्रमिक देने का प्रारम्भ, प्रकाशन-गोष्ठियाँ, विचार-चर्चाएँ और प्रचार-प्रसार—यह सब दसियों बरस सिर्फ़ उनके साथ ही जुड़ा रहा है। रचनात्मक साहित्य के वैचारिक धरातल की आकर-पत्रिका 'आलोचना' हो या सुरुचिपूर्ण साहित्य को जन-जन तक पहुँचाने के लिए 'राजकमल पॉकेट-बुक्स' की योजना, व्यवसाय-जगत की पत्रिका 'प्रकाशन-समाचार' हो या कथा-लेखन की आन्दोलन-केन्द्र 'नई कहानियाँ' —सभी का प्रारम्भ तो ओंप्रकाशजी ने किया था—बाद में तो कुछ की केवल निरन्तरता बनाए रखी गई। यह सही है कि कुछ में वे सफल हुए, कुछ में असफल, कुछ के लिए वातावरण तब उतना पका नहीं था तो कुछ के लिए साधन नाकाफ़ी थे। मगर हर समय कुछ-न-कुछ नया करने का साहस, झख और पहलक़दमी, हर नई रचनात्मकता से जुड़े होने की बेचैनी और योगदान...बेशक राजकमल उन दिनों सिर्फ़ प्रकाशन ही नहीं, एक जीवित संस्था और विचार-मंच था। कितने उठते हुए

सशक्त लेखकों को ओंप्रकाशजी ने अपने साथ ले लिया था : रेणु, भारती, राकेश, मार्कंडेय, कमलेश्वर, नागार्जुन, दुष्यन्त, मैं, मन्नू, उषा प्रियंवदा, कृष्णा सोबती, कृष्ण बलदेव वैद, निर्मल वर्मा, नामवर, शिवदानसिंह चौहान—कौन-सा युवा लेखक था, जो किसी-न-किसी समय राजकमल के साथ न रहा हो...और इस सारी गहमागहमी या रचनात्मक खलबलाहट और साहित्यिक-राजनीति के केन्द्र में थे ओंप्रकाशजी...विभिन्न ईर्ष्याओं, स्पर्द्धाओं और ऊर्जाओं के बीच सन्तुलन बनाए, साधन और सहयोग के स्रोत की तरह—सब कुछ समझते और सबका हिस्सा बनकर जीते हुए। सारी परेशानियों, अन्दरूनी और बाहरी तनावों, और सन्तोष-असन्तोष के बावजूद वह ओंप्रकाशजी का स्वर्णकाल था। जहाँ तक मेरी जानकारी है, शायद छायावाद-काल में ऐसी साहित्यिक हलचलों का केन्द्र भारती-भंडार भी नहीं बन पाया था—हालाँकि उस प्रवृत्ति की सारी रचनाएँ लगभग वहीं से आई थीं—निराला, पन्त, प्रसाद, महादेवी, भगवतीचरण वर्मा, इलाचन्द्र जोशी—सभी तो थे; उधर स्वतन्त्रता के बाद की सारी प्रतिभाएँ 'नई कविता' और 'नई कहानियाँ' के माध्यम से जिस तरह ओंप्रकाशजी के आस-पास मिसट आई थीं—वैसा पहले कब हुआ था ? न दुलारेलाल भार्गव के ज़माने में, और न ही श्री वाचस्पति पाठक के काल में।

सन् 59 में मैंने ओंप्रकाशजी को 'अटलांटिक' पत्रिका का एक अंक दिया था। —58 का। उसमें एक लेख था—'दुनिया का महानतम प्रकाशन-गृह 'गालीमार'। उस लेख की शुरुआत हुई थी इस पंक्ति से —'जब हिटलर ने फ्रांस पर क़ब्ज़ा किया, तो दो ही अध्यादेश जारी किए थे—बैंक डी-फ्रांस और गालीमार को अपने हाथ में ले लो।' आगे उसमें बताया गया था कि किस तरह फ्रांस के पिछले पचास वर्षों के साहित्य-संस्कृति का इतिहास—केवल गालीमार का इतिहास है। आधे दर्जन से अधिक नोबेल-पुरस्कार प्राप्त साहित्यकारों के यह प्रकाशक, आन्द्रेज़ीद, आन्द्रे मालरो, ज्याँ काक्त्यू, कामू, सार्त्र, बोऊवा जैसे विश्वप्रसिद्ध नामों से जुड़े रहे हैं। सार्त्र और कामू आपस में न बोलते हों, लेकिन जिन दो पत्रिकाओं के वे सम्पादक हैं, उनके प्रकाशक हैं गालीमार। तय है कि जो वहाँ से नहीं छपा, उसका फ्रेंच-साहित्य में स्थान संदिग्ध है। इसी उन्नासिक रवैये के कारण एक समय सारे विश्व-साहित्य में तहलका मचा देने और करोड़ों की संस्था में बिकनेवाली लेखिका फ्रैंकोइस सागा को उन्होंने छापने से इनकार कर दिया था। मगर बहुत जल्दी ही यह स्पष्ट हो गया कि जहाँ तक साहित्यिक मूल्यों का सवाल है, गालीमार का फ़ैसला बहुत ग़लत नहीं था। ओंप्रकाशजी वह लेख पढ़ने और अनुवाद करने के लिए शमशेरजी के पास ले गए—आज भी शायद वह उनके पास हो। बहरहाल, अपने छोटे रूप में राजकमल भी एक दशक तक हिन्दी का गालीमार रहा है।

व्यक्तिगत रूप से लेखकों और लेखन के बीच होना, उनके सरोकारों-सपनों

में शामिल होना, विचार और रचना के क्षेत्र में कुछ महत्त्वपूर्ण और विशिष्ट करने की गहरी और भीतरी आस्था ही प्रकाशन को व्यवसाय से उठाकर आन्दोलन या संस्था का रूप देती है। ओंप्रकाशजी ने शायद कभी अन्तिम रूप से इस बात को माना ही नहीं कि प्रकाशन केवल व्यवसाय है। वह उनके लिए हमेशा एक आन्दोलन, एक कॉज़ और मिशन भी रहा। इसे केवल व्यवसाय मानने वालों के प्रति उनके मन में कभी सम्मान नहीं रहा—चाहे वह झोला लेकर इस-उस अफ़सर को पटानेवाला छुटभैया हो, या आधुनिकतम साज़-सामान के साथ किसी भी बिज़नेस-ऐक्ज़ीक्यूटिव जैसा अदाकार—वे उनके लिए समान रूप से छोटे और अनपढ़ लोग थे। मन, बुद्धि और आत्मा को भोजन देनेवाला इस हद तक निर्वैक्तिक, तटस्थ और शुद्ध व्यवसायी हो ही नहीं सकता। वह उन लाखों लोगों के प्रति ज़िम्मेदार है, जिनसे उसने एक संवाद क़ायम कर लिया है। यहाँ प्रकाशक की ज़िम्मेदारी, किसी भी जागरूक और प्रतिबद्ध सम्पादक से कम नहीं है। ओंप्रकाशजी के मन में बहुत साफ़ होता था कि वह क्या और क्यों छाप रहे हैं! और इस सन्दर्भ में उनकी राय बहुत ही साफ़ थी कि पाठक नहीं, हिन्दी का लेखक ही धोखा देता रहा है। न जाने कितनी बहसें और लड़ाइयाँ इस मुद्दे को लेकर हम लोगों के बीच होती रही हैं। वे कहते थे—अगर पाठक शुद्ध सनसनी या मनबहलाव की चीज़ें चाहता है और प्रकाशक उसकी इस कमज़ोरी को भुनानेवाला व्यवसायी रह गया है, तो इसके लिए हिन्दी-लेखक के अलावा कोई और ज़िम्मेदार है ही नहीं।

निश्चय ही एक वर्ग में उन्हें लड़ाकू, दम्भी और अक्खड़ व्यक्ति के रूप में जाना जाता है। वे लड़ाइयाँ और विरोध मोल लेते थे और फिर उन्हें ज़ेहादी की उत्तेजना और उत्साह से लम्बा खींचते थे। मगर मैं जानता हूँ, उनका यह लड़ाकूपन एक गहरी ज़िम्मेदारी और जागरूकता से आता था—क्योंकि उनका अपना एक सुनिश्चित दृष्टिकोण, और व्यक्तिगत तीखी पसन्द-नापसन्द थी। मुझे यह उनके व्यक्तित्व की कमज़ोरी या स्खलन नहीं, एक ऐसी आन्तरिक शक्ति लगती है—जिसके कारण असहमत होने पर वे भरी सभा में खुलकर विरोध करते थे। जिसे खुद ग़लत समझते हों, उसे बर्दाश्त कर सकना शायद उनके लिए असम्भव था। सरकार, संस्था, व्यक्ति कोई भी हो, शायद उन्होंने ही इनके ख़िलाफ़ सबसे अधिक विरोध-पत्र लिखे होंगे। सामान्य लड़ाकू व्यक्ति से जो चीज़ उन्हें अलग करती है, वह यह कि ये विरोध हमेशा ही किसी-न-किसी सिद्धान्त के लिए हुए हैं। अगर हजारीप्रसाद द्विवेदी की पुस्तक की जगह किसी छज्जूलाल या छदम्मीप्रसाद की किताब मान्यता-स्वीकृति पाती है, तो उन्हें सचमुच तकलीफ़ होती थी। अब अगर द्विवेदीजी की किताब उन्होंने ही छाप रक्खी है, तो बड़ी आसानी से इसे सिद्धान्त की बात न कहकर स्वार्थ की बात का नाम भी दिया जा सकता है। व्यावसायिक-

प्रतिस्पर्द्धा में अपने या दूसरों के, किसी अयोग्य को जब भी वरीयता मिली है, तो सफलता का सन्तोष ज़रूर हुआ है, मगर तकलीफ़ भी उन्हें कम नहीं हुई है। अगर सिद्धान्तों और आदर्शों की बात न होती, तो अख़बार में राजनीतिक मुद्दों पर पत्र लिखकर, या बहुत पहले केरल की साम्यवादी सरकार को पैसा देकर बाद में दुनियाभर की मुसीबतें क्यों उठाते ? उनके दूसरे समझौतों और सौदों की जानकारी भी मुझे काफ़ी है, मगर फिर भी कह सकता हूँ कि उनका मूल झुकाव समाजवाद और धर्मनिरपेक्षता की ओर ही रहा। सम्प्रदायवाद के ख़िलाफ़ उनके 40 साल पुराने 'आज की बात' के लेख पढ़कर, मुझे उनकी इस मानसिक बनावट में कहीं दरार नहीं दिखाई देती।

लेखकों के प्रति उनके विरोध और नापसन्दग़ी को मैं दो हिस्सों में बाँटना चाहूँगा। सबसे अधिक नुक्ताचीनी करते थे वे—दम्भी लेखकों और मूर्ख-तिकड़मी अध्यापकों की। निश्चय ही व्यापारिक सम्बन्ध और व्यावहारिक सौजन्य उनके साथ भी रहा होगा। मगर उनके प्रति भीतरी नफ़रत और विस्फोटों का गवाह मैं भी रहा हूँ। अध्यापकों के व्यवहार, रूप और बुद्धि का गँवारूपन उन्हें हमेशा अधीर और उत्तेजित बना जाता था। विश्वविद्यालयों में घुसे बैठे घूस-ख़ोर, अनपढ़ 'विद्वानों' के क़िस्से वे बेहद वितृष्णा और जुगुप्सा से बयान करते थे कि कैसे किताबें लगाने के लिए सौदे करते हैं, आपस में कैसी मार-काट चलती है, और किस तरह दो सौ विद्यार्थियों वाली पुस्तक लगाने के बाद अध्यक्ष की प्रत्याशा होती है कि सात सौ पन्नों की, अपनी या अपने किसी शिष्य (विशेषकर शिष्या) की थीसिस कैसे प्रकाशक के मत्थे मढ़ दी जाए। अब इस निहायत कूड़ा, अपठनीय, दूसरों से चोरी की गई, कैंची-गोंदछाप पोथी पर दस हज़ार इन्वेस्ट कीजिए और गोदाम में भर लीजिए—"इस पैसे में मैं चार अच्छी किताबें नहीं छापूँगा कि मुझे भी सन्तोष हो ?" और कैस-कैसे वज्रमूर्ख, अशिष्ट और घटिया लोग हैं...न इन्हें देश से मतलब न साहित्य से। बस, रसछंद और सूर-तुलसी में घुसे हैं—मूलतः ज़ाहिल और साम्प्रदायिक। आए हैं सरकारी और विश्वविद्यालयी काम से, और टिकट-टैक्स से लेकर घर ले जाने को पान-सुपारी तक सब प्रकाशक के मत्थे। पुराने शोध के लिए ही समर्पित हों, तो कोई बात है! ऐसे लिजलिजे और गिलगिले कि छूकर नहाने की तबियत हो। एक सिरे से पोंगापन्थी और उजड्ड..., विश्वविद्यालयी कुर्सी के आधार पर सम्मान और प्रतिष्ठा चाहनेवाले इस वर्ग ने, निश्चय ही ओंप्रकाशजी को कभी बहुत पसन्द नहीं किया। पसन्द इन्हें दूसरे अनेक प्रकाशक भी नहीं करते, मगर इन्हें 'सँभालने' के लिए उनके पास बीच के और लोग हैं—और वे सीधे इनके सम्पर्क में कम-से-कम ही आते हैं।

उन लेखकों से भी ओंप्रकाशजी की अधिक पटरी नहीं बैठी, जिनमें अपने

लेखन या पाठकों के प्रति समुचित शिष्टाचार-सौजन्य नहीं है। लेखन अगर किसी भी लेखक को संस्कृति ओर संस्कार देता है, तो उसका यह सुसंस्कृत व्यवहार सबसे पहले पाठक के सन्दर्भ में ही सामने आता है। सामान्य बातचीत में भी बोलनेवाला, सुननेवाले के और अपने बीच एक विश्वसनीयता, संवाद और सम्प्रेषणीयता का शिष्टाचार बरतता है—उसे साथ लेने, शामिल करने और उसके भीतर से सर्वश्रेष्ठ निकालने की कला—जिसमें यह समझ और लिहाज़ नहीं है, उसे बातचीत का कोई अधिकार नहीं है। पाठक, श्रोता और दर्शक को गालियाँ और घृणा देकर, आप अपना सर्वश्रेष्ठ नहीं दे सकते। कोई भी कला, अगर वह सामनेवाले को सम्बोधित नहीं है, तो उसे अपनी ही दराज़ और रियाज़ या रिहर्सल में ही बन्द रहना चाहिए। जनता के टिकट और दया-विज्ञापनों या प्रकाशक के पैसों-साधनों के बल पर दो समझदार पाठक पा लेना, लेखकीय अहंकार को सन्तोष तो दे सकता है—मगर प्रकाशक और संभावित पाठक को हमेशा के लिए खो देता है। जीवन्त साहित्य की एकमात्र कसौटी ही यह है कि वह सही पाठक को पकड़े ही नहीं, उसकी संस्कारशीलता और संख्या में निरन्तर अभिवृद्धि करे। हिन्दी-लेखक की इस कुंठा से ओंप्रकाशजी बेहद क्षुब्ध थे कि कम-से-कम पाठक पाकर, या पाठकों से बक़ायदा घृणा करके ही वह अपनी कलात्मक श्रेष्ठता के अहंकार में जीता है—मगर प्रत्याशाएँ उसकी उन बाज़ारू' लेखकों से किसी तरह कम नहीं हैं, जिन्हें दिन-रात गालियाँ देता है। वे अकसर चुनौती देते थे कि दो-चार पुराने लेखकों को छोड़कर हिन्दी के किसी लेखक के ऐसे पाठक नहीं हैं, जो उसकी रचना के एक संस्करण का भी सहारा बन सकें। इस मामले में बांग्ला-लेखक का अपने पाठक में ज्यादा विश्वास है—वे उसका नाम देखकर पत्रिका और पुस्तक ख़रीदते हैं। वे सचमुच चाहते थे कि हिन्दी का लेखक अपने पाठकों से जुड़े और सिर्फ़ हवाई-महानता में ही दूसरों को असाहित्यिक और बाज़ारू न कहता रहे। सार्त्र, कामू हलके और बाज़ारू लेखक नहीं हैं, मगर उनके पाठकों की संख्या...वे इस बात से भी सख़्त नाराज़ थे कि हमारा लेखक अपनी समझ और अनुभव के दायरे को फैलाता क्यों नहीं है, क्यों सिर्फ़ अपने भीतर ही—आत्मा में घुन की तरह सुराख़ करता रहता है।

लेखकों से उन्हें दूसरी शिकायत यह थी, कि उनके मन में साहित्य या पुस्तक के लिए कोई संस्कार और सम्मान नहीं है। प्राथमिकता की उसकी सूची में पुस्तक कहीं आती ही नहीं। दो डाकुओं में भी एक-दूसरे के 'किए' के लिए सम्मान होता है, शायरों या सगीतज्ञों में दूसरे के कमाल को देखकर दुश्मन को भी गले-लगाने के क़िस्से सुने गए हैं। किसी लेखक को आपने कभी यह कहते सुना कि अमुक न मेरा शिष्य है न चमचा, मगर क्या क़माल की चीज़ लिखी है? कोई लेखक अगर

किसी लोकप्रिय पत्रिका का सम्पादक हो जाए, तो आप निश्चय मान लीजिए कि पहली जिस चीज़ को वह काटेगा, वह होगी पुस्तक। बंगला, मराठी, अंग्रेजी—दुनिया की कोई भाषा ले लीजिए—वहाँ का लेखक-पत्रकार पुस्तकों को लेकर कितना सरोकार और चिन्ता महसूस करता है। कितनी मेहनत से वहाँ समीक्षा-कॉलम तैयार किए जाते हैं। हिन्दी-पत्रकार मूलतः ख़ुशामदी है, इसलिए सिर्फ़ सत्ता की आरती उतारता है। नेता, जनता का नाम लेकर और पत्रकार पाठकों की दुहाई देकर—अपने मानसिक खोखलेपन या टुच्चे होने को छिपाते हैं। जो समस्या हिन्दी-पाठक की है, वही हर भारतीय भाषा की है—क्यों उनके लिए पुस्तक या साहित्यिक-सांस्कृतिक हलचलें इतनी महत्त्वपूर्ण हैं? दूसरी जगहों, विशेषकर अंग्रेज़ी में प्रेस और प्रकाशन का जो सहयोग है—वह जब तक नहीं होगा, हम किताबों की बिक्री को लेकर यों ही रोते रहेंगे। आप प्रकाशक को इस बात के लिए गालियाँ तो देते हैं कि वह किताब नहीं बेचता, मगर पाठक पुस्तक के बारे में जाने, उसमें दिलचस्पी ले और उससे लगाव महसूस करे, इसके लिए क्या करते हैं? आपके यहाँ क़िताब की चर्चा होगी भी, तो सिर्फ़ आपसी हिसाब-किताब चुकाने के लिए होगी। पाठक को सचमुच आपने कभी किसी क़िताब के बारे में बताना चाहा है? जब तक यह मानसिकता तैयार नहीं करेंगे, पुस्तकों की संस्करण-संख्या बढ़ेगी ही नहीं। हम लोगों की इस शिकायत पर कि प्रकाशक घटिया और बाज़ारू लेखकों का जितना प्रसार-प्रचार करता है, उतना अच्छे लेखकों का नहीं—उन्होंने दो-एक लेखकों के उसी ढंग से विज्ञापन किए। मगर शिकायत यही बनी रही कि जब आपको ही अपने लिखे में दिलचस्पी और आस्था नहीं है, तो हम लोग अकेले क्या करेंगे? अनपढ़, ग़रीब और हीनताग्रस्त देश के दलदल से जब तक दोनों मिलकर इस गाड़ी को नहीं निकालेंगे—तब तक इसी तरह एक-दूसरे को गालियाँ देते रहेंगे।

जैसाकि मैंने कहा, अपने व्यवहार और विचारों से उन्होंने जितने लेखकों को नाराज़ किया, शायद ही किसी ने किया हो...'अमुक लेखक कुंठावादी और व्यक्ति केन्द्रित है, नहीं छापेंगे।' ...यह किताब अश्लील और साम्प्रदायिक है—राजकमल से नहीं बिकेगी।' ...'यह अध्यक्ष स्वार्थी और घूसख़ोर है, मेरा उससे कोई सम्बन्ध नहीं रहेगा।' ...वे डिग्निटी और गरिमा के साथ प्रकाशन करना चाहते थे, और यह भी सही है कि इसे लेकर उन्होंने समझौते ने किए हों, ऐसा नहीं है।...''सच कहता हूँ यादवजी, ज़िन्दा रहने और प्रकाशन चलाने के लिए करना तो बहुत कुछ पड़ता है, मगर मन कितना घिनाता है, इसे आप आज ज़रूर महसूस कर सकते हैं!''

बेहद मस्तमौला और शौक़ीन आदमी थे ओंप्रकाशजी! अच्छे कपड़े, अच्छा रहन-सहन और खाना-पीना उनकी कमज़ोरी थी। पन्द्रह-बीस सालों में मुझे तो कोई समय याद नहीं आता, जब महीने में दो-चार बड़ी पार्टियाँ न कर डालते हों—

पाँच-सात से लेकर बीस-तीस लोगों की—बढ़िया शराब, अच्छे-से-अच्छे रेस्त्राँ का सामिष भोजन, हरेक का व्यक्तिगत ख़याल। कभी संगीत, कभी शायरी, कभी होली की भाँग तो कभी दीवाली के ताश। हमेशा जैसे पार्टियों के लिए बहाना तलाश करते हो! कभी नाटक वालों के साथ, तो कभी लेखकों-कवियों के, कभी गुलजार जैसे फ़िल्मवाले, तो कभी खुशवंत-अक़बर जैसे पत्रकार, कभी व्यवसाय के लोग, तो कभी और मित्र। वह खुलापन और मेहमाननवाज़ी...खुशी देने और आनन्द बटोरने का वह उत्साह...सब मिलाकर शब्द और शब्द-शिल्पियों के साथ अधिक-से-अधिक समय बिताने का मोह। आर्यसमाजी यज्ञों और गुरुकुल की पृष्ठभूमि के साथ यह सब नहीं न...मगर उसी निषेध और अस्वीकार के ख़िलाफ़ तो जिन्दगी-भर लड़ते रहे—एक संस्था के रूप में, एक सहयोगी प्रयास की तरह और यारों-के-यार बनकर...

अजीब अन्दाज़ था उनकी दोस्ती का! मालूम नहीं कहाँ-क्या होता था कि वे अचानक ही दोस्त से अधिक बड़े भाई हो जाते थे। जितने साहित्यिक झमेलों में वे कहीं-न-कहीं रहे हैं, शायद ही कोई प्रकाशक रहा हो। कमलेश्वर-देशी प्रसंग है तो ओंजी वहाँ है; रेणु और लतिकाजी का कोई आपसी तनाव है, या उन्हें नए उपन्यास की तैयारी करनी है—और ओंजी हर समय आसपास सुलभ हैं; पुष्पा ने राकेश का जीना मुहाल कर दिया है या अनिता का कोई सिलसिला है—तो सारी तवालतें उठाए ओंजी टैक्सियों में भाग-दौड़ कर रहे हैं, दुनियाभर के फ़ोन खटखटा रहे हैं, आधी रात को मौजूद हैं; 'एकदम चलना है...',—मुझे दिल्ली आना है, या मन्नू को यहाँ नौकरी चाहिए—और ओंप्रकाशजी दुनियाभर के लोगों से मिल रहे हैं, हम लोग उनके घर आकर टिके हैं, सामान और किताबें राजकमल में मँगा लिए गए हैं; कृष्णचन्दर सलमा प्रकरण है और ओंजी उनके रहने-छिपाने का इन्तज़ाम कर रहे हैं—जाने कितने क़िस्से हैं, जाने कितने झगड़े-लड़ाइयाँ, बहसें और नाटक वहाँ नहीं हुए हैं! ओंजी बीच-बचाव या सफ़ाई पेश करते हैं—"भाई मेरे, तुम यह क्यों नहीं सोचते..."। राकेश को 'अँधेरे बन्द कमरे' लिखना है, तो क़ागज कटवाकर भेजवाने से लेकर, रात-रात भर उसे 'दिल्ली रात की बाँहों में' दिखा रहे हैं—एयरकंडीशन ठीक करा रहे हैं। मैं कसौली गया हूँ, और राकेश को लेकर एक दिन ओंजी वहाँ—"सोचा, चलो तफ़रीह करेंगे! बहुत उपन्यास लिख लिया होगा—अब बाधा डाली जाए..." मेरी शादी का रिसेप्शन है कलकत्ते में। संयोग से वे नगर में हैं। देखा तो बाँहें, खोले चले आ रहे हैं—'बधाइयाँ...'

उन्हें मैंने हमेशा दूसरों में ही इतना उलझे पाया कि कभी जान ही नहीं सका कि उनकी अपनी भी कोई समस्याएँ हैं। आज आश्चर्य ही होता है कि मेरे या दूसरे साथी लेखकों की छोटी-से-छोटी बातें जानने के बावजूद, उन्होंने कभी हम लोगों

को पता नहीं लगने दिया कि उनकी व्यक्तिगत या पारिवारिक स्थिति क्या है। उन्होंने कभी किसी घरेलू बात का ज़िक्र नहीं किया। जब-जब हम उनसे मिले या उनके पास गए, तो अपनी बात को लेकर ही इतने आक्रान्त थे कि इधर-उधर देखने की फ़ुरसत ही नहीं मिली। इसके सिवा हम कुछ भी नहीं जानते थे कि वे अपने परिवार और घर के मालिक थे, एक सामान्य सुख-सुविधा और सुरुचि से सम्पन्न, उच्च-मध्यवर्गीय, सन्तुलित और सहयोगी परिवार था, उन्हें नई-से-नई कलात्मक चीज़ें लाकर घर में सजाने का शौक था। इससे अधिक जानकारी सिर्फ़ इतनी ही कि उनकी हर भौतिक और सांसारिक ज़रूरत को पूरा करने वाली भाभीजी हैं और उनकी हर अमूर्त या व्यावसायिक सनक और दिमाग़ी फ़ितूर का हमख़याल बेटा है। अन्दर कितना थे, मैं नहीं जानता—मगर हल्का-सा परेशान पाया था मैंने उन्हें तब, जब अरविन्द भारत नहीं आ रहा था या वहीं उसने अपना जीवन-साथी चुन लिया था। बिन्नी और अरविन्द को लेकर भावुकता के दो-चार क्षण भी शायद देख लिए हों। अकसर मुझे समझाते—"अब उस झगड़े को ख़त्म करो! यादवजी, बातों को मन में नहीं रखना चाहिए..." मगर खुद वे 'राजकमल' को शायद ही कभी मन से छोड़ पाए हों...

ऐसा नहीं है कि उनके इन गुणों, महानताओं और अवदानों की पहचान के लिए मैं अपने अनेक साथियों की तरह उनके मरने की राह देखता रहा हूँ। उनके जीवन-काल में भी मेरी दो आकांक्षाएँ रही हैं: एक तो सर ऐलेन की आत्मकथा—'ए प्रोफ़ेशन फ़ॉर ए जेन्टलमैन" जैसी अपनी बेबाक़ और ईमानदार आत्मकथा वे भी लिखें; दूसरे उन्हें लेकर मैं साहित्य और प्रकाशन की व्यावहारिक समस्याओं पर पुस्तक सम्पादित करूँ..."अरे छोड़ो-छोड़ो, कोई और बात करो..." बात को टालने का उनका अपना तरीक़ा था। शायद उन्हें सचमुच विश्वास नहीं था कि उन्होंने ऐसा कुछ विशिष्ट और अद्वितीय किया है, कि मुझ जैसा तथाकथित स्नॉब लेखक, बिना किसी प्रत्यक्ष-अप्रत्यक्ष स्वार्थ या ज़रूरत के यह बात सोचेगा। 'इस बात पर खुद विश्वास नहीं करना चाहते थे, और अपने या दूसरों से लड़ते थे; मगर कहीं मानने भी लगे थे कि गुण अपने-आपमें कभी मान्यता नहीं पाता, जब तक कि माननेवाला उसमें अपना कोई काँटा या उपयोगिता नहीं फ़िट कर लेता। यह अनकही शिक़ायत भी कहीं-न-कहीं रही ही होगी, कि कम-से-कम लेखकों का तो उनके प्रयासों की ईमानदारी या संघर्षों को समझना चाहिए...आख़िर वे सहयोगी और सक्रिय सहयात्री की तरह उनकी ही तो लड़ाइयाँ लड़ रहे थे, उन्हीं प्रश्नों और समस्याओं से जूझ रहे थे, जो भारत जैसे ग़रीब, अशिक्षित और विकासशील देश में हर जागरूक बुद्धिजीवी को कुंठित और अवरुद्ध करती हैं। वे हम ही लोगों के तो हाथ और पाँव बनकर जिए थे! और इसी दृष्टि से, ऐसा ही एक लेख मैं उनकी

वर्षगाँठ पर लिखना चाहता था। भारती को मैंने 'धर्मयुग' के लिए लिखने की इच्छा जाहिर करते हुए 14 मई, 75 को लिखा था—"मैं सचमुच महसूस करता हूँ कि अपनी सारी सीमाओं के बावजूद, प्रकाशन के क्षेत्र में ओंजी ही एक ऐसे व्यक्ति हैं, जो स्वतंत्रता के बाद आने वाली पीढ़ी के लेखन से जेनुइनली इन्वॉल्व्ड रहे। लड़ाइयाँ, मतभेद और पक्षधरताएँ जिस समय होती हैं, तब भले ही कोई व्यक्ति स्वार्थपरता, टुच्चेपन तथा किन्हीं और मन्तव्यों का अहसास दिलाता हो—लेकिन बाद में जब लम्बे पर्स्पेक्टिव में देखते हैं, तो वह सब जीवन्त होने की प्रक्रिया का ही एक अंग लगता है। वैसे आज भी मैं कह सकता हूँ कि ओंप्रकाशजी न मेरे बहुत घनिष्ठ रहे हैं, न कभी खुल कर लड़ाई हुई है। बल्कि शिकायत हमेशा यही रही है कि पंजाबी और एक नगर के होने के कारण, राकेश के प्रति उनका पक्षपात अधिक था। फिर भी जब 25 वर्षों के इतिहास को देखता हूँ, तो व्यक्ति के कन्ट्रीब्यूशन से इनकार नहीं कर सकता। बल्कि मैं तो यही कहूँगा, कि अगर ठीक समझो तो इस अवसर पर उनके ऊपर एक लेख 'धर्मयुग' में दो। हम लोग किसी के मर जाने पर बहुत छाती-माथा कूटते हैं, लेकिन उसके जीवित रहने के अपराध को कभी क्षमा नहीं कर पाते। आशा है, इसे तुम मेरी भावुकता नहीं समझोगे..."

मगर जैसी कि उम्मीद थी, भारती ने बात टाल दी। उन दिनों संजय और कमलापति त्रिपाठी की प्रशस्तियाँ उन्हें अधिक महत्त्वपूर्ण लग रही थीं और वहीं सूरज के अंश दिखाई देते थे। वस्तुतः भारती छोटे दिल और ओछे व्यवहार के, खुनस पालनेवाले व्यक्ति हैं—बैनेट कोलमैन की 'बेहद बड़ी' नौकरी से आक्रान्त-परितृप्त, मगर संस्कार-शून्य और साहित्य-विरोधी। उन्हें सिर्फ़ उतना ही साहित्य चाहिए, जितना अपने विरोधियों को ठिकाने-लगाने और अपने यश को कन्धा देने के लिए ज़रूरी है। दफ़्तर में या बाहर, लम्बे या थोड़े समय के लिए जो भी उनके सम्पर्क में आया है, वह उनके व्यक्तित्व के किसी उदात्त पक्ष की बात नहीं करता। कुर्सी से अलग कमलेश्वर आज भी हीरो बनकर रह सकता है—ऐसी स्थिति में भारती, बहुत व्यस्त या अपने में ही मस्त होने की घोषणाओं के बावजूद, रिटायर्ड ब्यूरोक्रैट की तरह सुबह-सुबह चींटियों को आटा खिलाएँगे और दिन-भर घर में पेशेन्स खेलेंगे। कहने की ज़रूरत नहीं, ऐसा 'अफ़सर' अपनी 'शक्ति' के दिनों में सत्ता और कुर्सी की प्रशस्ति गाता है, और बाक़ी लोगों को अपनी शक्ति का अहसास कराने में ही लगा रहता है। चूँकि इन सब योजनाओं में ओंप्रकाशजी कहीं नहीं आते थे, इसलिए भारती क्यों उनके जन्मदिन पर लेख छापते? आख़िर वे जयप्रकाश या लालबहादुर शास्त्री तो नहीं थे! साहित्य के प्रकाशक की इतनी उपयोगिता पत्रकार की निगाह में कहाँ है? हाँ, जब उन्होंने भारती के इलाहाबादी दिनों में, उन्हें और उनके दल को 'आलोचना' देकर और 'नई कविता' का वितरण

करके मसूरी के पहाड़ तक ऊँचा उठा दिया, तब वे ज़रूर समझदार और जागरूक आदमी थे। (मसूरी की ही तो 'माया' थी कि वहाँ आराम करने जाकर 'बाइ द वे' धर्मयुग की भी ज़िम्मेदारी आ पड़ी) इसके बाद तो ओंप्रकाशजी पन्तजी जैसे निरीह और प्रगतिशीलों जैसे खूँखार लोगों के 'चक्कर' में पड़ गए। बहरहाल, इतना तो श्रद्धांजलि देते हुए भारती ने मान ही लिया है, कि 'नई कविता' का वितरण करके ओंप्रकाशजी ने बहुत काम किया ('नई कहानियाँ', 'आलोचना' और 'प्रकाशन-समाचार' तो मानो किसी और ने निकाले थे!)।

और यह भी सच ही है कि प्रगतिशीलों के चक्कर में तो ओंप्रकाशजी थे ही। साम्प्रदायिक, हवाई, व्यक्तिवादी, शोषण और मानवद्रोह-समर्थक कवि-लेखकों को ओंप्रकाशजी का शायद ही कभी मुक्त समर्थन मिला हो। हालाँकि 'राधा-कृष्ण' के दिनों में उन्हें बर्दाश्त ज़रूर करने लगे थे। प्रकाशकीय सम्बन्धों और व्यक्तिगत घनिष्ठता के बावजूद, निर्मल के साम्यवाद-विरोधी विचारों, अमूर्त-रहस्यवादी सोच और तरल-अस्पष्ट भाषा का वे उनसे ही खुलकर विरोध करते रहे थे। मगर निर्मल संवेदनशील कथाकार और संस्कार से कलाकार हैं, इसलिए वे ओंप्रकाशजी के संघर्ष और तड़प को ज्यादा गहराई से समझते थे।

ओंप्रकाशजी से मेरे सम्पर्क की शुरुआत कुछ विशेष पूर्वग्रहों के साया ही हुई थी। 'प्रेत बोलते हैं' (अब 'सारा आकाश') के कारण मेरे सम्बन्ध 'प्रगति प्रकाशन' से बन चुके थे। बलवन्त सहगल और प्राणनाथ नागपाल— दोनों ही सुरुचि, सपने और उत्साह लेकर प्रकाशन में आए थे। तबीयत और साधनों दोनों से नवाब थे, और एक-से-एक बड़े नामवाली क़िताबें छापकर हिन्दी में तहलक़ा मचा चुके थे। उन्होंने अनुबन्ध किया कि आगे मैं जो भी लिखूँगा वह वहीं से छपेगा, और इसके लिए वे प्रतिमास दो सौ रुपए दिया करेंगे। 'सारा आकाश' पर भी दो सौ रुपए दिए थे। राकेश से भी ऐसा ही अनुबन्ध हुआ था। राकेश से मेरा परिचय हो चुका था, नया-नया। वह शीलाजी के पास आगरे आया था। हम दोनों ही इस अनुबन्ध से सातवें-आसमान पर थे। उन दिनों अच्छे-ख़ासे लेक्चरर को भी डेढ़ से लेकर ढाई सौ तक ही मिलता था। राकेश मुझे 'राजकमल' ले गया। राजकमल का हमारे लिए काफ़ी आतंक था। आगरे में कमलेशजी यहाँ की बहुत बातें करते थे। उन्होंने शायद के.एम. मुंशी के उपन्यासों के अनुवाद किए थे, और लीलावतीजी के माध्यम से वहाँ से परिचित हुए थे। मैं नया लेखक था। बड़े प्रकाशकों से परिचय होना मेरे लिए ज़रूरी भी था और गौरव की बात भी थी। प्रकाशन के नाम पर मैंने चौकी लगाकर बैठे भोलानाथजी (विनोद पुस्तक मन्दिर) या अपनी पहली पुस्तक के प्रकाशक—'राजेन्द्र प्रकाशन' के मालिक सेठ रतनलाल को, गद्दी पर गावतकिए

के सहारे अधलेटे देखा था। 'साहित्य-रत्न-भंडार' कुछ आधुनिक था, मगर महेन्द्रजी नेता अधिक थे। दिल्ली में बाक़ायदा अच्छी मेज़-कुर्सियों और दफ़्तरी व्यस्तताओं वाले आधुनिक प्रकाशन देखना मेरा पहला अनुभव था।

दरियागंज में पीछे गली की ओर, एक सीढ़ी के दोनों ओर दो छोटे-छोटे ऑफ़िस थे। और बाईं ओर जिन श्वेतकेशी आत्मीय सज्जन से राकेश ने मिलवाया, वे देवराजजी थे—अबसे काफ़ी हल्के। उसी दिन से मेरे मन में यह बैठ गया है कि शायद देवराजजी के बाल कभी काले रहे ही नहीं। राकेश का परिचय पहले से था। यों भी ऐसे मौक़ों पर वह 'असी-तुसी' बोलने लगता था। मैं संकोची था, और यहाँ तो अकेला भी पड़ गया था। देवराजजी के चेहरे और व्यवहार में कुछ ऐसा अपनापन और आश्वस्तिदायक भाव मिला, कि राजकमल के अपने पूरे सम्बन्धों के दौरान मुझे यही लगता रहा कि मैं देवराजजी के अधिक निकट हूँ, और ओंप्रकाशजी का स्पष्ट पक्षपात राकेश के लिए है। खैर, देवजी ने हम दोनों को दूसरी तरफ़ से जाकर ओंजी से मिलाया। औपचारिक-सा परिचय था। एकाध बात कमलेशजी और डॉ. रामविलास शर्मा की हुई होगी। प्रगति-प्रकाशन के सम्बन्ध की बात पर शायद उन्होंने कहा था कि "ये लोग बहुत फ़ास्ट चल रहे हैं—वात्स्यायन जैसे सलाहकार मिल गए हैं"। फिर मैं बैठा क़िताबें देखता रहा और राकेश वही 'असी-तुसी' करता रहा। पंजाबी उन दिनों मेरे लिए एकदम अपरिचित भाषा थी। —तब तक मैंने जोश मलीहाबादी का वह प्रसिद्ध वाक्य भी नहीं पढ़ा था कि "मैं सोचता हूँ कि उम्र के अन्त में पंजाबी अब सीख ही ली जाए। आख़िर दोज़ख़ की राष्ट्रभाषा भी तो यही है") उधर ओंजी और राकेश दोनों अमृतसर के पुराने और पड़ोसी मुहल्लों के रहनेवाले थे। राकेश उनसे नई क़िताब की बात कर रहा था, शायद कहानी-संग्रह की। मुझे अजीब भी लगी कि अभी तो प्रगतिवालों से सारी किताबों की बात करके आया है। बहरहाल, मेरे मन में यह गाँठ उसी दिन बैठ गई कि मुझे राकेश के मुक़ाबले यहाँ तरजीह नहीं मिलेगी। हालाँकि तब तक मेरी दो क़िताबें आ चुकी थीं। 'प्रेत बोलते हैं' और राकेश का 'इन्सान के खँडहर' आनेवाले थे। मगर निश्चय ही राकेश मुझसे लाख गुना अच्छा पी.आर.ओ. था। व्यवहारकुशल तो वह था ही!

यह ज़माना वह था, जब पंजाबियों के लिए 'बेचारे शरणार्थी' का भाव जाने कब का ख़त्म हो चुका था। सामाजिक और ख़ास तौर पर व्यावसायिक जीवन में वे जिस आक्रामक ढंग से छा गए थे, उसे लेकर उत्तर-प्रदेश के लोगों में प्रतिरोध और आक्रोश ही अधिक था। कोई भी काम, ख़ासतौर से हाथ से काम करने को नीची निगाहों से देखनेवाला, आलसी, ढोंगी और निष्क्रिय उत्तर-प्रदेशीय मध्यवर्ग बौखलाया हुआ था। वे स्वस्थ्य, सुन्दर, मेहनती, बेधड़क और कर्मठ थे, और एक

बड़ा चुनौतीभरा समानान्तर सामने रख रहे थे। इसलिए हम लोग उनकी व्यावसायिक और दूसरी नैतिकताओं के पहलू से उन पर आक्षेप करते थे। लगभग सारे ही व्यवसाय और व्यापार को उन्होंने हथिया लिया था। हिन्दी-प्रकाशन पर भी वे ही छाए हुए थे। राजकमल, आत्माराम, राजपाल, प्रगति-प्रकाशन इत्यादि ने हिन्दी-प्रकाशन का सारा हुलिया ही बदल डाला था। मैं भी अपने प्रान्त की उसी कुंठा का शिकार था, कि इन लोगों से अपनी पुस्तकों का कुछ हिसाब-किताब बैठाना है तो 'असी-तुसी' होना ज़रूरी है। उन्हीं दिनों एक बार सुना भी—मोहन चोपड़ा का कोई उपन्यास था और बेहद कच्चा था, इस पर आत्माराम के श्री रामलाल पुरी ने कहा—"चलने दे यार, छाप डाला। पंजाबी मुंडा है।" बहरहाल, राकेश से मेरे सम्बन्ध बहुत आत्मीय हो चुके थे, लेकिन उसी के कारण मेरे और ओंजी के सम्बन्धों में एक गाँठ बनी रही या यह भी हो सकता है कि पहली मुलाक़ात में ही प्रगतिवालों से मेरी यह बात हो गई, और इसीलिए राकेश जान-बूझकर यह दिखा रहा था कि वह इन सब लोगों के कितना निकट है।

प्रगति-प्रकाशन बिखर चुका था, और 'प्रेत बोलते हैं' छपकर प्रेस से बाहर ही नहीं आया। उधर मैंने 'उखड़े हुए लोग' तैयार कर लिया था। मैं चाहता था कि वह किसी बहुत अच्छी जगह से आए। 'भारती भंडार' से असमर्थता की सूचना आ गई थी, हालाँकि पाठकजी को उपन्यास पसन्द आया था। उन्होंने ओंप्रकाशजी का नाम सुझाया—मेरा भी कमलेशजी से यही आग्रह था कि जैसे भी हो, उसे राजकमल से आना चाहिए। उन्हीं दिनों 'नेशनल' के मलिक साहब से भी मिला था, शायद क्षेमचन्द्र सुमन के कहने पर। मेरे सुझाव पर 'ज्ञानपीठ' में राकेश के कहानी-संग्रह 'नए बादल' की बात तय हो गई थी, और वह बदले में कुछ करना चाहता था। उसने ओंप्रकाशजी से सिफ़ारिश करने का आश्वासन दिया। बाद में बताया कि कहते हैं—बहुत बड़ा है! राकेश अकसर ही दिल्ली आया करता था। उसने उपन्यास पढ़ लिया था और बेहद तारीफ़ का पत्र लिखा था। आज मुझे लगता है कि उसे भीतर से तकलीफ़ भी थी। ख़ुद तो वह शिमला-जालंधर की नौकरियों और आगरे में शीलाजी को लेकर परेशान था, और कुछ लिख नहीं पाता था। हाँ, मुझे 'लिक्खाड़' कहकर छेड़ता, या बाक़ायदा गम्भीर भाव से सिद्धान्त-बघारता कि नए और प्रतिभाशाली लेखक को बहुत सोच-समझकर और बहुत कम लिखना चाहिए। ख़ैर, ओंप्रकाशजी से अनेक बार बातें हुईं और टूट गईं। मैं कलकत्ते चला गया। 'हिन्दी-प्रचारक' और 'आत्माराम' दोनों से बात नहीं बनी। ओंप्रकाशजी किसी काम से कलकत्ते आए थे। कृष्णाचार्यजी ने मुलाक़ात कराई। वह पहला मौक़ा था कि बिना राकेश को बीच में डाले, मैंने उनसे अपनी रचनाओं के प्रकाशन को लेकर सीधे बात की। बोले—"मुझे मालूम है! राकेशजी और पाठकजी दोनों

उसकी बहुत तारीफ़ कर रहे थे। लेकिन एक तो इतना बड़ा उपन्यास, फिर आपकी कहानी–संग्रह वाली शर्त—एडवांस की राशि। पहले कमिटमेन्टों के कारण हम इसे नहीं ले पाएँगे। हमारा अपना प्रेस बहुत व्यस्त है। मैं खुद अपने उपन्यास बनारस में छपा रहा हूँ।'' फिर पता नहीं कैसे, बात इस पर आ गई कि ''आप एक काम कीजिए, दोनों यहाँ छपा लीजिए और बिल हमारे पास भेज दीजिए...'' यही बाद में हुआ भी। मैं आज भी विश्वासपूर्वक नहीं कह सकता कि यह दिक़्क़त वास्तविक थी या दोनों क़िताबें छप जाने तक वे इस बात को दिल्ली (या राकेश,) से दूर रखना चाहते थे। सच्चाई जो भी हो, पुस्तकें छप जाने के बाद राकेश ने इस सारी घटना का जो रूप सामने रखा, उससे मेरे मन में आया कि कैसे हैं ओंप्रकाशजी? उन्होंने सारी बात शायद मेरे ऊपर डाल दी थी। मैं इस बात से इतना खिन्न हो गया, कि दूसरे संस्करण के लिए जब उन्होंने बताया कि कुछ देर लगेगी, तो मैंने उसे 'साहित्य–सदन' देहरादून को दे दिया। राकेश की भी सलाह यही थी कि जब ओंजी तुम्हारी किताबों में दिलचस्पी ही नहीं लेते, तो वहाँ डाले रखने से क्या फ़ायदा...उनके दिमाग़ पर तो बस रेणु सवार है...और रेणु से ओंप्रकाशजी को 'बचाने' में राकेश को समय लगा। मैं कलकत्ते में था, और राकेश ने मुझे यह विश्वास दिला दिया था कि इधर मेरा जो भी काम होगा, वह ज़रूर कराने की कोशिश करेगा। दिल्ली इत्यादि तो आया ही करता है। जाने क्यों मुझे विश्वास हो गया था, कि किसी भी बात की पेशकश करने या बातचीत को कुशलतापूर्वक एक नतीजे तक पहुँचाने के मामले में मैं एकदम मूर्ख हूँ, और राकेश ज्यादा समझदार और सफल है। मैं कलकत्ते से जब इलाहाबाद होता हुआ दिल्ली आता तो अश्कजी, मार्कंडेय या दूसरे मित्र छेड़ते भी थे; गर मुझे भी यह समझने में वक़्त लगा कि राकेश की यह कला सिर्फ़ अपने हित के लिए ही थी, अपने किसी भी 'एकमात्र दोस्त' के लिए नहीं। बक़ौल खुद ओंप्रकाशजी, बाद में एक बार तो उसने बाक़ायदा यह शर्त की तरह कहा था—''तुम्हारे यहाँ से या तो निर्मल छपेगा, या मैं...''

फिर 'राजकमल' में कुछ हुआ और ओंप्रकाशजी इलाहाबाद आ गए। आज जहाँ 'लोकभारती' है, वहाँ ठाट–बाट से 'राजकमल' खुला। ओंप्रकाशजी वहाँ के बादशाह थे। वे पूरे ज़ोश में थे और बनारस, पटना, कलकत्ता एक किए हुए थे—चारों तरफ़ गति और ऐक्शन! साहित्य में भयानक गहमागहमी के दिन थे। 'परिमल' और प्रगतिशील दोनों ही ख़ेमे, प्रतिस्पर्द्धाओं और रचनात्मक होड़ में एक–दूसरे को चित्त करने में लगे थे—कौन राजकमल को अपने साथ ले ले। अंग्रेज़ी और हिन्दी की सेक्रेटरियों वाले ओंप्रकाशजी से सीधे मिल पाना, किसी मिनिस्टर से मिलने से कम नहीं था। हँसकर कहते थे—''मुझे यू.पी. के भैया लोगों की आदतें पड़ती जा रही हैं—पान अच्छा लगता है, भाँग को मना नहीं करता, और

मालिश करके नहाने या दोपहर को सोने में बड़ा मज़ा आता है।'' उन्हीं दिनों कमलेश्वर ने एक कहानी लिखी थी—'बड़े दिन का उपहार'। उसमें एक बॉस की सेक्रेटरी, पिछले दिन अपने प्रेमी के साथ किए गए होटल से ख़र्चे का सारा बिल, लिफ़ाफ़े में बन्द करके बॉस को उपहारस्वरूप देती है।

नए लेखकों के साथ होने, उन्हें प्रोत्साहन और वातावरण देने का क्या उत्साह था उन दिनों, ओंप्रकाशजी में। रेणु को उन्होंने इलाहाबाद बुला लिया था और उसकी सारी व्यवस्था राजकमल ने की थी। सारी गतिविधियों और आन्दोलनों के केन्द्र थे ओंप्रकाशजी। कमलेश्वर भी उन दिनों राजकमल में था, और राकेश के मुक़ाबले निश्चय ही ज्यादा सीनियर था। मेरे भी सम्बन्ध अब सीधे उन्हीं से बन रहे थे, कि देशी को लेकर कमलेश्वर और ओंप्रकाशजी की ठन गई। लड़ाई अश्कजी और कमलेश्वर के बीच थी, क्योंकि देशी किताब-महल से राजकमल आई थी। फिर दोनों ने राजकमल छोड़ दिया और मिलकर 'श्रमजीवी-प्रकाशन' शुरू कर दिया। स्वाभाविक था कि मैं प्रकाशक के साथ नहीं, अपने लेखक-मित्र के साथ था। जिन दो क़िताबों की बात ओंजी से हो चुकी थी, वे मैंने कमलेश्वर को दे दीं—'कुलटा' और 'मन्नू की कहानियाँ'। दोस्ती का दावा कमलेश्वर से राकेश भी करता था, मगर उसने न तो उसे कोई क़िताब दी, न ओंजी से अपने सम्बन्धों में अन्तर आने दिया। इस मामले में उसमें आश्चर्यजनक व्यवहार-कुशलता थी। बाद में भी, जवाहर चौधरी से 'जीवन-मरण की मैत्री' के बावजूद, उसने 'शब्दाकार' को किताब कोई नहीं दी।

मैंने और राकेश ने साथ ही निर्णय लिया और हम दोनों 58-59 में दिल्ली आकर रहने लगे—वह देवनगर, मैं करोलबाग़। साहित्य के दो केन्द्र—कॉफ़ी-हाउस और राजकमल। ओंजी और मेरे सम्बन्ध वही छेड़छाड़, तंज़ और प्रेम-घृणा के बने रहे। मिलना-जुलना, खाना-पीना सभी था, मगर मेरी क़िताबें 'राजपाल' और 'ज्ञानपीठ' से ही आ रही थीं। हाँ, उन्हीं दिनों मैंने 'सारा आकाश' उन्हें दिया—नई क़िताबों के अनुबन्ध किए, और फिर कलकत्ते चला गया। वहाँ उन्होंने कामू के 'आउट-साइडर' का अनुवाद कराया, और 'अजनबी' उन्हें बेहद पसन्द भी आया। मूल्यांकन के लिए वे लगातार पांडुलिपियाँ भेजा करते थे। हो सकता है मेरी 'क्षमताओं' की उनके मन में इज़्ज़त हो, मगर वह उन्मुक्त आत्मीयता हम लोगों में नहीं थी, जो राकेश के साथ उनकी थी। आज यह बात मेरे सामने ज़्यादा साफ़ है कि राकेश की सारी बारीक़ियों के बावजूद, वे कहीं-न-कहीं मुझसे सम्बन्ध बनाए रखना चाहते थे। बाद में वह माध्यम मिलीं मन्नू। उन्होंने 'नई कहानियाँ' का वार्षिकांक मन्नू से ही सम्पादित कराया और इसके लिए खुद कलकत्ते आए। मैं आगरा के आसपास ही रहना चाहता था। मन्नू को दिल्ली लाकर जमाने का सारा

श्रेय ओंप्रकाशजी को ही है। मन्नू से शायद राकेश को भी कोई 'ख़तरा' नहीं था। वह उसकी राजनीति में फ़िट बैठती थी। लेखन-क्षेत्र में मुझसे राजनैतिक-सम्बन्ध रखकर भी, व्यक्तिगत और पारिवारिक मित्रता बनाए रखी जा सकती थी। वैसे भी यह मुझे निहायत घटियापन लगता है कि आज आपकी लड़ाई हुई, और अगले दिन आपने पाया कि 'मामी और भतीजे' आपको पहचानते भी नहीं हैं, या परसों फिर 'नमस्ते अंकल' होने लगा।

बहरहाल, 'नई कहानियों' से लेकर राजकमल छोड़ने तक, राकेश-कमलेश्वर के साथ-साथ ओंप्रकाशजी के साथ भी खाना-पीना, घूमना-लड़ना सभी कुछ होता रहा, मगर सम्बन्ध वही खिंचे-खिंचे बने रहे। हम दोनों जानते थे कि बीच में कहीं राकेश ही है, इशारों से इसे मानते भी थे। हिन्दी लिखने को लेकर राकेश के मन में एक ख़ास तरह की आत्मविश्वासहीनता थी, और जब वह लिखते या टाइप करते समय हर बार कोश खोलकर देखने लगता, तो मैं हमेशा छेड़ता—''राहुलजी ने कहा है कि मातृ-भाषा उसे कहते हैं, जिसे आप चाहकर भी ग़लत नहीं लिख पाते—आप सिर्फ़ उसके स्वरूप और शैलियाँ विकसित करते हैं। यानी सब मिलाकर उसे समृद्ध करते हैं! तू कोश में क्या देखा करता है?'' बात सही हो या नहीं, मगर यह तो तथ्य ही है कि राकेश से घनिष्ठ होने के बाद, वे सारे लेखक ओंप्रकाशजी की बाहरी परिधि में आ गए थे, जिन्हें उन्होंने इलाहाबाद में अपने साथ जोड़ा था—कमलेश्वर की तो कोई क़िताब भी राजकमल से शायद नहीं छपी! राकेश, मेरे और ओंप्रकाशजी के सम्बन्धों को सिर्फ़ अपने ही माध्यम से, उन पर दबाव डालने या अपनी बात मनवाने के लिए ही रखना चाहता था। विरोध की भाषा होती थी—''ओंजी शिवदानसिंह चौहान पर 'अत्याचार' कर रहे हैं, हम लोगों को एकदम असहयोग कर देना चाहिए''...'ओंजी भैरव पर दबाव डाल रहे हैं कि किसी इनकम-टैक्स के आदमी की कहानी छापें; अब हममें से कोई भी नई कहानियाँ नहीं लिखेगा!' मगर जब सुषमा धवन या देवराज उपाध्याय की उपन्यास-समीक्षा पुस्तक, या 'आलोचना' के विशेषांक में 'अँधेरे बन्द कमरे' का ज़िक्र शामिल करा लिया गया तो सारा 'अत्याचार' समाप्त हो गया; 'नई कहानियाँ' में 'हाशिये पर' जगह मिल गई तो असहयोग वापस। 'ओंजी हिन्दी के मौलिक लेखन की इज्ज़त नहीं करते और उर्दू वालों को बहुत उछाल रहे हैं' का मतलब था, राकेश के नाम की सबसे ऊपर पब्लिसिटी!

वैसे ओंप्रकाशजी बेहद स्वच्छन्द और ज़िद्दी व्यक्ति थे, और आवेश के किसी भी क्षण में कोई भी निर्णय ले सकते थे। 'यह कीजिए, वरना...' कहकर उनसे कोई काम शायद ही कराया जा सके। मगर राकेश उनके मनोविज्ञान को सबसे ज़्यादा समझता था। नई प्रतिभाओं को भरसक सहयोग-सहायता देना और

मेधावी समर्थ लेखकों को साथ रखना—ओंप्रकाशजी के इस गुण को राकेश ने बेहद सफलता और कौशल से अपनी सेवा में लगा लिया था। जहाँ ज़रा भी 'ख़तरा' लगा, वहीं दबाव, प्रभा और भावुकता के दाँवपेंच...मैं जानता हूँ, अगर ओंप्रकाशजी का साथ न होता तो न उसे संगीत-नाटक अकादमी का पुरस्कार मिलता, न नेहरू-फ़ैलोशिप! शायद अनिता का साथ हो पाना भी मुश्किल होता...तन-मन-धन सबसे उन्होंने राकेश को संरक्षण और सहयोग दिया था, उसकी सारी लड़ाइयाँ उन्होंने लड़ी थीं...आज किसी गुंडे से राकेश की लड़ाई हो गई है—ओंजी उसे गृहमंत्री लालबहादुर शास्त्री के यहाँ ले जा रहे हैं; कोई और योजना है—और प्रधानमंत्री के यहाँ श्री बावरी और उषा भगत से मिला रहे हैं; नाटक के क्षेत्र में कुछ होना है—और वे सुरेश अवस्थी और अलकाजी को अपने यहाँ ड्रिंक्स पर बुला लेते हैं; अनिता का परिवार आया है और राजकमल का गेस्ट-हाउस उनके लिए हाज़िर है; राकेश को अनिता के साथ बम्बई भागना है, और वे पैसे लिए एयरपोर्ट पर मौजूद है; पुष्पा से निपटना है—ओंजी ही कर लेंगे सब, धमकाना-समझाना जो भी हो!

राकेश इस बात को लेकर काफ़ी चौकस था कि मेरे या कमलेश्वर के ओंप्रकाशजी से सीधे सम्बन्ध न बनें। मेरे दुष्प्रभाव से तो उसने सिर्फ़ उन्हें बचाकर ही रखा, मगर कमलेश्वर की ज़िम्मेदारियों और आर्थिक अस्थिरता का फ़ायदा उठाकर, अनेक बार उसे अपमानजनक स्थितियों और ज़लालत में डाला था। भैरवजी के 'नई कहानियाँ' छोड़ देने के बाद तय हुआ कि हम सब लोग साथ हैं, ओंप्रकाशजी ही क्यों न सम्पादन करें! साल छः-महीने उन्होंने किया भी, कि अचानक बात उठी—"नई कहानियाँ सिर्फ़ पत्रिका ही नहीं है कि कोई भी व्यक्ति बैठकर सम्पादन करने लगे। वह एक फ़ोर्स और आन्दोलन भी है! उसमें कहानी का ही कोई व्यक्ति होना चाहिए। वरना नीहारिका, सरिता या माया जैसी व्यक्तित्वहीन पत्रिका होकर रह जाएगी!!" तब वहाँ कमलेश्वर का नाम आया। कुछ समय बाद अचानक माहौल बनना शुरू हुआ कि ओंप्रकाशजी ने 'नई कहानियाँ?' बन्द करने का निर्णय ले लिया है। राकेश और कमलेश्वर ऊपर-नीचे रहते थे। अब कमलेश्वर क्या करेगा? हम लोगों की गम्भीर बैठकें हुईं—कभी मेरे यहाँ, कभी वहाँ। यहाँ तक तय हुआ कि अगर राजकमल ऐसा करे तो पत्रिका को हम लोग ले लें और चलाएँ। पैसों की सम्भावनाओं और दूसरी व्यवस्थाओं पर भी विचार-विमर्श हुआ, कि बात का धीरे-धीरे एक नया ही रूप उभरने लगा। तनाव के कारण कमलेश्वर-ओंप्रकाशजी के बीच संवाद नहीं था, और बक़ौल राकेश—मुझे वे पसन्द नहीं करते थे। यानी उनसे बात करने का सेतु वही था। एक दिन बहुत हैरान-परेशान, बौखलाए हुए राकेश ने आकर हम दोनों को बताया—"यह नहीं होगा...कल का बन्द करता आज करे! मगर मैं तो मना कर आया हूँ कि ऐसा हरगिज़-हरगिज़ नहीं

करूँगा...!!'' सारे विस्फोट और उफ़ान के बाद जो बात निकली, वह यह कि ओंप्रकाश कहते हैं—''राकेश, अगर आप इसे सँभाल लें तो 'नई कहानियाँ' को फिर चलाया जा सकता है!—मैं तो साफ़ मना कर आया हूँ। कमलेश्वर मेरा दोस्त है और मैं उसके साथ ऐसा नहीं करूँगा। वैसे भी हम सब तो साथ हैं ही! मगर वह अड़ा है कि 'बाक़ायदा नाम दीजिए, वरना' ...खैर, फ़िलहाल तो मैं कह आया हूँ कि दोस्तों से सलाह ले लूँ...अब तुम दोनों बताओ, फिर कल मेरे ऊपर चढ़ आओगे... कि...'' कमलेश्वर ने शायद झटके से कहा—''क्या फ़र्क पड़ता है? मैं रहूँ? तुम रहो या राजेन्द्र रहे! ज़रूरी कमलेश्वर नहीं, 'नई कहानियाँ' है। फिर हम लोग सब साथ तो हैं ही!!'' राकेश भावुक हो आया। गीली आँखों से बोला—''कैसी बातें करता है कमलेश्वर, मैं तेरी जगह लूँगा? इस वक़्त तो सबसे अच्छा यही होता कि यह राजेन्द्र ले लेता! मगर इसकी ओंजी से एक दिन नहीं पटेगी!! मैं तो कहता हूँ कि कर लेने दो बन्द, हम लोग चलाएँगे!'' हस्ब-मामूल हम लोग काफ़ी देर रात तक बातें करते रहे, और यह बात विस्तार से आई कि मानू छोटी है, गायत्री भाभी का स्वास्थ्य ठीक नहीं है, किराया और दूसरी आर्थिक परेशानियाँ हैं ही—इसलिए किसी तरह का रिस्क लेना ठीक नहीं है, और कोई-न-कोई तरीक़ा ऐसा निकलना चाहिए कि कमलेश्वर वहीं बना रहे!

ख़ैर, दो-चार मीटिंगें और हुईं, और तस्वीर यह उभरी कि ओंजी किसी भी शर्त पर मानने को तैयार नहीं हैं, कि कमलेश्वर के साथ 'नई कहानियाँ' निकले। हाँ, राकेश अगर अपना नाम दे दे तो फिर कमलेश्वर भी बना रहे। अब राकेश और कमलेश्वर दोनों ही एक-दूसरे के लिए शहीद हुए जा रहे थे—''तू ले ले...'' दोनों ही कॉज़ और आन्दोलन के लिए हर तरह का त्याग करने को तैयार थे, और व्यक्ति या नाम को क़तई महत्त्व नहीं देना चाहते थे। आख़िर तोड़ इस पर हुआ कि कमलेश्वर ही सम्पादक बना रहे—हाँ, राकेश का नाम ऊपर 'सौजन्य-सम्पादक' की तरह जाए। कुछ पैसे कमलेश्वर के कम किए जाएँ और राकेश का किराया-टेलिफ़ोन दोनों 'नई कहानियाँ' दे। थोड़ी देर बाद ही मुझे इसकी तह में किसी खेल की गंध लगने लगी थी, इसलिए मैंने इस सबका विरोध किया। ऊपर-नीचे एक ही मकान में रहकर, यह सम्पादन और सौजन्य-सम्पादन कैसा रहा—वह लम्बा और अलग क़िस्सा है—दोनों के बीच 'संवाद' क़ागज की चिटों पर होते थे, और राकेश बहुत आग्रही था कि जब तक उसका नाम वहाँ है, पत्रिका में कोई रचना, कोई लेख या रिव्यू लेआउट या पंक्ति बिना उसकी 'जानकारी' (या स्वीकृति) के न जाए, और कमलेश्वर पत्रिका के प्रूफ़ इत्यादि सही ढंग से देखे। वरना उसे नाम हटा लेना होगा, और फिर ओजी पत्रिका बन्द कर देंगे...!

यह सारी घटना राकेश और ओंप्रकाशजी के सम्बन्धों को समझने का सूत्र है।

वे भावुक और दोस्त आदमी थे, इसलिए उनसे जो भी कुछ कराया जा सकता था, और वह उनके इसी पक्ष को छूकर हो सकता था। वे दोस्त की 'इमेज़' बनाने के साथ-साथ एक 'अद्वितीय प्रतिभा' के विकास में अपना योगदान दे रहे थे। यही कारण था कि जब ओंप्रकाशजी राजकमल से हटे, तो राकेश ने इसे एक आन्दोलन का रूप देना चाहा कि मामला सिर्फ़ ओंप्रकाशजी और शीला सिन्धु का ही नहीं है, हम सभी लेखकों और बुद्धिजीवियों का भी है। मैं राकेश और ओंप्रकाशजी दोनों से खिन्न था, इसलिए तटस्थ रहा। राकेश अपना सारा समर्थन ओंजी को देता रहा, मगर मिलना-जुलना शीलाजी से भी बनाए रखा। शीलाजी की पृष्ठभूमि हिन्दी की नहीं थी, और साफ़ था कि उन्हें एक ऐसे व्यक्ति की आवश्यकता थी, जो सलाहकार-सम्पादक हो सके। ओंप्रकाशजी फिर भी हिन्दी के ही थे और सारी बातों को खुद समझते और निर्णय लेते थे। शीघ्र ही 'राधाकृष्ण' शुरू हुआ, और सुनाई दिया कि राकेश अपनी सारी क़िताबें राजकमल से ले रहा है—क्योंकि वहाँ रूसी पैसा है, और शीलाजी ने नामवर को अपने साथ कर लिया है...। और फिर धीरे-धीरे बात ठंडी हो गई। शीलाजी और ओंप्रकाशजी दोनों एक-दूसरे से अपने हिसाब चुकाते रहे—हाँ, राकेश ने अपना हिसाब-किताब दोनों तरफ़ बनाए रखा। ओंप्रकाशजी उन दिनों बहुत आहत थे, और शीलाजी और राजकमल को हर तरह ग़लत सिद्ध करना चाहते थे। वह तो जब 'राधाकृष्ण' पूरी तरह जम गया, तब उन्होंने अपना ध्यान कुछ उधर से हटाया। शायद यही कारण था कि 'अक्षर' के झगड़े में उन्होंने चौधरी का ही साथ दिया, क्योंकि कहीं वे अपने-आपको चौधरी की ही जगह देखते थे। यहाँ राकेश पूरी तरह उधर ही था...

इसलिए मेरे मन में स्वाभाविक शिक़ायत और गाँठ थी, कि ओंप्रकाशजी का व्यवहार शुरू से ही मेरे प्रति निर्दोष और निष्पक्ष नहीं रहा है। अगर वे थोड़ा 'स्वतंत्र' होकर निर्णय लेते, और मेरे प्रति कोरा व्यावहारिक सम्मान ही न रखते तो शायद 'अक्षर' के अस्तित्व में आने की बात ही न उठती; या चौधरी, राकेश और मेरे बीच ऐसी संवादहीनता की तनावभरी स्थितियाँ न आतीं। राकेश की मृत्यु पर श्मशान में वे जिस तरह लिपटकर रोए थे, उसमें केवल राकेश के न रहने का शोक ही नहीं था। मैं भी उस समय विह्वल हो आया था—शायद मैं इस आदमी को ग़लत समझता रहा हूँ। व्यक्तिगत सम्बन्ध जो भी रहे हों, मगर इस व्यक्ति के महत्त्व और योगदान को मैंने किसी दिन कम-करके नहीं आँका।...बाद में राकेश की पुस्तकों, अनिता और बच्चों के लिए जिस तरह उन्होंने सारा-कुछ किया—वह दोस्त से अधिक बड़ा भाई ही कर सकता था—मुझे अच्छा भी लगा था, और मैंने शिकायत भी की थी कि भावुकता की लहर में वे कितना बड़ा जोखिम उठा रहे हैं। कहीं एक दिन उन्हें वह भारी न पड़े। उन दिनों, जो वातावरण था, उसमें कहीं कुछ ग़लत न हो जाए—इसके

लिए शीलाजी और पुष्पा से मैंने उन्हें विशेष रूप से मिलाया था। ये दोनों, पहले परिचय के कारण, पहले मेरे पास ही आई थीं, और वास्तविकता की जानकारी सिर्फ़ ओंजी को ही थी...राकेश अपनी वसीयत में जो भी-कुछ लिख गया हो, मगर मुझे एक ऐसा मित्र ज़रूर दे गया था, जिससे हर स्तर और हर तरह की बात की जा सकती थी—व्यक्तिगत और वैचारिक...

अदीना कहती है—"और सबके बाबा तो बोलकर जाते हैं। मेरा बाबा बिना बताए ही चला गया...!" और अपने अन्तिम क्षणों में ओंप्रकाशजी ने लिखा है—"अब कुछ करने को नहीं है, जा रहा हूँ!" एक ऐतिहासिक काम था, जिसे उन्होंने पूरा कर डाला था—या सचमुच वे भीतर से इतने रीत गए थे कि कुछ भी करने लायक़ नहीं रह गया था? या और कोई ख़ालीपन था, जिसे वे सिर्फ़ अपने भीतर ही जी रहे थे? पता नहीं क्यों, मुझे 1912 में 'ज्याँ क्रिस्तोफ़' के अन्तिम-भाग में लिखा, रोम्याँ रोलाँ का वाक्य याद आता है—"और मैं जब अपनी उस आत्मा से विदा माँगता हूँ, जो कभी मेरी थी! अपने आप से बाहर मैं उसे इस तरह फेंकता हूँ, जैसे ख़ाली छिलके को फेंक दिया जाता है। जन्म और पुनर्जन्म का अटूट क्रम ही तो जीवन है। फिर से जन्म लेने के लिए हमें मरना होगा, क्रिस्तोफ़!"

एक सपने की कथा–यात्रा
प्रेमचन्द

प्रेमचन्द से मेरे रिश्ते दो तरह हैं।

मैंने भी उनकी तरह उर्दू से हिन्दी में लिखना शुरू किया। मेरे कथा–संस्कार भी वही 'दास्ताने अमीर हाज़म' 'अलिफ़ लैला', 'ज़हरे–इश्क' इत्यादि के रहे हैं...और आज भी मुझे अपनी भाषा में वही अनुगूँज सुनाई देती है।

दूसरे रिश्ते को समझने के लिए मुझे अपनी एक कहानी की थीम बतानी पड़ेगी।

मेरे पिता की मृत्यु सन् 53 में हुई थी। सत्ताइस वर्ष हो गए। आज अगर मैं कोशिश करूँ तो उनका चेहरा भी याद नहीं कर पाता। दुर्भाग्य से मेरे इस घर में उनकी कोई तस्वीर भी नहीं है कि शक्ल आँखों के सामने साकार हो सके। लेकिन आज भी जब मैं सुबह पाँच बजे उठकर पाइप पीते हुए अगले या पिछले दिन की बात सोचता हूँ, किसी मुद्दे पर विचार करता हूँ, तो सुरीर के बरामदे की वह तस्वीर मेरे सामने आ–खड़ी होती है, जब पिता सुबह पाँच बजे उठकर चारपाई पर ही बैठ जाते थे; चुपचाप बीड़ी पीते रहते थे। मुझे नहीं मालूम वे क्या सोचा करते थे। लेकिन लगता है, वह शायद मेरे भीतर मेरे पिता ही हैं। उन्हें उड़द की दाल में खूब घी डालकर सूखे आलुओं की सब्ज़ी से दोपहर का भोजन पसन्द था, और यही मेरी भी पसन्द है; उन्हें दोस्तों को शौक से और खुले दिल से खिलाना अच्छा लगता था, उनकी हर तरह की मदद और सहायता करने में एक आत्मिक सुख होता था, और वही मेरी भी कमज़ोरी है। उन्हें गुस्सा बहुत ज़ोर से आता था, वे हर तरह बहुत व्यवस्थित थे, औचित्य का ध्यान रखते थे और अनेक बातों में सामन्ती मूल्यों का पोषण करते थे—वे बातें मुझमें कम हैं, और जो हैं उनसे मैं लड़ता हूँ, जाँचता और तौलता हूँ। चेहरे–मोहरे की समता या अलगाव ऐसी बातें हैं, जो दूसरे मुझे बताते हैं। कभी–कभी बोलचाल और व्यवहार को लेकर तुलना–भर्त्सना होती है।

इस तरह, हर क्षण मैं उन्हें अन्वेषित करता हूँ, स्वीकार और अस्वीकार करता हूँ, और इसी द्वन्द्वात्मकता में अनजाने ही शायद मेरा अपना अन्तर्व्यक्तित्व बनता है। हाँ, मैं क़तई अपना 'बाप' नहीं बनना चाहता, लेकिन स्वीकार-अस्वीकार और अपने समन्वय की प्रक्रिया में उन्हें मैं उपस्थित नहीं पाता, यह कहना ग़लत है।

हर बड़ा लेखक, आनेवाले के लिए इसी अर्थ में 'उपस्थित' होता है। वह अनेक स्थितियों, चरित्रों से गुज़रने के दौरान उनसे जूझता रहता है। खुद मेरी जाने कितनी रचनाएँ हैं जिनमें मैं चेख़व, हैमिंग्वे, सार्त्र, दास्तॉयेव्स्की, स्टीफ़ेन विग या काफ़्का से जूझा हूँ: कहीं उनसे बचने के प्रयास में, कहीं उन्हें अतिक्रमित करने की आकांक्षा में, अनेक जगहों पर उनके सामने हारा भी हूँ और जानते हुए उन्हीं के मुहावरे को मैंने 'उड़ाया' है। और यही प्रक्रिया रचनाओं में भी प्रतिबिम्बित होती है : हिन्दी-बंगला की जाने कितनी रचनाएँ हैं, जाने कितने चरित्र हैं, जिन्हें पढ़कर हमें 'शेष प्रश्न' की कमल, 'देवदास' की पारो या चन्द्रमुखी, 'श्रीकान्त' की सावित्री या पुरुषों में देवदास या सव्यसाची की याद आती है, गोरा और माधवी की तुलनाएँ उभरती हैं। अनुकरण नहीं, संस्कार के धरातल पर हर महत्त्वपूर्ण लेखक, आनेवाले लेखकों और पाठकों के लिए पृष्ठभूमि बनता है। वह खुद मिथ होता है और आनेवाले लेखकों के लिए कुछ साहित्यिक मिथ छोड़ जाता है। अगर हम उन्हें ही ज्यों-का-त्यों स्वीकार, ग्रहण या अनुकरण करते हैं, तो उनकी सीमाओं और कमज़ोरियों को ही अधिक रेखांकित करते हैं। सारे बड़े लेखक, अनुकरण करनेवालों को मार देते हैं और अतिक्रमित करनेवालों की शक्ति बन जाते हैं। इसलिए मैं क़तई अपना 'बाप' या प्रेमचन्द नहीं बनना चाहता। मेरा अपना क्षेत्र, शहरी मध्यवर्ग या निम्नमध्यवर्ग है और मुझे कहने में कोई संकोच नहीं है कि वहाँ मुझे प्रेमचन्द को प्राय: रिजैक्ट करना पड़ता है। सही है कि अपने वर्ग की जितनी समस्याएँ वे जानते हैं, हममें से कोई नहीं जानता। मगर फिर वे समस्याएँ और उनके समाधान ही लिखते हैं, कहानी नहीं। इस मध्यवर्गीय आदमी के संकुल व्यक्ति से उनका परिचय नहीं है। वे इसके ढुलमुल और अनेकस्तरीय चरित्र को अपनी पड़ताल का केन्द्र नहीं बनाते हैं। उन्हें कहानी को भी बाक़ायदा शुरू, मध्य और अन्त तक के पड़ावों से ले जाना होता है।

मेरे पिता ने हम लोगों के लिए जो मकान बनवाया था, निश्चय ही पुराने ढंग का, बेढंगा, अनियोजित और किसी हद तक ग़लत दिशाओं के खिड़की-दरवाज़ों वाला है। उनके पास ज़मीन का एक टुकड़ा था, और अपनी समझ, सलाह और ज़रूरत के हिसाब से उन्होंने उसका अच्छे-से-अच्छा उपयोग किया। हो सकता है, भविष्य में 'हम लोगों' की दृष्टि से कुछ ख़याल और गुंजाइशें रखी हों। मगर हमारी अपनी ज़रूरतें, व्यक्तित्व, पसन्द और मकान बनाने की सम्पूर्ण दृष्टि या वास्तुकला

में बहुत कुछ बदल गया है, विकसित और वैज्ञानिक हो गया है। हो सकता है, सब मिलाकर बहुत उपयोग का वह न हो। मगर इस तरह सोचने या देखने में मैं कहीं भी उनकी उस चिन्ता, लगाव, प्रयास और परिश्रम को कम करके नहीं आँक सका, जिसके तहत उन्होंने हमें सुविधाएँ, सुरक्षा और संरक्षण या सामाजिक-स्तर देना चाहा था। मकान और मकान के पीछे की चिन्ता को यहाँ हमें अलगाना होगा...

किसी भी पूर्ववर्ती लेखक की उपलब्धियाँ नहीं, सरोकार और कन्सर्न ही हम ग्रहण कर सकते हैं। अनुकरण या आत्मसात् उपलब्धियों का नहीं, सरोकारों का होता है और वही हमें परम्परा से जोड़ता है : यह बिलकुल ही अलग बात है कि इन सरोकारों का जायज़ा, पता या प्रमाण हम उसकी उपलब्धियों के माध्यम से ही अन्वेषित करते थे। उपलब्धियों या रचनाओं के सिवा तो उसने हमें कुछ सौंपा नहीं, इसलिए प्रेमचन्द के सरोकार भी उन्हीं में से मिलेंगे। ग़लती या भ्रान्ति वहीं होगी, जब उनकी उपलब्धियों को ही उनका सरोकार भी मान लेंगे। टॉलस्टॉय या प्रेमचन्द की रचनाओं की स्थितियों या पात्रों पर ही लिखना—उनके प्रति सच्चा होना हो या न हो, अपने प्रति झूठा होना निश्चय ही है। उनका अपना अनुभव-जगत या रचना-संसार हमारा अपना रचना-संसार या अनुभव-जगत हो ही नहीं सकते। उनसे हम जो ग्रहण करते या संस्कार में पाते हैं, वह हैं उनके सरोकार, संवेदना, दृष्टि या मानवीय लगाव। उनका चिन्तन नहीं, उनकी चिन्ताएँ और उन चिन्ताओं को रचना में बदलने की प्रक्रिया...

मैंने प्रेमचन्द को नहीं देखा : मगर जब मैं शैलेश मटियानी का जुझारूपन और दलित वर्ग की गहरी समझ देखता हूँ, अमरकान्त का निम्न मध्यवर्गीय परिवार और उन स्थितियों की संश्लिष्टता की पकड़ को समझता हूँ, या भीष्म साहनी की मानवीय करुणा और ऊष्मा मुझे छूती है तो लगता है, यही तो प्रेमचन्द के तीन 'आयाम' हैं। प्रेमचन्द इन तीनों से अलग कहाँ थे ? मार्कंडेय, रेणु, शिवप्रसाद सिंह, जगदीशचन्द्र, मधुकर सिंह और मिथिलेश्वर में प्रेमचन्द के रचना-संस्कार की अनुगूँज तो सुनाई देती है, लेकिन आत्मा इन तीनों में ही झलकती है।

वह आत्मा क्या है जो प्रेमचन्द या किसी भी लेखक को महान, कालजयी और विशिष्ट बनाती है..., मेरी समझ में वे तत्त्व हैं—यातना और संघर्ष....सफ़रिंग और उससे निकलने की छटपटाहट, प्रयास। अपनी नियति के आगे असहाय होकर घुटना, टूटना और मरना, या उससे लड़ना, उसे समझने की कोशिश बेचैनी, और समझी या अनसमझी नियति के घेरे को लाँघ सकने की कोशिश। यातना और संघर्ष ही वे तत्त्व हैं, जो एक ओर समय की सीमाएँ तोड़कर किसी रचना को हम तक लाते हैं तो दूसरी ओर भूगोल के अक्षांश और देशान्तर भेदकर रचना को हमारा बनाते हैं। शकुन्तला और सीता की व्यथा, राधा और मीरा की यातना, विरही यक्ष और देवदास

की वेदना हमें आज भी उद्वेलित, आन्दोलित और विह्वल करती है; दूसरी ओर ग्रीक ट्रैजेडियाँ, हैमलेट, 'टॉम काका की कुटिया', दॉस्तोयेव्स्की की रचनाएँ या नवीनतम अलैक्स हैली का 'रूट्स'...सभी तो नियति के जगन्नाथी रथ-चक्र से लड़ते, गालियाँ देते, दया की भीख माँगते, समझते या पूछते हुए लोग कि जो कुछ जैसा हो रहा है, वह क्यों है? क्या वह समझा, रोका और बदला नहीं जा सकता? क्या इन्हीं व्यथाओं, प्रश्नों और प्रयासों से ही दुनिया के दर्शन, विज्ञान और साहित्य नहीं निकले हैं? और क्या इन्हीं से मृत्यु, हत्या, आत्महत्या, शहादत और विजय की संघर्षभरी कहानियाँ, गीत नहीं जनमे हैं? प्रामाणिक और विश्वसनीय, मानवीय यातना और संघर्ष के दस्तावेज़ों ने ही सारे विश्व-साहित्य को गहराई और विस्तार दिए हैं...इसी में आदमी कहीं लैला-मजनूँ की तरह अपनी भावना में टूटा और मरा है, तो कहीं जूलियस फ़्यूचिक की तरह चुनौतियों में अविजेय रहा है। साहित्य में कहीं आदमी का पर्याय हो गया है एक छोटा-सा सपना, एक निरीह आकांक्षा, एक मधुर असहाय-भावना—या फिर स्पार्टाकस की तरह इस निरीह आकांक्षा, सपने और भावना को बचाए रखने का संकल्प, उसके लिए जीने-मरने की तदीयता...

'होरी' यातना और संघर्ष दोनों की गहरी मानवीय-त्रासदी है। उसका टूटना, बनना, हार जाना और फिर घिसटकर आगे चल पड़ना, या एक छोटे-से सपने को न पा सकना—साथ ही कारणों को अपने जाने-अनजाने उजागर करते चले जाना ही उसे देश और काल की सीमाओं के पार करता है, अमर रचना की गरिमा देता है। अजीब बात है कि सफलता, विजय और उपलब्धियाँ हमें इतना नहीं छूतीं, जितना पराजय, हार और समाप्तियाँ...''हमारे मधुरतम गीत वे हैं, जो हमारी वेदना और यातना की बात करते हैं।'' लोक-साहित्य की अमर रचनाएँ वे ही हैं, जो आज भी हमें उद्विग्न और आन्दोलित कर डालती हैं: क्या ईसा, बुद्ध और मार्क्स की करुणा उन्हीं पराजित, हारे और शोषित लोगों के आँसुओं से महान नहीं बनीं, छोटे, असहाय और लाचार आदमियों के छोटे-छोटे सपनों को जोड़कर ही क्या उन्होंने अपने बड़े सपने नहीं बनाए!?

प्रेमचन्द भी इन्हीं छोटे-छोटे खंडित सपनों की राह गुजरकर अपने बड़े सपने को साकार करना चाहते थे। जिसे हम 'आदर्शवाद' कहते हैं, वह इसी बड़े सपने का दूसरा नाम है। मगर जब यह बड़ा सपना, छोटे-छोटे सपनों की अनिवार्य-परिणति, तार्किक विकास की अपरिहार्य-विस्तृति न होकर ऊपर से सप्लाई कर दिया जाता है, तो साहित्य में वही दुर्घटना होती है जो प्रेमचन्द के 'रंगभूमि' और 'गोदान' से पूर्व उपन्यासों में हुई : यातना और सपनों से गुज़रते हुए अचानक ही हम पाते हैं कि समाधान की तरह, एक बड़ा लेकिन बाहरी सपना वहाँ थोप दिया या फ़िट कर दिया गया है और तब यह सारी यातना-यात्रा भी इकहरी या

अविश्वसनीय हो उठती है...ऐसा नहीं है कि 'गोदान' में उनके पास यह सपना नहीं था, या 'कफ़न' और 'पूस की रात' घीसू-माधव और हल्कू व्यक्तित्व रूप से किसी सपने की पूर्ति नहीं चाहते थे; मगर वहाँ लेखक का फ़ोकस उस समाज का चरित्र उजागर करना है, जो ऐसे मासूम सपनों को भी पूरा नहीं होने देना चाहता, या इस लायक़ भी नहीं रखता कि वह कोई की तलीफ़ या अहसास भी उसे नहीं छूटे...उसे जगाए रखनेवाला कोई सम्बन्ध या सम्पर्क उसकी संवेदना को नहीं स्पन्दित करता...

आदमी, स्थितियाँ और सपना। अद्‌भुत और अथाह ख़जाना है प्रेमचन्द के पास, इन तीनों का—इतना कि शायद ही किसी भारतीय लेखक के पास हो। मगर प्रारम्भिक काल में, उनके पास स्थितियाँ हैं—कुछ हैं और कुछ को वे बनाते हैं—आदमी सिर्फ़ उनका हिस्सा है। सूरत-शक्ल या मोटे-मोटे मनोविज्ञान में वह दूसरे से अलग ज़रूर दिखाई देता है; मगर उसका व्यक्तित्व नहीं, सिर्फ़ चरित्र है। सपना कहीं व्यक्तिगत-संस्कारगत महत्त्वाकांक्षा, स्वार्थ का दूसरा नाम है, कहीं लालच और क्षुद्रता का। उनकी कहानियों के पात्र लालच, स्वार्थ और क्षुद्रता में दूसरों का हक़ मानते हैं, और फिर अपराध-बोध या ग्लानि और पश्चाताप से आत्मा की सच्ची आवाज सुनकर अपने को बदलते हैं। वे हृदय परिवर्तनवादी कहानियाँ अन्त के बदलाव की ओर नक़ली और कमज़ोर हो जाती हैं। मगर यहाँ भी लेखक के एक अद्‌भुत कौशल की ओर निगाह जाए बिना नहीं रहती : अन्धविश्वास, धार्मिक आस्था, रूढ़ियाँ, पाप-पुण्य के अंकुश, भविष्य और भगवान का भय ऐसी प्रतिरोधक शक्तियाँ हैं, कि हर जगह आदमी के विकास, प्रयास और मुक्ति को कुंठित कर देती हैं। आदमी की ऊर्जा और भविष्य को क़ैद कर डालनेवाली ये शक्तियाँ हैं तो दुर्दान्त ही—जो संस्कारों के रूप में जाने कब से परत-दर-परत जमती और मज़बूत होती रही हैं। इन्हें झटके से निकाल या तोड़ सकना असम्भव है। तब क्या इन्हें क्रूरता से कुचल और तोड़ दिया जाए? मगर कहीं-कहीं तो ये इतनी गहरी, निराकार और तरल हो गई हैं कि आदमी की ज़िन्दगी का पर्याय बन गई हैं। धर्म और भाग्य, अफ़ीम या अन्धविश्वास हो सकते हैं, मगर इन्हीं पर हमले या सिर्फ़ ख़तरे की आशंका ही जाने कितनों की जान ले और दे सकती है। इनके नाम पर लोग खुशी से मरना परन्द करेंगे। तो? क्या इस शक्ति को रचनात्मक दिशा में नहीं लगाया जा सकता? क्या इसके ही माध्यम से आदमी को आत्म-परिष्कार, पछतावे की तरफ़ मोड़कर साथी मनुष्य के प्रति सदय, करुण और ज़्यादा अन्डरस्टैन्डिंग वाला नहीं बनाया जा सकता? क्या ऐसा नहीं हो सकता कि इन्हीं के द्वारा आदमी, अपने सपने के साथ दूसरे के सपने को भी मान्यता और पहचान दे। हो सकता है, गांधी का सोचना भी ऐसा ही रहा हो!

प्रेमचन्द की अधिकांश कहानियों का प्रारम्भिक नक़्शा यही है—दलित या निम्न-मध्यवर्ग का एक व्यक्ति लालच, स्वार्थ या किसी अन्धविश्वास के तहत, दूसरे को उसके हक़ से वंचित करता है; मगर पाप-पुण्य, परलोक-भगवान-भविष्य के डर से सत्य का साक्षात्कार करता है—या कहिए, दूसरे का सत्य उसकी आत्मा में, इन भयों के बहाने कचोट पैदा करके उसे बदल देता है। बूढ़ी काकी, पंचपरमेश्वर, बैंक का दीवाल, बड़े घर की बेटी—न जाने कितनी कहानियाँ हैं, जो इसी पैटर्न पर शुरू और समाप्त होती हैं। होरी के चरित्र की सारी शक्ति, रूढ़ियों, अंधविश्वासों और सामन्ती मूल्यों से चिपके होने से ही खींची गई है। 'गोदान' खुद एक अन्धविश्वास है। 'ग़रीब की हाय' और 'बलिदान' जैसी कहानियों में तो प्रेमचन्द ने हक-मारे हुए लोगों के भूतों का अद्‌भुत उपयोग किया है। ग़रीब ब्राह्मणी और किसान—दोनों ही अपनी सम्पत्ति छिन जाने पर भूत बन जाते हैं। किसी का कोई नुक़सान नहीं करते, सिर्फ़ 'दिखाई' देते हैं; और अन्यायी की आत्मा में इतनी बेचैनी पैदा करते हैं कि वे प्रायश्चित करने को मजबूर हो जाएँ। 'भूत' हो जाना और 'दिखाई देना' अन्धविश्वास हो सकता है, मगर प्रेमचन्द इसी का रचनात्मक उपयोग करते हैं। मुझे ये दोनों कहानियाँ गोगोल के 'ओवरकोट' या चेख़व की 'क्लर्क की मौत' की याद दिलाती है। अन्तर सिर्फ़ इतना ही है कि ये 'भूत' या मौतें प्रेमचन्द के अन्यायी पात्रों को दिखाई देते हैं—गोगोल और चेख़व की कहानियों में पाठकों को। इसलिए निश्चय ही वे कहानियाँ ज़्यादा प्रभावशाली और अविस्मरणीय हैं। प्रेमचन्द की कहानियाँ अपने पात्रों से शुरू होकर पात्रों पर ही समाप्त हो जाती हैं। एक बिन्दु से शुरू होकर अपना वृत्त पूरा कर लेती हैं, जबकि ऊपर की दोनों या 'क़फ़न' और 'पूस की रात' जैसी कहानियाँ अपने पात्रों के बिन्दु से प्रारम्भ होकर सारे परिवेश, व्यवस्था को समेटते हुए, पाठक को भी अपनी परिधि में शामिल करती हैं; दूसरे शब्दों में—यातना संक्रमित करती हैं, और पाठक सिर्फ़ एक सन्तोष की साँस वाली हमदर्दी तक ही नहीं रहता—लेखक और पात्र के अनुभव में हिस्सेदार होता है, संघर्ष और बदलाव की ज़रूरत अपने भीतर महसूस करता है, या कम-से-कम स्थितियों के प्रति एक दृष्टि पाता है।

पहले की लिखी कहानियों में 'शतरंज के खिलाड़ी' और 'ईदगाह' जैसी कहानियाँ अपवाद हैं। यहाँ लेखक ने अपनी ओर से कोई सपना नहीं थोपा है। एक सामन्ती विघटन को उजागर करती है, और यहाँ नवाबों की झूठी-नकली लड़ाई का प्रतीक है टूटी-फूटी खँडहर मस्जिद; तो दूसरी ओर 'ईदगाह' धर्म की ऊपरी और बनावटी समानता से निकालकर आदमी को उसकी वास्तविक दुनिया में लाती है, जहाँ अपनी असमानता और आर्थिक विषमता की लड़ाई को खुद ही झेलना और बर्दाश्त करना है। इस सत्य का साक्षात्कार, बालक हमीद को खुद एक पवित्र

ईदगाह में बदल देता है। दादी का दर्द उसका बचपन छीनकर उसे अचानक 'बड़ा' बना देता है, और वह मेले से खिलौना नहीं, चिमटा ले आता है—क्योंकि बूढ़ी दादी के हाथ रोटियाँ बनाने में जलते हैं।

प्रेमचन्द की रचनाएँ बहुत अधिक कालांकित (डेटेड) और तात्कालिक स्थितियों पर आधारित हैं। उनकी रचनाओं का ताना-बाना उन स्थितियों से बना है, जो दस-बीस साल बाद बदल जाएँगी। उन रचनाओं का प्रभाव या शक्ति क्या तब भी वैसी ही बनी रहेंगी? तत्काल-परिवेश से जुड़े रहना क्या उन्हें निरन्तर अप्रासंगिक नहीं बनाता जाएगा? निश्चय ही परिवार और परिवेश आज वे नहीं रह गए हैं, जो प्रेमचन्द के समय थे और चरम सत्य लगते थे। क्या दस-बीस या तीस साल बाद इन्हें आधार बनाकर लिखी गई रचनाएँ एकदम हवाई या कृत्रिम नहीं लगेंगी? खुद मेरी बेटी आज, इकहरे परिवार में रहने के कारण प्रेमचन्द-शरतचन्द्र की कहानियों में बहुत रस नहीं ले पाती। उसकी समझ में संयुक्त-परिवार के वे तनाव-खिंचाव, ईर्ष्या-स्पर्द्धाएँ, घुटन और सुख बिलकुल नहीं आते। जेठ-जेठानियों, चाची-ताइयों या भाइयों-भतीजों के झगड़े और ग़लतफ़हमियाँ उसे किसी बहुत ही अपरिचित दुनिया की चीज़ें लगती हैं। प्रेमचन्द का संसार जब और दूर हो जाएगा तो आज के या आनेवाले आदमी के लिए 'यथार्थवाद' कहाँ रह जाएगा? ये सवाल खुद मेरे उपन्यास 'सारा आकाश' को लेकर भी उठे हैं, और मैं उन्हें प्रेमचन्द के सन्दर्भ में ही सोचता रहा हूँ। जब ये संयुक्त परिवार नहीं रहेंगे, दहेज और छुआछूत, धार्मिक रूढ़ियाँ और अंधविश्वास-कुरीतियाँ नहीं होंगी, तो प्रेमचन्द कहाँ रह जाएँगे? ज़मींदारी प्रथा, भूमिहीन मज़दूर और आर्थिक शोषण की समाप्ति क्या ऐसी रचनाओं को व्यर्थ नहीं कर देगी? तब हम उस प्रामाणिकता का क्या करेंगे, जो अस्थायी स्थितियों की मोहताज है? हम उन्हें क्यों पढ़ेंगे? बदले समाज में रहनेवाले आज भी पूछते हैं कि हम प्रेमचन्द क्यों पढ़ें? इस तर्क के जवाब में एक वर्ग—वेद-पुराणों में 'प्रक्षेपास्त्र' और 'पुष्पक' या ऐसी ही आधुनिक उपलब्धियाँ तलाश कर लेनेवालों के अन्दाज़ से—प्रेमचन्द में 'साम्य', 'शोषण', किसान-मजूरों की क्रान्ति, वर्गविहीन समाज को अभिव्यक्ति देने वाले शब्द तलाश करके अन्तिम निर्णय दे देता है कि जो लेखक सन् 18-19 में ये सब देख सकता था, वह निश्चय ही भविष्य-द्रष्टा है और बहुत जल्दी अप्रासंगिक नहीं होगा। अगर मैं उस तरह न सोचूँ, और मान भी लूँ कि प्रेमचन्द की स्थितियाँ और समस्याएँ आज बड़े-शहरों की सच्चाई नहीं है, और न ही आज के मध्यवर्गीय मनुष्य के सोच या मनोजगत का हिस्सा है; या कि दस-बीस साल में गाँवों में भी हालात बदल जाएँगे—मगर इससे कोई रचना अप्रासंगिक कैसे हो जाती है? वह कौन-सा समाज या मनुष्य है, जो शाश्वत और समय-निरपेक्ष है? वह कौन-सी दुनिया है, जो जड़

और स्थिर हो गई है? क्या शेक्सपियर और टॉलसटॉय का समाज, आज का समाज है? क्या वे रचनाएँ अपने ही समय की सच्चाइयों को ऐतिहासिक नहीं बनातीं? रघुवंश, रामायण, महाभारत सभी तो इस अर्थ में प्रासंगिक नहीं हैं। क्या वे अपने समय और समाज से नहीं बँधे? यही नहीं, ऐतिहासिक कसौटियों या मनुष्य-समाज की स्मृति की पकड़ से दूर जो रचनाएँ आज पुराण या माइथॉलॉजी हैं, वे क्या मानव-वृत्तियों की प्रतीक बनकर हमारे लिए प्रासंगिक और पुनर्व्याख्येय नहीं हो उठतीं? स्थितियाँ और इतिहास बदल जाते हैं, मगर जो चीज बची रहती है, वह है मनुष्य-मनुष्य के बीच के सम्बन्धों के सन्दर्भ, तनाव और जुड़ाव...मनुष्य को मारने और मरनेवालों के द्वन्द्व और हर समय या समाज के बीच से हम उन्हीं की तो तलाश या खोज करते हैं क्योंकि हर चीज़ के समय और देश का केन्द्रीय बिन्दु तो यह मनुष्य ही है।

लेकिन प्रेमचन्द के पास वह मनुष्य कहाँ है, जो लड़ता-मरता, टूटता और अकेला होता जाता है? अनसमझा, घुटता, एकाकी ऐसा आदमी सचमुच प्रेमचन्द के पास नहीं है—जो न कहीं जुड़ पाता है, न अपने को किसी से जोड़ पाता है; वह जो अपनी नियति के साक्षात्कार में अपना अन्वेषण करता है; मूल्यों और सम्बन्धों को तोलता, परखता या तोड़ता है—'बौड़म' जैसी कहानी शायद एकमात्र अपवाद है। और तो और नारी-पुरुष के अन्तरंग सम्बन्धों की एक कहानी भी तो प्रेमचन्द के पास नहीं है। है कोई उनके पास हैमलेट, प्रिंस मिश्किन? वहाँ व्यक्तित्व नहीं, सिर्फ़ चरित्रों की भीड़ है। बात एकदम सही है: उनके पास व्यक्ति की यातना नहीं, सामाजिक इकाइयों के द्वन्द्व और समस्याएँ हैं। दूसरे शब्दों में, पाठक उनके किसी पात्र के साथ व्यक्तिगत संवाद या साधारणीकरण स्थापित नहीं करता, उनके परिवेश से ही अपना तादात्म्य देखता है। फिर वही सवाल—जब परिवेश बदल जाएगा, तो इस तादात्म्य का क्या होगा? सामाजिक स्थितियाँ और समस्याएँ हमें कहाँ छुएँगी? यहाँ कुछ बातों को अगर हम दूसरी तरह समझ लें, तो शायद बात आसान हो जाएगी।

पहली बात तो यही कि परम औद्योगीकृत, विकसित समाज में जैसे व्यक्ति अकेला, अनसमझा, मिसफ़िट या आउटसाइडर हो उठता है, वैसा सामन्ती संस्कृति में पला-बढ़ा, विकासशील या अविकसित देश में प्राय: नहीं होता। वहाँ अपरिचय और अ-लगाव की प्रक्रिया, बाहर या शहर और अलग शिक्षा-संस्कार से वापस आए हुए व्यक्ति के रूप में, कभी-कभी ही दिखाई दे पाती है। पूरी तरह ग्रामीण समाज में रहनेवाले प्राय: अपनी ही समस्याओं से जूझते रहते हैं, और यह स्थिति महानगरों से दस-बीस मील बाहर निकलते ही देखी जा सकती है। मगर निश्चय ही, विकसित और विकासशील देशों की 'आधुनिकता',

वैयक्तिक या सामाजिक समस्याएँ गुणात्मक रूप से अलग ही होंगी; और भारत को तो अभी दसियों वर्ष प्रेमचन्द की ही स्थितियों में रहना है। दूसरी और महत्त्वपूर्ण बात यह कि रूस जैसे देश अविकसित भले ही रहे हों, मगर वे किसी बाहरी साम्राज्य के उपनिवेश नहीं थे। भारत सिर्फ़ अविकसित ही नहीं था, गुलाम भी था—यानी साम्राज्यवाद अपने हितों के लिए सामन्तवाद से गठबन्धन करके, उसी व्यवस्था को बनाए रखना श्रेयस्कर मानता था। शिक्षा, आधुनिकता और औद्योगीकरण की उतनी ही मात्रा में एक-एक खुराक दी जाती थी, जितनी शासन की दृढ़ता या अंकुश के लिए ज़रूरी थी, और प्रशासनिक सुविधाएँ प्रदान कर सकती थी। शंका और तोल-परख उधर भी थी, और उस सबको ग्रहण अस्वीकार करनेवाले भारतीय समाज में भी। दोनों अपने-अपने अन्तर्विरोधों और दुहरी मानसिकता के साथ दे या ले रहे थे।

लेकिन जो तत्त्व किसी भी हालत में कोई उपनिवेशी साम्राज्य नहीं बर्दाश्त करता, वह है उपनिवेश में एकता-संगठन और सांस्कृतिक-मानसिक एकजुटता। अगर ऐसा हो तो शासन कौन चलाएगा? उसके लिए बहुत ज़रूरी होता है कि उपनिवेश को उसके अपने इतिहास से ही न काटा जाए, बल्कि साथ के समाज में भी धर्म और फ़िरक़े के रूप में 'दरारें' और दूरियाँ बनाए रखी जाएँ, एक को दूसरे के खिलाफ़ इस्तेमाल किया जाए। यह 'बन्दरबाँट' उसकी अपनी स्थिति सुदृढ़ और स्थायी बनाती है। इस अलगाव-नीति का बड़ा ही बारीक़ दर्शन है व्यक्तिवाद। औपनिवेशक साम्राज्यवाद इस दर्शन को अनेक तरीक़ों से शासित देश के लोगों में ठूँसता रहता है, कि हर व्यक्ति अपने-आप में द्वीप है, व्यक्तिगत होना ही चरम सत्य को पाना है और इन द्वीपों की विशृंखलित बिखरी भीड़ का नाम ही समाज है। भाई, बहन, दोस्त, साथी, समाज—कहीं कुछ भी अपना हिस्सा नहीं है। अकेला और अनसमझा और मिस-फ़िट, आउटसाइडर—उसे अपने सलीब को खुद अकेले ही ढोना है। बहुत साफ़ है कि अगर आध्यात्मिक या बौद्धिक स्तर पर इस 'व्यक्तिवाद' को गौरवान्वित नहीं किया जाएगा, तो हर कोई दूसरे की नियति और स्थिति के बारे में सोचेगा, जुड़ेगा और शायद आगे जाकर लड़ेगा। (यह विश्लेषण मेरा नहीं, फ्रांज़ फ़ैनन ने अपनी अद्वितीय पुस्तक 'रेचेड ऑफ़ द अर्थ' में दिया है—जहाँ वह फ्रेंच कॉलोनियों के मनोविज्ञान का विश्लेषण करता है।)

यही कारण है कि प्रेमचन्द या उस समय के प्राय: किसी भी जागरूक कथाकार में हमें वह 'व्यक्ति' नहीं मिलेगा, जिसकी हमें आज की दृष्टि से तलाश है। यही नहीं, औपनिवेशिक साम्राज्यवाद में साँस लेनेवाला, या और भी आगे जाकर—अविकसित देश के लेखक उन स्थितियों और समस्याओं से बच ही नहीं सकता—जिन्हें प्रेमचन्द ने अपना सरोकार बनाया है। विकास की ये सारी तकलीफ़ें,

खींच-तान, भावनात्मक उद्वेलन हर प्रबुद्ध-लेखक की मानसिकता का हिस्सा होने के लिए अभिशप्त हैं। उसे अस्थायी महत्त्व का साहित्य लिखने का ख़तरा उठाकर भी इनसे गुज़रना ही होगा। यानी हो सकता है, बहुत जल्दी ही उसका लेखन इतिहास और समाज-शास्त्र की सामग्री होकर रह जाए—मगर इस नियति से निस्तार है। नहीं उसके मूल सरोकार वही बने रहेंगे, जो प्रेमचन्द के हैं। हम रचनात्मक-प्रामाणिकता और स्वानुभूत-विश्वसनीयता के साथ 'आउटसाइडर' कभी नहीं लिख पाएँगे, हाँ 'संस्कार' ज़रूर लिखेंगे।

प्रेमचन्द के यही सरोकार और विश्वास मुझे बार-बार अपनी ओर खींचते हैं। जिस लगन और निष्ठा से उन्होंने अपने सपने को—पहली रचना से लेकर अन्तिम लेखन तक सँवारा, सुधारा, माँजा, जाँचा और उकेरा है—वह मुझे अलैक्स हेली के उपन्यास 'रूट्स' पर लिखा किसी आलोचक का वाक्य उद्धृत करने को मजबूर करता है: "यह उपन्यास नहीं, एक अनुष्ठान है।" (रूट्स इज़ नॉट ए नॉवेल, इट इज़ ऐन ऐक्ट ऑफ़ फ़ेथ) प्रेमचन्द की कथायात्रा भी एक ऐसा ही अनुष्ठान है।

इन सरोकारों से अलग करके जब प्रेमचन्द की उपलब्धियों की प्रशस्तियाँ गाई जाती हैं—उन्हें महान, उत्कृष्ट, कलात्मक, सर्वश्रेष्ठ और आज के सन्दर्भ में अनुपेक्षणीय या प्रासंगिक-प्रामाणिक बताया जाता है, तो अपने पिता से जुड़ी हुई ही एक और बात याद आती है :

पिता की मृत्यु के बाद हफ़्तों, लगातार, जो भी कोई आता था, वह बनी-बनाई भाषा में उनकी महानता, उदारता, दबंगई, दोस्त-नवाज़ी, ईमानदारी और न जाने किन-किन दैवी गुणों की विस्तार से चर्चा करता था—हम दोनों ही जानते थे कि बातें चाहे झूठ न हों, मगर इतनी 'सामान्य' हैं कि आसानी से वहाँ पिता के नाम की जगह किसी भी दूसरे का नाम रखा जा सकता था। मैं भी पिता के न रहने के आघात और अँधेरे को बढ़ा-चढ़ाकर ही, पूरी नाटकीय भावुकता के साथ बताता था। दोनों तरफ़ की यह थोक शब्दावली और झूठ के आदान-प्रदान की बार-बार आवृत्ति भीतर विरक्ति और उदासीनता को ही जन्म दे रही थी; मैं मानसिक रूप से 'ठंडा' हो रहा था। तभी अचानक कौंधा: यह अतिशयोक्तिपूर्ण प्रशस्तिगान, दुखों का अतिरिक्त, लगभग एक-सा और बार-बार का प्रदर्शन, कहीं भीतरी बारीक़ चालाकी और महीन सामाजिक साज़िश तो नहीं है—कि इस प्रक्रिया से हम मरे हुए को अपने सिस्टम से निकाल रहे हैं, अपनी आत्मा के रंग-रेशे से उसे धो-पोंछकर बाहर कर रहे हैं—ताकि कल स्वस्थ और सुस्थ होकर, पिता से अलग अपनी ज़िन्दगी को अपने ढंग से समझ और जी सकें—अभी तक तो पिता ही समझ और जी रहे थे, हम तो उनकी छाया (में) थे।

अपने भीतर से प्रेमचन्द को बाहर निकालने वाले इन समारोहों के माध्यम से,

क्या हम उनसे जान-छुड़ा रहे हैं? या ईमानदार अर्थों में, मुक्त हो रहे हैं—ताकि उनकी उपलब्धियों से हटकर, सरोकारों को अपने में जी सकें...

प्रेमचन्द मेरे लिए वसीयत कुछ नहीं कर गए, वरना मुझे वही लेना होता, जो वे दे गए होते। मुझे खुद ही उनके छोड़े में से चुन, छाँट-फटककर, उनकी विरासत का रूप अपने लिए तय करना है।

नचिकेता होने की नियति
फ्रांज़ काफ़्का

''नरक की अतल गहराइयों में साँस लेनेवाले ही परम निष्पाप और निश्छल स्वरों में गा पाते हैं। उन्हीं के तो गीत होते हैं, जिन्हें हम ऋषियों और देवताओं की वाणी के रूप में याद करते हैं!'' —काफ़्का के एक अप्रकाशित पत्र की ये पंक्तियाँ, ऐरिख़ हैलर के अनुसार, नीत्शे की ही अनुगूँज हैं : ''जिस किसी ने भी नए स्वर्ग की रचना की है, उसने शक्ति और प्रेरणा अपने भीतर के नरक से ही पाई है!''

लेकिन इन दोनों ही वक्तव्यों में, अपने को अतिक्रमित करने की जैसी ध्वनि है, क्या वह काफ़्का की रचनाओं में मिलती है? मुझे तो खुद उसका रचना-संसार एक अजीब दमघोंटू, गहरी अँधेरी गुफ़ा जैसा लगता है, जहाँ धुन्ध और धुएँ में, लोग मानो सोते हुए चल रहे हों—कहीं यातनाएँ देनेवाली नई-नई मशीनें हैं तो कहीं कीड़ों और कुत्तों में बदलते हुए इन्सान, बीहड़ जंगलों और ऊबड़-खाबड़ पगडंडियों में टक्करें खाता अमीन है, तो गड्ढा खोदकर उसमें छिपा बैठा भयभीत आदमी! विचित्र दुःस्वप्न है, जहाँ गर्मी से पिघले मोम के पुतलों जैसे लोग और चीज़ें टूट-फूटकर ऐंठ गए हैं—बाहर और भीतर का सब कुछ उलट-पलट गया है। मारक्विस-द-साद की दुनिया भी रोंगटे खड़े कर देने वाले भयानक नरक की ही तस्वीर सामने लाती है—जैसे आप किसी क़साईघर, या रवि वर्मा के चित्रों में दिखाए गए कुंभीपाक के बीचोंबीच खड़े हैं। मगर वह शरीर और मांस की दुनिया है, और उसमें लोथड़े-हड्डियाँ, जलते-भुनते और चिरांयंध भरे कढ़ाव, छुरों और नेज़ों से छूटते खून के फ़व्वारे, चीखें-कराहें और अट्टहास, खुले संभोग और कोड़ों की बौछारें—यही सब भरा है, और इन सबका कर्ता है एक मनमौज़ी, उच्छृंखल सामन्त। काफ़्का के पास 'आत्मा के नरक' की दुनिया है, मगर उसका कर्ता कोई नहीं है। ईश्वर को मारा था नीत्शे ने, और उसकी जगह एक निराकार राक्षस को ला-बैठाया काफ़्का ने। इसलिए उसके यहाँ हिंसा करनेवाला कोई नहीं है—उस हिंसा को भोगने

वालों का जमघट है। अगर काफ़्का की रचनाओं में भयानक 'आध्यात्मिक' यंत्रणा और बीहड़ दार्शनिक-अर्थवत्ता न होती तो बड़ी आसानी से उन्हें एडगर एलेन पो की कहानियों के साथ रखा जा सकता था—जहाँ कहीं अँधेरे-अन्धे कुएँ में, तीखा धारदार-चमकता पैंडुलम छाती को खुरचता हुआ हिल रहा है, तो कहीं खूँख़ार बिल्ली की भूख आँखें घूरती हुई निकट आती जा रही हैं...काफ़्का के पात्र भी किसी अदृश्य, निराकार और निर्लिप्त सत्ता की चौपड़ पर रेंगते-घिसटते और यंत्रणा पाते लोग हैं। वे पीड़ा देनेवाले की प्रत्यक्ष अनुपस्थिति, और व्यवस्था के रूप में निरन्तर उपस्थिति के दुहरे पाटों में गहरी मर्मान्तक-यातना भोगनेवाली, पिसती आत्मा की नि:शब्द चीत्कारें हैं। मानवीय-सम्बन्धों से लेकर किसी दैवी कृपा की आस्था तक छिन्न, मगर भीतरी-वास्तविकता के प्रति अति-प्रबुद्ध व्यक्ति के घुटन भरे अलगाव के शून्य में जीते हुए, उस तक पहुँचने के लिए इस बीच की खाई या शून्य से होकर ही गुज़रना पड़ता है।

अजीब बात है, इस काफ़्काई संसार की युक्ति, चीज़ों के रूप और सम्बन्धों के तर्क, इसी हमारी बाहरी दुनिया से लिए गए—हाँ, स्थितियाँ और देशकाल बदल गए हैं, और किसी दूसरे विस्मय-नक्षत्र में पहुँच जाने-जैसा लगता है। 'स्वप्न' में चीज़ों के रूप या आपसी सम्बन्ध तो बदल ही जाते हैं—जो कुछ घटता है, उसका कार्य-कारण जोड़ भी अव्यवस्थित हो जाता है। काफ़्का में ऐसा प्राय: नहीं है—एक स्थिति या सिचुएशन को ले चुकने पर वह सतर्क तार्किकता के साथ उसे विकसित करता है, उसकी परतें खोलता है। सिचुएशन विलक्षण या अभौतिक हो सकती है, मगर उसे बढ़ाने, मोड़ देने और गहरे अर्थों से जोड़ने की प्रक्रिया कहीं कच्ची नहीं है। बाहरी संसार की इसी यथा-तथ्यता को अस्वीकार करने की पद्धति से ही, वह मूल्यों की जड़-तक पहुँचता और उन्हें ध्वस्त करता है। हो सकता है, जिस विलक्षण, बेहूद, हास्यास्पद और त्रासद स्थिति की वह सृष्टि करता है, उनमें घिर-जाना उसके पात्रों का अपना चुनाव न हो। कहाँ से आती हैं ये अजूबा स्थितियाँ? क्यों भोगते हैं उसके पात्र, एक विकल्पहीनता की पीड़ा? कौन-सा अपराध है, जो उनकी आत्मा को घुन की तरह खाता रहता है?—इन्हीं कुछ सवालों की खोज हमें काफ़्का की दृष्टि को कुछ समझने की दिशा दे सकती है!

इसी दृष्टि से, काफ़्का की 'माँद' कहानी मुझे बार-बार याद आती है। बाहरी दुनिया से जुड़ पाने में असमर्थ या वहाँ कोई सम्बन्ध न बना पाने के कारण एक नाम और व्यक्तिवहीन साहब, जंगली एकान्त की एक माँद में घुसे बैठे हैं, और निरन्तर इसी तिकड़ में है कि कैसे खोद-कुरेदकर इस माँद को इतना सुविधाजनक और सुरक्षित बना लें, कि न तो कोई वहाँ तक आ सके और न उन्हें बाहर निकलने की ज़रूरत रहे। वे राशन-पानी से लेकर माँद के भीतरी आकार तक को ऐसा स्वयं-

सम्पूर्ण बना लेना चाहते हैं, कि बिना किसी की भी शक्ल देखे, मज़े में, इसी बिल में ज़िन्दगी गुज़ार सकें। इसके लिए माँद के मुहाने को झाड़ी-पत्तों से छिपाने से लेकर आने-जाने में अत्यन्त-गोपनीयता रखने तक सारी सावधानियाँ उन्होंने बरती हैं और अब लगे हैं 'भीतर' का विस्तार करने में, यत्न से प्राप्त इस 'सुरक्षा' को स्थायी करने में...

अन्त में वे कहाँ जाकर टकराते हैं, फ़िलहाल इस बात को छोड़ दें और दो बातों पर ही ध्यान दें। नाम-रूप में वंचित इस पात्र का व्यक्तित्वहीन होना और किसी भीतरी खोह में जा-छिपने का डर, 'बाहर' से अपनी सुविधा की चीज़ों को भीतर ले जाकर अपने हिसाब से व्यवस्थित कर लेने की प्रवृत्ति, वहीं आत्मनिर्भर और स्वयं-सम्पूर्ण होकर बाहर-भीतर को समझने की बेचैनी—ये ही हैं काफ़्का की मानसिक बनावट के सूत्र! माँद के साहब बाहर की दुनिया से क्यों भयभीत हैं? क्यों लोगों के सम्पर्क से डरते और बचते हैं? चोट-खाए हुए हैं या आध्यात्मिक-धरातल पर किसी भी सम्बन्ध में उनकी आस्था ही नहीं रह गई है? आख़िर क्यों अपनी भीतरी दुनिया में ही बने रहना चाहते हैं? क्यों बाहरी चीज़ों का भीतर ले जाकर अपने ढंग से सजाते हैं और पहेली-जैसी स्थिति बनाकर उसका हल या अर्थ खोजने में सिर-खपाते रहते हैं? बाहरी डर, और भीतरी अँधेरों-एकान्त में सुरक्षा पाने की यह जी-तोड़ कोशिश क्या है?

इस मानसिकता को पाने और समझने के सिरे हैं, काफ़्का की अपनी ज़िन्दगी में। मुझे कथा-साहित्य में काफ़्का ही अकेला ऐसा लेखक लगता है, जिसका सारा लेखन 'आत्मकथा' और आत्मा की कथा—एक ही साथ है। यानी, यहाँ लेखक की भीतरी बुनावट को जाने बिना, आप लेखन को समझने की अन्तर्दृष्टि ही नहीं पा सकते...दॉस्तोयेव्स्की और टॉलस्टॉय की ज़िन्दगी उनकी रचनाएँ समझने में 'मददगार' हैं, और कामू-सार्त्र की दार्शनिक दृष्टि के माध्यम से ही उनके कथा-साहित्य के अर्थ निकाले जा सकते हैं—मगर सम्पूर्ण-मानसिकता और ज़िन्दगी के सन्दर्भ में, रचना की सारी अर्थ-सम्पन्नता प्राप्त हो—यह स्थिति सिर्फ़ काफ़्का के साथ ही है। अन्य लेखकों की तरह काफ़्का यह नहीं कहता कि उसकी ज़िन्दगी साहित्य के लिए समर्पित है—"मेरी तो ज़िन्दगी ही मेरा साहित्य है"—उसका बार-बार आग्रह यही है। इसी के लिए वह फ़ैलिस-बाउर से दो बार सगाई तोड़ लेता है, और बेहद प्यार करने के बावजूद शादी नहीं करता। "अपनी रचनात्मक प्रतिभा को जीने में बरबाद नहीं करना चाहिए"—यह ज्ञान उसे अपनी किसी शारीरिक-कमज़ोरी से आया या सम्बन्धों के मोह-भंग से, यह कहना बहुत मुश्किल है। मगर हर सुख-सुविधा और स्वाभाविक ज़िन्दगी से विरक्त होकर तपस्यारत भारतीय ऋषियों का आत्मपीड़क दृष्टिकोण ही काफ़्का को तीखे-गहरी संवेदना में एकाग्र

होकर लिखने की प्रेरणा देता है। अधिकांश का विश्वास है कि ज़िन्दगी के इस नकार या लेखन की सारी अध्यात्मिक-बौद्धिक बनावट के पीछे है, उसका अपने बाप से सम्बन्ध!

उसकी एक काफ़ी लम्बी रचना है—'पिता के नाम पत्र'—यह पत्र शायद कभी पिता को दिया नहीं गया और लेखक को मृत्यु के बाद छपा। इसकी कुछ पंक्तियाँ ग़ौर करने लायक़ हैं—'मेरे पालन-पोषण का आपका जो भयानक, प्रभावशाली मगर शाइस्ता तरीक़ा रहा है, उसके प्रभाव ने मुझे एक पल भी चैन से नहीं रहने दिया—गालियाँ, धमकियाँ, तानाक़शी, ज़हर-बुझी और तिलमिला देनेवाली हँसी, और साथ-साथ ताज्जुब की बात कि आत्मदया भी...लगता है मानो बच्चा अगर मर नहीं गया, तो सिर्फ़ आपकी दया के कारण ही। जैसे आप ही ने उस जैसे अयोग्य को ज़िन्दगी का वरदान दिया हो!' ...'जहाँ तक मेरा सवाल है, आप मेरे लिए सर्व-शक्तिमान थे, और मुझे ऐसा लगता था जैसे आप हर समय इस शक्तिमत्ता को बढ़ाने की ही फ़िराक में लगे रहते हैं...', 'जिधर से भी देखो, आप महाबली, परम विराट और दैत्याकार ही लगते थे...', ''बाद में ज़िन्दगी-भर, हम सब एकजुट होकर आपके प्रभाव से ही लड़ते रहे—लेकिन कैसे क्षुद्र और बचकाने तरीक़ों से...', 'अगर मैं आपसे जान बचाकर घर से भाग गया होता, तो मुझे सारा परिवार—यहाँ तक कि माँ को भी छोड़ना पड़ता...', 'मेरा सारा लेखन सिर्फ़ और सिर्फ़ आपको ही लेकर...।'

हाँ, बाप के अदम्य आत्मविश्वास, भयानक, सफल और प्रभावशाली—दबंग-धाकड़ व्यक्तित्व के पिंजरे में, चूहों और क़ैदियों की तरह आतंक में जीते काफ़्का का सारा लेखन बाप को लेकर ही है। एक कहानी है 'फ़ैसला'। इस कहानी की स्थिति का ज़िक्र 'पिता के नाम पत्र' में भी आया है। फ़ैलिस से सगाई कर लेने के बाद वह शादी की आज्ञा लेने आता है। बाप का जवाब है—''जाओ, फ़ौरन करो! अभी और आज ही करो!! मैं कुछ भी कहनेवाला कौन होता हूँ? तुम बड़े हो गए हो, यहीं इसी शहर में पड़े हो और कुछ काम-धाम करने की बात सोचना तो दूर, सीधे जाकर ब्याह रचाएँगे...जो भी कानी-कुबड़ी मिल जाए, उसी के गले में वरमाला डालेंगे...करो, करो...और अगर डर लगता हो तो चलो, मैं चलता हूँ तुम्हारे साथ...'' और ठीक इसी स्थिति में बाप का वाक्य, 'फ़ैसला' कहानी में—''क्योंकि उस लड़की ने तुम्हारे सामने आकर घाघरा उठा दिया न—देखो-देखो, यों घाघरा उठा दिया—इसलिए अब उससे शादी करेंगे...बेहूदी, बेशर्म, कुतिया...'' काफ़्का आगे 'पत्र' में लिखता है—''आपने मुझे शब्दों के ज़रिए शायद ही कभी इस हद तक ज़लील और बेइज्ज़त किया हो...या शायद ही मेरे लिए इतनी नफ़रत दिखाई हो...'' और 'फ़ैसला' में बाप यह सारी भड़ास निकालकर, उत्तेजना और गुस्से में शाप देता

है—"बदमाश, पापी! दूर हो मेरी आँखों के सामने से...डूब मर...मैं कहता हूँ—जा डूब मर..." और नायक जार्ज यह सुनते ही दौड़ा हुआ जाता है, समुद्र के किनारे। वहाँ रेलिंग को इस तरह पकड़ लेता है—जैसे भूखा रोटी को, और फिर नट की तरह कलामुंडी खाता हुआ पानी में जा-डूबता है...

पुत्र का पानी में डूबना...कैसी समानता है नचिकेता की कथा के साथ। बाप वाजश्रवा शाप देता है—"जा मैं तुझे यम को देता हूँ..." यह सज़ा थी प्रश्न और शंका करने की, स्वतंत्र ढंग से सोचने की, बाप से अलग मत रखने की और नचिकेता पानी में डूबकर यम तक पहुँचता है, और आत्मा, जीवन तथा इच्छाओं के बारे में प्रश्न करता है। पुराण-कथा में जो कुछ नचिकेता-यम के संवाद के रूप में आया है, ठीक उसी मृत्युबोध से उपजी हैं काफ़्का की कहानियाँ...कहानियों की डरावनी दुनिया—अपने को सज़ा देने की, मारने और मिटा देने की, या सबकी निगाहों से भागकर किसी खोह में जा-छिपने की मानसिकता...

'फ़ैसला' कहानी मुझे इस दृष्टि से भी महत्त्वपूर्ण लगती है कि जार्ज की यह आत्महत्या, या बाप के द्वारा 'मार' दिए जाने की नियति को स्वीकार कर लेने की संवेदना ही बार-बार उसकी रचनाओं में रूपायित हुई है। बाप के अँधेरे कमरे का वातावरण या दो-एक और बातों को छोड़कर, यह काफ़्का की उन दो-एक कहानियों में है, जहाँ सब बाहर और वास्तविक-धरातल पर ही घटित होता है। जार्ज की आत्महत्या के बाद, आगे की रचनाओं में तो काफ़्का का नायक दुःस्वप्नों और फ़ैन्टेसी की दुनिया में चला गया है—जहाँ एक अनुपस्थित शक्ति सारे निर्णय लेती या ले चुकी होती है। नरक की उस दुनिया में इस नायक का उतर जाना ठीक वैसा ही है, जैसे नचिकेता बाप के शाप को ढोता हुआ—पानी की ग़ैर-वास्तविक दुनिया में, यज्ञ की दिशा में उतरता चला गया था...प्रश्नों और गहसे वेधक-अन्तर्दृष्टि से लैस...

बाप का सर्वग्रासी-अप्रत्यक्ष आतंक, स्वतंत्र-निर्णय की इच्छा रखनेवाले व्यक्ति की नियति से खिलवाड़ करने की यह अदृश्य प्रवृत्ति—या और भी आगे जाकर एक सर्वशक्ति-सम्पन्न सत्ता के अचूक प्रभावी दबाव को महसूस करना, अपनी साँस में उसे 'देखना' और आर-पार चीन जानेवाली ठंडी-निगाहों के नीचे सहज-स्वाभाविक न रह पाना, कभी आत्मदया से देखना और कभी उन निगाहों के साथ मिलकर अपने आपको—अपनी हर चेष्टा को, हर हरक़त और खुद अपने अस्तित्व को घृणास्पद, हास्यास्पद और यहाँ तक कि अपराधी पाना—यह काफ़्का का मूल कथ्य है, और उसका सारा साहित्य इसी का विस्तार। बाप निरंकुश अधिनायक या ऐसी अथॉरिटी है, जो परिवार से उठकर निराकार रूप में—राज-सत्ता के रूप में आती है, कानून और व्यवस्था के रूप में आती है, और फिर अपनी

अन्तिम-स्थिति में ईश्वर के रूप में विद्यमान है—जो व्यक्ति को कहीं भी विचार या कार्य की स्वतंत्रता नहीं देती, उसके हर निर्णय और हर सोच को निर्धारित करती है। काफ़्का ने इन तीनों को सम्पूर्ण विस्तार और परिणतियों में, अपनी रचनात्मक-संवेदना में भोगा और चित्रित किया है।

व्यक्ति की उन्मुक्त-स्वतंत्रता का दर्शन या जिसे हम 'व्यक्तिवाद' कहते हैं वह अपनी मूल-प्रकृति में, अधिनायकवादी व्यवस्था के विरुद्ध व्यक्ति का रूमानी विद्रोह है। इस इकहरी और क्रूर व्यवस्था में जब संवेदनशील व्यक्ति अपने को बाहरी, अजीब और अज़नबी, अनसमझा और मिसफ़िट पाता है—अपने 'विलक्षण' होने की चेतना पर अंकुश, घुटन और दबाव महसूस करता है तो सपनों और कल्पना-चित्रों के माध्यम से अपने को 'मुक्त' कर लेता है। निराकार और अमूर्त जगत में मुक्त महसूस करनेवाले इस व्यक्ति का सारा व्यक्तित्व और व्यवहार, सोच और सपने बाक़ी लोगों से इतने 'दूर और अपरिचित' हो जाते हैं कि वह खुद ही इस स्थिति को अधिक बर्दाश्त नहीं कर पाता और 'कहीं कुछ ग़लत और पाप है' के पाप-बोझ से मरता जाता है। अन्ततः विद्रोह की सारी दार्शनिक और सैद्धान्तिक या नैतिक शक्ति और जस्टिफ़िकेशन के बावजूद, व्यवस्था और व्यक्ति की इस लड़ाई में हारता और टूटता व्यक्ति ही है—विद्रोह की मशाल को कुछ और आगे ले जाकर विद्रोही वातावरण में अपना हिस्सा जोड़कर। खुद अपना इस तरह 'अलग' और 'असामान्य' होना या होते चले जाना, ऐसा होने या करने का अपराध-बोध-आगे जाकर इस अभिशप्त नियति से मुक्ति की आकांक्षा में बदलने लगता है। अवचेतन का यह दबाव, व्यक्ति को या तो चेतना की बाहरी सरहदों पर फेंककर 'विक्षिप्त' बना देता है या आत्महत्या के झटके से सबकुछ की समाप्ति कर ले आता है—वह या तो डॉन क्विकजॉट और हैमलेट बन जाता है या फिर देवदास। आस्तिक 'आत्महत्या' का उदात्त रूप है मीरा, जो पहले आध्यात्मिक-लोक में स्थगित होती है (—कामू के शब्दों में, मैटाफ़िज़िकल स्यूसाइड करती है) और फिर ज़हर पी लेती है। कर्म से बचने और अमूर्त-जगत् में रहने के अभ्यासी इस व्यक्ति की भीतरी चाह अनजाने यह भी होने लगती है कि व्यवस्था ही पहल करके उसे इस अभिशप्त-नियति से मुक्ति दिलाए? सामन्ती-व्यवस्था से व्यक्ति के इस विदोह और उसकी परिणतियों को लेकर—दर्शन, विचार और कला-जगत में इतना कुछ अया है कि उस सबको दुहराना व्यर्थ है। कहीं उसको इस 'विलक्षणता' और बाक़ी सबसे अलग होने की महानता को ही सारी ऊर्जा और शक्ति का स्रोत बताकर उसे जीनियस और हीरो होने का दार्शनिक आश्वासन दिया गया है, तो कहीं आत्महत्या को विद्रोह का चरम रूप या अभिनिवेश (डेथ-विश) को आत्मा की सच्ची पुकार बताया गया है। विचार और कला की उत्कृष्टतम कृतियाँ, इसी विद्रोही की

पराजय-गरिमा से प्रेरित या उस पर केन्द्रित हैं और इन्हीं में हुए कुछ अद्वितीय कलाकार दुर्दान्त-दार्शनिक!

अधिनायकवादी व्यवस्था के ख़िलाफ़ व्यक्ति के इस तरह निरन्तर व्यर्थ, निरर्थक, अप्रासंगिक या नगण्य होते जाने की यंत्रण से मुक्ति या आत्महत्या को, इन दार्शनिकों ने जिन आधारभूत प्रश्नों और आकाट्य-तर्कों से, गहराई में जाकर, खूबसूरत ढंग से प्रस्तुत किया है—या जीवन का चरम लक्ष्य और सारे नैतिक मूल्यों का उज्ज्वलतम स्रोत कहकर गौरवान्वित किया है। उसे यदि तत्कालीन सामाजिक-परिप्रेक्ष्य में देखें, तो यह समझना बहुत मुश्किल नहीं होगा कि विद्रोही-व्यक्ति को अपनी मुक्ति या मोक्ष क्यों इस 'समाप्ति' में दिखाई देता है? चूँकि विद्रोह का चेतन-अचेतन चुनाव व्यक्ति का अपना है, इसलिए इस अभिशप्त नियति से मुक्ति या इस व्यर्थ अस्तित्व को स्थगित कर लेने का विकल्प या वरण की स्वतंत्रता भी वह अपने ही हाथ में रखना चाहता है। यह सचमुच ही एक हीरो की गौरवपूर्ण ज़िन्दगी है।

और काफ़्का का नायक हताशा के इसी अन्तिम क्षण या आत्महत्या की इन्हीं सरहदों से वापस लौटता व्यक्ति है। हाँ, जब वह आत्महत्या या आन्तरिक-स्थगन के इस निर्णायक बिन्दु तक पहुँचा था तो उसने बाहरी संसार को जोड़नेवाले अपने सारे सेतु जला दिए थे। अब वापसी की इस यात्रा में, वह अपने और बाहरी दुनिया के बीच पाता है एक शून्य, न लाँघी जा सकने वाली खाई। इस शून्य को पार करने की कोशिश में, वह बाहरी संसार को अपनी सर्जक-कल्पना में पकड़ता है—यानी फ़ैन्टेसी और स्वप्न-कथा को जन्म देता है। मुझे काफ़्का की कहानियों को फ़ैन्टेसी कहने में इसलिए संकोच होता है कि सम्बन्धों और स्थितियों को जोड़नेवाली कड़ियाँ और युक्तियाँ या इन दोनों को चुनने की सावधानी, लेखक ने इस भौतिक-संसार की ही स्वीकार की है।

बीच के संवादहीन शून्य के आर-पार—बाहर के अरुचिकर, अस्वीकार्य, आतंकप्रद और जिघांसु परिवेश के आक्रमण की चेतना, बाहरी या दूसरों की निगाहों में कुछ न होने का बोध, साथ ही अपने भीतरी-संसार की उपस्थिति, उसे स्वीकृति दिलाने का आग्रह (एसर्शन), बाहरी आक्रमण के प्रतिरोध का द्वन्द्वात्मक-संघर्ष, व्यक्तिगत के गठन को विशृंखलित और खंडित करने लगता है—वह एक साथ 'स्त्र' और 'पर' में बँट जाता है—वह खुद भी होता है, और बाहरी भी। इस आन्तरिक युद्ध में दोनों एक-दूसरे के जानी-दुश्मन की तरह व्यवहार करते हैं। इसी दबाव या तनाव में दॉस्तोयेव्स्की 'डबल' या 'प्रतिरूप' जैसा उपन्यास लिखता है, और जब विजय पाया बाहरी व्यक्ति, अन्दर के इस परास्त-दयनीय व्यक्ति को 'देखता' है, तो काफ़्का 'कायाकल्प' जैसी कहानी को जन्म देता है। अपने अस्तित्व

को किसी कीड़े जैसा अनुपयोगी, निरर्थक, दयनीय और असह्य—कचरे के रूप में महसूस करने की तीव्र चेतना ने ही कायाकल्प की परिकल्पना दी है। ठीक इसी स्थिति को वास्तविक बिम्बों और संवेदना की गहराइयों तक जाकर पकड़ा है टॉलस्टॉय ने—'ईवान इल्यिच की मौत' में। काफ़्का नास्तिक है, इसलिए इस व्यर्थता-बोध की परिणति साम्सा की मृत्यु द्वारा छुटकारा पाने में होती है, जबकि ईवान इस व्यर्थताबोध के गहरे अहसास में मृत्यु-भय को 'जीतता' है और मोक्ष पाता है।

आस्तिक हो या नास्तिक, नरक दोनों के ही पास हैं। मैंने बात ही शुरू की थी काफ़्का के उस 'कुंभीपाक' या यातना-गृह से—जहाँ कर्ता कोई नहीं है, मगर आदमी है कि यंत्रणा और संत्रास भोग रहा है। हिटलर ने जब ऐसे यातना-गृह बनाए थे तो उसके सामने एक आदर्श था—(दि-साद: मज़ा लेना चाहता था)—मानव-जाति का शुद्धीकरण। वहाँ शिकार (या यहूदियों) को तकलीफ़ें और मौत कुछ 'करने' के लिए नहीं, बल्कि जो कुछ वे हैं—उसके लिए दी जाती थीं। यहूदी होना ही उनका अपराध था और स्त्रियों की तरह यहूदियों ने भी इस 'होने' का ख़ामियाज़ा सदियों भुगता है—जैसे हमारे समाज में हरिजन आज भी भुगत रहे हैं। ...इस 'होने' का अपराध अपनी आत्मा में जीना, जिसमें न तो आपका चुनाव है न विकल्प—मगर जिसकी सज़ा निश्चित है! लगभग इसी मन:स्थिति से गुज़रे हैं, न जाने कितने अजनबी और जन्मजात विद्रोही...और काफ़्का की सारी रचनाएँ इसी अपराध-बोध के नस-तोड़ और दमघोंट-तनाव में लिखी गई हैं। जब वह सीधे-सीधे बाप के आतंक-क्षेत्र में था तो अपने मिसफ़िट और नगण्य-दयनीय होने के 'अपराध' को जीता था—और जब यह आतंक बड़े सत्ता-स्रोत की तरफ़ विकसित हुआ, तो अपने ऐसा होने का अर्थ भी व्यापकता पाने लगा। मुझे हलका-सा अहसास यह भी है कि काफ़्का के यहाँ इस 'होने' में, अपनी व्यक्तिगत-परिस्थितियों और उनसे बने मनोविज्ञान के साथ-साथ, यहूदी होने के जातीय-संस्कार ने भी योगदान किया है! काफ़्का उन्हीं की भाषा (यानी जर्मन) में लिख, सोच और जी रहा था, जो आगे जाकर उसके अधिकांश परिवार को गैस-चैम्बर में मार देनेवाले थे। हो सकता है, इस सबको वह 'सूँघता' रहा हो! बहरहाल, यह मुझे लगता ज़रूर है कि इस व्यक्तिगत दुर्भाग्य और दयनीयता की नियति को वृहत्तर-परिवेश दे सकने की सामर्थ्य और जातीय-संस्कार ने मदद ज़रूर की है। तभी तो वह अधिनायकवादी पिता के आतंक को सत्ता-मात्र का धरातल दे पाया या अस्तित्व-मात्र को यातना के रूप में भोग सका।

अपराध-बोध और यातना के कथ्य पर काफ़्का की एक कहानी है—'काला-पानी' या 'दंड-द्वीप'। यहाँ के कुशल संचालक ने यातना देने की एक-से-एक नई

मशीनें ईज़ाद की हैं, और वह एक यंत्र विशेष रूप से प्रेक्षक को दिखाना चाहता है। यह एक मशीनी '-शिकंजा है—टिखटी के एंग का। इसमें क़ैदी को नंगा करके चित लिटा दिया जाता है और फिर चमड़े के पट्टों से उसे इस तरह कस दिया जाता है कि हिल-डुल न सके। दाँतों के बीच भी एक गद्देदार पट्टा कस दिया जाता है, और क़ैदी को तकलीफ़ न हो—इसका पूरा ख़याल रखा जाता है। अब इसी मशीन का एक हिस्सा, बरमे जैसी एक नुकीली चीज को क़ैदी की छाती की सतह पर ले आता है। इसमें पानी की नली भी लगी है। मशीन चलते ही, यह बरमा आदमी की छाती पर 'उसका अपराध' खोदना शुरू करता है, और गहरे धँसता जाता है। नली का पानी खून इत्यादि धोता रहता है—ताकि 'अपराध' साफ़ पढ़ा जा सके। अन्त में बरमा 'अपराध' को गोदकर आर-पार निकाल देता है। संचालक का तर्क है कि इससे मरते-मरते भी अदमी को अहसास रहता है, कि वह किस अपराध के लिए मर रहा है! व्यवस्था के शिकंजे में जकड़े आदमी को, अपराध-बोध किस तरह धीरे-धीरे उसकी आत्मा को खोदते हुए मारता है—इस कथ्य की ऐसी दिल दहला देने और कभी न भूली जा सकने वाली कहानी मैंने आज तक नहीं पढ़ी।...मगर चाहे 'ऊपर' के आदेशों पर ही काम करता हो, काला-पानी में एक संचालक है। उधर क़ैदी का अपराध भी इतना साफ़ है कि उसको 'नाम' दिया जा सके। लेकिन 'होने' की यातना को क्या इतना साफ़ नाम दिया जा सकता है?

काफ़्का की बाक़ी कहानियों का मुख्य या एकमात्र सरोकार दुहरा है—आदमी जो कुछ है, वह वैसा क्यों है? इस 'होने' के अपराध से मुक्ति कहाँ है? इस विधान या व्यवस्था का वास्तविक स्वरूप क्या है? और यह अपराध-चेतना पैदा करने से लेकर, प्रभावी ढंग से उसे कार्यान्वित करने और सक्रिय बने रहने के उसके तरीक़े क्या हैं? जिस सर्वोच्च सत्ता का नाम लेकर नियम-क़ानून व्यक्ति पर लादे जाते हैं, और व्यवस्था को सक्रिय रखा जाता है—उसका स्रोत या स्वरूप कैसा है? अपने 'होने' की अभिशप्त नियति की स्तर-स्तर गहरी पड़ताल में उसने 'एक कुत्ते की तफ़तीश' जैसी कहानी लिखी है, जहाँ—"कुत्ता होने की अभिशप्त नियति को फलांग कर बाहर आ जाना, कुत्ता न रहना है!" —जैसा बोध है। इसी बोध को ग़ालिब ने अपने शब्दों में कहा है—"क़ैदे-हयात, बन्दोग़म, अस्ल में दोनों एक हैं...मौत से पहले आदमी, ग़म से निजात पाए क्यों?"

वस्तुतः 'चीन की दीवार' कहानी, 'दुर्ग' और 'मुक़दमा' उपन्यासों की परम्परा में लिखी गई है। अपनी नियति के साक्षात्कार के अन्तिम बिन्दु पर पहुँचकर, आदमी इस व्यवस्था और विधान के स्वरूप व स्रोत को समझना चाहता है। यहाँ काफ़्का अपनी उसी पैनी दृष्टि से सत्ता और व्यवस्था की बनावट, उसकी विसंगतियों-अन्तर्विरोधों को उनके आतंक और यातना देनेवाले अचूक विधानों को

और इस सारे बोझ के नीचे—बिल्ली द्वारा कोने में घेर लिए गए चूहे के शारीरिक, मनोवैज्ञानिक और आध्यात्मिक व्यवहारों का अध्ययन करता है। ईश्वरहीन संसार में, इस क्रूर-चक्र को बेहद कुशलता से लाए रखनेवाले निराकार संचालक की खोज ले कहीं नहीं जाती, एक गहरी असहायता और संत्रास की ही सृष्टि करती है। इस स्वचालित कोल्हू के स्रोत और उसमें कुचले जाने वाले गन्ने—दोनों को समझने के प्रयास में ही काफ़्का ने अपना साहित्य लिखा है। निश्चित रूप से वह खुद ऐसा गन्ना है, जो अन्तिम-साँस तक आँखें खोले, कोल्हू की सारी कार्य-प्रणाली भी देखना-समझना चाहता है—मगर साथ ही, छाती पर इस 'गन्ना होने' के 'अपराध' को खोदते हुए बरमे के नीचे की तकलीफ़, कराह और छटपटाहट भी महसूस कर रहा है...या हर क्षण अपनी आत्मा में उस नुकीले लोहे को उतरते देखा' है।

यातना और सिर्फ़ यातना, एक बेहद वेधक प्रतिभा और अत्यधिक संवेदनशील व्यक्ति के 'नरक' की यंत्रणा अगर कोई दृष्टि देती हो तो काफ़्का की कहानियाँ इन्हीं अँधेरों और काले-पानी के निर्वासनों की अद्वितीय कहानियाँ हैं...मगर वे तो सिर्फ़ 'माँद' से 'दुर्ग' तक ले जाती हैं—यानी मिट्टी-झाड़ी को छोटी-सी खोह नहीं—चीन की दीवार से बनी, बहुत मज़बूत, कुशल स्थापत्य से तैयार विराट गढ़ी! इसमें क़ैद होने का 'फ़ैसला' तो पहले ही लिया जा चुका है, 'मुक़दमा' तो सिर्फ़ एक भूलभुलैया है...और इस सब चक्रव्यूह से छूट भागने के व्यर्थ-निरर्थक परिश्रम की कमर-तोड़ बेगारी ढोनेवाली सिसिफ़स की 'कामु-कथा इसी बिन्दु से शुरू होती है...यानी भारतीय सन्तों की भाषा में तोता स्वाद और भूख की स्वाभाविक-प्रेरणा से सेमल के फल में चोंच मारता है, और उसक मुँह और वातावरण में सेमल की रूई-ही-रूई भर जाती है।

और यहाँ से दार्शनिकों की दुनिया शुरू होती है...यानी नचिकेता के प्रश्न!

22 अक्तूबर, 79

अपनी निगाह से
राजेन्द्र यादव

प्रिय...

उत्तर नहीं दे सका, माफ़ी चाहता हूँ! कलकत्ता छोड़ने और अब दिल्ली आकर जमने के चक्करों में इतना उलझा रहा कि चाहते हुए भी मेज़ पर नहीं बैठ पाया। यों दोस्तों ने फैला रखा है कि मैं बहुत पत्र लिखता हूँ लेकिन तुमने खुद देख लिया, इस बात में सच्चाई कितनी है...

इतने दिनों के पत्र-व्यवहार के बाद इधर मैं देखता हूँ कि तुमने मेरे व्यक्तिगत जीवन में दिलचस्पी दिखाना शुरू किया है और तुम्हारे हर पत्र में कुछ ऐसे प्रश्न होते हैं, जिनका उत्तर देते हुए मैं अपने को बड़े धर्म-संकट में पाता हूँ। प्राय: ही उनके उत्तर 'फिर कभी' पर टाल देता हूँ—और तुम्हें उलाहने का मौक़ा मिलता है, कि मैं तुम्हारे पत्र ध्यान से नहीं पढ़ता कि मैं उनसे ऊब गया हूँ कि बड़े लेखक बहुत व्यस्त होते हैं... !

कैसे बताऊँ कि मैं क़तई-क़तई बड़ा लेखक नहीं हूँ, न ही होना चाहता हूँ—क्योंकि सचमुच मुझे अभी लिखना है। जो कुछ मैं लिखना चाहता हूँ, या जो भी मैं लिख सकता हूँ, वह तो अभी शुरू ही नहीं हुआ। कभी-कभी बड़ा डर लगता है कि वह कभी होगा भी या यों ही ज़िन्दगी गुज़र जाएगी? विश्वास मानो, मैं सच ही बहुत अच्छा लिख सकता हूँ, और अभी तक के लिखे से, उस लिखे जा सकने वाले का अनुमान भी नहीं लगाया जा सकता...।

लेकिन ये मन-समझाने की बातें हैं, भविष्य की बातें हैं, जिन्हें किसी ने नहीं देखा। तुम्हें तो मेरे आज तक के लिखे के पीछेवाले व्यक्ति का परिचय चाहिए, है न? इतनी उत्सुकता का कारण जान सकता हूँ? क्या वही-कुछ काफ़ी नहीं है, जो मेरी ओर मुझे लेकर दूसरों की रचनाओं में है? कलाकार का व्यक्तित्व, उसका परिचय, उसका विश्वास और उसकी प्रतिबद्धता—सभी कुछ उसकी कला होती है।

जो कुछ वहाँ नहीं है, उसका महत्त्व और मूल्य क्या और क्यों हो? क्षमा करना, मैं उन लोगों के वर्ग में अपने को नहीं पाता, जिनके व्यक्तिगत विश्वास, व्यक्तिगत प्रतिबद्धता और जीवन—अर्थात, व्यक्तित्व, उनके कला-व्यक्तित्व से अलग होता है, और अजीब आध्यात्मिकता की धुन्ध-भरी भाषा में जो गाहे-ब-गाहे कहते हैं कि उनके कला-विश्वास और व्यक्ति-विश्वास दो विरोधी बातें हैं—कि वे एक-दूसरे से मुँह-चुराते, दो विरोधी देशों के गुप्चर हैं, और दोनों मिलकर आत्मा या परमात्मा के डिटेक्टिव हैं। काश, मुझे भी वे तर्क और युक्तियाँ मिल जातीं, जहाँ मैं कला में 'मनुष्य मात्र को समान' मानता—लेकिन व्यक्तिगत जीवन में कहता कि मेरे अपने गुट, जाति और प्रान्त के अलावा मनुष्य है ही कहाँ? चूँकि मैं उन्हें ही मनुष्य मानता हूँ, अतः 'समानता' का रिश्ता भी उन्हीं से रखता हूँ। इसलिए किसी से भेदभाव रखने का प्रश्न ही नहीं उठता। हाँ? उनसे कहीं दूरी रखी हो तो गुनाहगार हूँ...या फिर इतनी साफ़गाई भी क्यों नहीं मुझसे बनती कि—"मंच और माइक पर हम छुआछूत नहीं मानते, लेकिन घर पर हरेक के हाथ का कैसे खा-पी लें?"—"हाँ यार, लव-वव तो ठीक है, लेकिन घरवाले पीछे पड़ गए तो शादी कर लेनी पड़ी।" या "व्यक्तिगत रूप से मार्क्सवादी हों या ग़ैर-मार्क्सवादी, लेकिन कहानी-उपन्यासों में तो वह सब नहीं आने दिया।..." "कोई ज़रूरी नहीं है कि मंच पर जो कहें, वही करें भी... कलाकार और व्यक्ति आपस में विरोधी भी हो सकते हैं...इलियट ने कहा ही है कि लेखन अपने व्यक्तित्व से पलायन का दूसरा नाम है—शायद विरोध का भी।"

लेकिन तुम्हारे लिए तो मेरा वही व्यक्तित्व वास्तविक है, जो रचनाओं में है—जो वहाँ नहीं है, वह महत्त्वपूर्ण भी नहीं है क्योंकि अपने लेखन-व्यक्तित्व में मैं अकेला हूँ, जो कुछ है वह मुझसे गुज़रकर है—लेकिन यहाँ तो मैं अकेला हूँ ही नहीं। वह सब भी मेरा व्यक्तित्व बनाता है, जो मेरे आसपास रहा है; वे स्थितियाँ और लोग भी मेरे इस जीवन के हिस्सेदार हैं, जिन्हें अगर गिनाना शुरू करूँ तो तुम्हें बोरियत ही होगी लेकिन लेखन के पीछेवाले व्यक्ति को इसके बिना पाना सम्भव भी नहीं है!

हाँ, एक बात है—मेरे लिए तुम्हारा प्रश्न एक और अवसर ज़रूर देता है और मेरे ये दोनों व्यक्तित्व आमने-सामने खड़े होकर एक-दूसरे को अजनबी निगाहों से तोलने-परखने लगते हैं, अपनी दूरियाँ नापने लगते हैं, एक-दमसरे पर हँसने और मिस्कीन होने लगते हैं, एक-दूसरे को बनाने का श्रेय लेना चाहते हैं और आज जो भी कुछ बन गए हैं—उसके आरोप से बच-निकलना चाहते हैं, अनेक उलझनभरी पगडंडियाँ पार करके पास पहुँचने को ललकते हैं, और जब मिलते हैं तो जान नहीं पाता कि वे एक-दूसरे का स्वागत कर रहे हैं या फिर एक और विदा का सूत्रपात...।

फिर एक और विदा...पता नहीं, तुम क्या अर्थ निकालो—मुझे हमेशा लगता है कि मेरा हर सम्पर्क, हर पल एक नई विदाई है...मेरी हर रचना एक ऐसी बच्ची है,

जो टा-टा कहकर स्कूल-बस में जा-चढ़ती है और जब आती है तो 'वह' नहीं रह जाती...मिलना शायद गति है, और विदाई नियति...और शायद यह नियति ही अपने नक़्श छोड़ जाती है...एक-दूसरे को काटती बसें हैं, स्कूटर-टैक्सियाँ हैं—जिनके भीतर से पटरियों का जाल-जंजाल गुज़रता है, जहाँ हज़ारों टेनें एक-साथ इधर-से-उधर चली जाती हैं—और उनमें पंखे नहीं हवाई-जहाज़ लगे हैं, जिनकी हर खिड़की पर प्लेटफ़ॉर्म और रन-वे बिछे हैं...और हर जगह एक हाथ हिल रहा है, एक रूमाल फहरा रहा है—टा-टा, बाई-बाई! अच्छा, लिखिएगा न?

2 मई, 64 की उमसभरी सुबह और हावाड़ा का प्लेटफ़ार्म...कलकत्ता छूट रहा था। एक बहुत बड़ा वर्तमान, अतीत हुआ जा रहा था—और उस वर्तमान को विदा देते विष्णुकान्त शास्त्री थे, कुन्थाजी-लक्ष्मीचन्द्र जैन थे, प्रतिभाजी-मदन बाबू थे, पराक्रम सिंहजी, सुधीर बाबू, शरद देवड़ा थे—अरुणा, जयन्ती और विक्रम थे। सविताजी राह देख रही थी कि हम उन्हें लाएँगे। प्रतिभा नारायण की गाड़ी टाटानगर गई थी। उन्हें टैक्सी नहीं मिली थी और वह ट्रेन छूटने के बाद आई थी...। बहुत लोग ट्रेन छूटने के बाद आए थे—आगरा तक। आज तक, ट्रेन छूटने के बाद पूरा कलकत्ता मेरे साथ आया है...कॉफ़ी-हाउस और चौरंगी, गरियाहाट और कालीघाट, गर्चा-रोड और हाजरा, लेक और दक्षिणेश्वर, मोहनी-मैन्शन और अलेक्जैंड्रा-कोर्ट...पी.के. जैन के साथ विक्टोरिया के चक्कर और नारायण साहब के साथ शतरंज की हारें, फिर रात-रातभर डायमंड-हार्बर और हुगली के किनारों की भटकन, निहायत फ़ुरसत से हर दुकान पर पान और चाय लेनेवाले मदन बाबू, ऑक्टरलेनी मानूमेन्ट के नीचे अँधेरे में बैठकर विष्णुकान्त शास्त्री के साथ का आत्मीय-वार्तालाप और संसार की हर चीज़ से चमत्कृत ठाकुर साहब का 'वाह-वाह' करना, कैसेनोवाको हिक़ारत से देखते नागर और अपनी कंजूसी के कारण ही लुटते हुए गिरीशजी... 'अनामिका' के कार्यक्रम और हॉल के बाहर की उत्साही गोष्ठियाँ—सभी तो मेरे साथ यात्रा करते हुए आए हैं...।

ट्रेन चलती रहती है और बरसात की मक्खियों की तरह—सुने-कहे वाक्य कानों के आस-पास मँडराते रहते हैं...''इधर मत भागो, टिंकू बेटे, रेल के हिलने से गिर जाओगे।'' —पता नहीं, दिल्ली में कैसा मकान मिलेगा—कहाँ मिलेगा...हिसाब लगाता हूँ—दिल्ली-प्रवास के बीच के डेढ़ वर्ष निकाल दो तो कलकत्ते में आठ साल हो गए...—''ज़रा थर्मस उठा दीजिए...!''

जीजी ने बुलाया था—''कलकत्ते की पूजा देख जाओ।'' भूपेन्द्र छोड़ने आया था—''क्या करेंगे। भाई साहब, वहाँ जाकर?—यहीं रहिए...घर का मकान है, हम लोग हैं...।'' अन्तिम बार समझाकर, बुजुर्गी से बोला—''वहाँ घड़ी-बड़ी बेचने की नौबत आए तो हमें लिख दीजिएगा। टी.एम.ओ. कर देंगे। जी नहीं लगे तो लौट

आइए।'' —इसमें अभी से इतनी समझदारी आ गई है! मैं आँसूभरी आँखों से उसे देखता हूँ—''रिसर्च करूँगा—योग-दर्शन और 'हिन्दी कविता' पर।''...

''इतना बड़ा फ़्लैट है, यहीं क्यों नहीं रहता? उस कमरे में कोई तंग नहीं करेगा। जब हमारा ट्रांसफ़र हो जाए तो देख लेना''—जुबिली लाइन्स में जीजी समझाती हैं।

''नहीं, मैं अलग ही रहूँगा!''...

डायमंड-हार्बर रोड पर हमारे पास दो कमरे हैं। हम तीन आदमी हैं—कृष्णाचार्यजी, कमलाकान्त और मैं। कमला आई.ए.एस. की तैयारी कर रहा है। कृष्णाचार्य जी को हर नए से नफ़रत और हर दो सौ साल पुराने के प्रति असीम श्रद्धा है...''आचार्यजी, आप यार, दो हज़ार साल कहाँ फ़रार हो गए थे? इतने लेट आए हो दुनिया में! तुमने प्राचीन इतिहास क्या पढ़ लिया है—तुम्हारा बस चले तो हमें खोदकर गाड़ दो और दो हज़ार साल बाद उखाड़कर पुरातत्व के प्रमाण बताकर हमारी आरती उतारा करो!''

''देखो दुबेजी, तुम तो हो मूरख! सात दिन में नहाते हो, सो भी बनियान नहीं बदलते!! तुम्हें तो शब्दों की बीमारी है...कोई भी नया शब्द लपक लिया...अरे, हम पुराने ख़याल के ही सही...!!!''

कृष्णाचार्यजी हम दो 'बच्चों' से परेशान हैं, हमारी फैलाई चीज़ें सँभालते रहते हैं।

''आशा, ज़रा कैंची देना...!'' —और मैं कृष्णाचार्य की प्रलम्बित, सद्यः-स्नाता चुटिया काटकर उनके हाथ में दे देता हूँ। वे चुप हैं—दो दिनों से। मैं माफ़ी माँगता हूँ।

''नहीं यार, काटना तो मैं भी चाहता था, लेकिन बच्चों के सामने...'' —फिर वे गेटे की जान को लग जाते हैं। हर सम्भव, प्राप्य-अप्राप्य किताब लाकर पढ़ते हैं, और गद्गद होकर उनके वाक्य दुहराते हैं। मैं उनकी इस लगन पर श्रद्धानत हूँ, लेकिन हमेशा मज़ाक उड़ाता हूँ। रात-रात भर बैठकर 'उखड़े हुए लोग' को टाइप पर रिवाइज़ करता हूँ—पास के 'ज़ू' से शेर की दहाड़ और सड़क से गुज़रती मोटरों की रोशनी आती है, और कौवे काँव-काँव करते रहते हैं। विधुर कृष्णाचार्यजी पंखा कम और ज्यादा करते रहते हैं। ''राजेन्द्र आस का पक्का है, लेकिन है बच्चा...''—कुरते का आखिरी बटन बन्द करके वे संगीत का अभ्यास करने लगते हैं। बीच में ही पूछते हैं—''यार, बहुत दिनों से वो लम्बी, चमचमाती गाड़ी तुम्हें लेने नहीं आई? बाहर गई है क्या...? लेखक होने में यही मौज है—पाठिकाएँ श्रद्धालु मिलती हैं...।''

''चलिए, ससुराल में ही खाया जाए।''—सेंगरजी अपने दोनों हाथों को प्याले की तरह बनाकर एक हाथ की उँगलियों से दूसरे हाथ की उँगलियों को छूते हुए —

'लाहौर' या 'अनाकरकली' रेस्त्राँओं में चलने का अनुरोध करते हैं। वहाँ के सरदारजी ससुर की-सी आत्मीयता से खाना खिलाते हैं। बैरा पवन सूचना देता है—''वो पालक बाबू आया था... ।'' कृष्णाचार्यजी के लिए पालक, घिया, तोरई परम-सात्त्विक भोजन हैं, इसलिए उनका नाम वहाँ है 'पालक बाबू'...

''देखिए, मैं रिसर्च करना चाहता हूँ, अगर यहाँ कोई ट्यूशन...''

''हाँ, वो तुम्हारा पत्र मिला था। मैंने बातें कर ली हैं। यहाँ एक बहुत ही भले सॉलिसिटर हैं, उनके दो लड़कों को हिन्दी पढ़ाना है।'' —श्री भँवरमल सिंधी अपनी आत्म-विश्वस्त आवाज़ में मेरी कृतज्ञता को बीच से ही काट देते हैं—''नहीं, कोई धन्यवाद-वन्यवाद नहीं! मेरा इसमें विश्वास नहीं है।''...

''नहीं, सिंधीजी ने शायद बताया नहीं। ट्यूशन जैसा कुछ नहीं है। दोनों बच्चों में साहित्य के प्रति कुछ अभिरुचि पैदा करनी है। दूसरे-तीसरे दिन, जब भी समय मिले...आप बच्चों से खुद ही मिल लें''—श्री भगवतीप्रसाद खेतान अपनेपन और बड़प्पन से बोलते हैं। 'चाँद' के 'मारवाड़ी अंक' में मैंने भगवती बाबू की तस्वीर देखी थी। बताते हैं—''प्रेमचन्द जब कलकत्ता में थे, तो हम मिलते थे उनसे। अब समय नहीं मिलता—आपके ही बहाने हिन्दी के सम्पर्क में रहेंगे... ।''

एक महीना...दो महीना...तीन...मैं सिंधीजी से जाकर कह देता हूँ—''मुझे काम बताइए। यों वहाँ जाकर इधर-उधर की बातें, चाय-शर्बत के लिए रुपए लेना मुझे अच्छा नहीं लगता। बच्चे होमवर्क से ही बहुत त्रस्त रहते हैं।''

''तुम अपनी रिसर्च पूरी कर लो।''

''वह भी शायद अब न हो! मेरा मन नहीं लगता। नेशनल लाइब्रेरी में जाकर चेख़व की कहानियाँ, लिडिया ऐविलोव के संस्मरण और ओल्गा निपर को लिखे ख़त पढ़ता रहता हूँ—एस. एन. दासगुप्ता की 'चिति' और 'ध्यान' पर लिखी पुस्तकें खुली पड़ी रहती हैं। सुबह-शाम कहानियाँ लिखता हूँ। एक-एक बैठक में अभी 'जहाँ लक्ष्मी क़ैद है' और 'एक कमज़ोर लड़की की कहानी' लिखी है।''

''कहाँ है? सुनाओ।''

''एक 'संकेत' में गई है, दूसरी 'ज्ञानोदय' में। अभी जगदीशजी अपने हस्ताक्षरों में उसकी नक़ल कर रहे हैं।''

''क्या वे 'ज्ञानोदय' में जानेवाली हर रचना को... ?''

'जी, उनका हस्ताक्षर बड़ा सुन्दर है—उसे देखकर वे खुद मुग्ध होते हैं।''

भगवती बाबू स्नेह से कहते हैं—''सिंधीजी से बात हो गई है। लेकिन तुम आते-जाते रहना! तुम्हें अपनी पसन्द की जो भी किताबें दीखे, उन्हें मेरी तरफ़ से ख़रीद लिया करो। पढ़कर दे दो। मुझे कुछ अच्छी किताबों का संग्रह करना है। समय नहीं मिलता, लेकिन सफ़र में या बाहर थोड़ा-बहुत टाइम निकाल ही लेता हूँ।''

बीच-बीच में उनके सेक्रेटरी कृष्णन् के पत्र मिलते हैं—''बहुत दिनों से आपकी कोई सूचना नहीं मिली। मि. खेतान ने पूछा है कि आप यहीं हैं या...'' स्वयं भगवती बाबू का पत्र—''एक अंग्रेज़ी लेख में आपका ज़िक्र देखा था। हो सकता है, आपको पता न हो, इसलिए भेज रहा हूँ''... या ''सर पैट्रिक हेस्टिंग्ज़ की यह किताब पढ़ लीजिए। बड़े दिलचस्प केसेज़ हैं।'' या ''आप जो आउट-साइडर दे गए थे, वह बहुत अच्छी लगी। 'नॉशिया' चली नहीं—ज़्यादा गम्भीर है। आपने खोसला की किताब पढ़ ली—'मर्डर ऑफ़ महात्मा ऐन्ड अदर केसेज़'... ? रसेल की 'नाइट पेयर्स' आपके लिए रक्खी है...।''

दो बार 'ज्ञानोदय' में नौकरी करता हूँ। इससे भी पहले की थी, सहारनपुर में श्री कन्हैयालाल मिश्र 'प्रभाकर' के साथ। 'ज्ञानोदय' कलकत्ते चला आया और मैं आगरा चला गया। यहाँ एक दोपहर को डॉ. केशवन् बुलवाते हैं—''बेटा, तुम्हारा उपन्यास—वाटिज़ दैट, अपरूटेड ह्यूमैनिटी—'उखड़े हुए लोग' पढ़ा। हिन्दी बहुत धीरे-धीरे पढ़ता हूँ। राजनीति उसमें साहित्य पर हावी हो गई है। नौकरी करोगे?'' ...फिर 'जियॉलॉकिल सर्वे' में हिन्दी-अध्यापक। बमुश्किल-तमाम छः महीने होते-होते इस्तीफ़ा। सिर्फ़ गीताजी मेरे पक्ष में हैं—''इस्तीफ़ा बिलकुल वापस नहीं लेना चाहिए! आप अपना लिखिए-पढ़िए। कहाँ इस सरकारी नौकरी की चख़चख़ में पड़े हैं...!'' बच्चू बाबू का समर्थन है।

मन्नू बहुत खुले दिल से हँसती है और मुझे उसकी हँसी पसन्द है। उससे भी सहज कहानियाँ लिखती है, एक के बाद दूसरी। कमला कहती है—''मिलेगी नहीं, मन्नू बाई सा'ब जैसी लड़की आपको! घर बसाओ और भले आदमियों की तरह रहो...।''

और फिर दिल्ली... फिर कलकत्ता...''सहजीवन समारम्भ के अवसर पर आपको शुभाशंसाएँ...।'' —ठाकुर साहब सचमुच बड़े भाई की तरह पुलकित हैं।...निमंत्रण और विवाह, कुल छः दिन।

लेकिन मन्नू अपना सारा ध्यान घर में ही लगाती है और मेरा सारा ध्यान घर और अपने में ही केन्द्रित चाहती है—अगर ऐसा नहीं है तो उसकी उपेक्षा है...।

ट्रेनें दौड़ती रहती हैं, डिब्बे बदल जाते हैं—लेकिन कुछ तार हैं, जो टेलिग्राफ़ के खम्भों पर लिपटे—हर जगह साथ हैं, हर यात्रा के दूर खड़े गवाह हैं...कहीं उन पर नीलकंठ बैठा मिलता है, कभी कौआ—कहीं कटी पतंग लटकी है तो कहीं बरसते पानी की बूँदें....कहाँ से हुई थी इस यात्रा की शुरुआत?

सन 52 की बात है—दक्षिण-भारत का चक्कर लगाए सालभर से ऊपर हो चुका था...

मैं और राकेश दिल्ली से आए थे—रात भर जागते हुए, पैसेंजर गाड़ी से। राकेश

का तांगा दयालबाग़ चला गया...। मेरे घर के सामने कुछ लोग बदहवास खड़े थे। मास्टर साहब ने अलग ले जाकर बताया—''डॉक्टर साहब की तबीयत बहुत खराब है। उन्हें सुरीर (मथुरा) से ले आए हैं।'' और आगे बढ़ता हूँ। छोटा भाई सत्येन्द्र मिलता है—

''पिताजी शायद...''

''लेकिन मास्टर साहब तो कहते थे...'' —मैं घबरा गया हूँ।

''किसी का दाँत उखाड़ रहे थे, तभी चक्कर आने लगे, दिल डूबने लगा...।''

''अब हालत क्या है?''

...बीच आँगन में ढका हुआ पिताजी का शरीर है। हम सब लोग रो रहे हैं—माँ, छः बहनें और चार भाई...अपने से 'बड़ा' होने पर अब शायद कोई इतना खुश नहीं होगा...ग़लत-सही करने की अब शायद कोई छूट नहीं मिलेगी...चुराकर सिगरेट पीने की अब कभी ज़रूरत नहीं होगी। अब सिर्फ़ यात्रा का साथी एक अहसास रह जाएगा कि कभी कोई था—जो एक बीमार लड़के के बेड के पास कुर्सी पर बैठा, घंटों अलिफ़लैला सुनाया करता था, दास्ताने अमीर-हम्ज़ा सुनाया करता था, और चन्द्रकान्ता-सन्तति के हिस्से खुद पढ़कर उसे दे देता था, क्योंकि वह हिन्दी उतनी अच्छी नहीं पढ़ पाता था (चन्द्रकान्ता के लिए ही उसने हिन्दी सीखी थी, और प्रेमचन्द से आगे नहीं पढ़ पाया) मैं फ़ारसी लिपि में छपी, नवलकिशोर प्रेस की 'हज़ार दास्तान' की भोंडी तस्वीर से दहशत में भरा, अनेक बार पढ़ी सिन्दबाद जहाज़ी, हिन्दी जादूगर, ओर आबेहयात लानेवाले शहज़ादों की कहानियाँ साँस रोककर पढ़ता रहता, खलीफ़ा हारूँ अल रशीद के साथ रात-रातभर बग़दाद और समरक़न्द की गलियों में भेस बदलकर घूमता रहता। (इन्हीं क़िस्सों को मैंने अपनी कहानी 'अभिमन्यु की आत्महत्या' में इम्प्रेशनिस्टिक शैली में, जानबूझकर तोड़ते हुए एक-दूसरे में घुला-मिला दिया है—और इस शैली की सूक्ष्मताओं से अपरिचित होने के कारण अश्कजी को इस कहानी में 'ब्योरों की ग़लतियाँ' लगती हैं। वस्तुतः भारतीय या फ़ारसी कोई भी कहानी वहाँ ब्योरेवार चलती ही नहीं है, सब एक-दूसरे पर सुपर-इम्पोज़्ड तस्वीरों के प्रतीकात्मक अन्दाज़ में आती हैं। हर कहानी को सही ब्योरे के साथ सिलसिलेवार पढ़ने के लिए, अश्कजी अलिफ़-लैला ही पढ़ लें तो ज़्यादा अच्छा है)।

...इस तरह चन्द्रकान्ता, भूतनाथ, सुफ़ेद शैतान या रक्तमंडल के तिलिस्मों में डूबा मैं—हर गड्ढे और खँडहर में एक सुरंग का मुहाना तलाश करता रहता और भाई-बहनों के साथ रात को भिक्खी चाटवाले की राह देखता... ''इसी शर्त पर चाट खाएँगे कि रात को कहानी सुनाने आना पड़ेगा।'' वह भी जानता था कि जिस दिन वह अस्पताल आएगा, उसे खोंचा लेकर सड़क-सड़क घूमने की तवालत नहीं

करनी पड़ेगी !...चाँदनी में नहाए क्वार्टर के सामने चारपाइयाँ पड़ जातीं—जमादार, रसोइया, नौकर, कम्पाउन्डर और हम सब गर्दन लम्बी कर-करके सुनने लगते। बीड़ी जलाकर भिक्खी शुरू करता—"तो भैयाजी, राजा की इतनी बात सुनकर रानी ज्वाब देती है, के..." पास ही बेले-चमेली की बड़ी-बड़ी क्यारियाँ चाँदनी के साथ धीरे-धीरे खुलने लगतीं, मेंहदी की घनी बाड़ें गमगमाने लगतीं—जिनके पीछे कुएँ के पास बड़ा-सा बबूल का पेड़ा था... सियारों की 'हुआ-हुआ' के साथ ही, भिक्खी की कहानी का वेताल उस बबूल के काँटों में लटका दिखाई देता, और चारपाई पर लेटे राजा वीर विक्रमादित्य का गला सूखने लगता...अब भिक्खी की बात काटकर केशी महाराज सुना रहा होता—"बाबूजी, झूठ नहीं है! मेरे देखते-देखते सामने से भेड़िया गायब हो गया...देखूँ तो आगे-आगे, सफ़ेद बुर्राक कपड़े पहने, छम-छम करती ज़्वान-जमान बैयरबानी चली जा रही है...अब रात का बखत, अकेला मैं...और उस पर से ऐसी खसबू आ रही कि...।"

उस दिन पिताजी के साथ-साथ बेले-चमेली-गुलाब और मेंहदी की छाँह में पुराने क़िस्सों की खुशबू विदा हो गई...शुरू हो गई एक नई यात्रा...आँगन में लेटा शरीर तो सिर्फ़ एक यात्रा-बिन्दु था—प्लेटफ़ार्म...

नहीं, इससे भी पहले शायद इसकी एक हल्की-सी शुरुआत और भी थी... 44-45 में...

झाँसी के झोंखनबाग़ में, पड़ोसी वकील साहब हैं—श्री सुधीन्द्र वर्मा। उनके यहाँ से गढ़-कुंडार, विराटा की पद्‌मिनी, कुंडली-चक्र, लगन, प्रत्यागत—यानी प्रेमचन्द और प्रतापनारायण श्रीवास्तव के उपन्यास पढ़कर, सुरीर-युग के अपने लिखे तिलिस्मी उपन्यास के आठों खंड बेकार लगने लगते हैं...वे पूरा हाथ ताने, माटी-मोटी किताबों से घंटों कालिदास और वाल्मीकि को पहले संस्कृत में पढ़ते हैं, फिर स्वंय उनके हिन्दी अनुवाद सुनाते हैं...बाई—माँ के साथ पढ़ी रामायण, महाभारत, सुखसागर अब अपने नए अर्थ-सौन्दर्य के साथ सामने खुलने लगते हैं। 'स्वतन्त्र' के सम्पादक श्री श्यामप्रसाद दीक्षित के यहाँ की शरत ग्रन्थावली, मुन्शी के उपन्यास दिमाग़ में तैरते रहते हैं...देवदास और पृथ्वी-वल्लभ को रोने के लिए अनेक बार पढ़ना पड़ता है...ऐसा कोई उपन्यास मैं नहीं लिख सकता? और एक के बाद एक तीन उपन्यास मैं लिख डालता हूँ। उहूँक, मामला कुछ जमा नहीं...अभी और माँजना होगा। लम्बे-लम्बे पत्रों में नानाजी, वीर सावरकर की रचनाएँ और 'बन्दोजीवन' पढ़ने को उकसाते हैं और लिखते हैं—'मराठी और गुजराती पढ़ो।' उनकी मातृभाषा मराठी है, हिन्दी-गुजराती पर अधिकार है। वर्माजी दाँत पीसकर कहते हैं—तुम्हारी हिन्दी में कोई मेहनत करता है? एक वो हैं..." जैनेन्द्रजी से वे बहुत नाराज़ हैं, छायावाद के शत्रु हैं—जिन दिनों 'सुधा' के सम्पादकीय विभाग में थे, उन्हीं दिनों से

कहते हैं—"झाँसी की रानी पर मेरे पास ऐसी सामग्री है, कि बस...।" नानाजी अकसर कहानियाँ लिखने का आदेश देते हैं, तो मैं सख्ती से पत्र लिखता हूँ—"आप जितना भी कहिए, मैं कहानियाँ नहीं लिखूँगा। जब कोई उपन्यास लिख सकता है, तो कहानी क्यों लिखे? कहानी..." और मैं आज के फ़तवेबाज़ कवि की गदहपचीसी भाषा को अपने शब्द देता हूँ "कहानी दूसरे दर्ज़े की विद्या है...।" पुराने लिखे को दबाकर रख देता हूँ...झाँसी गुडबाई...पिंजरे की उड़ान...

आगरा। यशपाल, अज्ञेय रामविलास शर्मा, रांगेय राघव, अश्क, अमृतलाल नगर, अमृतराय, भगवतशरण उपाध्याय और 'हंस'...हर बार 'कर्मयागी' से श्री आर. सहगल का पत्र आता है और एक कहानी चली जाती है!...चार-छः दिनों बाद भाषा-विज्ञान का छमाही पेपर है, और मैं लालटेन की रोशनी में सुबह तीन बजे तक लिखता हूँ। 'खेल-खिलौने'। रघुवीर सहाय से कविता में पत्र-व्यवहार... 'प्रतीक' आता है, और महीने-भर से बीमार लड़की के पास पहुँच जाता है। तीसरे दिन एक युवक सामने है... "आपसे एक ज़रूरी काम है...दरवाजा बन्द कर लूँ न?"

मैं आशंका से सिर्फ़ उसे देखता हूँ। वापस आकर बैठते हुए कहता है—"यह कहानी आपने मुझे लेकर ही लिखी है न?"

"ऐसी तो कोई बात नहीं है।"

"झूठ मत बोलिए...मेरा एक काम कर दीजिए। बहुत अहसान मानूँगा...। उस घर में आपकी बात बहुत मानी जाती है। मैं सचमुच उसे बहुत-बहुत..." वह देर तक अपनी व्यथा बताता रहता है।

...मैं उधर समझाता हूँ—"सुनो, आज तुम्हारा वह मित्र आया था...।"

बात बीच में ही कट जाती है—'उससे कहिए, सीधे मुझसे ही बात कर ले। मुझे ऐसी बात करने में कोई झेंप नहीं लगती...।"

'खेल-खिलौने'...50-51, फिर एक नई यात्रा का प्रारम्भ...शायद साहित्य और जीवन में स्वीकृत (रिकॉग्नाइज़) किए जाने की दुहरी यात्रा का प्रारम्भ...हर बार टूट-टूटकर नई विदाएँ देती यात्राओं का अटूट सिलसिला... टेलिग्राफ़ के तारों पर बैठे नीलकंठ, कौए, कटी पतंगें और सरकती बूँदें...सिगनलों की लाल-हरी आँखों के इशारे...और पास की सीट पर, अपनी बात सुनाता कोई हमसफ़र...यह हमसफ़र कितनी बार मिला और छूटा है?

घनश्याम अस्थाना बहुत सुन्दर ढंग से कविताएँ सुनाता है, प्यारे गीत लिखता है, मगर सबसे अधिक सुन्दर है उसकी हैंडराइटिंग...मैं वैसा ही लिखने की कोशिश करता हूँ, अक्षर तो वैसे नहीं बनते, मात्राओं और घुमाने का तरीक़ा आ गया है...एक दिन चौंक जाता हूँ—अरे। यह बिलकुल मेरी हैंडराइटिंग...एक ही हैंडराइटिंग में यह कौन-सी ज़िन्दगी शुरू हो गई?

जाने क्या बात है, दूसरों की आपबीती, अनुभव, उनके मुँह से सुनकर या पुस्तकों में पढ़कर, मुझे कुछ भी याद नहीं रहता...आस-पास सभी कुछ भूल जाता हूँ...यहाँ तक कि सामनेवाली क़िताब या व्यक्ति भी अन्तर्ध्यान हो जाते हैं...रह जाता हूँ, मैं और मेरे भीतर से उतरता हुआ अपना ही कोई अनुभव, अपनी ही कोई घटना, जिसका सामनेवाले से कोई सम्बन्ध नहीं होता। मुझे लगता है, हर आदमी दूसरों के कहे-लिखे के बहाने अपने ही अनुभव का पुनर्सृजन करता है। इसलिए दूसरों की अच्छी चीज़ से मुझे कभी ईर्ष्या नहीं होती, कभी किसी-दूसरे का भाव उड़ा लेने की बात मेरा अहं स्वीकार नहीं करता...वह मेरे लिए सिर्फ़ अपने भीतर उतरने का एक यात्रा-बिन्दु होता है। इधर बहुत ही नाकारा हो गया हूँ, इसलिए उस सम्बुद्ध और स्फूर्त मनःस्थिति को क़ागज़ पर उतारने के श्रम को टाल जाता हूँ...लेकिन उसी मोह में पढ़ना जाती है। हाँ, जो लेखक पसन्द नहीं आता, उसे भरसक नहीं पढ़ता—स्टैनले गार्डनर, क्रॉनिन, मोराविया, अस्किर्न कॉडवेल, अप्टन सिंक्लेयर, लुई ब्रॉम-फ़ील्ड, गुरुदत्त, कुशवाहाकान्त और उनके स्कूल की एक-एक क़िताब से अधिक नहीं पढ़ पाया। पिछले छः महीने से गुलशन नन्दा और बनफूल की एक-एक किताब पढ़ने की कोशिश कर रहा हूँ, कुछ पन्नों से आगे चल ही नहीं पातीं। जो पसन्द हैं, उन्हें बहुत पढ़ता हूँ। मन्नू को शिकायत है कि इन विदेशी-लेखकों ने आपका दिमाग़ ख़राब कर दिया है।

सुनना, छोटे-बड़े दूसरों की बातें-रचनाएँ-पुस्तकें पढ़ना, मेरे लिए सबसे अधिक प्रेरणास्पद क्षण हैं। मन्नू कहती है—इसमें अहं तृप्त होता है। वह खुद अपनी बातें बड़े दिलचस्प ढंग से सुनाती है, सबके साथ मिलकर मेरी खिंचाई में हिस्सा लेती है, और शिकायत करती है—'इनमें अगर ये-ये बातें न हों तो बहुत ही अच्छे हैं।' जो बातें न हों उनकी सूची बेहद लम्बी है, और हर पल बदलती है। मैं मान लेता हूँ कि उसके भाग्य में अच्छा पति पाना नहीं है—एक बार अच्छा पति पाने की सलाह देकर सो जाता हूँ।

मन्नू आरोप लगाती है कि मैं ज़िम्मेदारियों और ज़िन्दगी से भागता हूँ...मुझे लगता है, मैं ज़िन्दगी से नहीं, ज़िन्दगी में भागता हूँ। इसलिए मुझे भीड़-भाड़, बड़े शहर और वहाँ की कैलेडोस्कोपिक—रंग-बिरंगी ज़िन्दगी बहुत पसन्द है—कपड़े, खाना, सोना, गप्पें सभी कुछ बहुत पसन्द है; जीवन का अच्छे-से-अच्छा रूप मोहता है, लेकिन बुरे-से-बुरे के साथ बिना ख़लिश निबाह किए जाता हूँ। चाहता हूँ, सारे संस्कारों को तोड़कर अपने को इस समन्दर में निर्बाध छोड़ दूँ, और सच्चे अर्थों में वोहेमियन-ज़िन्दगी जीकर देखूँ—यह क्या कि घरबार बसाए, मध्यवर्गीय मूल्यों को सहलाते बैठे हैं। लेकिन दृढ़-संकल्पी माँ के दिए संस्कार, जिनसे क़दम-क़दम पर लड़ना पड़ता है और अपनों का मोह रोक लेता है...मन्नू की सबसे बड़ी

आरोप-तुरप है, कि मैं बेहद निर्णय-दुर्बल हूँ। छोटे और बड़े किसी भी मसले पर तत्काल निर्णय लेकर, मर्दों की तरह उस पर जमे रहने की इच्छा-शक्ति मुझमें नहीं है। नहीं जानता, निर्णय-दृढ़ कौन है—मैं नहीं हूँ, यह 'साँच कहूँ लिख कागद कोरे।' हर वह व्यक्ति नहीं है, जिसका परिस्थितियों पर नियन्त्रण नहीं होता। क़सम खाकर निकलता हूँ कि बस के अलावा किसी सवारी में सफ़र नहीं करूँगा—घंटे भर बस की राह देखकर अर्थात् बस की सम्भावनाओं को पूरी छूट दे चुकने पर स्कूटर कर लेता हूँ—एक दर्ज़े का टिकट लेकर उससे ऊपर वाले दर्ज़े में जा बैठता हूँ—निर्णय-दुर्बल जो हूँ...पता नहीं, संकल्प गन्तव्य तक पहुँचने में है, या यात्रा के साधनों को बहुत गम्भीरतापूर्वक लेन में...गन्तव्य को लेकर मन में दुविधा होती तो शायद आज मैं आगरा में प्राध्यापक होता, कहीं सम्पादक होता या डलहौज़ी-स्क्वायर के किसी दफ़्तर में बैठा-बैठा ऐक्सपोर्ट-इम्पोर्ट के आँकड़े निकाल रहा होता...।

आज आश्चर्य होता है, कैसे एक-एक बैठक में मैंने कहानियाँ लिखी हैं और नियम बाँधकर, महीनों, रोज़ उपनयासों को आगे बढ़ाया है। अब तो दोपहर एक बजे के बाद कुछ भी लिखना सम्भव नहीं लगता। यह एक बजे तक बैठना भी महीने में कुल चार-पाँच दिन हो पाता है, जब बैठे बिना निस्तार ही न हो। पता नहीं, कैसे होते हैं वे लोग, जिनके लिए लिखना सबसे सुखकर और सब कुछ भूल जाने का क्षण होता है...! मेरे लिए लिखना सिर्फ़ एक यातना है, एक सज़ा है...शायद जीवन सपरिश्रम कारावास जैसी, जिसे लेकर मन में सन्तोष भले ही न हो, अफ़सोस भी नहीं है। हाँ, जी ज़रूर चुराता रहता हूँ और वार्डर को चकरा देने की कोशिश करता हूँ...लेकिन यह भी जानता हूँ, कि इसका कोई शॉर्ट-कट नहीं है। लोगों को देखता हूँ—जो लेखन, कला और उसके विभिन्न आन्दोलनों को लेकर बेहद दुबले रहते हैं, और कृश्न चन्दर के शब्दों में—''सुअर जैसी मनहूस शक्ल बनाकर' कला के स्तर-प्रस्तरों का विश्लेषण करते हैं; कहानी की अरथी चेख़व ने निकाली थी या हैमिंग्वे ने—इसे जीवन-मरण का सवाल बनाकर रात-रात भर नहीं सोते। सोचता रहता हूँ, क्या यह सब इस सारे सिरदर्द के लायक है? क्या होगा इस सबका? उपन्यास 'एक इंच मुस्कान' में लेखक अमर एक जगह कहता है—''ज़िन्दगी जैसी है, उसे जीने की अपेक्षा, यों बैठकर उसे लिखना किस तरह महान काम है? मैं अपने कमरे में गढ़े हुए पात्रों की परिस्थितियाँ बयान कर रहा हूँ, ठीक इसी क्षण संसार की हज़ारों भाषाओं में, लाखों लेखक बैठे-बैठे—इसी सब बकवास में टनों क़ागज़ बरबाद कर रहे होंगे...आख़िर क्यों? इससे फ़ायदा?''... समय के प्रति ईमानदारी का कीर्तन करते हुए, अपने अस्तित्व की गहराई से लिखी और कूढ़-दृष्टि प्रकाशकों को कन्विन्स करो कि कैसे यह रचना संसार की सबसे बड़ी बेस्ट-सेलर होने जा रही है...। प्रकाशक अपनी जगह निहायत सही है—'देखिए

साहब, हम बिज़नेस करने बैठे हैं। लिखने से कहीं रुचि और दुनिया बदलती होगी?!... जिसे ठेके लेने होंगे, कम्पनियाँ ख़रीदनी होंगी, स्मगलिंग करना और इनकम-टैक्स बचाना होगा, प्राइम-मिनिस्टर बनना होगा, फाँसियाँ लगानी होंगी और ऐटम-बम फोड़ने होंगे, वे आपके लाख चिल्लपों मचाने के बावजूद वह सब करेंगे। हम तो उन घटनाओं की राह देखेंगे और बीच के अवकाश को लिख-लिखकर पाटेंगे; कभी-कभी सम्मिलित हस्ताक्षर करके विरोध छपवा दिया करेंगे...वह भी बाहर के अत्याचारों पर—घरेलू विरोधों में खतरा है। क्रान्तिकारी और अन्याय-विरोधी बुद्धिजीवी का सेहरा भी और घर पर कोई असुविधा या ज़िम्मेदारी भी नहीं।

बहुत ही कन्फ़्यूज़्ड हो गया हूँ न? क्या करूँ, कोई रास्ता ही नहीं दिखाई देता... और अँधेरे के गीत गाना—अपने साथ, दूसरों के साथ विश्वासघात लगता है। मेरी लेखनी 'सूर्यधर्मा' भी नहीं है। साथ ही एन्टरटेनर की स्थिति स्वीकारते भी नहीं बनती।

पता नहीं, इस सबसे मेरे लेखन के पीछेवाले उस व्यक्ति की कितनी तस्वीर उभरती है, जिसे जानने को तुम बहुत उत्सुक हो। देखो, कितनी देर से अपनी-ही-अपनी बके चला जा रहा हूँ। अब बस करता हूँ। कोशिश करूँगा कि अब अपने बारे में यह सब न लिखना पड़े। बहुत काम का है भी नहीं। विश्वास मानो, मुझे अपने और अपने लिखे के बारे में बातें करने का बिलकुल शौक नहीं है—प्रायः मैं नहीं करता। वह मेरा नितान्त व्यक्तिगत युद्ध-क्षेत्र है और वहाँ मुझे अकेले ही लड़ना है। वहाँ मेरा साथ कोई भी—शायद तुम जैसा सहृदय भी नहीं दे सकता। जब नियति यही है, तो क्यों बार-बार अपना युद्ध-क्षेत्र छोड़-छाड़कर यह बताता रहूँ कि देखो, मैंने यह तीर मारा, वह तलवार मारी...। मुझे लगता है, जो ऐसा करते हैं, वे दुहरी हार स्वीकार करते हैं—युद्ध छोड़कर चले जाने की हार; और जो वहाँ न कर पाए, वह सब कह-सुनाने की मानसिक हार और युद्ध धरतियों के पाने या छोड़ने से नहीं हारा-जीता जाता—मन से हारा-जीता जाता है। मैं अभी से यह हार क्यों स्वीकार करूँ? माफ़ करो तो एक बेहूदे विज्ञापन की एक लाइन के साथ पत्र समाप्त करने को मन होता है—"अभी तो मैं जवान हूँ!'

बस!

सस्नेह

—राजेन्द्र यादव

अक्तूबर 64

डार्करूम में बन्द आदमी: राजेन्द्र यादव
मन्नू भंडारी

पत्नी होने के नाते अच्छाइयों और बुराइयों, दुर्बलता और दृढ़ता, गुणों और दुर्गुणों के ताने-बाने से बुने हुए इस व्यक्ति के व्यक्तित्व का विश्लेषण करते हुए, मुझे बड़े सधाव और सन्तुलन की आवश्यकता महसूस हो रही है। स्वर ज़रा भी प्रशंसात्मक हुआ, तो तुरन्त ही उसे यह कहकर अमान्य घोषित कर दिया जाएगा कि एक-दूसरे पर अक्षत-चन्दन चढ़ाना तो इनका धन्धा है! निन्दा का पुट ज़रा गहरा हो गया, तो— हूँ, यह तो प्रशंसा करने का आधुनिकतम तरीक़ा है! फिर इन्हें देखने के लिए एक चश्मा तो चढ़ा ही हुआ है। यों इतना आश्वासन दे दूँ, कि उसके काँच अब काफ़ी धुँधले हो गए हैं—क्योंकि अब मुझमें भी वह लेखकीय तटस्थता कहीं से आ गई है, जिसके कारण बाप की मौत पर भी बड़े ही निर्लिप्त और कुछ हद तक निर्मम भाव से बैठकर कहानी लिख लेना मेरे लिए सहज हो गया है।

बालीगंज-शिक्षा-सदन में मुझे लाइब्रेरी के लिए पुस्तकों की सूची तैयार करनी थी। चयन के सिलसिले में इनसे मेरा पहला परिचय हुआ। यों अप्रत्यक्ष परिचय पहले से भी था। आज भी अच्छी तरह याद है कि उस दिन काम की बात करने की जगह, हम बड़ी देर तक अपनी लिखी हुई चीज़ों की बातें करते रहे थे। तीसरी मुलाक़ात में ही यह परिचय घनिष्ठता का रूप लेने लगा था। उस समय तक राजेन्द्र का 'उखड़े हुए लोग' काफ़ी प्रशंसा और यश ने इन्हें बड़े सुख-सन्तोष और बहुत कुछ नया लिख डालने के लिए उत्साह से भर रखा था। उस दिन की अपेक्षा आज इन्होंने बहुत कुछ लिख लिया है, नाम ओर यश भी बहुत ज़्यादा मिल चुका है—पर लगता है, मन का सन्तोष और उत्साह जैसे कहीं खो गए हैं। एक विचित्र-सी बेचैनी, एक अजीब-सी छटपटाहट मन पर छाई रहती है। राजेन्द्र को हमेशा लगता है—अब तक जो कुछ लिखा, वह सब व्यर्थ है, मात्र भूमिका है, आरम्भिक प्रयोग है; असली तो अब लिखना है। कुछ ऐसा अनोखा-अनमोल कि जो इनके सारे

जीवन और लेखकीय व्यक्तित्व को सार्थकता दे दे—इनके उस बोझ को हलका कर दे, जिसे लिए-लिए फिरना अब इनके लिए असह्य हो गया है पर वह अनोखा-अनमोल, मन की किन अतल गहराइयों में छिपा है—वह क्या है और किस रूप में है; वह वास्तव मे कुछ है भी या नहीं, मात्र मरीचिका ही है, जो इन्हें बेचैन बनाकर भटका रही है—इसे ये स्वयं नहीं जानते। यह समय तो प्रतीक्षा का है—उस दिन की प्रतीक्षा का, जिस दिन मन पर रखा यह बोझ, नस-नस में दौड़ती यह बेचैनी और छटपटाहट, शब्दों के माध्यम से उतरकर किसी अमर-कृति का सृजन कर देगी। लक्षण कहीं बड़ा शुभ भी है—पर प्रतीक्षा का यह समय पाँच-सात साल और खिंच गया, तो मुझे लगता है, यह बोझ इन्हें खा जाएगा। यों अभी तक भी राजेन्द्र ने जो कुछ लिख लिया है, जितनी प्रतिष्ठा और ख्याति पा ली है, वह अनेक के लिए स्पर्द्धा और ईर्ष्या का विषय है और इसे देखकर कभी-कभी मुझे लगता है कि राजेन्द्र के जीवन में कभी किसी ऐसी कृति का सृजन नहीं होगा, जो इन्हें सन्तुष्टि और सार्थकता का बोध करा दे; क्योंकि शायद जीवन के कुछ स्तरों पर, असन्तोष इनकी स्वभावगत विशेषता है। जो कुछ कर लिया, जो कुछ पा लिया—उसके प्रति असन्तुष्ट रहने से, भविष्य में बड़ी-बड़ी सम्भावनाएँ निहित रहने का सन्तोष तो बना ही रहता है।

अपने लिखने के प्रति ये जितने निष्ठावान हैं, दूसरों को लेखक बना देने की दिशा में भी उतने ही उत्साही। यदि किसी में ज़रा-सी भी प्रतिभा इन्हें दिखाई दे जाए तो उसे हर प्रकार से मदद करना, प्रेरित करना, उसके साथ घंटों बरबाद करना इन्हें नहीं अखरता। कलकत्ते में जब नया-नया घर बसाया था, संयोग से नौकर भी कहानीकार ही मिला था। जिस दिन इस रहस्य का उद्घाटन हुआ, उसके दूसरे दिन ही इन्होंने उसकी सारी कहानियाँ सुनीं, फिर दो घंटे बैठकर, बड़ी ग़म्भीरता से उसे कहानी की टेक्नीक पर भाषण देते रहे (उसके बाद हालत यह थी कि घर का काम कोई नहीं करता था; बस, हम तीनों बैठकर कहानियाँ लिखते थे।) कभी-कभी मुझे आश्चर्य होता है, कैसे ये घंटों ऐसे लोगों के साथ, बिना बोर हुए बैठ लेते हैं—जिनके साथ मुझे तो आधा घंटा बिताना भी भारी पड़ जाता है। फिर यह कोई एक दिन की बात नहीं—महीने में पन्द्रह दिन यह क्रम चलता है। मैं भीतर बैठी-बैठी भन्नाती रहती हूँ और ये बड़े धैर्य और इत्मीनान के साथ बोर होते रहते हैं। कभी-कभी लगता है, शायद ऐसे लोगों के बीच बैठकर इनके उस अहंभाव को तुष्टि मिलती है, जो लेखकों के जीन का अनिवार्य अंग है। कलकत्ता छोड़ने की इनकी व्याकुलता के पीछे भी मुझे कहीं यही कारण नज़र आता है। इस बात को ये भी ख़ूब अच्छी तरह जानते हैं कि कलकत्ते के मित्रों से जो निष्कपट आत्मीयता और निश्छल स्नेह इन्हें मिला, वह दुनिया के और किसी कोने में मिलना सम्भव नहीं। पर उस सारी

आत्मीयता और स्नेह-सद्‌भावना में बड़प्पन की वह स्वीकृति नहीं थी, जो इनके 'अहम्' को तुष्ट करे। सुशीला और भाभीजी ने कारण-अकारण, जब भी मौक़ा मिला, उठकर झाड़ दिया; क्योंकि उनका विश्वास है कि सप्ताह में कम-से-कम एक बार जनरल झाड़ पड़ जाए तो आदमी रास्ते पर रहता है। किरणजी और प्रतिभा बहनजी बड़े प्रेम से मनुहार कर-करके खिला रही हैं, पर साथ ही बड़े अभिभावात्मक ढंग से उपदेश भी चालू हैं। कहीं यह शिकायत भी इनके मन में अवश्य है कि मन्नू भी इन्हें अपेक्षित इज़्ज़त या मान नहीं देती। हमपेशा होने के नाते, कम-से-कम मुझे तो इनकी महानता को समझना ही चाहिए। पर यह दोष मेरा नहीं। इनके व्यवहार में जाने ऐसा क्या है कि निकट रहनेवाले इन्हें कभी महान मान ही नहीं पाते। बाई (राजेन्द्र की माँ) के मुँह से अकसर ही मैंने यह सुना था—'कैसे लोग अख़बारों में तेरा नाम छाप देते हैं, तुझे सभापति बना देते हैं! अब यहाँ सड़क की सीढ़ियों पर ही बैठा है... !'' कोई आश्चर्य नहीं कि दो साल बाद इनकी अपनी बिटिया भी यह कहती नज़र आए—'पापा, कैसे लिख लेते हैं आप, आपको कुछ भी तो नहीं आता!' बचपन की सीमा को छूता हुआ सरल-अल्हड़ व्यवहार और हमेशा छाई रहने वाली मस्ती ही शायद इसका कारण हो।

पिछले साल गर्मियों में, हम लोग और अश्कजी कसौली में साथ ही थे। एक दिन कुछ व्यक्तिगत बातों के दौरान, उन्होंने मुझे बड़े ही आत्मीय ढंग से समझाया—''मन्नू, तुम्हें कोई ऐसी बात नहीं करनी चाहिए, जिससे राजेन्द्र के अहम् को ठेस पहुँचे। तुम तो जानती हो, इस वर्ग के लोग बड़े सेन्सेटिव होते हैं।'' कुछ भी न समझ पा सकने का भाव जब मेरे चेहरे पर आया, तो उन्होंने बात स्पष्ट की—''मिसाल के तौर पर, तुमने 'एक इंच मुस्कान' के वक्तव्य में अपने उपन्यास का प्लॉट ले लेने के लिए—मज़ाक-मज़ाक में राजेन्द्र को किस तरह नीचे गिराया है, वह...वह...कहूँगा—इट हैज़ बीन रिटन इन बैड टेस्ट! पता नहीं, राजेन्द्र ने कैसे बर्दाश्त कर लिया! कम-से-कम मैं और राकेश तो कभी बरदाश्त नहीं कर सकते!!'' मुझे आश्चर्य हुआ। लेख छपे सालभर हो चुका था, और बरदाश्त न होना तो बहुत बड़ी बात है, उस सबका तनिक-सा बुरा भी इन्होंने नहीं माना था—बल्कि उसका उतना ही मज़ा लिया था, जितना कि औरों ने। इसका यह मतलब नहीं कि ये अहंवादी या सेन्सेटिव नहीं हैं। है, बहुत ज्यादा है; पर वे स्तर, वे बातें दूसरी ही हैं, जहाँ इनका अहम् आहत होता है। जो बात किसी भी रूप में इन्हें थोड़ी-सी भी हीनता का बोध करवा दे, वह इनके बरदाश्त के बाहर होती है। लेखन के मामले में ये कुछ ज़्यादा ही आश्वस्त हैं। अपनी सामर्थ्य पर इन्हें पूरा विश्वास है और इसीलिए इस क्षेत्र में किसी भी मज़ाक या अपने लिखे हुए की कटु-से-कटु आलोचना पर भी, ये अपने दूसरे मित्रों की तरह बौखलाए हुए नहीं फिरते।

कुछ आलोचकों और पाठकों की शिकायत है कि 'राजेन्द्र का शिल्प उनकी कहानियों पर हावी हो जाता है; कि ये नक़्क़ाशी करने के चक्कर में अपने कथ्य को कमज़ोर बना देते हैं; कि ये प्रतीकों...' और यह सच है, कि अपनी छोटी-से-छोटी बात को भी नए ढंग से कहना, हर क्षेत्र में नए प्रयोग करना राजेन्द्र को बहुत प्रिय है। चाहे कहानी हो या आत्म-परिचय, उपन्यास के अध्याय के शीर्षक हों या पुस्तकों की भूमिका—सभी में आपको ये प्रयोग मिलेंगे —जो कहीं-कहीं तो मुझे बड़े बचकाने-से लगते हैं)। प्रयोगों के प्रति यह झुकाव, अपने को सबसे विशिष्ट और भिन्न बनाए रखने की यह व्याकुलता, मन में भीतर तक पैठे हुए किसी हीन-भाव की प्रतिक्रिया है या उस विलक्षण प्रतिभा का आग्रह है, जो सामान्य और परम्परागत ढंग से अभिव्यक्ति पाकर सन्तुष्ट नहीं होती—इस बात का निर्णय मैं आज तक नहीं कर पाई। विलक्षण प्रतिभा इनमें है, पर इसका यह अर्थ कदापि नहीं कि ये किसी भी प्रकार के हीनभाव से ग्रस्त न हों। हाँ, इनके हीन-भाव ने इन्हें तोड़ा या कुंठित नहीं किया बल्कि साधा और सँवारा है—वह इनकी सबसे बड़ी प्रेरक-शक्ति रहा है, इस बात को मैंने निकट से देखा और जाना है।

"साहब, ताले लगाने का राजेन्द्र को बड़ा शौक़ है—"कमलेश्वरजी ने अपने उसी नाटकीय अन्दाज़ में ख़िंचाई शुरू की—"एक बार आया तो देखा, दो ताले सूटकेस में, एक ताला एयर-बैग की जिप में, एक पोर्टफ़ोलियो में, दो होल्डॉल में। यानी यों समझ लीजिए कि जहाँ छेद वहाँ ताला! सूटकेस खोला तो देखा, दो छोटे-छोटे फालतू ताले और पड़े हैं। मैंने सोचा—लाओ, एक ताला टूथ-ब्रश के पीछेवाले छेद में भी ठोक दूँ! सोचिए साहब..." सुननेवाले हँस रहे थे और राजेन्द्र—"हट साले, वह तो बात ऐसी हुई थी..." कहकर सफ़ाई देने की कोशिश कर रहे थे। पर इसमें सन्देह नहीं कि कमलेश्वरजी का अतिरंजित मज़ाक, कहीं राजेन्द्र के जीवन की हकीक़त भी है। बॉक्सों और दराज़ों के ताले कभी खुले नहीं मिलेंगे। कमरों के तालों के बारे में कभी लापरवाही नहीं बरती जाएगी। मेरा सब कुछ यों ही खुला पड़ा रहता है—इसका इन्हें बड़ा कष्ट है। पहले काफ़ी डाँटते थे (जिसका मुझ पर आज तक कोई असर नहीं हुआ)। अब मेरी मजबूरी समझकर, कुढ़कर रह जाते हैं। और लगता है, यही तालेबाज़ी जीवन से उतरकर इनके लेखन और उसकी सारी प्रक्रिया में भी आ गई है। कोई बात, आइडिया या कहानी का प्लॉट दिमाग़ में आया कि उसे मन के किसी कोने में पटककर सात ताले जड़ दिए। किसी एकान्त क्षण में कमरा बन्द करके अपनी मेज़ पर झुककर शिल्प और प्रतीकों के ताले जड़-जड़कर उसे निकाला। (यह मत समझ लीजिए कि वह एक बार में ही निकल जाती है—कम-से-कम पन्द्रह-बीस दिनों का समय, ढेरों कॉफ़ी के प्याले और अनेकानेक सिगरेटों का धुआँ उड़ाकर ही वे ताले खुलते हैं।) जैसे ही कोई कहानी काग़ज पर

आई कि दराज़ में दाख़िल और ताला। आप लाख सिर पटक लीजिए, छपकर आने से पहले वह कहानी आप नहीं देख सकते। अपनी चीज़ों को खुली छोड़ देना या अपने मन की बात को खोलकर साफ़-साफ़ कह देना राजेन्द्र का स्वभाव नहीं। इनकी यह वृत्ति जहाँ इनके लेखन की सबसे बड़ी शक्ति है—कहानियों को इसने बड़ा निखार और शिल्पगत वैशिष्ट्य दिया है—वहीं इनके व्यक्तिगत जीवन में यह उस दुर्बलता की द्योतक है, जिससे अविश्वास जन्म लेता है।

इसी वृत्ति ने इनकी ज़िन्दगी का एक ख़ास पैटर्न भी बना दिया है—दुहरी ज़िन्दगी—एक, जो आप सबके सामने है; और दूसरी, जो इस ज़िन्दगी के समानान्तर भीतर-ही-भीतर चलती है—(तालों के भीतर) जिसे, जिसे ये सबकी नज़रों से बचाकर रखना चाहते हैं, पर शायद किसी की नज़रों से बची नहीं है। विदेशी लेखकों की जीवनियाँ पढ़-पढ़कर यह धारणा इनके मन में बड़े गहरे तक बैठ गई है कि दुहरी जिन्दगी महान लेखक बनने की अनिवार्य शर्त है। शुरू में मुझे लगता था, कि विदेशी लेखकों से एक प्रकार से ऑब्सेस्ड हैं। बोलेंगे या कुछ भी लिखेंगे, तो नामों की एक लम्बी सूची चली आ रही है। अश्कजी इस बात का काफ़ी मज़ाक उड़ाते थे; और मैं काफ़ी परेशान रहती थी, इस बात से कि हमारी ज़िन्दगी की कोई समस्या है और उदाहरण दूसरों के दिए जा रहे हैं। लेकिन इधर राजेन्द्र इस बात को लेकर काफ़ी कॉन्शस हो गए हैं, सो विदेशी नाम न ज्यादा सुनाई देते हैं न दिखाई। यों हर मामले में निहायत अन-कन्वेन्शनल, प्रेम-विवाह-परिवार-सेक्स सबके मामले में अत्याधुनिकता के पोषक, हर प्रकार की अनैतिकता के समर्थक...पर अपने हर अन-कन्वेन्शनल और अनैतिक काम को झूठ और रहस्य का जामा पहनाने को मज़बूर। हाँ? अपनी हर ग़ैर-ज़िम्मेदार हरक़त को जस्टिफ़ाई करने के लिए दुनियाभर के फ़लसफ़े गढ़ते हैं, महान कलाकारों के उदाहरण देते हैं, पर आज़ तक अपने इस अनगढ़ जीवन-दर्शन का एक भी समर्थक नहीं जुटा पाए।

लिखने को लेकर ये जितनी छूटें-सुविधाएँ चाहते हैं, जितना 'फ़स' करते हैं, उसे देखते हुए यह एक बात मुझे हमेशा चकित करती है—जो व्यक्ति अपने लेखन में ही इस तरह डूबा रहता है, वह कैसे अपनी लिखी हुई और लिखी जानेवाली चीज़ों के बारे में इतना चुप रह पाता है? उस सबके अनुपात में तो इनके बोलने, सोचने, लिखने सभी का विषय 'अपना साहित्य' ही होना चाहिए था लेकिन जो कुछ लिखा जा चुका है, उसे लेकर बातें करते हुए मैंने इन्हें शायद ही कभी सुना हो। कभी कोई विशेष रचना का हवाला देकर सवाल कर भी दे तो उसका उत्तर कुछ ऐसे भाव और संक्षिप्त रूप में दे देंगे, मानो उससे न इन्हें विशेष लगाव हैं, न उसमें विशेष रुचि। अकसर ही साहित्यकार अपनी लिखी हुई चीज़ों को बड़ा रस ले-लेकर, परम तृप्ति और 'नारसीसस-भाव' से उन्हें पूरा-का-पूरा दोहराते रहते हैं;

लेकिन इस विषय में इनकी निःस्पृहता सचमुच ही बेहद अविश्वसनीय है।

और सबसे आश्चर्य की बात यह है कि सिद्धान्ततः ये अपनी लिखी होनेवाली रचनाओं के विषय में एक शब्द तक नहीं बोलते। अकसर ही कहते हैं कि अनलिखा भाव या अनुभूति एक ऐसी फ़िल्म है, जो केवल एक ही बार एक्सपोज़ होती है। मुझे यह तर्क इसलिए बड़ा अजब लगता है कि मैं हर रचना को खूब वाद-विवाद करके, सुना-सुनाकर, अनेक बार ज़बानी लिख चुकने के बाद ही क़ागज़ पर उतारती हूँ। इस स्वभावगत अन्तर्विरोध के कारण मुझे इनकी यह वृत्ति इनका घुन्नापन लगती थी; पर अब धीरे-धीरे यह समझ में आ गया है कि इनका मन लेखन का ऐसा गोदामघर है, जिसकी चाबी केवल और केवल इनके ही पास रहती है। सबकी निगाहों से बचकर ये उसमें घुसते हैं, घंटों उसमें रहते हैं और किसी एक चीज़ की तलाश में अनेक चीज़ों को उलट-पलट करते हैं—और जब धूल-जालों से लदे, वांछित चीज़ लेकर बाहर निकलते हैं, तो गोदाम का ताला लगाना नहीं भूलते।

पत्र लिखना और पत्रों की प्रतीक्षा करना इनकी प्रमुख हॉबी है। इतने पत्र लिख लेना, मेरे लिए तो सचमुच ही आश्चर्य का विषय है। टेलीफ़ोन पर लम्बी-लम्बी बातें करना, घर में कोई भी आ जाए—बड़े ही खुले दिल से उसका स्वागत करना, मनुहार करके उछल-उछलकर उसे खिलाना और इसी चक्कर में स्वयं उससे ज़्यादा खा-लेना, दूसरों को हँसाना और स्वयं भी खुलकर हँसना, मिले तो सारे दिन कॉफ़ी पीना, सिगरेट फूँकना, रात में देर-देर तक घूमना—ये सारी कुछ ऐसी विशेषताएँ हैं, जिनके बिना राजेन्द्र की कल्पना अधूरी रह जाती है। यों अच्छे-अच्छे कपड़ों और सेन्ट-वेन्ट का भी शौक़ है, पर फटे और मुसे हुए कपड़े पहनकर निकल जाने में भी कोई संकोच नहीं। बढ़िया-से-बढ़िया रेस्तराँ में और फुटपाथ पर बने किसी गन्दे-से ढाबे में ये समान भाव से भोजन कर लेते हैं। जो कुछ भी सामने आ जाए, छककर खा लेना; किसी भी स्थिति में, कैसे ही मानसिक कष्ट में रहकर भी, लेटते ही पाँच मिनट में खुर्र-खुर्र करके खर्राटे खींचने लगना—मेरे लिए सचमुच ही ईर्ष्या के विषय हैं।

चन्द दिन आप इनके साथ रहिए, तो इनके तीन रूप आपके सामने आ जाएँगे। कोई चीज़ दिमाग़ में आती है, और वह क़ागज़ पर उतरती है, उसके बीच का रूप...अनमनापन, मौन, बेचैनी, कॉफ़ी, सिगरेट, बात-बात पर झल्लाहट...दूसरे शब्दों में कहूँ तो पूरी क़वायद। सुबह से कमरा बन्द है, मूड बन रहा है...मैं नौकर को आदेश देकर जाती हूँ—टिंकू को उधर मत जाने देना, जब भी कॉफ़ी माँगे, दे देना...एक बजे लौटकर देखती हूँ—खाली कॉपी मेज़ पर खुली रखी है और ये सोफ़े पर औंधा मुँह किए सो रहे हैं। इनकी यह बेचैनी, यह रूप देखकर सचमुच मुझे बड़ा

तरस आता है। इनकी यह पीड़ा, प्रसव-पीड़ा से किसी प्रकार कम नहीं। लेकिन जब ये अपने भक्तों-शिष्यों के बीच बैठे होते हैं और सायास गम्भीरता ओढ़े, कुछ-कुछ गुरुआना लहज़े में उपदेश देते रहते हैं, तो मुझे बड़ी ज़ोर से हँसी आती है, और इच्छा होती है कि मुक्का मारकर गम्भीरता का यह मुखौटा तोड़ दूँ और कहूँ—बस-बस, बहुत भाषण-प्रवचन हो चुका, अब वापस असली राजेन्द्र यादव बन जाओ! तीसरा वह रूप, जिसमें बड़े भोले और मायूस बनकर बचकाना हरक़तें करते हुए, अपने अभिभावकों के बीच बैठकर (कलकत्ते में जिनकी संख्या काफ़ी थी) उनका निष्कप्ट स्नेह और खरे-खरे उपदेश समान रूप से ग्रहण करते रहते हैं। अपने इसी रूप के बल पर इन्होंने बहुत-सी रिआयतें और छूटें ले रखी हैं।

लिखना इनके जीवन का मार्ग भी है और मंज़िल भी। इसके लिए इन्होंने जीवन में बड़े-बड़े सुख और आकर्षण छोड़े हैं और भविष्य में भी अवसर आने पर नि:संकोच भाव से छोड़ेंगे। 'डेडिकेटेड सोल' कहकर मैं चाहे इनका कितना ही मज़ाक़ उड़ाऊँ, पर यह सच ही है कि जीवन में इन्हें सबसे ज़्यादा प्यार अपनी रचनाओं से ही है। आजकल बिटिया बहुत प्रिय हो उठी हैं, पर संयोग से उसका नाम भी रचना ही है। खूब घूमना, भटकना और अनुभव इकट्ठे करके उन्हें विचारों की भट्टी में पकाकर, कल्पना का पलस्तर चढ़ाकर किसी कृति के रूप में प्रस्तुत करने का सुख ही इनके लिए जीवन का सबसे बड़ा सुख है...पर उस क्षण तक पहुँचने के लिए कठिनाइयों और अभावों का बीहड़ मार्ग भी पार करना होता है। ये कोई नौकरी या व्यापार नहीं करते। लेखन ही इनकी जीविका है। फिर ये इसके व्यावसायिक पक्ष की सारी तिकड़मबाज़ियों से मुक्त हैं। सरकारी इनाम पाने या अपनी क़िताबों को कोर्स में लगवा देनेवाले हथकंडों से ये परिचित न हों—ऐसी बात नहीं; पर उन्हें आज़माने का प्रयत्न इन्होंने कभी नहीं किया, बल्कि यह सब इन्हें अपने आत्म-सम्मान और प्रतिष्ठा के अनुकूल नहीं लगता। अपनी रचनाओं के प्रकाशन के मामले में भी इनके कुछ सिद्धान्त हैं, जिनके सामने ये टूट भले ही जाएँ, झुक नहीं सकते और यही चीज़ है, जिसकी मैं सबसे ज़्यादा क़द्र करती हूँ, हालाँकि इसका परिणाम किसी-न-किसी रूप में हम सभी को भोगना पड़ता है।

जीवन में मैंने इस हद तक निर्णय-दुर्बल व्यक्ति नहीं देखा। ज़िन्दगी के अहम मसलों पर तो ये क्या निर्णय लेंगे, छोटी-से-छोटी बात पर भी निर्णय ले सकना इनके बस का नहीं। शादी के बाद ये दिल्ली में थे और दोस्तों ने भर दिया कि रहने लायक एकमात्र शहर दिल्ली ही है, सो ये दिल्ली के झंडे फहराते हुए कलकत्ता आए। वहाँ सबने कलकत्ते के गुण गाए, तो वहीं टिक गए। ठाकुर साहब ने चुटकी ली—"वाह रे यार! गंगा गए तो गंगादास और जमुना गए तो जमुनादास" और इसी दुर्बलता ने इनमें कहीं बड़ी भारी एडजस्टेबिलिटी पैदा कर दी है। जो भी निर्णय

लेकर किसी ने पकड़ा दिया, बड़े ही प्रसन्न और सहज भाव से उसी पर चल पड़े।

विवाह और एक बच्ची ने गृहस्थी नामक जंजाल इस व्यक्ति के साथ जोड़ ही दिया, पर गृहस्थ के रूप में—इनसे बदतर गृहस्थ की आप कल्पना नहीं कर सकते। पति-रूप की बात मैं बाद में करूँगी—हाँ, इतना कह दूँ कि पिता और मित्र के रूप में ये सचमुच अच्छे हैं। मैंने अकसर देखा है कि साहित्यकारों की मैत्री, मैत्री कम और मोर्चाबन्दी ज़्यादा होती है। यदि किसी ने आपके नाम के नारे बुलन्द किए तो उसके लिए प्रेम उमड़ा चला जा रहा है; पर यदि उसी ने किसी रचना की आलोचना कर दी तो उधर उसकी सारी महानता ग़ायब और इधर मन का प्रेम काफ़ूर! पर राजेन्द्र की मैत्री इनकी रचनाओं की निन्दा-प्रशंसा पर आधारित नहीं है—इस बात का समर्थन इनके निन्दक भी करेंगे।

इनके व्यवहार और व्यक्तित्व में कुछ ऐसा अवश्य है जो मन को बाँधता है, और शायद यही कारण है कि ठाकुर साहब ने अनेक बार कहा है—मन्नू बाई साहब, सच मानिए, अपना तो राजेन्द्र से मन ही फट गया!" पर हक़ीक़त यह है कि उस फटे मन से भी लाड़ झरता ही रहता है। सुशीला फटकारती हुई कहेगी—"यादवजी, याद रखना, आपकी वह ख़बर लूँगी कि बस! लेखक होंगे अपने घर के होंगे, मैं किसी को नहीं बख़्शती!" पर दूसरे ही क्षण ही....ही...करती, इनके साथ मज़ाक करती नज़र आएँगी। जहाँ तक मेरा प्रश्न है, सच पूछें तो मैं स्वयं भी आज तक यह नहीं समझ पाई कि इस व्यक्ति को पति-रूप में पाना मेरे जीवन में सबसे बड़ा सौभाग्य है अथवा सबसे बड़ा दुर्भाग्य। कभी लगता है, मेरी छिपी हुई प्रतिभा को कितने यत्न से इन्होंने तराशा है। प्रशंसा और प्रेरणा दे-देकर, कुछ कर-डालने के लिए कितना उत्साहित किया है और इतनी ही तीव्रता के साथ इस बात का बोध भी होता है, कि इस व्यक्ति ने मेरी सारी प्रतिभा का हनन कर डाला। जहाँ एक ओर लगता है कि जीवन के बहुत से सुखों से मुझे वंचित कर दिया है; वहीं लगता है कि कुछ ऐसा सुख भी दिया है, जिसकी कल्पना किसी अन्य व्यक्ति के साथ मैं कर ही नहीं सकती थी और इन एकदम विपरीत और विरोधी भावनाओं से ग्रस्त, मैं इनसे बहुत कुपित और रुष्ट भी हूँ, धृष्टता क्षमा हो तो कहूँगी—घृणा भी करती हूँ; पर मन में भीतर-ही-भीतर कहीं बहुत-बहुत प्यार भी करती हूँ।

अक्तूबर, 64

एंटन पाव्लोविच चेख़व
एक इंटरव्यू

(जो केवल पचास वर्ष का अन्तर पड़ने से नहीं हो सका)

मॉस्को की सरदी और दिन-छिपे का समय था। ग़ज़ब का कोहरा पड़ रहा था। हम लोग इसके जरा भी अभ्यस्त नहीं थे; हालाँकि जून का महीना था, लेकिन हमारे यहाँ तो भरपूर जाड़ों में भी इससे थोड़ा कम ही जाड़ा पड़ता होगा। इस समय निकलने की हिम्मत नहीं हो रही थी, ख़ासतौर से किसी भले आदमी से मिलने में तो मौत-सी लगती थी। चेख़व की तबियत बहुत अधिक ख़राब है, यह मैं सुन चुका था। पहले भी दो-एक बार मिलने की कोशिश की, लेकिन उनकी बीमारी की वजह से सम्भव नहीं हो सका। तीन हफ़्ते पहले ही वे याल्टा से आए थे; और डॉक्टरों की सलाह थी कि उन्हें पूरी तरह आराम मिलना चाहिए। इसके अगले ही दिन वे स्वास्थ्य सुधारने के विचार से, बेदिनवील के स्वास्थ्य-केन्द्र के लिए जर्मनी जा रहे थे; अत: जैसे-तैसे हमने उनसे मिलने को एक घंटे का समय निश्चित कर लिया था। निरंजन इस बात से नाराज़ था कि एक लेखक, वायसराय की तरह इतना प्रयत्न करके मिले। वह बार-बार कहता—"छोड़ो भी, क्यों इतनी मुसीबत उठा रहे हो? चलो कहीं रेस्त्राँ वगैरा में बैठें।" मैंने उसे समझाया—"भाई, तुम मुझे बताओ, टॉल्सटॉय के अलावा इस समय कौन इतना बड़ा लेखक रूस में है? गोर्की... भले ही समझ लो। रही मिलने की बात! सो एक तो वे इतने बीमार हैं; दूसरे, हमारे यहाँ ही देखो—जिसने दो किताबें लिख लीं, घर के दरवाज़े पर, मिलने के समय क्या बोर्ड लटका दिया और कहीं वह लेखक किसी छोटे-मोटे प्रदेश का मंत्री हो गया तो फिर बात ही क्या—उसे तो तुम नैपोलियन ही समझो!" तो ख़ैर, हम लोग अपने-अपने चेस्टरों में इस तरह लिपटे हुए थे कि चेख़व की कहानी 'खोल में आदमी' बार-बार याद आ रही थी। निश्चित जगह पर पहुँचकर हमने घंटी बजाई, तो वही लम्बा-चौड़ा तुर्क़—मुस्तफ़ा प्रकट हुआ। इसे हिन्दुस्तान की बातें सुना कर

हमने काफ़ी जान-पहचान कर ली थी। यह बड़ा ही खुशमिजाज़ था और याल्टा से चेख़व के साथ ही यहाँ आया था।

मुस्तफ़ा हमारा कार्ड लेकर भीतर गया ही था कि दरवाज़ा खोलकर एक ऊँचा-लम्बा-तगड़ा, कुंजी आँखों वाला आदमी निकला और हमसे यह कहकर कि—''वे अभी आपको बुलाते हैं'' एक ओर चला गया। यह आदमी हमें कुछ पहचाना हुआ-सा लगा, लेकिन याद नहीं आया। सूरत-शक्ल से आवारा-सा लगता था। मैं और निरंजन उसके बारे में बातें कर ही रहे थे कि फिर मुस्तफ़ा आया। कुछ गैलरी, कुछ सीढ़ियाँ पार करके हम एक कमरे के दरवाज़े पर पहुँचे। मुस्तफ़ा ने दरवाज़ा खोल दिया और हम लोगों ने भीतर प्रवेश किया।

सामने ही गद्दियों से लदे हुए सोफ़े पर ओवरकोट या ड्रेसिंग-गाउन पहने एक पतली-दुबली मानव-मूर्ति बैठी थी, पैरों पर एक कम्बल पड़ा था—यही चेख़व थे। देखने में बहुत छोटे और उनके कन्धे बड़े सिकुड़े हुए थे। बड़ा ही रक्तहीन चेहरा—उनके चित्रों से मिलाकर देखने पर जिसे पहचानना बड़ा ही कठिन था। शायद इतने परिवर्तन की हम लोगों ने कल्पना भी नहीं की थी। कमरे में एक खिड़की के सहारे एक बिस्तर बिछा था, और एक ओर लिखने की मेज़ पर हरे शेड वाले टेबल-लैम्प की रोशनी में एक महिला-मूर्ति बैठी, किसी पत्रिका के पन्ने पलट रही थी। लैम्प की हरी रोशनी में साँझ का धुँधलापन डूबता जा रहा था।[1]

''आइए!''—बड़े निर्जीव स्वर में उन्होंने स्वागत में हाथ बढ़ाया—वह पतला-दुबला और झुर्रियोंदार हाथ, उस ओर देखने में न जाने कैसा-कैसा लगता था। आँखों की चमक और मुस्कराहट ग़ायब हो चुकी थी। उनके संकेत पर हम लोग सामने पड़ी कुर्सियों पर बैठ गए। हमने हाथ जोड़कर उनका अभिनन्दन किया।

वे मुस्कराकर बोले—''तो आप हिन्दुस्तान से आ रहे हैं?''

''जी!'' —मैंने इस डर से कुछ संकुचित स्वर में उत्तर दिया कि इतने अधिक अस्वस्थ व्यक्ति से अधिक प्रश्नोत्तर करना, व्यर्थ ही कष्ट पहुँचाना है।

इस पर वे कुछ विचित्र तरह हँस पड़े, बोले—''उत्तरी हिन्दुस्तान से न? —बस वही जगह देखने की मेरी बड़ी आकांक्षा थी, लेकिन उस समय इतनी जल्दी में था कि लंका से ही लौट आना पड़ा।'' और फिर जैसे पलकें बन्द करके किसी चीज़ को कल्पना में देखकर वे स्वयं ही हँस पड़े—''वह भी क्या देश है! सिंगापुर की तो मुझे याद नहीं है, क्योंकि तब मेरी तबियत काफ़ी ख़राब थी। दूसरे, हम लोगों ने दो व्यक्तियों को पानी में डाला था। वे लोग 'सी-सिकनेस' से मर गए थे—आह,

---

1. प्रोफेसर रोसोलिमो और निकोलाय तेलेंशोव के वर्णनों के आधार पर

वह दृश्य! जब एक क्षण पहले हँसता-बोलता, आदमी, सफ़ेद कफ़न में लपेट कर पानी में फेंक दिया जाता है और जो शायद समुद्र की मीलों गहराई में पैठता चला जाता है। मेरी इच्छा तो बुरी तरह रो पड़ने की हो रही थी...।"[1]

"शायद यही दृश्य आपकी 'गुसीव' कहानी की प्रेरणा है?" —मैंने बीच में बात काटी। इतने बीमार आदमी को इतने उत्साह से बातें करते देखकर हमारा संकोच मिट गया। बाद में सुना कि यह चेख़व का स्वभाव था। अपनी मृत्यु से सिर्फ़ तीन-चार मिनट पहले, वे ओल्गानिपर को ऐसी मज़ेदार कहानी सुना रहे थे कि वह लोट-पोट हो गई थीं। हमने एक बार उस महिला की ओर देखा, वह पत्रिका में लीन थी। फिर मैं बोला—"हैमक में लटका हुआ गुसीव जब समुद्र में फेंक दिया जाता है तो लड़-झगड़ कर मछलियाँ उसे खा जाती हैं।"

"गुसीव... ? हाँ यों ही।" उन्होंने बात टालकर पहली बात जारी रखी—"क्या कह रहा था मैं?—हाँ, हिन्दुस्तान का तो सिर्फ़ वही हिस्सा देख पाया। लंका—आह! बिलकुल स्वर्ग जैसा है! कोलम्बो में उतरकर, रेल से मैंने वहाँ की सौ मील धरती देखी थी—उस अनुभव को कह नहीं सकता। मैंने उस वक़्त किसी को लिखा भी था कि ऐसे सुन्दर दृश्यों के लिए मैं शायद अपने-आपको चांडाल के हाथों भी बेच देता।" फिर वे ख़ुद ही कोई बात याद करके बड़े ज़ोर से हँस पड़े—"आपको पता है, मैंने सुवोरिन को क्या लिखा था?" वह फिर रुके—"मैंने लिखा था कि जब मेरे बच्चे हो जाएँगे, तो मैं गर्व से उनसे कहूँगा—'अबे गधों, अपने ज़माने में मैंने एक काली आँखोंवाली हिन्दू लड़की से भी प्रेम किया है—कहाँ? एक चाँदनी रात में, और उस जगह—जहाँ नारियल के पेड़ आपस में गुँथकर कुंज-सा बना लेते हैं। समझे?... है न बेवकूफ़ी की बात?"?

हमने देखा कि वह बीमार व्यक्ति पुरानी स्मृतियों के बीच पुनः जीवंत हो उठा था। हम लोग इन्टरव्यू लेने आए थे, अतः उनकी मानसिकता के इस 'प्रवाह' को रोकना उचित न समझा। निश्चय किया कि इसी में से आवश्यक प्रश्न उठाएँगे। अँधेरा अब इतना बढ़ गया था कि एक-दूसरे के चेहरे दिखाई नहीं देते थे।

"ओल्या, ज़रा बत्ती जला दो।" —चेख़व ने उस महिला की ओर मुड़कर कहा, फिर हमारी ओर देखकर बोले—"आप इनसे तो परिचित नहीं होंगे न!"

हम लोगों ने नकारात्मक सिर हिलाया। उस महिला ने उठकर बत्ती जला दी। वह एक साया पहने थी। उसका सौन्दर्य दूर से ही आकर्षित करता था। उसने जैसे सख़्त अनिच्छा से हमारी ओर हाथ जोड़कर नमस्कार किया। हमें उसका यह व्यवहार बड़ा ही विचित्र लगा।

1. 9 दिसम्बर, 1890 को सुवोरिन को पत्र।

''ये हैं मेरी पत्नी ओल्गानिपर—'मॉस्को आर्ट-थियेटर' की सबसे बड़ी अभिनेत्री।'' फिर पत्नी की ओर देखकर, जैसे उसे मनाते हुए हँसकर बोले—''आज ओल्या मुझसे बहुत नाराज़ है! अभी ज़रा देर पहले लेखक तेलशोव आए थे; उनसे मैंने कह दिया था बातों-बातों में कि मैं कल जा रहा हूँ—कहीं मरने के लिए। बस, इसी बात पर नाराज़ है कि मैंने ऐसा क्यों कहा...''

हमने एक बार फिर महिला के मुँह की ओर देखा, इस बात पर अपने पति को वर्जन करती उसकी तीखी दृष्टि हमसे बच न सकी। उसने कसकर मुँह बन्द कर लिया था और मुख-मुद्रा कठोर बना ली थी।

''अब आप ही सोचिए''—चेख़व कह रहे थे—''जिस व्यक्ति को दिन में दो बार खाँसी के साथ ढेर-सा खून जाता हो—बचपन से ही जो चार दिन लगकर स्वस्थ नहीं रह पाया हो—नतीज़ा, वह चौवालीस साल में चौरानबे साल का लगता हो; पिछले साल डॉक्टर ओस्त्रोमीव ने जिसके फेफड़े में टी.बी. बता दी, दाहिना तो बहुत ख़राब बताया—प्लूरिसी बताई, और भी न जाने क्या बता डाला[1]—उसके कहने के अनुसार तो मुझे याल्टा से मॉस्को भी नहीं आना-जाना चाहिए—अब आप ही बताइए, ऐसे आदमी के मरने का क्या ठीक? इनका कहना यह है कि आपको जब डॉक्टर ने मना कर दिया है तो चुप बैठिए। आप सच मानिए राजेन्द्रजी, मैं बिना बोले नहीं रह सकता। और फिर अब तो बाहर जा रहा हूँ—सबसे हँस-बोल लें, पता नहीं फिर कब मिलना हो! ओल्या, तुमने मरते हुए आदमी से बँधकर अच्छा नहीं किया।''

''मैं कहती हूँ, आप चुप रहिए!'' —इस बार उस महिला ने ज़रा तेज़ और अधिकारपूर्ण स्वर में कहा। उस महिला की उपेक्षा और उदासीनता को हमने अब समझा।

''अच्छा भाई, अब चुप हुआ जाता हूँ—नहीं कहूँगा कुछ...लेकिन तुम रूस की सबसे प्रसिद्ध अभिनेत्री थीं, चाहती तो रूस के बड़े-से-बड़े आदमी के साथ शादी कर डालतीं, लेकिन तुमने चुना एक फटीचर लेखक।''—फिर मज़ाक ख़त्म करके बोले—''कुछ चाय-कॉफ़ी तो इन्हें पिलाओ—क्या कहेंगे ये, हिन्दुस्तान जाकर?'' फिर हमारी ओर देखकर कहा—''आप जानते हैं, इन्होंने मुझसे शादी कैसे की?''

''नहीं, यह तो हम ख़ुद ही पूछने वाले थे।'' —हम प्रसन्न हो उठे। महिला बाहर चली गईं।

''शायद दिसम्बर 1868 की बात है, दो साल पहले मेरा नाटक ''समुद्री चिड़िया'' बुरी तरह स्टेज पर फ़ेल हो चुका था। दूसरी बार जब वह 'मॉस्को आर्ट-

1. चेख़व का डॉक्टर स्त्रोदन को 4 जून का पत्र।

थियेटर' में स्टैनिस्लेव्स्की वगैरा के द्वारा खेला गया तो बेहद सफल रहा; लेकिन उसके और 'शो' इसलिए नहीं चल सके कि आर्कदीना का अभिनय करनेवाली लड़की अचानक अस्वस्थ हो गई—खेल स्थगित हो गया। मुझे बहुत ही गुस्सा आया। यह मेरा दुर्भाग्य ही रहा है कि जब-जब मेरे खेल स्टेज पर गए हैं, उनके साथ कुछ-न-कुछ गड़बड़ी रही है। थियेटर का और मेरा तो कुछ छत्तीस का सम्बन्ध है।[1] लेकिन उत्सुकता मुझे तभी से थी कि देखें, ऐसी नाजुक मिजाज़ कौन-सी लड़की है। देखा मैंने इसे उस समय, जब मॉस्को में मेरे लिए 'समुद्री चिड़िया' को व्यक्तिगत रूप से खेला गया। इससे पहले मैं याल्टा में तड़पता रहता था; डॉक्टरों ने जाड़ों में जाने को मना कर दिया था, इसलिए उन्हें गालियाँ दिया करता था। फिर तो ओल्गानिपर मुझे इतनी अच्छी लगी कि मुझे मॉस्को में न रहना बेवकूफ़ी लगता।[2] बाद में जब मॉस्को आर्ट-थियेटर को मैंने 'वान्या चाचा' दिया, तब 'समुद्री चिड़िया' के सभी पात्रों के साथ एक फ़ोटो-ग्रुप हुआ। मैं निपर की ओर खिंचता गया। उन्हीं दिनों तीन दिन वह 'मिलीख़ोवो' में भी मेरे साथ रही। फिर तो समझिए कि बीच की दूरी कम होती ही गई—लेकिन विवाह के मैं शुरू से ही ख़िलाफ़ था...।''

''क्यों ? तो क्या आप लोगों ने विवाह नहीं किया ?'' —निरंजन पूछ बैठा। हम लोग ध्यान से उनकी बातें सुन रहे थे।

''नहीं, शादी हम लोगों ने तीन साल पहले 25 मई, 1901 में की; लेकिन विवाह के विषय में मेरे विचार बड़े विचित्र हैं। पहले जब मैं अपने 'मिलीखोवो' के मकान में रहता था, तब मेरा विचार था कि शादी ज़रूर होगी, लेकिन जो लड़की मुझसे विवाह करेगी उसे मॉस्को में ही रहना होगा। मैं गाँव में रहूँगा। जो जैसा है वैसा ही रहेगा, उसमें ज़रा भी परिवर्तन नहीं होगा। मैं कभी-कभी उससे मिलने मॉस्को पहुँच जाया करूँगा; क्योंकि प्रसन्नता का इतना बोझ—सुबह से शाम और शाम से सुबह क की प्रसन्नता का बोझ सहने में मैं असमर्थ हूँ। अपने वैवाहिक जीवन के सम्बन्ध में जब लोग रोज़-रोज़ मुझसे एक ही बात कहते थे तो मैं खीझ उठता था। मुझे तो चाँद-जैसी पत्नी की आवश्यकता है, जो आसमान में रोज़-रोज न दिखाई दे।''[3]

''और अब ?'' —मैं प्रश्न किए बिना न रह सका।

''अब भी यही बात है। ओल्या मॉस्को में काम करती है और मैं यहाँ कभी-

1. हेलेन शावरोव का पत्र।
2. फरवरी 1900 में मेरी को चेख़व का पत्र।
3. सुवारिन को पत्र।

कभी आ जाता हूँ या वही वहाँ याल्टा पहुँच जाती हैं। हम लोग कभी एक-दूसरे के लिए बाधा नहीं बनते। वैसे एक-दूसरे के बारे में हम लोग उदासीन हों, ऐसा ज़रा भी नहीं है[1]—मैं थोड़ा भी बीमार हो जाऊँ, तो ओल्या पत्रों में उपदेशों का ढेर लगा देती है। और पिछले दिनों तो बाप रे बाप! इसने मेरी आफ़त कर दी 'तुम लिख नहीं रहे हो कुछ, कुछ लिखो न! लोग यह समझते हैं, मुझसे विवाह करके ही तुमने लिखना बन्द कर दिया है। मेरे लिए लिखो। डार्लिंग!' और भी न जाने क्या-क्या लिख-मारती थी। इसको यह ज़िद ही तो है, जिसकी वज़ह से मुझे झुकना पड़ता है। मेरे पीछे ही पड़ गई कि हम लोग सम्मिलित जीवन शुरू करें—तब हमारी शादी हुई और आपको सुनकर ताज्जुब होगा, सिर्फ़ चार आदमी थे। उस समय मेरे अपने परिवार का तो कोई था ही नहीं। मॉस्को के एक छोटे-से गिरजे में हमारी शादी हुई, और सुहागरात मनाई गई एक्ज़ेनोवो के सैनिटोरियम में—क्योंकि मेरी तबियत ख़राब थी। अब हम जा रहे हैं, कल, बेदिनवीलर के स्वास्थ्य-केन्द्र में।''

तभी नौकरानी ओल्गा ने हमारे सामने छोटी-छोटी मेज़े लाकर रख दीं और उन पर कॉफ़ी के प्याले आ गए। चेख़व सोफ़े पर ज़रा आराम से लेट गए। हमने बात वहीं से पकड़ी—''यह बीमारी, लगता है आपके पीछे शुरू से ही पड़ी रही। क्या यह पैतृक थी?''

''हाँ, बीमारी से लड़ना मेरा स्वभाव हो गया है। बिलकुल ऐसा लगता है कि एक दैत्य है, जो हमेशा मेरे सामने रहता है। कभी वह मुझे पछाड़ देता है—कभी मैं उस पर चढ़ बैठता हूँ। मोरोज़ोव की ज़मींदारी में जब मैं तिखोनोव के साथ था, तब तो इसने मुझे पीस ही डाला था। उस समय तो मैं क़रीब-क़रीब पस्त हो गया था। अभी दो साल पहले की तो बात ही है। लेकिन आप समझ लीजिए, मैं इससे आज तक नहीं हारा। एक नहीं, दर्जनों बीमारियाँ मेरे पीछे लगी रहीं—सबसे भयंकर है यह खूनी बवासीर।[2] कभी-कभी तो मुझे ऐसा लगने लगता था, जैसे मनुष्य का जीवन ख़तरों, बीमारियों, मुसीबतों और गन्दगियों से ही बना है—जो या तो इकट्ठी टूट पड़ती हैं या फिर एक-एक करके हमला करती हैं। फिर भी मेरा विश्वास था कि

---

1. जिस समय मैंने यह सब लिखा था, मेरे ज़िन्दगी के अनुभव कुछ भी नहीं थे; आज कह सकता हूँ कि ओल्गानिपर से चेख़व का विवाह बहुत सफल नहीं। उनका ओल्गा प्रति ज़रूरत से ज्यादा सम्मान, कहीं सम्बन्धों के सतहीपन को ही बताता है। उनमें औपचारिकता अधिक है, आत्मीयता कम। हालाँकि ओल्गा को लिखे चेख़व के पत्र साहित्यिक दृष्टि से उतने ही महत्त्वपूर्ण हैं, जैसे किसी भी लेखक के हो सकते हैं। रा. या., 16579।
2. 1892 में शैश्तैल को पत्र।
3. मेरिया किसेलेव को पत्र।

जो लोग मृत्यु से डरते हैं, वे ज्यादा समझदारी की बात नहीं करते।[3] इस तरह मैं बीमारी से लड़ा हूँ।'' और जैसे विजय के गर्व की एक मुस्कान उनके होठों पर आ गई। कॉफ़ी का एक घूँट भरकर बोले—''आपने पूछा, क्या यह बीमारी पैतृक थी?'' फिर जैसे डूबकर कहा—''आप शायद नहीं जानते, हमारे बाप-दादा गुलाम थे। मेरे दादा मिखायलोविच चेख़व ने जनरल चैरत्ख़ोव को 3500 रूबल देकर अपनी स्वतन्त्रता वापस ख़रीदी थी, इसके अलावा वे हमारे पिता पॉवेल चेख़व के लिए इतनी सम्पत्ति छोड़ गए कि एक अच्छी दुकान चल सके। हम लोग पाँच भाई और एक बहन हैं—(एक भाई मर गया) 17 जनवरी, 1860 को मेरा जन्म तागनरोग में हुआ। उस समय तो मेरी समझ में नहीं आता था, लेकिन आज जब उसका विश्लेषण करता हूँ तो सारी बातें मेरे सामने बिलकुल साफ़ हो गई हैं। मेरे पिता को एक नशा था। उन्होंने अपने जीवन में ही गुलामी के दिन देखे थे और देखते-देखते ही वे रईस हुए—इसलिए वे हमेशा बड़े रोब से बाहर निकलते थे—बिलकुल टिप-टॉप! यही नहीं, अपने नौकर-चाकरों से भी वे उसी तरह का व्यवहार करते थे, जैसा उनके मालिक लोग उनसे किया करते होंगे। स्वाभाविक था कि जब उन्होंने जनरल चैरत्ख़ोव से सारी आदतें ली थीं तो पीटने की आदत कैसे नहीं लेते? हम लोगों को वे इस बुरी तरह पीटते थे, कि आज भी याद करके रोंगटे खड़े हो जाते हैं। यही मार थी, जिसने मेरे दो बड़े भाइयों—'अलैक्जैन्द्र' और 'निकोलस' को भयंकर रूप से शराबी बना दिया, और मेरी आत्मा पर एक ऐसा घाव छोड़ दिया कि मैं आज तक उसकी पीड़ा अनुभव करता हूँ। पहला कारण तो मेरे अस्वास्थ्य का यह है!'' कहकर साँस लेने के बहाने उन्होंने कॉफ़ी का प्याला मुँह की ओर बढ़ाया।

तभी मैंने सवाल कर दिया—''यह तो मैं मानता हूँ कि एक प्रतिक्रिया ने जहाँ आपके पिताजी को इतना क्रूर और दुर्दान्त बना दिया था, वहाँ दूसरी ने आपमें सम्पूर्ण मानवता के प्रति एक ऐसा प्रेम भी भर दिया, जो आपकी रचनाओं का मूल स्त्रोत बन गया...।''

''बीच में बात काटने के लिए क्षमा कीजिए''—एकदम वे बोले—''शायद मैंने इसी सम्बन्ध में सुबोरिन को लिखा भी था कि यदि तुम लिख सकते हो तो एक ऐसे लड़के की कहानी लिखो, जिसे ज़िन्दगी में सिवा दुख के कुछ नहीं मिला—अच्छा खाना नहीं मिला, मार के सिवा कभी प्रेम से किसी ने बात नहीं की। स्कूल में हमेशा फ़ेल होता रहा और अछूत की तरह माना जाता रहा। यही मेरा बचपन था।''

''हाँ, जहाँ तक मुझे याद है, अपनी लम्बी कहानी 'तीन वर्ष' में आपने, लैवितन के बचपन के चित्रण में वही अनुभव दिया है...।''

''हाँ।''

मैंने उनकी बात को स्वीकार करके अपनी बात जारी रखते हुए कहा, ''लेकिन पिता के इस व्यवहार से उनके लिए आपका क्या रवैया बना?''

''ख़ैर जाने दीजिए, यह बचपन की बात थी। उस समय तो मैं यह सोचता था, कि इन हंटरों की मार के लिए मैं अपने पिता को कभी क्षमा नहीं कर पाऊँगा। लेकिन सत्रह साल की उम्र तक पहुँचते-पहुँचते मैं अपनी ग़लती महसूस करने लगा। मैंने अपने चाचा मिख़ायल से कहलवाया भी था कि जब पिताजी से मिलो तो कह देना कि मुझे उनका पत्र मिल गया है और मैं बहुत कृतज्ञ हूँ। संसार में माँ और उनके सिवा कौन है, जिसके प्रति मैं इतना कृतज्ञ हूँ! उनके लिए मैं सब कुछ कर सकता हूँ। अगर मैं कभी बड़ा आदमी बना, तो सिर्फ़ उन्हीं के कारण बनूँगा। उनका अपनी सन्तान के प्रति प्रेम और हज़ारों मुसीबतों में भी हमारी शिक्षा-दीक्षा के लिए प्रयत्न—यह सब उन्हें उनकी हर कमी और कमज़ोरी से ऊपर उठा देते हैं।[1] लेकिन इस सबके बावजूद, मैं स्वीकार करूँगा कि बचपन में मेरे साथ बेहद क्रूर व्यवहार हुआ है। जहाँ भी ज़रा-सी संवेदना मिली है, मुझे कुछ असाधारण, अस्वाभाविक-सा लगने लगता था। इसी ने मुझे इतना शर्मीला बना दिया।''[2] फिर एक साँस लेकर बोले—''बचपन के भी क्या दिन थे...हँसी आती है। पिताजी धार्मिक शिक्षा देने के मामले में बेहद कट्टर थे। जब मैं छुटपन में प्रार्थनाएँ गाता—या कहिए मुझसे गवाई जातीं तो सब लोग प्रशंसा से देखते; लेकिन मुझे ऐसा लगता, जैसे कोई क़ैदी खड़ा सज़ा भुगत रहा हो। और आप देखिए, इन धार्मिक शिक्षाओं की ओर कभी कोई ध्यान नहीं देता। धर्म के नाम पर बच्चों को कैसी-कैसी यातनाएँ दी जाती हैं; मगर जब वे सामने समाज में आते हैं, तो लोग मुस्कराते हैं, तालियाँ बजाते हैं! मेरा तो विश्वास यह है कि धार्मिक शिक्षा से बच्चों का कभी भला नहीं होता। यही वजह है कि बड़े धार्मिक वातावरण में पले हुए लोग आगे जाकर भयंकर नास्तिक बन जाते हैं। मेरा आज धर्म क्या है? कुछ नहीं!''[3] इस बार उन्होंने कॉफ़ी ख़त्म कर दी। फिर जैसे याद करते हुए कहा—''हाँ, मैं क्या कह रहा था?''

''कि आपके निरन्तर अस्वास्थ्य का पहला कारण तो यह वातावरण था...।'' —निरंजन ने याद दिलाया।

''हाँ ठीक''—इस बात से प्रसन्न होकर कि हम लोग काफ़ी ध्यान से उनकी बात सुन रहे हैं, वे बोले—''दूसरा कारण है, मेरा निरन्तर संघर्ष! आप समझिए, मुझे अपने आलसीपने से शिकायत रही, मैं अपने को निकम्मा कहता था, लेकिन इतना

---

1. 2 जुलाई, 1877 को मिखायल को पत्र।
2. ब्लादीनीर तिखोनोव का पत्र।
3. सुवोरिन को पत्र।

बड़ा परिवार और आर्थिक तंगी मुझे हमेशा मारती रही। एक दिन भी मैं चैन नहीं ले पाया... ।''

'अभी तो आपने बताया कि आपके दादा काफ़ी पैसा छोड़ गए थे।''—बीच में ही निरंजन बोलो।

''यह तो ठीक है, लेकिन बीच में जब बहुत क़र्ज़ा हो गया, तो सब कुछ छोड़कर पिताजी मॉस्को भाग गए। बाद में पूरा परिवार चला गया। मैं तागनरोग में अकेला कैसे पढ़ता था, क्या करता था—मैं ही जानता हूँ। उधर मॉस्को से पत्र आते थे—एन्टन, तुम वहाँ मज़े उड़ा रहे हो, हम यहाँ भूखों मर रहे हैं।' आप ख़ुद सोचिए, इससे एक बच्चे की दिमाग़ी हालत क्या होगी? जब वहाँ से शिक्षा ख़त्म करके मॉस्को आया तो डॉक्टरी की पढ़ाई शुरू की। पूरे घर का ख़र्चा और डॉक्टरी की पढ़ाई का ख़र्चा। उस हालत में मैंने लिखना शुरू कर दिया। पहले 'घंटा-घड़ी' नाम के अख़बार में हलकी-फुलकी चीज़ें लिखता था, फिर 'छिट-फुट' में लिखने लगा। उसे लीकन निकालता था। बाद में उससे काफ़ी दोस्ती हो गई। हर हफ़्ते कुछ-न-कुछ हास्य रस का लिखना पड़ता था... ।''

''आपकी पहली रचना कौन-सी थी?'' —मैंने प्रश्न किया।

''पहली ही ली जाए तो एक हास्य रस की कहानी थी—'समझदार पड़ोसी को ख़त'—यह 'ततैया' नाम के पत्र में छपी; लेकिन क़ायदे से मेरी पहली रचना एक नाटक था 'प्लातोनोव'—यह मैंने 'मेली थियेटर' में ख़ुद जाकर दिया। थोड़े दिन बाद यह मेरे पास डाक से लौट आया।'' अपनी बात को उन्होंने पुन: जारी रखा—''लीकन मुझे एक लाइन के सात या आठ कॉपेक देता था, बाद में तो काफ़ी मिलने लगे। लेकिन मुझे हर समय यहीं लगता था कि रूस के लिखनेवालों में सबसे अधिक उथला और घटिया लिखनेवाला मैं ही हूँ। कवियों की भाषा में कहूँ तो मैं सरस्वती को प्यार ज़रूर करता हूँ, लेकिन सम्मान नहीं दे पाया। मैं उसके प्रति ज़रा भी वफ़ादार नहीं रहा और बेचारी को ऐसी-ऐसी जगहों पर ले गया, जहाँ उसकी काफ़ी छीछालेदर हुई। सिर धुनि गिरा लागि पछताना वाला... ।''[1]

हम लोगों को उनकी बातों में रस आ रहा था और विशेष रूप से जब बातचीत ने एक ऐसी करवट ले ली थी कि वे अपने जीवन की पर्त-पर-पर्त खोलते चले जा रहे थे। अब, जब वे अपने लिखने के विषय में ही बोलने लगे, तो फिर मुझसे कुछ और अधिक पूछे बिना नहीं रहा गया—''तो क्या आप कभी भी अपने लिखने से सन्तुष्ट नहीं रहे?''

चेख़व चुप हो गए—जैसे कुछ सोच रहे हों, फिर आँख बन्द करके सोचते हुए

1. ब्लादीमीर क़ोरोलैंको को पत्र।

बोले—"बड़ा मुश्किल प्रश्न है! पता नहीं, आप सन्तोष का अर्थ क्या लेते हैं? लेकिन यह सच है कि मुझे अपने लिखने से हमेशा शिक़ायत बनी रही। चूँकि मुझे पैसे के लिए लिखना पड़ता था, इसलिए कभी भी मुझे अपना लिखा अच्छा नहीं लगा। मेरा तो विश्वास है कि जो कुछ मैं लिखना चाहता था या जिस उत्साह से मैं लिख सकता था, उस सबके मुक़ाबले में—आज तक जो कुछ भी मैंने लिखा है, सब बकवास है। मेरे दिमाग़ में ऐसे लोगों की पूरी फ़ौज भरी है, जो दिन-रात मुक्ति के लिए प्रार्थना करते रहते हैं, कि मैं एक शब्द कहूँ और वे निकल पड़ें। मुझे सचमुच बड़ा दुःख होता है कि आज तक मैंने जिन विषयों पर लिखा है, वे सब कूड़ा हैं—जबकि अच्छे-से-अच्छे विषय, मेरे दिमाग़ के कबाड़खाने में पड़े सड़ रहे हैं।[1] काश, मुझे चालीस साल का समय और मिल जाता, तो ख़ूब पढ़ता और मेहनत से लिखना सीखता। तब मैं इन लेखकों की जमात में ऐसी तोप चलाता कि सातों आसमान हिल जाते! अब क्या है, जैसे और बोने हैं, एक मैं भी हूँ! मैंने अभी तक जो कुछ भी लिखा है, पाँच-दस साल में लोग भूल-भाल जाएँगे। हाँ, सन्तोष मुझे इस माने में है कि जो रास्ता मैंने खोल दिया है, वह जीवित रहेगा—यही मेरी, लेखक की दृष्टि से सबसे बड़ी उपलब्धि है।"[2] फिर ज़रा व्यथापूर्ण हँसी हँसकर बोले—"इस सिलसिले में मुझे दौदे का एक उद्धरण याद आता है, जो मैंने नोट-बुक में कहीं लिखा था—एक चिड़िया से किसी ने पूछा—'तुम्हारे गीत इतने छोटे क्यों हैं? तुम्हारी साँस थोड़ी है, इसलिए?'...'नहीं, इसका कारण यह है कि मेरे पास बहुत-से गीत हैं, और मैं उन सभी को गाना चाहती हूँ।' सो भाई, चाहने से ही तो सब कुछ नहीं होता है न!"

"अगर सवाल समय का ही है तो"—निरंजन ने पूछा—"आप सिर्फ़ लिखने में भी तो समय लगा सकते थे? सुनते हैं कि डॉक्टरी भी आपके लेखन के साथ-साथ चलती रही।"

"हाँ, लेखन और डॉक्टरी का मेरे जीवन में बड़ा द्वन्द्व रहा है।" —उन्होंने उत्तर दिया—"यह ठीक है कि लिख-लिखकर ही मैंने डॉक्टरी पास की, फिर भी काफ़ी समय तक मेरा दृढ़ विश्वास था कि डॉक्टरी मेरी वैध पत्नी है, और साहित्य मेरी प्रेयसी—जब मैं एक से ऊब जाता हूँ तो दूसरी के साथ रात गुज़ारता हूँ। इससे एक तो एकरसता नहीं आने पाती, दूसरे मेरी इस ढुलमुल रुचि या 'चरित्रहीनता' की वज़ह से किसी को भी नुकसान नहीं होता। इसके अलावा डॉक्टरी से चाहे मैं रुपया न कमा पाया होऊँ, पर शान्ति इसने मुझे बहुत दी है। अपनी बीमारी की वज़ह से

---

1. सुवोरिन को पत्र।
2. लैज़ारेव ग्रुजिन्स्की को पत्र।

या किन्हीं और कारणों से, जब मैंने अपने-आपको पराजित और दुखी पाया तो मैं डॉक्टरी में लग गया; दो-तीन बार जब उपन्यास लिखने की कोशिशों में असफल हो गया, तो फिर ज़ोर-शोर से डॉक्टरी शुरू की। मेरा नाटक 'समुद्री चिड़िया' जब पहली बार बुरी तरह स्टेज पर असफल हो गया, तो मैंने मिलीख़ोवो में सिर्फ़ डॉक्टरी ही की थी। हज़ारों लोगों को हैज़े से बचाया। मेरे प्रदेश में ही हैज़े से सबसे कम लोग मरे थे। इसके अलावा इसमें कैसे-कैसे चरित्रों से आपका परिचय होता है कि तबियत खुश हो जाए! यों रहने को तो मुझे बाग़बानी का इतना शौक रहा कि मैंने शायद उस समय किसी को लिखा भी था कि अगर मेरा स्वास्थ्य ठीक होता, तो मैं माली बन गया होता। मिलीख़ोवो मेरी पहली जायदाद थी, जहाँ बाग़बानी मैंने ख़ूब की; फिर माल्टा में मौक़ा मिला। टॉलस्टाय ने, सुनते हैं, गोर्की से एक बार कहा भी था कि अगर मैंने डॉक्टरी न पढ़ी होती—या अगर यह डॉक्टरी मेरे रास्ते में बाधक न होती, तो मैं बहुत अच्छा लेखक होता; लेकिन उन्होंने शायद तब तक 'काला-संन्यासी' कहानी नहीं पढ़ी थी। ख़ैर जो भी हो, डॉक्टरी ही एक ऐसी चीज़ है, जिससे मैं दैनिक जीवन की बहुत छोटी-छोटी ग़लतियों से बच पाया हूँ। इससे आदमी की निरीक्षण-शक्ति बढ़ती है। वैज्ञानिक-दृष्टिकोण हमेशा आदमी को वास्तविकता के अधिक निकट रखता है। बहुत मोटा उदाहरण लो—सच है कि आप एक ज़हर खानेवाले आदमी की स्थिति को ज्यों-का-त्यों नहीं उतार सकते—लेकिन उस स्थिति का अधिक-से-अधिक वैज्ञानिक सत्य तो आप दे ही सकते हैं। ऐसी स्थिति में, यह जानते हुए भी कि यह सब स्टेज की चीज़ हैं, श्रोता या दर्शक यह तो मानेगा कि वह किसी समझदार लेखक से उलझा है। मैं उन लेखकों में नहीं हूँ, जिन्हें विज्ञान की तरफ से पीठ फेरकर, हर कहीं अपनी सूक्ष्म-दृष्टि और कल्पना-शक्ति पर विश्वास है। ऐसे ही एक बार एक सज्जन कहीं ज़ोला का 'डॉ. पास्कल' पढ़ आए, और बड़ी शान से डॉक्टरी के बारे में मुझसे बातें करने लगे। मुझे आ गया गुस्सा, मैंने उन्हें झाड़ दिया—'तुम्हारा ज़ोला कुछ नहीं जानता, वह कमरे में बैठकर सब कुछ गढ़ता है। उसे ज़रा बाहर निकलकर देखना चाहिए कि हमारे यहाँ के डॉक्टर कैसे काम करते हैं—वे किसानों के लिए क्या कर रहे हैं?[1] इसके बाद वे चुप हो गए।

''तब तो आपने डॉक्टरी से भी काफ़ी कमाया होगा''— मैंने सवाल किया।

''नहीं, डॉक्टरी से कमा ही नहीं पाया।'' जैसे बड़े उत्साह से उन्होंने कहा—''लोग एक-एक, दो-दो रूबल मुझे घर पर बुलाने के देते थे। उनकी हालत ऐसी ख़राब थी कि दया आती थी। मिलिख़ोवो में तो मैंने सुबह के तीन घंटे मुफ़्त दवा के लिए रख दिए थे। आस-पास के पड़ोसी मुझे देवता की तरह पूजते थे। डॉक्टरी

1. अलैकजेन्द्र कुप्रिन का संस्मरण।

से जो भी मैंने थोड़ा-बहुत कमाया, सब एक स्कूल में लगा दिया; लेकिन जीविका के लिए तो मैंने लिखने पर ही दिन बिताए।''

''इसका मतलब है, रूस में लिखने से काफ़ी मिल जाता है—क्योंकि आपके समकालीन फ्रांसीसी और अंग्रेज़ी-लेखक तो भूखों मरते थे। उन्होंने अपनी रचनाएँ कौड़ियों पर बेचीं, हिन्दुस्तान की बात तो ख़ैर छोड़ ही दीजिए...।'' यह प्रश्न करते समय मुझे हिन्दी का ध्यान आया।

''हाँ, लिखने से मैंने कमाया तो काफ़ी, लेकिन कभी भी ऐसी स्थिति नहीं रही कि अपने को आर्थिक-रूप से सन्तुष्ट पाता। इसकी बहुत बड़ी वज़ह यह थी कि मेरा परिवार बहुत बड़ा था—जिसमें अपने भाइयों की आवारगी और शराबख़ोरी का ख़र्चा भी मैं ही देता था। दूसरे, हमेशा बीमार रहने के कारण इलाजों और इधर-उधर भाग-दौड़ में काफ़ी कुछ चला जाता था। एक जगह जमकर रह ही नहीं पाया। कभी मॉस्को की ठंड बर्दाश्त नहीं हुई, तो मिलीख़ोवो भाग रहे हैं; कभी याल्टा, कभी मॉस्को के किसी गाँव में। लेकिन इतना होते हुए भी मैंने मिलीख़ोवो में काफ़ी बड़ी जायदाद ख़रीदी थी, मॉस्को में अच्छे-से-अच्छे फ़्लैट में रहा, याल्टा में जगह ख़रीदी। पहले जब मैं लीकन के 'छिट-फुट' में लिखता था, तो वह मुझे सात कॉपेक एक लाइन के देता था—मगर उसके साथ बन्धन यह था कि वह हमेशा ही 100-200 लाइनों की कहानी लेता। ख़ैर, फिर जब सुवोरिन के 'नवयुग' में लिखना शुरू किया, तब शुरू में उसने बारह कॉपेक दिए—बाद में तो चालीस तक दिए तो यों लिखने से मैं ख़ूब घूमा भी। बाद में सुवोरिन ने जब मेरी रचनाएँ पुस्तकाकार छापनी शुरू की तो काफ़ी पैसे दिए। प्रकाशक मार्क्स से तो मेरा कॉन्ट्रैक्ट अब हुआ है कि वह मेरी सारी रचनाओं के पचहत्तर हज़ार रूबल देगा; वरना मेरे साहित्य-जीवन में सुवोरिन ने बहुत सहायता की है। अब गोर्की इत्यादि पचहत्तर हज़ार में भी यही कहते हैं कि मैंने अपनी रचनाएँ कौड़ी के मोल फेंक दी और वे लोग तो इस कॉन्ट्रैक्ट को तुड़वाने के लिए एक पत्र तक मेरी ओर से लिख लाए थे; सभी लोग उसपर हस्ताक्षर करके भेजने वाले थे कि यह अनुबंध तोड़ दिया जाए—और वे लोग ख़ुद मेरे लिए बीस हज़ार रूबल साल का प्रबन्ध करेंगे। वे कहते थे कि मार्क्स को ज़ोला के प्रकाशक से कुछ सबक़ लेना चाहिए। मुसीबत के समय उसके प्रकाशक ने न केवल पहला एग्रीमेन्ट रद्द कर दिया बल्कि उसने खुद ही पुराने के मुक़ाबले अच्छा—एक नया अनुबंध कर लिया। लेकिन भाई, मैंने तो उन सबको रोक दिया। अब आप ही सोचिए, सौदा-सौदा है, अब उसके पलटने का क्या मतलब... ?''

''यह सज्जन सुवोरिन कौन हैं, इनका आपने कई बार ज़िक्र किया है; और मार्क्स से क्या आपका मतलब कार्ल मार्क्स से है?''—चेख़व तो अपने प्रवाह में लोगों के नाम लेते चले जाते थे, लेकिन हम नए थे—हमें सब कुछ बड़ा नया-सा

लगता था, अतः मैंने पूछ ही लिया।

"अलैक्सी सुबोरिन?" —चेख़व हमारी मजबूरी को समझकर थोड़ा मुस्कराए—"यह 'नवयुग' नामक पत्र के मालिक और प्रकाशक हैं। लीकन ने शुरू-शुरू में जहाँ मेरा भला किया, वहाँ स्वार्थवश सबसे बड़ा अहित भी किया। उस कम्बख़्त ने महीनों मुझे अँधेरे में रखा। मैं मॉस्को में बैठा उसके अख़बार में लिखता, पैसे मिलते और काम चलता। यह लिखना क्या रंग ला रहा है—इसकी मैंने कल्पना भी नहीं की थी। पहली बार जब मैं मॉस्को से पीटर्सबर्ग गया, तो अपने महत्त्व को देखकर दंग रह गया। पता लगा कि मैं काफ़ी बड़ा कहानीकार माना जाने लगा हूँ। कई मीटिंगों में मेरा ख़ूब आदर-सत्कार हुआ। तब मुझे लीकन की स्वार्थपरता पर बेहद गुस्सा आया कि मैं किसी और अख़बार में न लिखूँ, सिर्फ़ इसीलिए इसने मुझे अन्धकार में रखा। वहीं प्रसिद्ध उपन्यासकार ग्रिगोरोविच के प्रोत्साहन और बढ़ावे से मेरा परिचय इन अलैक्सी सुवोरिन से हुआ। ये स्वयं भी बहुत ही अच्छे कहानीकार थे। इससे पहले मैंने 'पीटसबर्ग गज़ट' में भी कुछ कहानियाँ दी थीं। लीकन इससे कुछ नाराज़ हो गया था। फिर भी पूरी तरह हमारा बिगाड़ आज तक नहीं हुआ। इसके अलावा ग्रिगोरोविच ने मुझे इतना चढ़ा दिया कि वे ख़ुद को मेरा 'आविष्कारकर्ता' घोषित करने लगे। बहरहाल इतना तो सच है—जब भी मुझे जितने भी धन की आवश्यकता पड़ी, सुवोरिन ने निस्संकोच दिया; लिखने के अलावा रचनाओं के एडवान्स, पुस्तकों की रॉयल्टी के एडवान्स काफ़ी लिए—उन दिनों तो शायद ही कोई साल ऐसा होगा, जब मैंने सुवोरिन से रुपए न लिए हों—जायदाद ख़रीदनी है, सुवोरिन को ख़त; कहीं जाना है तो सुवोरिन से माँग। और यह भी मैं मानता हूँ कि सुवोरिन ने कभी निराश नहीं किया। हम लोगों में लेखक-प्रकाशक के अलावा घरेलू सम्बन्ध भी काफ़ी घनिष्ठ था। हम लोग शुरू से ही एक-दूसरे के यहाँ आते-जाते रहते थे। एक बार मैं उनके लड़के के साथ तमाम कोहकाफ़, काला-समुद्र और दक्षिणी-रूस घूमकर आया। दूसरी बार ख़ुद उनके साथ पेरिस गया। विदेश जाने का भी प्रोग्राम कई बार बना, लेकिन मैं ही नहीं जा पाया। तो इस प्रकार सुवोरिन मेरे सबसे अच्छे मित्रों में से है। कोई घरेलू समस्या ऐसी नहीं हैं, जिस पर उससे सलाह नहीं ली हो या हम लोगों ने विचार-विनिमय न किया हो। उसको पत्र लिखते समय मैं बिलकुल भूल जाता था कि मैं एक प्रकाश को पत्र लिख रहा हूँ; शायद ज़िन्दगी के सबसे अच्छे पत्र मैंने उसे ही लिखे हैं। बाद में जब रूस के सबसे बड़े प्रकाशक मार्क्स से टॉल्सटॉय ने मेरा परिचय कराया और हमारा सौदा हुआ तो यह भूलकर कि मेरा सौदा उसके प्रतिद्वन्द्वी प्रकाशक से हो रहा है—उसने मुझे ऐसा कर डालने की ही सलाह दी।" —फिर वे हँसकर बोले—"जब मेरे पूरे साहित्य का सौदा मार्क्स से पचहत्तर हज़ार में हो रहा था तो मैंने

अपनी एक महिला मित्र लिडिया एविलोव को मज़ाक में लिखा था कि अब मैं 'मार्क्सवादी' हो गया हूँ।''

'हाँ, सुवोरिन जैसे मित्र और प्रकाशक का मेल हिन्दुस्तान में मिलना तो असम्भव ही है! वहाँ तो चाहे बचपन के दो मित्रों में से आगे चलकर एक लेखक बन जाए, दूसरा प्रकाशक—तब भी प्रकाशक अपनी करनी से बाज़ नहीं आएगा।'' —निरंजन ने उनकी बात का समर्थन करके कहा—''अभी एक नया उदाहरण है—दो व्यक्तियों में काफ़ी मित्रता थी। इधर-उधर विदेशी दूतावासों से पैसे मारकर एक बहुत बड़ा प्रकाशक बन बैठा, फिर उसने अपने लेखक मित्र के साथ एक पत्रिका निकाल डाली; जब देखा कि पत्रिका काफ़ी जम गई है, तो ऐसा उछाला कि बेचारे लेखक-मित्र दूर जा गिरे... !''

''और मज़ा यह कि हम लोगों में मतभेद भी अकसर ही हुए हैं।''—सुवोरिन का ज़िक्र आते ही चेख़व उत्साह में आ गए—''कैप्टन ड्रीफुस के केस में, ज़ोला को लेकर तो हम लोगों के सम्बन्ध इतने खिंच गए कि टूटने की नौबत आ गई। हुआ यह कि 1894 में फ्रेंच कैप्टन अलबर्ट ड्रीफुस पर अपराध गढ़कर मुक़दमा चलाया गया कि उसने मिलटिरी के कुछ गुप्त भेद जर्मनों को बेच दिए हैं। आजीवन कारावास देकर उसे 'शैतानी द्वीप' में भेज दिया गया। लेकिन दिसम्बर 1897 में मेजर ईस्थराजी पर, कर्नल पिक्कार्ट ने—ड्रीफुस के सिलसिले में झूठ क़ागज़ात बनाने के अपराध में मुकदमा चला दिया और इसमें मेजर ईस्थराजी छूट गया। इसी को लेकर ड्रीफुस के पक्ष में ज़ोला ने, फ्रांसीसी प्रजातन्त्र के प्रधान को अपने प्रसिद्ध पत्र लिखे। मैं भी ड्रीफुस को निरपराध मानता था। उन्हीं पत्रों के अपराध में ज़ोला पर मुक़दमा चला और एक साल की सज़ा हो गई। सुवोरिन का 'नवयुग' अधिकारियों के पख में था। उन दिनों उसकी एक महिला संवाददाता ने मुझसे पूछा—'क्या आप अब भी समझते हैं कि ज़ोला सही था?' तब मैंने उसे जवाब दिया था कि 'क्या सचमुच आपकी मेरे बारे में इतनी बुरी राय है, कि आपको मुझसे ही यह पूछने की ज़रूरत पड़ी कि मैं ज़ोला के पक्ष में हूँ? वे तमाम अफ़सर, जिन्होंने उन पर मुक़दमा चलाया—वे सारे गवाह, उनके चरणों की धूल के बराबर भी तो नहीं हैं। मैं रोज़ अख़बार पढ़ता हूँ और मुझे उसमें ज़ोला की ज़रा भी ग़लती नहीं लगती—पता नहीं, लोग और क्या प्रमाण चाहते हैं?'' फिर जैसे गर्व से वे बोले—''उस समय तो मैंने अपने भाई अलैक्जेन्द्र को लिखा था—''तुम चाहे जो कुछ भी सोचो, यह 'नवयुग' वातावरण को बहुत दूषित कर रहा है। पेरिस की ऐसी झूठी और मनगढ़ंत ख़बरें ये लोग देते हैं कि बिना घृणा अनुभव किए आप पढ़ नहीं सकते। यह अख़बार है? चूँ-चूँ का मुरब्बा बना रखा है! जैसे भूखे भेड़ियों का झुंड हो! इनके सम्पादकीय-विभाग में कोई भी तो ऐसा आदमी नहीं है, जो उच्चादर्श

नाम की चीज़ जानता हो! ज़ोला कैसा भी हो, लेकिन जब उस पर मुक़दमा चल रहा है, तब उसके खिलाफ़ लिखना साहित्यिक अपराध है। मैं सुवोरिन को अब बिलकुल नहीं लिखना चाहता, न यह चाहता हूँ कि यह मुझे लिखे।'' तो सुवोरिन की मित्रता ने जहाँ और फ़ायदे किए, वहाँ सबसे बड़ा नुकसान मेरे साथ यह किया कि मैं अधिकांश समय प्रतिक्रियावादी विचारधारा से बँधा रहा। उदार या प्रगतिशील विचारों की ओर मेरा झुकाव था अवश्य, लेकिन उसको उतने वेग से ग्रहण न करने का मुख्य कारण सुवोरिन और उसका पत्र रहा।'' बोलते-बोलते चेख़व काफ़ी थक गए थे, बीच-बीच में वे खाँसते भी जाते थे। अब डटकर सोफ़े पर ही अच्छी तरह लेट गए, मुँह हमारी ओर ही था।

शायद उनकी तकलीफ़ को न समझकर हम लोग उन्हें कष्ट पहुँचा रहे हों—यह सोचकर मैंने पूछा—''बातचीत करने में आपको ज्यादा तकलीफ़ तो नहीं हो रही? एतराज़ न हो तो हम लोग फिर कभी मिल लेंगे। आपकी तबियत ख़राब है...''

''बैठिए-बैठिए।'' —वे बोले—''मैंने बताया न कि इस रोग से तो हमेशा की मेरी लड़ाई रही है—और मैंने कभी स्वीकार करके ही नहीं दिया कि मुझे कोई गम्भीर बीमारी है। आबोहवा बदलने के अलावा कई बार क्लिनिक में भी रहा, लेकिन हार तो सीखी ही नहीं है! यही तो संघर्ष की शक्ति थी, जो मेरे स्वभाव की तेज़ी बन गई। अपने घर में मैं काफ़ी अक्खड़ स्वभाव का समझा जाता रहा हूँ—सारे घरवाले मेरा रौब मानते थे। बस, 'मेरी' बहन से मेरी ख़ूब पटती है—यह टीचर है। इसे मैंने अपना सबसे अच्छा मित्र माना है...।''

''चैख़ब साहब, अगर आप बुरा न मानें तो मैं पूछना चाहूँ कि नारी के सम्बन्ध में आपके क्या विचार हैं?'' —मैंने पूछ लिया।

''क्यों, इसमें बुरा क्यों मानूँगा, शायद 'मेरी' के ज़िक्र से आपको ऐसा ध्यान हो आया है।'' —उन्होंने बताया—''जब से टॉल्सटॉय के विचारों से मैंने अपना पीछा छुड़ाया है, तब से स्त्री के सम्बन्ध में मैं बहुत बढ़ा-घटाकर नहीं सोचता। पहले टॉल्सटॉय के प्रभाव में आकर मैं ज़रूर स्त्री को पाप की जड़ मानता था, और कहता था कि हर नैतिक कार्य में मनुष्य का 'काम' बाधक है। लेकिन अब मैं कुछ दूसरी तरह सोचता हूँ। मैंने 1983 में एक प्रबन्ध लिखकर सिद्ध किया था, कि प्रकृति की तरफ़ से स्त्री और पुरुष में ज़रा भी भेद नहीं है। जो कुछ भी नारी की कमजोरी है, उसका कारण सिर्फ़ यही है कि स्त्री को माता बनना पड़ता है, गर्भ धारण करना पड़ता है। उसमें मैंने यह भी सिद्ध किया था, कि मादा के ऊपर नर के इस प्रभुत्व को प्रकृति इस रूप में समाप्त करेगी कि आगे जाकर ऐसे प्राणियों का विकास हो, जिनमें मादा को गर्भ ही धारण न करना पड़े। बहरहाल, मैं इस बात का पक्षपाती हूँ कि स्त्री को समाज में उचित सम्मान मिले। आपको किसी ने यह अधिकार नहीं

दिया, कि आप उसके साथ या उसकी उपस्थिति में अशोभन भाषा बोलें या अशोभन व्यवहार करें। आपको उसका समुचित आदर करना होगा—चाहे जैसी स्त्री हो, उसके सामने बिना पाजामा पहने आना हद दर्ज़े की जहालत है।''[1] फिर अपने प्रवाह को बदलकर चेख़व से कहा—''नारी के प्रति यही यथार्थवादी दृष्टिकोण है कि मैंने इतनी सफल नायिकाओं की सृष्टि की है। मेरा तो कहना है कि साहित्य में स्त्री का वर्णन इतना सजीव और जानदार हो, कि पढ़ते ही आप अनुभव करने लगें—जैसे आपके जूतों पर पॉलिश नहीं है, जैसे आपकी टाई की गाँठ ठीक नहीं बँधी है—बिलकुल वैसे ही, जैसे आप सचमुच ही किसी स्त्री की उपस्थिति अनुभव करते हैं। यही कारण है कि तुर्गनेव मेरा सबसे प्रिय लेखक है। मगर उससे मुझे शिक़ायत है—उसकी स्त्रियाँ नक़ली हैं—वैसी स्त्रियाँ कहीं होती ही नहीं। गोर्की के साथ भी यही बात है। मैंने एक बार उसके विषय में लिडिया एविलोव को लिखा था—''देखने में गोर्की आवारा-सा लगता है, लेकिन वास्तव में है बड़ा सभ्य व्यक्ति। मुझे बड़ी खुशी हुई उससे मिलकर। मैं उसका परिचय स्त्रियों से कराना चाहता हूँ—लेकिन इससे वह भड़कता है।''[2]

''इसका मतलब यह हुआ कि आप चाहते हैं, लेखक जो कुछ भी लिखे—खुद अनुभव करके लिखे। हत्या के विषय में लिखने से पहले वह हत्या करे, और शराब के विषय में लिखे तो शराब पिए?'' मैंने अपना तर्क रखा—''ऐसी हालत में ईमानदार लेखक के विषय ही या तो बहुत सीमित हो जाएँगे; या फिर जो कुछ वह लिखेगा, सब उसकी व्यक्तिगत डायरी बनकर रह जाएगा। यानी या तो व्यक्तिगत लिखेगा या दुहराएगा।''

''नहीं, आप दोनों स्थितियों को मिलाइए मत। गोर्की से मुझे दूसरी शिक़ायत यह भी है। किसी भी मनोविज्ञान या मनोवैज्ञानिक स्थितियों का वर्णन करना बड़ा अच्छा है; मैं तो कहूँगा—अनिवार्य है। लेकिन गोर्की अपने मनोविज्ञान का 'आविष्कार' करता है...[3] मतलब ऐसे मनोविज्ञान का वास्तविक अस्तित्व होता ही नहीं, वह सिर्फ़ लेखक की दिमाग़ी उपज होती है। दूसरी तरफ़, हर बात में अपने को ही लादना—यानी आत्मपरक दृष्टिकोण और भी ख़तरनाक हैं, क्योंकि इस चक्कर में छोटे-मोटे लेखक की तो नैया ही डूब जाती है—वह इसी भँवरजाल में उलझकर रह जाता है। सबसे बड़ी चीज़ तो यह है कि अपने प्रति ईमानदार रहो—जो कुछ देखा-सुना है, उसी का ठीक प्रयोग करो। अपने उपन्यास का नायक

1. 2 जनवरी, 1889 को अलैक्जैन्द्र को पत्र।
2. 18 मार्च, 1899 को एविलोव को पत्र।
3. मिख़ायल को पत्र।
4. 25 अप्रैल, 1899 को टॉल्सटॉय के गोर्की सम्बन्धी विचार सूचित करते हुए गोर्की को पत्र।

लेखक ख़ुद बन बैठे, मैं इसके सख़्त ख़िलाफ़ हूँ—ज़रा अपने व्यक्तित्व को फैलाव और विस्तार दो, दो-एक घंटे अपने-आपको भूल जाओ... ।''[1]

''मैं पूछ रहा था कि अभी आपने जिनका नाम लिया, ये लिडिया एविलोव कौन थीं ?'' —यह देखकर कि वे अपने-विषय से हट रहे हैं, निरंजन पूछ बैठा।

इस बार वे बड़े ज़ोर से हँस पड़े—''लगता है, मेरे जीवन में आप कोई रहस्य रहने नहीं देंगे। बातों-ही-बातों में सब कुछ पूछ डालेंगे।'' फिर ज़रा गम्भीरता धारण करके—जैसे वे किसी ऐसे विषय पर बात कर रहे हैं, जिससे उनका कोई सम्बन्ध कभी नहीं रहा—चेख़व ने कहना शुरू किया—''तो सुनिए, यह लिडिया एविलोव एक ऐसी विवाहिता महिला थी, जिसके प्रथम दर्शन ने ही मुझे क्षुब्ध कर दिया। यों तो नाटक के सिलसिले में, रिहर्सलों के दौरान हज़ारों लड़कियों और महिलाओं के सम्पर्क में आने का मौक़ा मिला—वे सब एक-से-एक ख़ूबसूरत थीं, प्रसिद्ध थीं। अच्छे धरानों की स्त्रियाँ और अच्छी-से-अच्छी अभिनेत्रियाँ—मैं सभी के सम्पर्क में आया। डॉक्टरी में तो इसका और भी अवसर रहा है। घंटों, कभी-कभी तो मैंने रातों इन स्त्रियों के साथ हँसते-खेलते, शराब गानों में बिताया है; लेकिन यह लिडिया एविलोव ही एक ऐसी लड़की थी, जिसने मेरे अस्तित्व और जीवन को झकझोर कर रख दिया। परिचय के बाद मेरे जीवन की सीधी-सादी गति में जो भी झटके, मोड़ और छलाँगें दिखाई देती हैं, वे सब इसी के कारण हैं। सबसे पहले मैंने इसे पीटर्सबर्ग में देखा। एक नाटक के सम्बन्ध में सुवोरिन मेरे पास मॉस्को आए, फिर हम दोनों पीटर्सबर्ग गए। मेरा नाटक 'आइवानोव' खेला जा रहा था। मैं उसकी रिहर्सलों के समय वहीं रहना चाहता था। पीटसर्गबर्ग में ख़ुदाकोव 'पीट्र्सबर्ग गजट' का सम्पादन करता था। मैं उससे मिलने गया। हम लोग बैठे थे, तभी इन्होंने प्रवेश किया। खुदाकोव ने परिचय करया। ये उसकी साली थी, और एक मिलिट्री अफ़सर से विवाह हुआ था—एक लड़का भी था। ख़ैर, जब मेरा परिचय हुआ, तो मैं विवश-सा उनकी ओर खिंच गया। बड़ी देर तक उनका हाथ अपने हाथ में लिये रहा और मुग्ध विस्मय से सिर्फ़ देखता रहा। बाद में जब उन्होंने विवाहित होने की बात बताई, तो मैं केवल भौंचक उनकी आँखों में ही देखता रह गया। पता नहीं, उस समय मुझे क्या हो गया था! बाद में लिडिया ने जो वर्णन अपनी हालत का दिया, वह तो जैसे मेरी हालत से बिलकुल ही मिल गया। उन्होंने कहा था—कभी-कभी किसी घटना का वास्तविक अर्थ बताना कितना कठिन है! और सच बता तो यह है कि उस दिन ऐसा कुछ घटित भी नहीं हुआ। हम दोनों एक-दूसरे की आँखों में देखते रहे। लेकिन उन्हीं दृष्टियों में हमने कितना कुछ विनिमय कर लिया था! लिडिया को तो ऐसा लगा, जैसे उसके भीतर कहीं कुछ

1. 'मेरे जीवन में चेखव' में लिडिया का वर्णन। यह मधुर प्रेम कहानी लिडिया की मृत्यु के बाद—1950 के बाद प्रकाशित हुई।

विस्फोट हो उठा है—जैसे कोई अनार फूट गया हो—प्रकाश आह्लाद और विजय का आनार! वे जान गई थी कि मेरी भी यही स्थिति है।[1] यह मेरी–उनकी पहली मुलाक़ात थी; और आख़िरी मुलाक़ात तब हुई, जब मेरा 'समुद्री चिड़िया' के बीच का समय, मेरे और लिडिया के विचित्र प्रेम का समय रहा है। विचित्र इस अर्थ में कि हम लोग एक–दूसरे के बिना रह नहीं सकते थे। साथ ही, कभी अधिक समय मिलकर प्रेम से भी नहीं रहे। कभी वह नाराज़ रही और कभी मैं। कभी मतैंने उनसे अपने सारे सम्बन्ध समाप्त करने की घोषणा की, और कभी जब वे चुप हो गई तो दोनों एक–दूसरे को व्याकुलतापूर्ण पत्र लिखने लगे। मिलिख़ोवो वह दो–एक बार आई, और मैं तो जब भी पीटर्सबर्ग आता था, उसने मिले बिना रह ही नहीं पाता था। उसका पति बाहर रहता था, अत: उसकी बहन द्वारा मुझे फ़ौरन ही
. ख ब र
मिल जाती। उन दिनों मैं टॉल्सटॉय के संयम और आत्मनिग्रहवादी दर्शन के प्रभाव में था, अत: यह प्यार मेरे मन में एक बड़ा विचित्र द्वन्द्व बन गया। मैं इस प्रेम को छुपाता था, इससे बचता और भागता था, अपने–आप से लड़ता था—लेकिन विवश था। कभी–कभी तो मैं इसलिए, कई–कई बार पीटर्सबर्ग आकर भी उसने नहीं मिलता था। उन्हीं दिनों मेरे घर में बड़ा ऊधम, अलैक्जैन्द्र भाई साहब को लेकर उठा हुआ था। उनकी पहली पत्नी को तलाक़ नहीं मिल रहा था, एक बच्चा भी था, चारों ओर मेरी बदनामी फैल रही थी। उन दिनों मैं मानसिक रूप से बहुत ही परेशान था...।''

''शायद उन्हीं दिनों की मानसिक और वास्तविक स्थिति के आधार पर आपने 'द्वन्द्व' नाम की लम्बी कहानी लिखी थी।''—मैंने बीच में टोककर पूछा, फिर ज़रा अपनी बात को साफ़ किया—''उसमें भी तो अन्ना कैरेनिना की तरह एक विवाहित स्त्री नाद्येज़्दा फ़्योदोरोव्ना, लायव्स्की के साथ सुदूर काकेशस प्रान्त में जाकर रहने लगती है—और यहाँ का जो कुछ वर्णन आपने दिया है, उस सब पर टॉल्सटॉय की फ़िलॉसफ़ी का प्रभाव है—या ऐसा लगता है, उस प्रभाव से छुटकारा पाने का आप प्रयत्न कर रहे हैं!''

''मैंने कहा न, कि हर चीज़ को मेरे जीवन से मत नापो। यह ठीक है कि उन दिनों मुझे अन्ना कैरेनिना बहुत प्रिय थी, और 'द्वन्द्व' भी उन्हीं दिनों की रचना है, और यह भी ठीक है कि मैंने जब वह रचना लिखी थी, तब मेरा विश्वास टॉल्सटॉय के आत्मनिग्रह और सत्याग्रह से उठ चुका था, लेकिन जैसा मैंने अभी बताया, अपने–आपको अपनी रचनाओं का नायक बनाकर जीवनी लिखना मुझे नापसन्द है। आपने 'द्वन्द्व' में से छाँट लिया—इसी तरह एक बार मैंने कहानी लिखी, उसका नाम रखा 'प्रेम के बारे में'; पता नहीं कैसे लिडिया ने मेरे एक पत्र से अन्दाज़ा

लगाया कि मैं उन्हें 'रूसी विचार' नामक पत्र में प्रकाशित इस कहानी को पढ़वाना चाहता हूँ। कहानी उन्होंने पढ़ी और उससे नतीजा निकाला कि मैं चाहता हूँ मेरा-उनका सम्बन्ध समाप्त हो जाए। उनका इस भावना का पत्र जब मुझे मिला तो मैंने सफाई दी, जिसकी एक पंक्ति का (स्वस्थ और प्रसन्न रहो) अर्थ लगाया गया कि मैं उनसे सम्बन्ध तोड़ना चाहता हूँ—तभी तो ऐसी बात लिख रहा हूँ! मैंने उनसे माफ़ी माँगी; तब कहीं गलतफ़हमी दूर हुई। वे अच्छी लेखिका भी थीं और अपनी किताबों पर ऐसी ही विचित्र-विचित्र बातें लिख देती थी। एक बार तो उन्होंने लिखा : ''जैसे एविलोव की बातें करते-करते चेख़व उसमें डूब गए—''अपनी पुस्तक पर उन्होंने लिखकर दिया—'घमंडियों के उस्ताद से बड़ा ही विनम्र है! कभी-कभी उनके पति और तीन बच्चों के कारण हमारे सम्बन्धों में गलतफ़हमी आ जाती। एक बार तो उन्होंने बड़ा विचित्र मज़ाक किया। उन्होंने जौहरी से, घड़ी को जंज़ीर में लटकनेवाला ऐसा झुमका-सा बनवाया, जिसकी शक्ल बिलकुल किताब जैसी थी। उसके एक तरफ़ खुदवाया—'चेख़व की कहानियाँ' और दूसरी तरफ़ 'पृष्ठ 267 लाइन छह-सात' और यह उन्होंने 'रूसी विचार' के दफ़्तर में 'गोल्तसेव' के द्वारा मुझ तक पहुँचाने के लिए भेज दिया—आप जानते हैं, उनमें किस लाइन की ओर संकेत था?'—उन्होंने प्रश्न किया और स्वयं ही मुस्कराकर बोले—''यह संकेत था, मेरी 'पड़ोसी' कहानी की एक लाइन का—यदि तुम्हें कभी मेरे प्राणों की आवश्यकता पड़े, तो आना और निस्संकोच ले लेना।'' इस लाइन को दुहराने के साथ वे चुप हो गए। कुछ देर चुप्पी रही, जैसे वे भीग गए हों—''मेरे नाटक 'समुद्री चिड़िया' के तीसरे दृश्य में 'नीना' भी इसी तरह अपना सन्देश भेजती है। इतना गहरा प्रेम था, लेकिन...''

शायद इस समय वे बहुत अधिक विभोर हो गए थे, इसलिए थोड़ी देर की चुप्पी के बाद मैंने बात को दूसरा मोड़ दिया—''कुछ लोगों का विचार यह है कि आप जो उन दिनों जमकर नहीं रह पाए, निरन्तर कहीं-न-कहीं भागने की प्रवृत्ति आपमें रही—वह आपकी अपने-आप से भागने की प्रतीक थी।'[1] इसी प्रकार आपके 'द्वन्द्व' में लायव्स्की भी हर परिस्थिति से भागता है। ख़ैर 'द्वन्द्व' तो आपने 1891 में लिखा था; इससे पहले यानी लिडिया के परिचय के एक साल बाद—अर्थात् 1890 में आपने शाख़ालिन द्वीप की जो यात्रा थी थी, उसके मूल में भी लोग यही आत्म-द्वन्द्व—और जो कुछ आप प्राप्त नहीं कर सकते थे, साथ ही जिसके बिना रह भी नहीं सकते थे, इसलिए उसकी उपस्थिति से कतराने की भावना बताते हैं—यह कहाँ तक ठीक है?''

''शाख़ालिन और लिडिया...'' इस बार उन्होंने गर्दन घुमाकर तीखी दृष्टि से

1. 30 अगस्त को लिडिया का पत्र।

मेरी ओर देखा, फिर जैसे आगे बोलने के लिए शब्द खोजते रहे; एकदम बोले—"इन दोनों का सम्बन्ध जोड़ना ग़लत है।" फिर थोड़ी देर आवेश से चुप रहे। बस, उनके होंठ काँपते रहे—जैसे उन्हें ध्यान आ गया हो कि अभी वे इस बात को स्वयं अपने मुँह से स्वीकार कर चुके हैं—कि लिडिया ने कैसे उनके जीवन में एक आन्दोलन ला-खड़ा किया था। फिर जैसे इस बात की सच्चाई स्वीकार कर के ही, उसे झुठलाने को अपने हर शब्द पर ज़ोर देकर बोले—"बिलकुल ग़लत है!" तभी शायद फिर उन्हें ध्यान आ गया कि उनकी यह अस्वाभविक उत्तेजना उनके शब्दों के विरुद्ध प्रमाण दे रही है, अतः एकदम सुस्थिर स्वर में उन्होंने बताना शुरू किया—"बात दरअसल यह थी कि उस समय तक मैं साहित्यिक रूप में काफ़ी प्रसिद्धि पा चुका था। दो साल पहले मुझे, विज्ञान-परिषद की ओर से 'पुश्किन पुरस्कार' भी मिल चुका था। मेरे मन को हमेशा यह चीज खलती थी कि डॉक्टरी को मैं अपनी वैध पत्नी मानता हूँ, लेकिन दे कुछ भी नहीं सका। इसीलिए मैं शाख़ालिन गया—हालाँकि जाते समय भी यह चीज़ मेरे सामने स्पष्ट थी, कि मेरी यह यात्रा विज्ञान या कला को शायद ही कोई विशेष उपलब्धि दे सके—क्योंकि मुझे न तो उतना ज्ञान था, न समय था, और शायद महत्त्वाकांक्षा भी नहीं थी। बस, मेरी तो एकमात्र इच्छा यही थी कि इस यात्रा के द्वारा, सौ-दो-सौ पन्ने लिखकर डॉक्टरी के उस ऋण को मैं उतार दूँ, जिसकी ओर मेरा रवैया सख्त हरामख़ोरी का रहा है।[1] यह मुझे पक्का विश्वास था कि शायद उस यात्रा का कोई भी लाभ नहीं मिलेगा, फिर भी इस विश्वास से—वहाँ जाने की मेरी इच्छा में ज़रा भी अन्तर नहीं पड़ा।"

"यह तो आप बड़ी विरोधी-सी बातें कर रहे हैं! वहाँ जाना भी चाहते थे, साथ ही यह भी जानते थे कि वहाँ जाने का कोई लाभ न होगा?" निरंजन ने टोक दिया—"रही घूमने की बात, सो जिसका स्वास्थ्य हमेशा ही ख़राब रहता हो, वह उस द्वीप में जाने की बात सोचे—जहाँ सिर्फ़ आजन्म कारावास पाए क़ैदी रहते हों, या जहाँ बर्फ़ के सिवा कुछ न हो—यह बात भी कुछ समझ में नहीं आती। वह जगह पास भी तो नहीं है—दुनिया के एकदम दूसरे सिरे पर है!"

इस बात से चेख़व फिर जैसे पसोपेश में पड़ गए; मैंने हाथ के इशारे से निरंजन को, इस सम्बन्ध में आगे कुछ पूछने से रोक दिया।

तनिक हँसी के बाद चेख़व कह रहे थे—"जहाँ क़ैदी रह रहे हों, वहाँ घूमने न जाने की बात आपने ख़ूब कही! इच्छा भी तो कोई चीज़ है—यह ज़रूरी थोड़े ही है कि वहाँ सज़ायाफ़्ता ही जाए। आप ही बताइए, टॉलस्टाय के 'पुनर्जीवन'[2] में नैख़्ल्युदोव नर्तकी के साथ साइबेरिया जाता है—उसे किसने सज़ा दी थी? वह भी तो

---

1. 9 मार्च, 1980 को सुवोरिन को पत्र।
2. टॉलस्टाय का एक उपन्यास।

अपनी इच्छा से ही गया था न! तो ख़ैर, सभी लोग मेरी इस यात्रा के विरोधी थे, सुवोरिन ने तो लिखा कि वहाँ जाकर क्या भाड़ झोंकोगे? शाख़ालिन में ऐसा कुछ भी तो नहीं है, जिसमें किसी की रत्तीभर रुचि हो। मगर मेरा कहना था—अब भी है, कि हर लेखक को शाख़ालिन अवश्य ही जाना चाहिए। मैं भावुक बिलकुल नहीं हूँ, अगर होता तो कहता कि खाख़ालिन जैसी जगहों की हमें उसी तरह तीर्थ-यात्रा करनी चाहिए, जैसे तुर्क लोग मक़्का की यात्रा करते हैं या मिलिट्री के आदमी सैवस्टोपोल जाते हैं। और ऐसी जगह में केवल उसी देश को कोई रुचि नहीं हो सकती, जो शाख़ालिन में हज़ारों अभागों को देश-निकाला न देता हो, या जिसका लाखों रुपया उन पर ख़र्च न होता हो। ऑस्ट्रेलिया के सिवा ऐसी कौन-सी जगह है, जहाँ क़ैदियों के पूरे-के-पूरे उपनिवेश बसें? हम मन्दिरों में बैठकर मानवता की भलाई की प्रार्थना करते हैं, सोचा है कभी हमने कि शाख़ालिन जैसी जगह में आदमी पर क्या बीतती है? शाख़ालिन ऐसी ही असह्य यन्त्रणाओं का स्थान है! ऐसी यन्त्रणाओं का, जिन्हें मनुष्यों के अलावा—चाहे वे स्वतंत्र हों या गुलाम—कोई दूसरा बर्दाश्त नहीं कर सकता। कल्पना कीजिए, हमने लाखों आदमियों को किस तरह सड़ने-मरने और कुत्तों की मौत मरने के लिए वहाँ जेलों में बन्द कर दिया है, कड़कड़ाती ठंड में—जंज़ीरों में बाँधकर हज़ारों मील हाँका है! मैंने सुवोरिन को ज़ोर देकर लिखा कि 'हाँ, हमें अपने देश के कलंक इस शाख़ालिन को देखने की बेहद ज़रूरत है, दुख मुझे यह है कि कोई और मेरे साथ नहीं था।[1] जैसे उस स्थान की याद करके चेख़व उत्तेजित हो उठे, फिर ज़रा ऊँची आवाज़ में बोले—"आप विश्वास कीजिए, इतने मानसिक अवसादों में, इतनी असफलताओं, कष्टों और मुसीबतों में सिर्फ़ एक आस्था ने मुझे जीवित रखा है, वरना मैं कब का टूट चुका होता—यह विश्वास है कि मैं मानवता के लिए कुछ कर रहा हूँ। मेरे लिए संसार में सबसे पवित्र है मानव का शरीर, मानव का स्वास्थ्य, विद्या, बुद्धि, प्रेम, आत्मा और सबसे बढ़कर उसकी स्वतन्त्रता—झूठ और हिंसा से मुक्ति; लेकिन मैंने वहाँ इसी सबका ऐसा नाश देख कि मैं काँप उठता हूँ।[2] सिवा फाँसी के मैंने सभी कुछ देखा—एक बार मेरे सामने ही एक आदमी को नब्बे कोड़े लगाए गए! आप सच मानिए, मुझे तीन रात नींद नहीं आई—वही लटका हुआ आदमी, वही टिखटी मेरी आँखों के सामने झूलती रही—इस दृश्य से मैं कितना परेशान रहा, मेरी आत्मा कितनी छटपटाई—शायद इतना कष्ट उस बेचारे क़ैदी को ख़ुद नहीं हुआ होगा! लेकिन वहाँ के आदमी कैसे पत्थर हो जाते हैं, आप विश्वास नहीं करेंगे। वे लोग इस कोड़ेबाज़ी में मज़ा लेने लगते हैं—मिलिट्री ऑफ़िसर नहीं, यूनिवर्सिटी के ग्रेजुएट। शाख़ालिन

1. सुवोरिन को पत्र 9 मार्च, 1890।
2. चेख़व की रचना 'शाख़ालिन' से।

में तीन महीने रहने के बाद मैंने समझा कि किसी वस्तु को दूर से देखने और अपने-आपको उसका हिस्सा बनाकर देखने में क्या फ़र्क है? यों दॉस्तॉयेव्स्की की तरह 'मुर्दों का घर' में लिख देना बड़ा आसान है कि वहाँ स्थिति यों बदल जाएगी, त्यों बदल जाएगी। शाख़ालिन से मैंने यही सीखा कि किसी चीज़ को भावना के स्तर पर अनुभव, करना और उसकी बौद्धिक क़र्ज़-अदायगी में क्या फ़र्क है? अगर हमें आदमी का जीवन की तरफ दृष्टिकोण बदलना है, तो वस्तुओं को भावना के स्तर पर देखना होगा—दिमाग़ी सतह पर नहीं।[1] मेरी समझ में तो एक कलाकृति का सबसे गम्भीर उद्‌देश्य, उच्च नैतिक-मूल्यों को चीख़-चीख़कर प्रचारित करना नहीं, बल्कि अपनी कहानी या नाटक के चरित्रों द्वारा पाठक या दर्शक के मन में क्रूरता, हृदयहीनता या अन्यान्य के प्रति ठीक वही भावनाएँ उसी वेग से जगाना है, जो स्वयं लेखक ने अपने भीतर—इन विकृतियों को देखकर अनुभव की हैं। अगर मैंने शाख़ालिन की यात्रा न की होती, तो शायद टॉल्सटॉय के आत्मघाती दर्शन से कभी छुटकारा नहीं पा सकता था।''

''टॉल्सटॉय के दर्शन और शाख़ालिन की यात्रा से क्या मतलब?''—स्वाभाविक प्रश्न निरंजन ने रख दिया।

''टॉल्सटॉय का यही सिद्धान्त कि सत्याग्रह करो, पाप का प्रतिकार मत करो—या उसके प्रतिकार के लिए स्वयं कष्ट उठाओ, अपने पर जब्र करो, संयम से रहो—शाख़ालिन की यात्रा ने मेरी आँखें खोल दीं और मुझे लगा कि यह सब कितना बड़ा झूठ है। शख़ालिन में क़ैदियों पर जो अत्याचार होते हैं, वहाँ के गवर्नर कोनोतोविच से मिलने पर मुझे मालूम हुआ कि उन सबका उस बेचारे को कोई पता ही नहीं था! आदमी वह भला था, लेकिन अफ़सर लोग उसके आदर्शों पर कान ही नहीं देते थे। मैंने मध्य शाख़ालिन में दो महीने बिताए, वहाँ 'दुई जेल' देखी। क़ैदी वहाँ लोहे की जंज़ीरों से बाँधकर गाड़ियों में जोते जाते थे, कोयले की खानों के मालिक उनसे बेगार कराके दुनिया-भर का मुनाफ़ा बटोरते थे और रूसी-सरकार को इस सबका पता भी नहीं है। ख़ैर, इस सब को छोड़िए; लेकिन बताइए, वहाँ टॉल्सटॉय का यह दर्शन क्या भाड़ फोड़ेगा? क्या क़ैदियों का इस अत्याचार, कोड़ेबाज़ी, बेगार और भ्रष्टाचार का प्रतिरोध न करना—उनके अफ़सरों को अच्छा आदमी बना पाता है? उनका हृदय-परिवर्तन कर सकता है? वहाँ वर्षों से यही होता आ रहा है और अगर सचमुच पाप का प्रतिकार न करने का सिद्धान्त, प्रभावशाली सिद्धान्त है तो शाख़ालिन पहली जगह है, जहाँ उसका प्रभाव दिखाई देना चाहिए।[2] बकवास!'' उत्तेजना से वे चुप हो गए, फिर बोले—''सका क़तई यह मतलब नहीं कि मैं

1. प्लैश्चयेव को पत्र।
2. चेख़व की किताब शख़ालिन'।

टॉल्सटॉय से घृणा करता हूँ—नहीं, टॉल्सटॉय मेरे पूज्य हैं! एक बार वे बीमार हो गए, तो मैं उनकी मृत्यु की कल्पना करके काँप उठा। मैं जानता हूँ, उनकी मृत्यु मेरे जीवन में कितनी बड़ी खाई पैदा कर जाएगी। क्योंकि शायद मैंने दुनिया में किसी आदमी को इतना प्यार नहीं किया—जितना टॉल्सटॉय को किया है। यों मैं नास्तिक हूँ, लेकिन टॉल्सटॉय में मुझे आस्था है। फिर सबसे बड़ी बात यह है कि साहित्य में जब तक टॉल्सटॉय हैं—तब तक लिखने में, लेखक कहलाने में गौरव है, अच्छा लगता है! अगर आप यह भी मानते रहें कि आप कुछ अच्छा नहीं लिख रहे, तब भी यह सब इसलिए इतना बुरा नहीं लगता, कि टॉल्सटॉय हम सबके हिस्से का काम कर डालते हैं। हम सबके निकम्मेपन के लिए—टॉल्सटॉय जो कुछ करते हैं, वह एक जस्टीफ़िकेशन है, एक्सक्यूज़ है! तीसरे, वह आदमी चट्टान की तरह दृढ़ है—जब तक वह जीवित है, साहित्य में कोई भी गन्दगी, कुरुचि और द्वेष-भावना पनप नहीं सकती। उसके बिना तोहम सब लोग, बिना गड़ेरिये की भेड़ हो जाएँगे, हर चीज़ अव्यवस्थित हो जाएँगी।''[1] टॉल्सटॉय के बारे में बातें करते हुए चेख़व की आँखें चमक उठीं, फिर मुस्कराकर बोले—''आपको मालूम है, वे मेरे बारे में क्या कहते हैं? गोर्की ने बताया—एक बार वह अपने गास्पारा के भवन में, पार्क में मुझे देखकर बड़बड़ा रहे थे—'आह...कैसा प्यारा आदमी है, कितना सुशील और नम्र, बिलकुल एक युवती की तरह। और देखें, उसकी चाल भी कैसी लड़कियों-जैसी है!'' टॉल्सटॉय के इस वाक्य को याद करके वे ज़ोर से हँस पड़े।

''लेकिन शुरू में टॉल्सटॉय से मिलने में तो आप बहुत हिचकिचाते रहे।'' मैंने पूछा—''आपकी मुलाक़ात ही तब हुई, जब टॉल्सटॉय ने कई बार मिलने की इच्छा प्रकट की। कोई कहता था कि टॉल्सटॉय से आपके न मिलने का कारण यह था कि उसके 'यास्न्या पोल्याना' महल की शानदार इमारत देखकर, भीतर जाने की आपकी हिम्मत नहीं पड़ती थी?''[2]

''हिम्मत? आप-दादा गुलाम थे न!'' चेख़व ज़ोर से हँस पड़े—''हिम्मत की आपने ख़ूब कही! नहीं, इसका असली कारण यह था कि उस समय मेरा विश्वास टॉल्सटॉय के उपदेशों से उठ चुका था। छह-सात साल मैं उनके प्रभाव में रहा—और वह प्रभाव इसलिए नहीं था कि वे कोई बहुत अच्छी बात कह रहे थे, बल्कि वह बात जिस तरह से कहते थे—उनके उस ढंग ने मुझे सम्मोहित कर लिया था। शीघ्र ही यह सम्मोहन दूर भी हो गया और मैं विश्वास करने लगा कि संयम और आत्मनिग्रह की अपेक्षा बिजली और भाप का—जिसका वे विरोध करते थे—ठीक उपयोग करने में ही मानवता की अधिक उन्नति है। युद्ध सबसे बड़ा अपराध है,

1. मेनशिक़ोव को चेख़व का पत्र तथा गोर्की द्वारा चेख़व के संस्मरण।
2. अमेरिकन लेखक अर्नेस्ट जे. सिमन्स की पुस्तक 'लियो टॉल्सटॉय' में।

और राजनैतिक बन्दियों पर अत्याचार भी अन्याय है—लेकिन इस सबका मतलब यह तो नहीं है कि आप हाथ के बने जूते पहनें या मज़दूरों और उनकी पत्नियों के साथ भट्टियों पर सोएँ! — यही वज़ह है कि टॉल्सटॉय का मेरे लिए कोई अस्तित्व ही नहीं रहा[1] और मुझे 'यासन्या पोल्योना' जाने की अपेक्षा समुद्र में नहाना और गप्पें मारना ज्यादा अच्छा लगता था।[2] लेकिन जब मैं उनसे मिलने गया तो काफ़ी अच्छा लगा। उन दिनों वे पुनर्जीवन' लिख रहे थे। मैं उन्हें ढोंगी समझता था; लेकिन एक चीज़ ने मुझे आश्चर्यचकित कर दिया, वह थी तात्याना और मारिया—उनकी पुत्रियों की अपने पिता के प्रति भक्ति! कैसे वे उनकी हर बात की देखभाल करतीं, उनकी दिनचर्या निश्चित करतीं, हमेशा उनके आगे-पीछे मौजूद रहतीं। उसी से प्रभावित होकर मैंने सुवोरिन को लिखा था—'एक आदमी अपनी मंगेतर को धोखा दे सकता है, प्रेमिका को ग़लतफ़हमी में डाले रह सकता है। जहाँ तक स्त्री का सवाल है, अगर वह प्रेम में पागल हो तो एक गधा भी महान दार्शनिक ही दिखाई देता है—लेकिन स्त्रियों की बात बिलकुल ही अलग है। इतना सब कुछ होते हुए भी, दूसरी मुलाक़ात के बाद ही मैंने उनके जीवन-दर्शन के ख़िलाफ़ कहानियाँ लिखना शुरू कर दिया था। 'किसान' उनके प्रभाव में आकर लिखी थी, लेकिन 'सात माले का मकान' और 'मेरा जीवन' में मैंने उनके दर्शन को कोसा था—'वार्ड नं. 6' में मैंने बहुत अधिक कटु होकर उनके जीवन-दर्शन की खिल्ली उड़ाई है। उसका नायक है आन्द्रेई रागिन, पागलखाने का डॉक्टर, बिलकुल टॉल्सटॉय के विचारों का प्रतिरूप है। वह किसी को न तो कष्ट दे सकता है, न कष्ट उठाता देख सकता है—धीरे-धीरे पागल हो जाता है। यह मेरा उनके दर्शन पर सबसे कठोर प्रहार था, लेकिन मज़े की बात है कि उसी कहानी को व्लादीमीर चैरत्कोव ने, जो टॉल्सटॉय के दर्शन का सबसे बड़ा प्रचारक था—इतना पसन्द किया कि अपनी कथा-साहित्य की सस्ती सीरीज़ में छापने की इच्छा प्रकट की। वह छपा भी। उसी कहानी ने मुझे उदारपन्थियों के साथ कर दिया। जब यह 'रूसी विचार' पत्रिका में छपी, तो मैं प्रसन्नता से उछल पड़ा। मेरा तो अब भी विचार यह है कि टॉल्सटाय महान व्यक्ति हो सकते हैं, लेकिन उनके लिए समय बर्बाद करना, ख़ास तौर से उनके दर्शन पर कहानी लिखने के लिए—बेकार ही है!''[3]

फिर ज़रा रुककर चेख़व ने कहा—''जहाँ तक साहित्य का सवाल है, वे महान स्रष्टा हैं। तुर्गनेव की रचनाएँ मुझे अत्यधिक प्रिय हैं, लेकिन उसकी कमजोरी यह है कि 'बाप और बेटे' में, ऑजिन की माँ को छोड़कर सभी स्त्रियाँ एक सी हैं—चाहे

---

1. 27 मार्च, 1954 को सुवोरिन को पत्र।
2. जुलाई, 1890 का पत्र।
3. 8 जुलाई, 1892 को सुवोरिन को पत्र।

वह लिजा की माँ हो या 'हेलेन' की—इसके अलावा लावत्स्कों की माँ को भी शामिल कर लें, जो एक गुलाम की लड़की है, या और भी जितनी लड़कियाँ या स्त्रियाँ हैं—सब गढ़ी-गढ़ाई हैं, एक सी और नकली हैं। माफ़ कीजिए, वे सबकी-सब ऐसी हैं, जैसी कहीं होती ही नहीं हैं। लिजा और हेलेन तो रूसी लड़कियाँ ही नहीं हैं। ''धुएँ'' की इरीनी या ''बाप-बेटे' की औदिन्त्सोवा—सब वही शेरनियाँ, भूखी, जलती हुई-सी—जैसे कुछ खोज रही हों—सब बकवास। लेकिन उधर आप टॉल्सटॉय के ''अन्ना कैरेनिना' को याद कीजिए—ये आकर्षक कन्धोंवाली स्त्रियाँ उसके सामने खड़ी नहीं हो सकती—फुर्र से हवा में उड़ जाती हैं।[1] इसी तरह 'पुनर्जीवन' की मूलभूत धारणाओं के विस्तार—उनकी लम्बाई-चौड़ाई और उपन्यास की विशदता, समृद्धि ने मुझे बहुत ही प्रभावित किया—उसमें बस नैख्ल्युदोव और कात्या के सम्बन्ध को अस्वाभाविकता और अस्पष्टता अच्छी नहीं लगी। वरना आप देखिए, उस व्यक्ति ने मौत से डरनेवाले आदमी की बेईमानी को कितनी सुन्दरता से चित्रित किया है—जो इस बात को मान कर नहीं देता और सिर्फ़ धोखा देने के लिए—बुरी तरह शास्त्र-वाकयों से चिपका हुआ है।[2] वे ख़ुद भी तो मौत से ऐसे ही डरते हैं।[3] जहाँ तक व्यक्तिगत सम्बन्धों की बात है, वह बिलकुल अलग है। दिसम्बर 1901 में जब 'रूसी-परिषद' के साहित्य-विभाग के सदस्य के रूप में गोर्की को चुना गया, तो उसके राजनैतिक विचारों पर आपत्ति करते हुए, स्वयं ज़ार इत्यादि ने दो ही महीने बाद उसका चुनाव अवैध बता दिया। उस समय इस सम्बन्ध में मैंने सबसे पहली सलाह टॉल्सटॉय से ही ली थी। मैं और टॉल्सटॉय दोनों एक ही समय सदस्य चुने गए थे। सत्ता के इस हस्तक्षेप को मैंने सभी साहित्यिकों का अपमान समझा, और कोरोलैंको के साथ इस परिषद से त्यागपत्र देकर एक विज्ञप्ति निकालने का फ़ैसला किया। टॉल्सटॉय ऐसे फक्कड़ हैं कि जब उन्हें मनोनीत सदस्य के रूप में चुने जाने की सूचना आई, तो उन्होंने उसकी प्राप्ति-सूचना तक नहीं दी। मैंने जब यह बात बताई तो वे किताब पढ़ रहे थे। बोले—'तुम त्याग-पत्र को कहते हो—अरे, मैं तो अपने आपको सदस्य ही नहीं मानता!' और निहायत इत्मीनान से क़िताब पढ़ते रहे।''[4] फिर चेख़व ने, जैसे एक ही तरह लेटे रहने से थककर करवट बदली।

''तो फिर आपने त्याग-पत्र दे दिया ?'' निरंजन ने पूछा—आश्चर्य से।

''हाँ, हम और कोरोलैको सलाह करने के लिए याल्टा में मिले और मैंने 25

---

1. सुवोरिन को पत्र।
2. फरवरी 1900 में गोर्की को पत्र।
3. बोर्की द्वारा लिखित टॉल्सटॉय के संस्मरण।
4. कोरोलेंको को पत्र।

अगस्त को त्याग-पत्र भेज दिया। लेकिन इसमें आप आश्चर्य क्यों कर रहे हैं?"

"कम आश्चर्य नहीं है!" निरंजन ने कहा—"आप शायद यह भूल गए हैं कि हम लोग हिन्दुस्तान से आ रहे हैं, जहाँ विचारों की सहिष्णुता, पवित्रता और उच्चादर्शों के सिद्धान्त तो खूब ज़ोर-ज़ोर से बघारे जाते हैं—ख़ूब ज़ोर-ज़ोर से प्राचीन संस्कृति और आध्यात्मिकता का ढोल पीटा जाता है, लेकिन आचार इतना कमीना है कि घृणा हाती है! यह तो पूरे रूस में राज्य की सबसे प्रसिद्ध परिषद की सदस्यता की बात थी—अगर कोई और छोटी-मोटी जगह ही होती, किसी व्यक्तिगत परिषद की ही बात होती तो हजारों कहनेवाले ऐसे मिल जाते—जो आपके साथियों में से ही होते, कि अच्छा हुआ गोर्की को निकाल दिया गया—साला कम्यूनिस्ट था! और दूसरे ही दिन गोर्की की ख़ाली जगह भरने के लिए आपसे सिफ़ारिश कराने पाँच उम्मीदवार आ डटते, जिसमें से कम-से-कम तीन तो साहित्य के डॉक्टर हों, जो साहित्य में भौंपू लगा-लगाकर अपने आपको ईमानदार और स्वतंत्र कलाकार घोषित करते रहते हैं।"

"नहीं, हम लोगों में यह बात नहीं थी..." चेख़व ने थोड़ा गर्व से कहा—"विचारों और सिद्धान्तों का इतना विरोध होते हुए भी, टॉल्सटॉय ने अपने मित्रों में बैठकर मेरी 'प्रियतम' आदि कहानियों का अपनी रचनाओं की तरह पारायण किया है, खुले मन से प्रशंसा की है, और एक जगह तो यहाँ तक लिखा—जब-जब मैंने उस कहानी को पढ़ा, मेरी आँखों में आँसू आए बिना न रहे।[1] उन्होंने ही प्रकाशक मार्क्स से मेरे लिए सिफ़ारिश की, कि मेरे पूरे साहित्य को छापे। यही बात गोर्की के साथ है। उसने मेरे और टॉल्सटॉय के सम्बन्ध में जो कुछ कहा है, उसे देखकर कभी नहीं कहा जा सकता कि हम लोगों में अत्यधिक सौहार्द और आन्तरिक सम्बन्ध नहीं था।"[2]

फिर उन्होंने अपनी बात को पकड़ते हुए कहा—"टॉल्सटॉय को सबसे अधिक आश्चर्य इस बात पर था कि मैं उनके सिद्धान्त को समझ क्यों नहीं पाता! टॉल्सटॉय शाश्वत-तत्त्व का वही अर्थ लेते हैं जो 'कांट' लेता है। उनका विचार है कि हम सभी मनुष्य और पशु, मनुष्य के चरम ध्येय—प्रेम और विवेक के अनुसार ही रहते रहेंगे, जबकि इस 'चरम ध्येय' के मूल तत्त्व और उद्देश्य कम-से-कम हमारे लिए तो गोरखधंधा ही हैं। मेरे सामने यह 'चरम ध्येय' या 'परम शक्ति' अपने आपको एक आकारहीन, एक जड़ सामूहिकता, के रूप में अभिव्यक्त करती है, ऐसी

1. टॉल्सटॉय द्वारा लिखित 'डार्लिंग' की आलोचना।
2. गोर्की की पुस्तक 'चेख़व, टॉल्सटॉय और एन्द्रीव के संस्मरण।'
3. 28 मार्च, 1897 में मॉस्को क्लिनिक में टॉलस्टाय के मिलने आने के बाद, चेख़व का चेशकोव को पत्र।

सामूहिकता के रूप में जिसमें मेरा 'अहं' मेरी चेतना और व्यक्तित्व विलीन हो जाएँगे—मेरे लिए ऐसी अमरता का न तो कोई उपयोग है और न मैं इसे समझ ही सकता हूँ।''[3]

टॉल्स्टाय सम्बन्धी इस अवान्तर प्रसंग के बाद चेख़व फिर अपनी पहली बात की ओर मुड़े—''हाँ, तो हम लोग शाख़ालिन की बात कर रहे थे। मैं बता रहा था कि यदि टॉलस्टॉय का, पाप का प्रतिकार न करने और अहिंसा का सिद्धान्त ज़रा भी मानवमात्र की भलाई करने की शक्ति रखता होता—तो शाख़ालिन पहली जगह है जहाँ इसका प्रभाव दिखाई देना चाहिए था। लेकिन इस तरह का वहाँ कुछ नहीं हुआ, इसके विपरीत इस दब्बूपने ने अत्याचारियों को और भी क्रूर बना दिया है। उस प्रदेश को उन्होंने क्या बना डाला है, मैं ज़रा आपको वहाँ की स्थिति बताऊँ...'' —खासकर चेख़व ने कहा—''मैंने एक लड़के से पूछा—'तुम्हारे बाप का क्या नाम है?'

'मुझे नहीं मालूम।'

'क्या मतलब? तुम अपने बाप के साथ रहते हो, और तुम्हें उसका नाम नहीं मालूम? तुम्हें शर्म आनी चाहिए!''

'वह मेरा असली बाप नहीं है।''

'अच्छा, यह बात है! लेकिन क्यों?'

'वह सिर्फ़ मेरी माँ के साथ रहता है।'

'तुम्हारी माँ शादीशुदा है या विधवा?'

'वह विधवा है, अपने पति को मारने के अपराध में यहाँ आई थी।'

'तुम्हें अपने बाप की याद है?'

'नहीं, मैं जेल में पैदा हुआ था। मैं नाजायज़ सन्तान हूँ।' ...शाख़ालिन की स्त्रियों की संख्या पूरी आबादी की 11.5 प्रतिशत है, और वे सभी गर्भ धारण करने योग्य आयु की हैं। बच्चे मरियल, पीले और उदास हैं। एक विचित्र बात है, अधिकांश अपराधिनी स्त्रियों की सज़ाओं के कारण प्रेम की विकृतियाँ या घरेलू झगड़ों के विस्फोट हैं—'मैंने अपने पति को मारा है।' —मैं सास के कारण आज यहाँ हूँ'—अधिकांश स्त्रियों ने यही उत्तर दिए। यहाँ तक कि आगज़नी आदि वाली स्त्रियाँ भी प्रेम के ही कारण अपराधिनी बनी थीं। क़ैदी स्त्रियाँ जैसे ही अलैक्जेंद्रोव्स्क पहुँचीं कि वहीं से उनकी छँटाई शुरू हुई—कुछ अफ़सरों के 'हरम' में चली गईं, कुछ जेल के वार्डनों और क्लर्कों को मिलीं—अधिकांश उन कैदियों में बाँट दी जाती हैं, जो सज़ा के बाद वहीं जम जाते हैं और रईस बन जाते हैं। वहाँ के अफ़सर लोग तो मुझे कुत्ते-बिल्लियों से भी गए-गुज़रे लगे। वहाँ के गवर्नर ने एक बार भूतपूर्व क़ैदियों के समूह से, मेरे सामने ही कहा—'मैं ध्यान रखूँगा कि आप लोगों को स्त्रियों

का ठीक-ठीक हिस्सा मिले।' इसी तरह एक अफ़सर मुझसे बोला—'आप ही देखिए, ये लोग वसन्त में तो औरतें भेजते नहीं, जाड़े में भेजते हैं। जाड़े मैं औरत का कोई उपयोग नहीं है—उस समय तो वे किसानों के ऊपर बोझ हैं!' उसकी बात सुनकर याद आया कि भूसा महँगा हो जाने पर लोग घोड़ों के बारे में भी ऐसे ही बातें करते हैं। मुझे तो विश्वास है, शाख़ालिन की दो-चार जेलों में रहकर, स्त्रियों में स्त्रीत्व नाम की चीज़ ही नहीं रह पाती। कुछ औरतों ने मुझे यह भी बताया कि वे अपने पतियों की अपेक्षा यहाँ ज्यादा अच्छी तरह रह रही हैं, और चूँकि अब वे स्वतंत्र हैं, इसलिए उनके साथ अच्छा व्यवहार किया जाता है। एक बात और, इन 'स्वतंत्र' स्त्रियों की स्थिति भी वहाँ कम आश्चर्यजनक नहीं है। जो अपने पतियों या बच्चों के साथ जाती हैं, उनकी हालत सभी स्त्रियों से गई-गुज़री है। उन्हें कोई सरकारी सहायता तो मिलती नहीं है, इसलिए मजबूरन अपना शरीर बेचती हैं और रहती हैं। दिन भर में पाँच-दस कॉपेक मिल जाते हैं। उनके पति लोग भी इस सबके अभ्यस्त हो जाते हैं। उन लोगों की लड़कियाँ भी, चौदह-पन्द्रह साल की होते-न-होते उसी ज़िन्दगी में रम जाती हैं। किसी भी कोमल, उच्च भावना की शाख़ालिन में जगह है कहाँ?[1] आप विश्वास कीजिए, जब मैं व्लादिवोस्तक पहुँचा तो ऐसा लगा, जैसे क़ब्र से तीन महीने बाद निकलकर बाहर आया हूँ। 'बायकल' जहाज पर एक अफ़सर की पत्नी लौट रही थी—जो बात-बात में खुलकर और खिलखिलाकर हँसती थी—सचमुच मैं ऐसी हँसी देखने के लिए तरस उठा था! वहाँ से जब मैं हांगकांग आया तो मालूम हुआ कि यहाँ अंग्रेज़ व्यापारी चीनियों का बड़ी बुरी तरह शोषण करते हैं—इसका प्रमाण मुझे मिला उस समय, जब मैं आदमियों द्वारा खींची जानेवाली एक सवारी 'जिन रिक्शा' पर बैठा—लेकिन यक़ीन कीजिए, मुझे रूसी-गवर्नमेन्ट के शोषण के आगे वह कुछ भी नहीं लगा। अंग्रेज़ शोषण करता है तो कम-से-कम सड़क-तार-रेल तो देता है। ये कम्बख्त तो कुछ भी नहीं करते!"[2]

एक गहरी साँस लेकर वे बोले—"यहाँ कितनी गरीबी है, कितना अज्ञान और अनाचार है कि शायद निन्यानबे चोरों में एक सज्जन आदमी रूस की इज्ज़त रखे हुए है।[3] आते समय तो ख़ैर हांगकांग, सिंगापुर, लंका इत्यादि पानी के रास्ते से आए थे—लेकिन शाख़ालिन जाते समय, साढ़े छः हज़ार मील साइबेरिया के विशाल मैदान ने और स्वयं शाख़ालिन ने मेरी आँखें खोल दीं—जीवन के प्रति सारा दृष्टिकोण ही बदलकर रख दिया।"

---

1. चेख़व की क़िताब 'शाख़ालिन'।
2. सुवेरिन को 9 दिसम्बर, 1890 को पत्र।
3. उस समय तक ब्लाडीवोस्तक से लेनिनग्रांड जाने वाली संसार की सबसे बड़ी रेल नहीं बनी थी।

"साढ़े छः हजार मील!" आश्चर्य से मैंने दुहराया—"बिना रेल या वैज्ञानिक वाहनों[3] के, वास्तव में आश्चर्य ही है!!"

"उस समय तो नहीं, आश्चर्य तो मुझे अब लगता है"—चेख़व उत्साह से बोले—"19 अप्रैल, 1890 को सिर से पाँव तक कील-काँटे से लैस होकर, रिवॉल्वर इत्यादि लेकर मॉस्को से चला, तभी बड़ी ज़ोर की खाँसी के साथ खून गिरा था और इस सफ़र में मैंने सभी तरह की यात्राओं के मजे लिए—मॉस्को से येरोस्लाव तक रेल में, वहाँ से प्रैम तक नाव पर—पहले वोल्गा फिर कामा—प्रैम से त्युमैन तक फिर रेल में, त्युमैन से बायकल-झील तक घोड़ागाड़ी में, झील को नाव द्वारा पार करके फिर घोड़ागाड़ी में स्रेतेन्स्क तक, स्रेतेन्स्क से प्रशान्त-सागर के बन्दरगाह निकोलायवस्क तक आमूर नदी के रास्ते नाव में; तब कहीं जाकर तार्तारी समुद्र को पार करके शाख़ालिन तक स्टीमर में —कैसा भयंकर सफ़र था—ओफ़! दो-एक बार तो मैं मरते-मरते बचा।" चेख़व की आँखो के आगे जैसे वे सारे दृश्य नाचने लगे। वे कहे जा रहे थे—"त्युमैन से मैं तोम्स्क तब नाव से जाना चाहता था, लेकिन उसके लिए पन्द्रह दिन रुकना पड़ता—मैंने एक गाड़ी किराए पर ले ली। अब आप साइबेरिया में, दुनिया की उस सबसे बुरी सड़क पर कई हज़ार मील की यात्रा की कल्पना कर लीजिए—कड़कड़ाता जाड़ा, बर्फ़, ऊबड़-खाबड़ सड़क, सपाट-ऊजड़-बर्फ़ीले मैदान—कहीं कोई जान न पहचान, कोई साथ नहीं—और एक घोड़ागाड़ी पर चेख़व साहब चले जा रहे हैं उछलते-कूदते। इस यात्रा में कई बार खून की क़ै हुई—मन बड़ा टूटा और भारी-भारी रहा।[1] मई में मैंने त्युमैन छोड़ा, तब तक मैं एक तरह सिर से पाँव तक शहीद हो चुका था—बर्फ़ीली हवाएँ चलती थीं, पानी बरसता था—और जैसाकि बाद में कुछ लोगों ने कहा भी—हम थे कि डॉन क्विकजॉट की तरह चले जा रहे थे। कहीं नदियों में ऐसी बाढ़ आई होती थी कि पुल तक बह चुके थे, और कहीं झीलें तक जमी मिलती थीं। एक बार हम झील में भी गिर गए—पतली-पतली धरती की पट्टियों को पार करके इत्यिश नदी के किनारे पर पहुँचे। इसका किनारा पानी की सतह से सिर्फ़ दो फ़ीट ढालू है, गँदला-कीचड़दार-फिसलना किनारा है और सफ़ेद लीहरें आ-आकर टकराती हैं। नदी गजरती नहीं है, बल्कि पानी में से ऐसी आवाज आती है, जैसे उसके तले में मुर्दों की ताबूत या अर्थियाँ लड़लुढक रही हों—कैसा भयानक था! इस तरह हम तोम्स्क आए; और यहाँ से कोर्सनोयार्स्क तक जो भयंकर गर्मी, धूल, आँधी मिली, उसने तो बिलकुल दम ही निकाल लियाँ—ऐसी मुसीबतों में शायद मैं उलटा लौट आता, किन्तु एक तरफ तो आत्मसम्मान नहीं मानता था, दूसरे इन मुसीबतों को जल्दी-से-जल्दी पार कर लेने की लगन! मैं चलता ही चला गया। एक बात कहूँगा—

1. मेरिया किसेलेवा को 7 मई, 1890 को पत्र।

साइबेरिया के किसान बेहद ईमानदार हैं। आप उनकी झोंपड़ी में अपना सामान छोड़ जाइए—मजाल क्या जो एक तिनका भी चला जाए!'' फिर वे बहुत ही विभोर होकर बोले—''हाँ, एक बार बड़ा मज़ा आया। वहाँ गाड़ियाँ बहुत तेज़ चलती हैं। मैं ऊँघ रहा था—कभी-कभी आसपास का दृश्य देख लेता। अचानक पहाड़ियों में खड़खड़ाहट सुनी—तीन घोड़ेवाली एक डाकगाड़ी सामने से—बड़े भयंकर वेग से भागी चली आ रही थी। मेरे कोचवान ने जल्दी से मोड़कर गाड़ी बचाई, देखा पीछे एक और गाड़ी। गाड़ीवान ने फिर सीधे को गाड़ी बचाई, अब कम्बख़्ती देखिए—सामनेवाली गाड़ी अपने बाएँ को मुड़ गई—और जब तक मैं चीखूँ, दोनों भयंकर वेग से टकराईं—घोड़े आपस में उलझ गए, मेरी गाड़ी हवा में उछल गई और मैं ठीक सड़क के बीचोबीच—दूर जा पड़ा, मेरी खोपड़ी पर मेरे ट्रंक आ पड़े! तब तक देखें तो एक तीसरी गाड़ी उतने ही वेग से चली आ रही है—अब अगर मैं छलाँग मारकर न बचूँ, तो मैं और मेरे ट्रंक वहीं चटनी हो जाएँ—मैं ज़ोर से चिल्लाया—'गाड़ी रोको!' तभी चौथी गाड़ी दिखाई दी—तब वह यह रुक गई थी। बात यह थी कि डाक देकर ये लोग घर लौट रहे थे, और घर लौटने की जल्दी में पहला गाड़ीवाला गाड़ी को खूब तेज़ भगा रहा था—शेष सोए हुए थे। घोड़े अपने आप भाग रहे थे। उस दिन मैं न बचता तो हाथ-पाँव तुड़वाकर ही घर लौटता। अपनी गाड़ी मैंने ख़रीद ली थी, मगर उसे काफ़ी नुकसान के बाद आमूर में बेच दिया। इस पूरी यात्रा का मैंने तो यही नतीजा निकाला है कि भगवान की यह दुनिया बड़ी सुन्दर है—बस इसमें एक ही चीज़ है जो सुन्दर नहीं है, वह हैं हम लोग—हम लोगों में न्याय और नैतिकता का बोध जैसे है ही नहीं! राष्ट्रीयता का कितना ग़लत अर्थ हम लोगों ने लगा रखा है—अख़बार चिल्लाते हैं—'हम अपने देश को प्यार करते हैं', लेकिन यह प्यार किन बातों में दिखाई देता है, आलस्य मूर्खता, बेवक़ूफ़ी के सिवा और हमारे पास क्या है? 'सम्मान' का अर्थ हमारे लिए है—वर्दी का, कुर्सी और कपड़ों का सम्मान।''[1]

चेख़व द्वारा किए गए शाख़ालिन-यात्रा के वर्णन से वास्तव में हम लोग सिहर उठे कि पता नहीं यह बीमार—हर क़दम पर ख़ून की क़ै करता हुआ यह आदमी कैसे इतनी यात्रा कर पाया होगा! विभोर होकर मैंने कहा—''ये सब वर्णन तो आपको किसी अच्छे उपन्यास में इस्तेमाल करने चाहिए थे—इतने प्रभावशाली और इतने सजीव!''

''यही तो दिक्क़त है बन्धु'' चेख़व ने कहा—''उपन्यास तो मैं लिख ही नहीं सका। 'नवयुग' में मैंने शाख़ालिन के संस्मरण अवश्य लिखे, लेकिन उपन्यास मेरे वश के बाहर की बात थी।''

---

1. 9 दिसम्बर, 1890 को सुवोरिन को पत्र।

''कभी आपने उपन्यास लिखने की कोशिश भी नहीं की?'' —निरंजन ने पूछा।

''नहीं, ऐसा तो नहीं है। शुरू-शुरू में कई बार मैंने उपन्यास लिखने की कोशिश की लेकिन सन्तोष नहीं हुआ। 1887 में एक बार असफल होकर, दो साल बाद फिर लिखने का निश्चय किया। उन दिनों तो उपन्यास लिखने के ऐसे वलवले उठते थे कि अपने सभी मित्रों—प्लैश्चयेव, ग्रिगोरोविच आदि सभी को मैंने लिख दिया कि मैं उपन्यास लिखने जा रहा हूँ—और उपन्यास ऐसा शानदार होगा कि आप लोग देखते रह जाएँगे। बड़े धीरज़ से, सँभल-सँभलकर मैं उसे लिख रहा हूँ; लेकिन डर यह है कि कहीं हिम्मत बीच में ही जवाब न दे जाए! अगर यह उपन्यास भी असफल हो गया, तो फिर मैं शायद ही इस धक्के को सँभाल सकूँ। मेरे उस उपन्यास में कई परिवार, पूरा एक देश—उसके जंगल, नदी, जहाज़, रेल सभी कुछ थे—मुख्य चरित्र केवल दो थे। तभी शायद जोश में सुवोरिन को भी लिखा था—'मैं अन्धाधुन्ध उपन्यास लिख रहा हूँ और लिखने का कोई अन्त नहीं दीखता। नौ चरित्र स्पष्ट हो चुके हैं—क्या शानदार प्लॉट है! नाम रखा है—'मित्रों के जीवन की कहानियाँ'—इसका हर अध्याय एक स्वतंत्र कहानी होगी। इसका अर्थ यह नहीं कि यह उपन्यास छोटी-छोटी कहानियों और टुकड़ों का संकलन हागा—नहीं, वह सुसम्बद्ध उपन्यास है!' उस उपन्यास में मेरे दो उद्‌देश्य थे—एक तो जीवन जैसा है उसे वैसा-का-वैसा चित्रित कर देना; दूसरे, वह कैसे सामान्य-सीधी लीक छोड़कर ग़लत रास्ते पर भटक जाता है—इसका चित्रण। हम सब जानते हैं कि बेईमानी या ग़ैर-ईमानदारी क्या है; लेकिन सम्मानित और समादरणीय किसे कहते हैं—यह हमें नहीं मालूम! मैंने इसका ढाँचा लिया है—पूर्ण स्वतंत्रता। झूठ, दुराग्रह, अज्ञान, पाप और वासना—सबसे पूर्ण मुक्ति! हालाँकि यह ढाँचा नया नहीं था।[1] मेरी इच्छा थी कि मैं उस शानदार उपन्यास को आम नीलाम में बेचता और फिर विदेशों में घूमने निकल जाता। कभी-कभी तो उसे लिख डालने की बेहद तड़प होती,[2] लेकिन ोता यह कि उपन्यास बहुत ही रेंग-रेंगकर लिखा जाता, और तिना कुछ लिखा जाता उससे मुझे झुँझलाहट अधिक होती। वह उपन्यास मुझसे लिखा ही नहीं गया—मैंने उसे फिर फाड़ डाला। तब मैंने मान लिया कि मुझमें वर्णन करने—अपने विचारों को विवरण की तरह प्रकट करने का अभ्यास नहीं है, इसलिए मैं उपन्यास की कला में माहिर नहीं हो सका। फिर मैंने उपन्यास लिखने का विचार ही त्याग दिया और नाटक लिखने में हाथ लगाया, क्योंकि वर्णनात्मकता की अपेक्षा मुझमें 'नाटकीयता'

1. प्लैश्चयेव से वार्तालाप।
2. सुवोरिन को 9 जून, 1889 को पत्र।
3. मार्च, 1889 में सुवोरिन को पत्र।

अधिक थी।''[3]

''तो क्या उपन्यास लिखने का भेद आप सिर्फ़ 'वर्णनात्मकता' और 'नाटकीयता' मानते हैं ?'' —निरंजन ने प्रश्न किया, हालाँकि अब हम लोगों पर मन-ही-मन बोझ पड़ने लगा था कि काफ़ी देर हो गई है।

''अगर असली कारण पूछें कि क्यों मैं उपन्यास की कला को साध नहीं पाया, तो वह यह था कि मैंने जीवन की कोई राजनैतिक, दार्शनिक और धार्मिक रूप-रेखा अपने सामने रखी थी—और जो कुछ भी थी, उसे मैं हर महीने बदलता रहता था। इसलिए मजबूरी में, मुझे सिर्फ़ इन्हीं वर्णनों में अपने आपको बाँधकर सन्तोष करना पड़ा कि कैसे मेरे चरित्र प्यार करते हैं, बच्चे पैदा करते हैं, बातें करते हैं और मर जाते हैं।''[1] चेख़व ने बहुत ईमानदारी से कहा।

''हाँ, वास्तव में यह है तो आश्चर्य की ही बात कि आपके समसामयिकों में गोर्की के सामने एक बहुत स्पष्ट जीवन-दर्शन था और उसने अपनी पूरी शक्ति उस ओर लगा दी—हर पंक्ति में उसका वह उद्देश्य गूँजता था। इसी तरह ग़लत या सही, टॉल्सटॉय के सामने एक विचारधारा थी और उनका लेखन उसी से अनुप्रेरित-अनुप्राणित था। मगर आपके लेखन में ऐसे किसी उद्देश्य को साकार करने का प्रयत्न नहीं है।'' —मैंने शंका की।

''देखिए, मुझे ग़लत मत समझिए!'' चेख़व ने कहा—''मैंने सात-आठ सौ कहानियाँ लिखीं हैं—और अगर उसमें ज़रा-सी भी कला है तो एक बात और याद रखिए—मेरा विश्वास है कि जो व्यक्ति न किसी से डरता है, न कुछ चाहता है—किसी भी वस्तु को पाने की आकांक्षा नहीं रखता—वह और चाहे जो बन जाए, कलाकार नहीं बन सकता[2]—और जैसाकि मैंने एक बार लिडिया को लिखा था—''मैं मानवता के लिए कुछ कर रहा हूँ ?, यही एक भाव है जो मुझे जीवित रखे हुए है, वरना मैं कबका आत्महत्या कर चुका होता!' आप मेरी कला पर और सारे दोष लगा सकते हैं, लेकिन मैंने बहुत ईमानदारी से मानवता की भलाई के लिए, मनुष्य के प्रति प्यार के लिए कुछ नहीं किया—ऐसा आप नहीं कह सकते। अब आइए, गोर्की और टॉल्सटॉय पर—टॉल्सटॉय पर काफ़ी बातें कर चुके हैं, इसलिए एक बात कहकर फिर आगे चलेंगे। अकसर मेरी भर्त्सना की गई है—उन भर्त्सना करनेवालों में टॉल्सटॉय ख़ुद भी हैं, कि मैंने बहुत छोटी-छोटी चीज़ों पर लिखा है, मेरे पास कर्म नायक नहीं है, क्रान्तिकारी नहीं है—अलैक्जेन्द्र और मकैदोन जैसे—यहाँ तक कि लैस्कोव की कहानियों जैसे ईमानदार पुलिस-इन्सपेक्टर भी नहीं है।''—वेज़रा

1. अक्तूबर 1988 में ग्रिगोरोविच को पत्र।
2. चेख़व के एक पत्र से

व्यथा से मुस्कराए—"लेकिन आप मुझे बताइए, मैं ये सब कहाँ से लाता? घोर साधारण हमारा जीवन है—हमारे शहर ऊबड़-खाबड़ हैं, गाँव ग़रीब है और लोग जीर्ण-शीर्ण हैं। जब हम लोग बच्चे होते हैं तो गिलरियों की तरह घूरों पर फुदकते हैं; और जब चालीस पर पहुँचते हैं, तब तक बुड्ढे हो चुके होते हैं—मृत्यु के बारे में सोचना शुरू कर देते हैं...किस तरह के नायक हैं, हम लोग?[1] आप बताइए कहाँ से लाऊँ मैं, वे नायक?"

कुछ देर चुप रहकर चेख़व बोले—'और रहा आपका गोर्की, सो मुझे माफ़ कीजिए, सचमुच मेरी समझ में नहीं आता कि आप और आप-जैसे युवक क्यों उस पर लट्टू हैं? निश्चय ही वह एक प्रतिभाशाली आदमी है, लेकिन आपलोगों को पसन्द है, उसका 'बाज़ का गीत', 'तूफ़ानी समुद्री चिड़िया'! यह सब साहित्य नहीं है—यह सब गूँजने और गरजने वाले शब्दों का समूह है। मैं जानता हूँ, आप कहना चाहते हैं—राजनीति! लेकिन मुझे बताइए, यह कौन-सी राजनीति हुई कि 'निःशंक और निर्भय होकर बढ़ो!' यह तो कोई भी राजनीति नहीं है। अगर आप मुझे आगे बढ़ने के लिए ललकारते हैं तो आपको राह दिखानी होगी, लक्ष्य बताना होगा, साधन समझाने होंगे! आज तक राजनीति में, इस तरह वीरता के उन्माद या आवेश से कहीं कुछ मिला है?[2] इस बार चेख़व ज़रा उत्साह से बैठ गए और बोले—"गोर्की से मुझे दो-तीन शिक़ायतें हैं—सबसे अधिक शिक़ायत है उसकी शैली से—उस कम्बख़्त की शैली इतनी संगीतमय है, इतनी प्रवाहपूर्ण है कि ज़रा भी नीरसता या कहिए रूखापन—रफ़नेस फ़ौरन खटकने लगती है। ज़रूरत से ज़्यादा हर चीज़ का मानवीकरण उसे खाता है—'समुद्र उच्छ्‌वसित होता है', 'आकाश देखता है', 'प्रकृति फुसफुसाती है, बोलती है या उदास दिखाई देती है'—ऐसे प्रयोग, हो सकता है आप इन पर लट्टू हों—लेकिन ये सब बड़े भौंडे और बाजारू प्रयोग हैं। इससे वर्णन बड़ा एकरस—कभी ज़रूरत से ज़्यादा मीठा और कभी-कभी ज़रूरत से ज़्यादा अस्पष्ट बन जाता है। प्रकृति के वर्णन में विविधता, विशदता और अभिव्यंजना केवल सादगी से ही प्राप्त की जा सकती है।"[3] चेख़व ने अपनी बात को और साफ़ करने की कोशिश की—"आपने पढ़ा—'समुद्र खिलखिलाता है' और आप उस पर मर-मिटे या उस जगह अटक गए। आप समझते हैं—आप इसलिए अटके कि कोई बहुत ही कलापूर्ण और अच्छी चीज़ पढ़ी है। लेकिन दरअसल बात यह नहीं है—बात यह है कि आप समझ नहीं पाते कि समुद्र सचमुच हँस या खिलखिला कैसे सकता है?—समुद्र न हँसता है न रोता है—वह गरजता है, पछाड़ों

---

1. मोरोज़ोव की ज़मींदारी में तिख़ोनोव से वार्तालाप
2. मोरोज़ोव के यहाँ तिख़ोनोंव से वार्तालाप
3. 6 नवम्बर, 1892 के बाद गोर्की को दूसरा पत्र

मारता है और चमकता है! टॉल्सटॉय के वर्णन देखिए—सूरज निकलता है ओर डूबता है, चिड़ियाँ गाती हैं—वहाँ न कोई हँसता है न सिसकता है! कला में सबसे बड़ी चीज़ है, यही सादगी!''

''और दूसरी चीज़?'' मैंने पूछा। एक लेखक—महान लेखक दूसरे के बारे में बात करे—जबकि समसामयिक होने के अलावा, वह स्वयं भी गहराई से चीज़ों को समझता हो, तो बातचीत काफ़ी रोचक हो जाती है।

''दूसरी मुख्य चीज़ है...'' चेख़व बैठ गए थे, मेज़ पर पड़े सिगरेट के डिब्बे से सिगरेट निकालकर उन्होंने हमारी ओर बढ़ाई; हमारे हाथ जोड़ देने पर, होंठों में सिगरेट लगाकर जलाई और हाथ हिलाकर दियासलाई को ऐशट्रे में डालते हुए, जैसे स्वयं ही बोले—''वैसे खाँसी की वज़ह से मैं भी कम ही पीता हूँ। ...हाँ तो''— फिर मुँह से धुआँ निकालते हुए, सिगरेट उँगलियों में लेकर बोले—''उसकी दूसरी चीज़ है कि उसमें संयम नहीं है, वह नहीं जानता कि कहाँ से क़लम रोक देनी चाहिए। वर्षों से मेरे पास महत्त्वाकांक्षी नए लेखकों के पत्र आते रहे हैं—लेकिन अक्तूबर (1898) में एक दिन मेरी डाक में एक क़िताब आई—साथ ही बड़ा विनम्र-सा पत्र। इस पत्र-लेखक का नाम मैंने पहले कभी नहीं सुना था—मुझे उसी समय लग गया था कि मैं एक 'कलाकार' का परिचय पा रहा हूँ। उसमें रचनात्मक लेखक के सभी गुण थे। सबसे बड़ी चीज़ थी उसकी समझ—वस्तुओं के निरीक्षण और अनुभूति की उसमें अद्‌भुत प्रतिभा थी—जैसे सब कुछ उसकी हथेली पर रखा हो! लेकिन बस, उसमें कमी थी तो यही कि क़लम पर नियंत्रण नहीं था। गोर्की ऐसे उत्साही दर्शक की तरह है, जो दिल-खेलकर अपने जोश और उत्साह को लुटाते हैं—जो न तो ख़ुद सुन पाते हैं कि अभिनेता क्या कह रहा है, और न दूसरों को सुनने देते हैं! वार्तालाप के बीच में जब वह ऐसा अनियन्त्रित वर्णन करने लगता है, तो इच्छा होती है कि ये वर्णन क्या कुछ और कैसे नहीं जा सकते थे? क्या दो-चार लाइनें काटी नहीं जा सकती थीं? यही वर्णन का ढीलापन, उसके प्रेम और स्त्रियों के मामले में है।[1] मैंने उसे लिखा था कि 'तुम्हारे सभ्य और शिक्षित लोगों के वर्णनों में एक अजब तरह का खिंचाव और घुटन रहती है। इसका यह अर्थ नहीं है कि तुमने उन्हें ध्यान से देखा नहीं है—नहीं, तुम उन्हें अच्छी तरह जानते हो; लेकिन तुम इस विषय में अधिक आश्वस्त नहीं लगते कि उन तक किस कोण या दिशा से पहुँचा जाए!''

गोर्की के बारे में चेख़व के यह विचार सुनकर हमें वास्तव में बड़ा आश्चर्य हो रहा था। इन बातों के अलावा एक बात और से भी आश्चर्य था—बेचारे चेख़व को यह पता नहीं था कि गोर्की की मृत्यु के दस साल बाद ही हिन्दुस्तान में कृष्ण चन्दर नाम का एक और लेखक धूमकेतु की तरह उठेगा, जो गोर्की की निरीक्षण-शक्ति,

1. 16 अक्तूबर, 1898 को गोर्की को पत्र

अनुभूति और दृष्टि—इन तीनों विशेषताओं को ठोकर मारकर, उसकी शैली और लेखन के सारे दुर्गणों को समेट लेगा।

''आप मेरे उपन्यास लिखने की बात कह रहे थे'' —चेख़व कह रहे थे—''आप गोर्की के 'फ़ोमा जॉर्जियेव' को लीजिए—जैसे किसी ने फुटा लेकर सीधी लाइन खींच दी हो—सब कुछ एक ही चरित्र के आसपास जमा कर दिया गया है। उपन्यास लिखने में सबसे अधिक जानने की ज़रूरत है 'लॉ ऑफ सिमेट्री'—ढेर या समूह में से सन्तुलन-समतोल! उपन्यास तो एक महल है—पाठक को आप स्वतंत्रता दीजिए कि वह उसमें जहाँ चाहे जाए! जैसे किसी अजायबघर में ले आए हों, इस तरह आप उसे उबाइए या चौंकाइए मत! कभी-कभी उसे लेखक और प्रमुख पात्रों दोनों से हटाकर आराम भी देना होगा—यानी उस जगह प्रकृति-वर्णनों—लैंडस्केप-चित्रण का उपयोग है, या कुछ हल्की-फुल्की हास्य रस की चीज़ हो, कथानक में कोई मोड़ हो—या कोई नया चरित्र हो। गोर्की से मैंने हज़ारों बार कहा, लेकिन वह सुनता ही नहीं। हमारी भाषा में उसके नाम का अर्थ तो है तीखा, लेकिन असल में वह घमंडी है!''[1] चेख़व अपनी लम्बी उँगलियों से 'ऐशट्रे' इत्यादि को छूते रहे।

''तब भी, गोर्की की महानता का आख़िर आप क्या रहस्य मानते हैं?''—अपने प्रिय लेखक के विषय में यह सुनकर निरंजन से जैसे रहा नहीं गया।

चेख़व अपने प्रवाह में कहते रहे—''टॉल्स्टाय को भी गोर्की से यही शिक़ायत है। वे उसकी सारी महानता और प्रतिभा को मानते हुए भी कहते हैं—कि लेखक को हर चीज़ आविष्कार करने का अधिकार है, लेकिन उसे अपने पात्रों के मनोविज्ञान का आविष्कार नहीं करना चाहिए। लेकिन गोर्की में यही मनोवैज्ञानिक आविष्कार आपको मिलेंगे। वे उन चीज़ों का वर्णन करता है जिन्हें उसने अनुभव नहीं किया[2]—और मेरा विश्वास है कि उस दुख-तकलीफ़ का वर्णन मत करो, जिसे तुमने स्वयं अनुभव नहीं किया, और न उस दृश्य का वर्णन करो जिसे तुमने देखा ही नहीं! बातचीत में तो आपका झूठ निभ सकता है, लेकिन एक कहानी में वह सौ गुना भयानक हो उठता है। लेखक की मौलिकता सिर्फ़ उसकी शैली में ही नहीं, उसकी आस्थाओं और उसके विश्वासों के रूप में भी अपने आपको प्रकट करती है।''[3] फिर जैसे निरंजन की बात याद करके पूछा—''हाँ, आप क्या पूछ रहे थे—महानता? यही सवाल सुम्बातोव ने पूछा था। जब गोर्की का 'निचली गहराइयाँ' मॉस्को में बहुत सफलता के साथ खेला गया, तो सुमबातोव ने गोर्की के नाटकों के बारे में मेरे विचार पूछे। मैंने साफ़ लिख दिया—'मैं समझता हूँ, उसका 'फ़िलिस्तीन' स्कूली

---

1. तिख़ोनोव से वार्तालाप।
2. 25 अप्रैल, 1899 को गोर्की को पत्र।
3. 1886 के आसपास अलेक्जेन्द्र को पत्र।

लड़के की-सी रचना है। नाटककार के रूप में गोर्की की यह विशेषता नहीं है कि लोग उसे पसन्द करते हैं, बल्कि यह है कि रूस में —या कहें, सारी दुनिया में वह पहला लेखक है, जो घृणा और नफ़रत से फ़िलिस्तीन[1] के बारे में बताता है—और यह उसने ठीक उस समय किया है, जब सारा समाज मानसिक रूप से इसके लिए तैयार था। ईसाइयत और आर्थिक दोनों दृष्टिकोणों से 'फ़िलिस्तीनवाद' एक पाप है, नदी के अवरोध की तरह यह हमेशा सड़ाँध पैदा कर देता है; और गोर्की के ये शराबी और गँवार अवारे ही इस गतिरोध के खिलाफ़ सबसे सही जेहाद दिखाई देते हैं—हालाँकि इससे अवरोध बिलकुल नहीं टूटता, लेकिन एक भयानक दरार उसमें पड़ जाती है। पता नहीं मैं अपनी बात साफ़ कह पा रहा हूँ या नहीं। एक समय आएगा, जब गोर्की की सारी रचनाएँ लोग भूल जाएँगे—लेकिन ख़ुद गोर्की हज़ारों साल तक याद किया जाता रहेगा। यह उसके बारे में मेरा अपना विचार है—हो सकता है मैं ग़लत होऊँ...''[2] चेख़व ने बड़े आत्म-विश्वास से कहा—''लेकिन वह मेरा सबसे अच्छा मित्र है—आप ग़लतफ़हमी में न पड़िए।'' फिर हँसकर बोले—''अभी आपके आने के पहले ही तो वह आया था—शायद आपको मिला हो।'' गोर्की की बात करते समय उनका मुँह ऐसा वत्सल हो उठा, जैसे अपने बच्चे के विषय में सुनकर बाप का होता है।

हमें यहाँ आते समय जो आदमी मिला था, वह गोर्की था—यह ध्यान आते ही मुँह से निकल गया—''अच्छा, वह था गोर्की? हमें इतनी देर से याद ही नहीं आ रहा था कि कौन है—चेहरा ज़रूर पहचाना-सा लगता था।'' फिर थोड़ी देर चुप्पी रही। जैसे ही निरंजन से मेरी आँखें मिलीं, मैंने इशारा किया—चलो, काफ़ी देर हो गई। उठने का निश्चय करके मैंने कहा—''अच्छा अब चलें, काफ़ी समय हो गया...कल आपको जाना है, आपकी पत्नी को भी बुरा लग रहा होगा—आप बीमार हैं, ज्यादा तंग नहीं करना चाहिए!'' हम उठ खड़े हुए।

तभी निरंजन ने कहा—''गोर्की के नाटक 'फ़िलिस्तीन' से कहीं आप इसलिए तो नाराज नहीं हैं, कि उसमें काम करते समय आपकी पत्नी ओल्गानिपर की तबियत ख़राब हो गई थी?''

इस पर हम तीनों ही ज़ोर से हँस पड़े। वे बोले—''गोर्की के नाटक में तो पीछे हुई, पहले मेरे नाटक में ही हुई थी। मैंने शायद अभी बताया—एक बार बुरी तरह फ़ेल होकर, जब मेरा 'समुद्री चिड़िया' दुबारा खेला गया तो सफल रहा; लेकिन

---

1. फ़िलीस्तीनवाद : अपने मत से अलग विश्वास रखने वाले को हिक़ारत से देखकर म्लेच्छ या काफ़िर कहना—विशेष रूप से जर्मन विद्यार्थियों और नीच काम करनेवालों के प्रति घृणा। इज़राइली सिद्धान्तों की विरोधी विचारधारा।
2. सुम्बातोय को 2 फरवरी, 1903 को पत्र।

उसी में इनकी तबियत ख़राब हो गई—ये उसमें आर्कदीना बनी थीं।'' फिर हमें बैठने को कहकर वे बोले—''बैठिए, जब नाटकों की बात चलाई है तो इसे ही क्यों छोड़ा जाए!...यह मेरा दुर्भाग्य रहा, कि मेरा एक भी नाटक मेरे मन के मुताबिक़ नहीं खेला गया—'वान्या चाचा' से मैं बीच में ही उठ आया, 'तीन बहनें' को ठीक से पेश नहीं किया गया, और 'समुद्री चिड़िया' की असफलता ने मुझे जो आघात पहुँचाया—उसे तो मैं भूल ही नहीं सकता! अलैक्जान्द्रिस्की-थियेटर में पहली रात जब ख़ूब गुल-गपाड़ा हुआ, तो मैं चुपचाप उठकर भागा—सड़कों पर भटकता फिरा; और मैंने निश्चय कर लिया कि चाहे सौ साल और ज़िन्दा रहना पड़े, मैं आगे किसी भी थियेटर को कोई नाटक नहीं देने जा रहा हूँ! सुबह तीन बजे की गाड़ी से मैंने मिलीख़ोवो जाने का निश्चय कर लिया था। दूसरे दिन दस बजे जब मैं पत्र लिख रहा था, तभी पोतापैंको आया—वह अपनी प्रेमिका लीका मिज़िनोव्ना का समाचार जानने आया था। मैं किसी से नहीं मिला। वही मुझे स्टेशन छोड़ने आया—मैं ऐक्टर, प्रोड्यूसर, डायरेक्टर, अख़बारों और दर्शकों सबसे दूर भाग जाना चाहता था। पहले दिन जब मैं कानों तक ओवरकोट चढ़ाए, चुपचाप थियेटर से मुँह छिपाकर भागा था, तब मैंने सुना था, लोग कह रहे थे—यह चेख़व कौन है? कहाँ से निकल पड़ा यह?— लोग ऐसे रद्दी नाटक क्यों लेते हैं? मैंने तभी निश्चय कर लिया कि बस, अब नाटक लिखना ख़त्म[1]—'आगे कभी कोई नाटक मैं नहीं लिखूँगा।' मैंने सुवोरिन को लिखा—आगे मेरा एक भी नाटक मत छापो! इसके बाद से मैं इतना डर गया, कि नाटक देखना मेरे लिए मुश्किल हो जाता। थियेटर में बैठने से अधिक आनन्द मुझे किसी दूसरी चीज़ में नहीं आता है—लेकिन खेल देखते हुए मुझे ऐसा खटका लगा रहता, जैसे अभी कोई गैलरी से चिल्लाएगा—'आग! आग!!' मुझे अभिनेता अच्छे नहीं लगते।''

''लेकिन दूसरी बार तो यही नाटक, स्टैनिस्लेव्स्की और नैमीरोविच डंचैंको जैसे समझदार लोगों के द्वारा मॉस्को आर्ट-थियेटर में खेला गया था...'' मैंने कहना चाहा।

बात काटकर वे बोले—''माफ़ कीजिए, स्टैनिस्लेव्सकी रूस का सबसे बड़ा मंचविद् समझा जाता है, लेकिन जब 'समुद्री चिड़िया' का मेरे लिए व्यक्तिगत अभिनय—बिना मंच और सज्जा के हुआ और उसमें स्टैनिस्लेव्स्की ने 'स्वेच्छाचारी' व्यक्ति त्रिगोरिन (उपन्यासकार) का जो अभिनय किया, उसे देखकर मैंने अपना माथा पीट लिया। इससे पहले भी मैं अख़बारों में, स्टैनिस्लेव्स्की द्वारा त्रिगोरिन का अभिनय उससे ज़रा भी नहीं निभाता था। यह एक ऐसा चरित्र है, जो स्त्रियों को

1. स्टेशन पर पोतापैंको और चेख़व का वार्तालाप।

प्रभावित और आकर्षित करता है। किसी 'थियेटर'-अभिनेता के लिए उसे निभाना सम्भव ही नहीं है। लेकिन इस अभिनय को देखकर तो मैं इस बुरी तरह चीख़ उठा—'बन्द करो' कि बाद में मुझे स्वयं आश्चर्य हुआ कि मैं कैसे यों चीख़ सका। यही हाल बाद में 'चेरी का बग़ीचा' खेली का हुआ—सटैनिस्लेव्स्की ने मेरे लिए तो उस खेल का सत्यानाश ही कर डाला[1]—यों वह चाहे जितना सफल रहा हो! अभी पिछले दिनों वह खेला गया—मेरी वर्षगाँठ भी थी। ख़ूब भाषणबाज़ी हुई।'' फिर उन्होंने अपनी बात को ज़रा सैद्धान्तिक स्तर पर लाते हुए कहा—''देखिए, रंगमंच पर या नाटक में यथार्थवाद का ज़रा दूसरा अर्थ होता है। 'मॉस्को आर्ट थियेटर' में स्टैनिस्लेव्स्की ने यथार्थवादी माहौल पैदा करन के लिए कुछ वास्तविक 'टच' दिए थे—जैसे मेंढक का टरटराना, झींगुरों की झनकार, कुत्तों का भौंकना, या सचमुच रोता हुआ एक बच्चा लेकर नौकरानी का स्टेज पर आना—यह सब बेकार है। रंगमंच तो एक कला है। मान लीजिए क्रामोस्कोय द्वारा बनाए गए एक चित्र में, आदमी की नाक की जगह आप सचमुच की नाक लगा दें—नतीजा क्या होगा? नाक सचमुच की ज़रूर लगेगी, लेकिन चित्र का नाश हो जाएगा! स्टेज पर हमें कुछ चीज़ें मानकर चलना पड़ता है—उदाहरण के लिए, चौथी दीवार वहाँ नहीं होती, लेकिन आप उसे स्वीकार करते हैं या नहीं?'' फिर जैसे सारी बात को समेटते हुए बोले—''जो भी कुछ हो, और थियेटरों की अपेक्षा 'मॉस्को आर्ट थियेटर' लाख दर्जे अच्छा है! कम-से-कम अभिनेताओं को प्रॉम्पटर के लिए राह देखनी पड़ती थी। ऐसा लगता है, जैसे यह एक स्वयंसिद्ध नियम बन गया है कि हमारे यहाँ के ऐक्टर असभ्य और अनपढ़ हों। पढ़ने-लिखने और मेहनत से तो उन्हें कोई मतलब ही नहीं है। जब ज़रा नए-नए होते हैं, तो हाथ-पाँव मटकाते हैं, खच्चरों की तरह हिनहिनाते हैं; और जब ज़रा बड़े हुए, फिर तो दिन-रात शराब पीने की वज़ह से उनका गला और आवाज़ सब मारी जाती है। ये क्या बकते हैं, किसी की समझ में नहीं आता।[2] इसीलिए जब मॉस्को आर्ट थियेटर की स्थापना हुई थी तो मुझे बहुत खुशी हुई, कि चलो एक अच्छा थियेटर तो बना![3] जीवन को सुन्दर बनाने के जो भी प्रयास होते हैं—उन सबसे मुझे हार्दिक प्रसन्नता होती है।''[4]

''तो फिर एक बार हमें भी, आपके अपने नाटकों के बारे में पूछने दीजिए...''

---

1. 29 मार्च, 1904 को ओल्गानिपर को पत्र।
2. अलैक्जेन्द्र तिख़ोनोव से वार्तालाप।
3. सुवोरिन को पत्र।
4. स्टैनिस्लेव्सकी द्वारा गोल्तसेव के दफ्तर का वर्णन।
5. 'नया-जीवन' 1 फरवरी, 1954 में श्री जगदीशचन्द्र माथुर का इन्टरव्यू।
6. बर्नार्ड गिलबर्ट ज्यर्नी—'रूसी साहित्य का कोश' पुस्तक में।

मैंने पूछा—"कुछ लोग आपको, शेक्सपियर के बाद संसार का सबसे बड़ा नाटककार मानते हैं।[5] और कुछ के ख़याल में, आपका 'चेरी का बग़ीचा' शेक्सपियर के सिवा सबसे अच्छा नाटक है, और 'तीन बहनें' जैसा नाटक तो आज तक लिखा ही नहीं गया!"[6]

"देखिए, इसी बात से मैं डर रहा था—यह तुलना बड़ी ख़तरनाक है! मैं जब गोर्की के बारे में बात कर रहा था, तब भी मुझे यह डर था कि कहीं आप तुलना तो नहीं कर रहे। गोर्की ने एक बार अपनी पुस्तक मुझे समर्पित करनी चाही। मैंने स्पष्ट कह दिया कि 'चेख़व को' के अलावा तुम कुछ नहीं लिखोगे और जब मैं उससे यह कहता हूँ कि भौंड़ापन और गाली-गलौज तुम्हारी प्रतिभा की मुख्य विशेषता नहीं है—अपनी भाषा में इधर-उधर बिखरी हुई गालियों को जब तुम काट दोगे, तब तुम्हारी समझ में यह बात आएगी—तो इसका मतलब यह कभी नहीं कि मैं किसी भी माने में उससे अपनी तुलना कर रहा हूँ।" फिर हँसकर, जैसे याद करते हुए बोले—"एक बार मैंने टॉल्सटॉय से अपने नाटकों के बारे में पूछा, तो वे बोले कि वे शेक्सपीयर के नाटकों से भी बुरे हैं[1]—और ओल्या तो मुझे रूसी मोपासां कहती है।[2] अब बताइए कि मेरी और मोपासां की क्या तुलना है? सिवा इसके कि मैंने और उसन कहानियाँ लिखनी शुरू कीं...अब इसी बात को लेकर सज्जन ने हम दोनों को पतनशील बताया, और इसे साहित्य में एक नया आन्दोलन कहा। मेरा कहना है—न कोई 'डिकेडेंट' है, न कभी 'डिकेडेंट' था। और अगर इन तथाकथित 'डिकेडेंट' या पतनशीलों को लो, तो ये 'पतनशील' नहीं धोखेबाज़ हैं—सबके सब! सब कूड़ा बेचते हैं—धार्मिकता, रहस्यवाद या ऐसी ही बेसिर-पैर की बातें! रूसी किसान तो कभी धार्मिक रहा ही नहीं है—अपने भीतर के शैतान को उसने ख़ुद ही, न जाने कब का निकालकर फेंक दिया! ये सब बातें तो उन्हीं लोगों ने, जनता को भड़काने के लिए ख़ुद बैठकर गढ़ ली हैं—इनका विश्वास नहीं करना चाहिए!"[3] फिर सोचते हुए, जैसे हमसे नहीं बल्कि सामने किसी अदृश्य व्यक्ति को सम्बोधित करके बोले—"भाई मेरे, सबसे पहले हमें अपने-आपको झूठ से मुक्त करना होगा। कला में यही तो अच्छी बात है कि वह झूठ को बर्दाश्त नहीं कर पाती! आप प्रेम में, राजनीति में, डॉक्टरी में झूठ बोल सकते हैं—लोगों को जितना चाहें ठग सकते हैं—यहाँ तक कि ख़ुद को या भगवान को भी धोखा दे सकते हैं—पर यह ठगी का व्यापार आप कला में अधिक नहीं चला सकते।[4] जो आप अनुभव करते हैं,

1. टॉल्सटॉय की पत्नी सोनिया की 6-7 नवम्बर, 1901 की डायरी से।
2. नवम्बर 1901 में ओल्गानिपर का पत्र।
3. अलैक्जेन्द्र तिख़ोनोव से वार्तालाप।
4. अलैक्जेन्द्र तिख़ोनोव से वार्तालाप।

ईमानदारी से कहिए, ईमानदारी से लिखिए! जोला की मृत्यु ने मुझे काफ़ी धक्का पहुँचाया—क्योंकि उसका लिखना पसन्द न होते हुए भी, मनुष्य के रूप में वह मुझे बहुत प्रिय था। तुर्गनेव को इतना पसन्द करते हुए भी, उसकी स्त्रियाँ मुझे अस्वाभाविक लगीं। दॉस्तॉयेव्स्की मुझे ज़रा भी पसन्द नहीं है! ये बातें मैं साफ़ कहता हूँ—इब्सन को मैं नाटककार ही नहीं मानता। जब मॉस्को आर्ट थियेटर ने 'सैवस्टोपोल' में उसका 'हैंडा गैंबलर' और 'भूत' प्रदर्शित किए तो मैं देखने तक नहीं गया—कमरे में बैठा पढ़ता रहा। एक तो इब्सन में सादग़ी का अभाव है, दूसरे वह ज़िन्दगी को जानता ही नहीं है।''[1] फिर थोड़ी देर रुककर बोले—''आज तो ऐसी अन्धेरगर्दी फैली हुई है कि कुछ पूछिए ही नहीं—दावतें उड़ाना, शैम्पेन पीकर जनता की जागृति पर, स्वतंत्रता पर उस समय भाषण देना, जबकि संध्या की वर्दी में सजे गुलाम आपकी मेज़ों के आसपास मँडरा रहे हों—वे ही गुलाम जिनके लिए आप यह सब बातें कहते हैं—और सड़क पर कोहरे और बर्फ़ में, कोचवान बाहर अपने मालिकों की राह देख रहे हैं, यह है आज का फ़ैशन—यह भयंकर पाप नहीं है!''[2] फिर जैसे अपने इस अनावश्यक और अप्रासंगिक जोश के प्रभाव को कम करते हुए चेख़व ने कहा—''मैं मानता हूँ कि विरोध हैं और रहेंगे। लेकिन हम लोग एक-दूसरे को समझने की कोशिश भी तो नहीं करते हैं। हम लोग सब मिलकर बैठें, एक-दूसरे को समझें—ज़रूरत इसकी है...।''

''अगर मैं भूल नहीं करता तो कुछ-कुछ शायद इसी उद्देश्य को लेकर'' मैंने याद करते हुए कहा—''आपने एक 'क्लाइमैटिक स्टेशन' या आश्रम जैसी चीज़ लेखकों के लिए यूक्रेन प्रान्त में बनाने का प्रयत्न किया था।''

''वह आश्रम!'' —चेख़व हँस पड़े, जैसे अपनी बचपन की कोई बेवक़ूफ़ी की बात याद करके हँसे हों—''बिलकुल तो नहीं, लेकिन कुछ-कुछ यही उद्देश्य जरूर थे। अधिकांशत: वह टॉल्सटॉय के उपदेशों से प्रभावित रहने की स्थिति की बात थी—जब सुवोरिन की घनिष्ठता की वजह से मैं प्रगतिशील दल के साथ नहीं आया था। साहित्य में दलबन्दियाँ देखकर मुझे बड़ा दुख होता था। लियोन्तियेव को मैंने लिखा था—हम सभी लोग न तो एक ही तरह सोच सकते हैं, न अनुभव कर सकते हैं—क्योंकि हम सभी के लक्ष्य या तो बिलकुल अलग हैं—या कहिए, लक्ष्य हैं ही नहीं! एक-दूसरे को हम लोग जानते ही नहीं—यही कारण है कि हमें काई चीज़ एक जगह इकट्ठा नहीं कर सकती—एक नहीं कर सकती। ठीक है कि उसका जो उपचार मैंने आश्रम के रूप में सोचा था, वह गलत रहा हो; लेकिन बातें मैं सभी

---

1. स्टैनिस्लैव्स्की का वर्णन।
2. 19 फरवरी, 1894 को चेख़व की डायरी।
3. 3 मई को लियान्तियेव को पत्र।

ठीक मानता हूँ। सचमुच क्या हम संगठित होना चाहते हैं? मेरा खयाल है—नहीं![3] अपने साथी लेखक की सहायता करना, उसकी रचनाओं और उसके व्यक्तित्व का आदर करना, उसकी असफलताओं से न कुढ़ना या उसके बारे में दुनिया भर की बातें न फैलाना, उससे झूठ न बोलना या उसके सामने दोमुहाँपन न बरतना—इस सबके लिए एकमात्र ज़रूरत है इन्सानियत की! हम बहुत साधारण आदमी सही—लेकिन ज़रा अपने साथियों की तरफ यह रुख़ अपना लें। इससे कम-से-कम झूठा अकेलापन तो वे अपने चारों तरफ नहीं महसूस करेंगें। लेखकों की छोटी-सी बिरादरी, फिर उसमें भी यह दूरी और अलगाव पैदा कर देने का नतीजा है—शक, शुबहा, अवांछित जासूसी, नियंत्रण[1]—यह सब हमारे न चाहते हुए भी हमें मार डालता है। और जितना ही हम एक-दूसरे की सहायता करते हैं, एक-दूसरे के सम्पर्क में आते, उतना ही हम एक-दूसरे का सम्मान करते हैं। इससे हमारे सम्बन्ध सच्चाई पर आधारित होते जाते हैं। मैं जानता हूँ, भविष्य में हो सकता है कि इससे हम सबको अधिक प्रसन्नता न हो, लेकिन ऐसी भविष्यवाणी का भी आधार क्या है कि हमारे जीवन में सुख और सन्तोष आएगा ही नहीं? यही कारण था कि मैंने आपस में निकट आने पर ज़ोर दिया था।''[2] इस बार उन्होंने फिर नई सिगरेट जलाकर कहा—''इन्हीं सब बातों के लिए, लिखनेवालों को रहने आदि की सुविधा के लिए हम यूक्रेन के गाँवों में, समागिन की ज़मींदारी की तरफ गए थे।''

''लेकिन इस आश्रम का विचार आपने छोड़ क्यों दिया?'' निरंजन बोला—''हमारे यहाँ तो अब भी 'आश्रमों' और 'तपोवनों' को ही लोग संसार की सब बुराइयों से छूट जाने का मार्ग बताते हैं—कोई कहता है कि हरिद्वार जाओ, कोई कहता है कैलाश जाओ!''

''अरे छोड़िए भी, सब बकवास है।'' चेख़व ने हाथ झटककर कहा—''देखो दोस्त, मेरा विकास बड़े चित्र ढंग से हुआ है। काफ़ी दिनों मैं सुबोरिन के साथ था—बेशक वह रूसी अभिजात-वर्ग का प्रतिनिधि था—धीरे-धीरे मेरे विचार 'लिबरल' या उदारपन्थियों की ओर बढ़े—लेकिन सुवोरिन की दोस्ती की वज़ह से मुझे उसके पत्र 'नवयुग' से काफ़ी दिन चिपके रहना पड़ा और जब मैंने अपनी रचनाएँ उदारपन्थी 'रूसी-विचार' आदि में छपाईं, तब मैं धीरे-धीरे बढ़ रहा था—गोर्की इत्यादि के पत्र 'जीवन' की ओर। यह आश्रम वाला फिर तो सुवोरिन के सम्पर्क की देन थी—जो टॉल्सटॉय इत्यादि उदारपन्थियों के प्रभाव से दूर हुआ; तब मैंने समझा कि लेखकों के बीच की इस भयंकर खाई का मूल है—प्रतिक्रियावादी खेमे द्वारा किया जाने वाला विचारों का निर्मम दमन—सुवोरिन भी उसी खेमे का एक व्यक्ति

1. लियोन्तियेव को पत्र।
2. बरान्तसेविच् को पत्र 30 अप्रैल, 1887

था और बाद में जब मैंने यह समझ लिया कि हिंसा या सत्याग्रह से कोई पाप दूर नहीं किया जा सकता, तो इस 'आश्रम' के भूत ने मेरा पीछा छोड़ा।"

"यह बड़ी विचित्र बात है कि गोर्की कट्टर मार्क्सवादी पत्र 'जीवन' में लिखता था, टॉल्सटॉय का 'उदारपन्थियों' वाला अपना खेमा अलग था, और आप सुवोरिन के मित्र थे—तब भी आप तीनों में ऐसे सम्बन्ध थे—हम लोग तो यह सब सोच भी नहीं सकते।" मैंने आश्चर्य से कहा।

"भाई, अपनी तो मैं कहता हूँ" चेख़व ने आश्वस्त वाणी में कहा—"मैंने अपने भीतर के 'गुलाम' की आखिरी बूँद तक निचोड़ फेंकी थी और जीवन जैसा है उसे ज्यों-का-त्यों स्वीकार किया था। शायद स्कैबिशेव्स्की ने कहा था कि मैं छोटी-छोटी चीज़ों पर लिखकर अपनी प्रतिभा नष्ट कर रहा हूँ। लेकिन सच मानिए, उन लोगों से मुझे शुरू से डर रहा है, जो 'उदारपन्थी' या 'रूढ़िपन्थी'—इन खेमों में मुझे बाँटकर देखना चाहते हैं। मैं साधु, सन्त, उदार, रूढ़, कुछ भी नहीं हूँ—इसलिए इन लेबिलों को दुराग्रह मानता हूँ। ये 'ट्रेडमार्क' ख़तरनाक हैं। मेरी पवित्रतम आराध्य है मानवता, मनुष्य शरीर—स्वास्थ्य, बुद्धि, प्रतिभा, प्रेम और मुक्ति—झूठ और द्वेष से मुक्ति![1]' लोग मुझसे पूछते हैं कि मैं ऐसा लिख कैसे लेता हूँ?—उसकी वज़ह यह है कि जीवन को मैंने बहुत ही सहज रूप में स्वीकार किया है। इसीलिए जैसे चिड़िया गाती है, उसी तरह मैं लिखता हूँ। बैठूँगा और लिखने लगूँगा—बिना ज़रा भी यह सोचे कि कैसे लिखना है, किसके बारे में लिखना है। मेरे विषय अपने आप मुझसे लिखवा लेते हैं—कहानी, स्कैच या कुछ भी लिखने में मुझे ज़रा भी मेहनत नहीं पड़ती। बछड़े की तरह हरे, खुशनुमा घास के मैदानों में वे उछलते फिरते हैं—मैं ख़ुद हँसा हूँ और मैंने उन्हें हँसाया है, अपने चारों ओर! मैंने जीवन का आलिंगन किया है, और बिना सोच-विचार में अधिक समय बर्बाद किए, उसके साथ इधर से उधर भटकता रहा हूँ। मैंने जीवन को नोचा, कोंचा, गुदगुदाया—उसकी पसलियों में, उसके कुचों में अंगुलियाँ गड़ाई हैं—पेट में घूँसे मारे हैं—मुझे उसी में बहुत आनन्द आया है।[2] मैं सिर्फ़ एक कलाकार हूँ, और इसके सिवा कुछ नहीं बनना चाहता।"[3]

"इसका मतलब तो यह है कि आपको अपने आलोचकों का काफ़ी शिकार बनना पड़ा होगा। चाहे कालनिन ने आपके बारे में यह लिखा कि 'तत्कालीन रूसी जीवन की जितनी सही, सच्ची और जीवित तस्वीर आपने दी है, वह कोई महान लेखक ही दे सकता है'—और इसके लिए चाहे ख़ुद गोर्की आपको देवता की तरह पूजता हो—लेकिन आपने अपने और गोर्की के बारे में जो बातें कही हैं, उन्हें सुनकर

1. 1889 अक्तूबर में प्लैश्चयेव को पत्र।
2. पैत्रोव द्वारा —चेख़व' पर —चेख़व के विचार—'रूसी साहित्य का कोश' पुस्तक से।
3. प्लैश्चयेव को पत्र।

ही हिन्दुस्तान का कोई भी कठमुल्ला—और बहुत प्रचलित शब्दावली लूँ तो 'कुत्सित आलोचक' बिना आपको पढ़े, छूटते ही कह देगा कि 'चेख़व गधा है'।'' —मुझे चेख़व विषयक अपना एक व्यक्तिगत वार्तालाप याद आ गया।

''हो सकता है वही सही हो; लेकिन आलोचक?'' चेख़व ज़ोर से हँस पड़े— ''पच्चीस साल से मैं अपनी आलोचनाएँ पढ़ रहा हूँ, लेकिन मुझे एक भी ऐसा वाक्य याद नहीं आता—जिसने मुझे ज़रा भी फ़ायदा पहुँचाया हो या जो ज़रा भी काम का हो। एक भी ढंग की सलाह नहीं। हाँ, स्कैविशेव्स्की का एक वाक्य मुझे हमेशा याद रहेगा—बस वही अपनी छाप छोड़ गया है। उसने मेरी क़िताब की आलोचना करते हुए कहा था कि मेरी मृत्यु शराब के नशे में 'धुत्' होकर किसी नाली में पड़े हुए होगी।'' वे फिर हँस पड़े।

आलोचक की इस भविष्यवाणी पर बिना हँसे हमसे भी नहीं रहा गया। चेख़व बता रहे थे—''इन आलोचकों को तो आप, घोड़े को तंग करनेवाली मक्खियों की तरह समझिए—घोड़ा काम में जुटा है, खेत जोत रहा है, उसके पुट्ठे सप्तम स्वर के तार की तरह तने हैं—मक्खी आती है, उसके बाजू पर बैठकर छेड़ती है, भनभनाती है। घोड़ा खाल झटकता है, पूँछ फटकारता है—काम में ख़लल पड़ता है। मज़ा यह कि मक्खी ख़ुद ही नहीं जानती कि आख़िर भनभना क्यों रही है? सिर्फ़ इसीलिए है बेचैन कि सारा संसार जान जाए—'देखो, मैं भी तो हूँ—देखो, मैं किसी-न-किसी के बारे में कुछ-न-कुछ तो भनभना ही सकती हूँ।''[1] ये आज के आलोचक हैं।'' फिर थोड़ा रुककर वे शायद अपनी 'मूर्ख' कहानी को याद करते रहे, जिसमें एक मूर्ख कुछ लिखने में असफल होने के बाद भयंकर, तीखा आलोचक बन गया था।

फिर बोले—''और आलोचकों को ही हम क्यों दोष दें? आप साहित्य के कर्णधार इन भारी-भरकम पत्रों को ही लीजिए। मज़ाक बना रखा है।[2] कोई उन्हें नहीं पढ़ता—पढ़ता भी नहीं चाहिए। 'मित्रों का साहित्य' बना रखा है उनको—और मित्रों के लिए ही वह लिखा भी जाता है। कोई-न-कोई राम, श्याम, गोविन्द उन्हें लिख डालते हैं। एक ने लिखा, दूसरे ने उसका विरोध किया, तीसरे ने उनके विरोधों में सामंजस्य या समन्वय करा डाला—चलो छुट्टी हुई। जैसे हर आदमी एक नक़ली पुतला बनाकर घूँसेबाज़ी करता है—मज़ा यह है कि इनमें से कोई भी नहीं पूछता कि पाठकों का इससे क्या लाभ है?''[3] चेख़व ने मुँह बनाकर कहा—''जब इन पत्रों के सम्पादक बैलिन्सकी, हैरजन जैसे लोग थे—तब लिखने का भी कुछ मज़ा

1. 'चेख़व, टॉल्सटॉय और एंद्रीव के मेरे संस्मरण' —गोर्की की पुस्तक, पृष्ठ 105
2. 'चेख़व टॉल्सटॉय और एंद्रीव के मेरे संस्मरण'—गोर्की की पुस्तक, पृष्ठ 105
3. 23 जनवरी, 1882 को प्लैश्चयेव को पत्र।
4. 1888 में कवि पोलोन्स्की को पत्र।

था। सम्पादन एक दृष्टिकोण से होता था। उनसे आप कुछ सीखते थे, शिक्षा लेते थे—आज तो टुटपूंजिये लोग पत्रों के सम्पादक बन बैठे हैं[4]—" फिर जैसे मज़ाक उड़ाते हुए बोले—आज 'रूसी विचार' के सम्पादक कौन हैं? गोल्तसेव मंडली! जिनके विचार से, नए लेखक कोई बड़ी चीज़ लिख ही नहीं सकते; और उसका कारण भी सिर्फ़ उन्हें पता है कि नए लेखकों में विचारों की गहराई ही नहीं है। उनकी रट हमेशा यही है कि हमारा वर्तमान जीवन किसी भी अच्छे उपन्यास और कहानी के लिए कथानक दे ही नहीं सकता—क्योंकि" ...चेख़व ने मज़े से नक़ल उतारते हुए कहा—"क्योंकि हमारा जीवन और साहित्य एक बड़े भारी संक्रांति-काल से गुज़र रहा है!"[1]

मुस्कराकर मैंने कहा—"यह संक्रान्ति-काल का रोना तो हमारे यहाँ भी बड़े ज़ोर से रोया जाता है—लगता है, हर साहित्य में हर समय कुछ लोगों का यही पेशा होता है, जो चीख़-चीख़कर कहते हैं—हमारा साहित्य भारी संक्रान्ति-काल से गुज़र रहा है! और यह मानकर फिर वे 'मूल्यगत-संक्रमण' की खोज करने उतरते हैं।"

चेख़व ने कहा— "बकवास! हो सकता है ये गोल्तसेव वगैरा आदमी अच्छे हों—लेकिन रूस को ये क्या देंगे,—ये देंगे 'विधान', आदेश, उपदेश। मुझे सहानुभूति इनसे सिर्फ़ इसलिए है कि इनमें भी कमियाँ हैं, इन्होंने भी जीवन में कष्ट और संघर्ष सहे हैं—इसलिए नहीं कि वे बड़े भारी आदमी हैं या सम्पादक हैं! लेकिन यह महसूस किए बिना मुझसे नहीं रहा जाता कि ये लोग घुटन पैदा कर रहे हैं, और उस झूठ में सिर से पाँव तक डूबे हुए हैं—जो किसी ने गढ़कर इनके हाथों में पकड़ा दिए हैं। मॉस्को के हमारे ये सम्पादक, साहित्यिक 'दैशन्द' हैं। लम्बे शरीर, छोटे पाँव और नुकीले नथुने वाला 'दैशन्द' दोगले कुत्ते और मगर के मिश्रण से पैदा होता है, और ये लोग प्रोफ़ेसरों और मूढ़ लेकिन प्रसिद्ध व्यक्तियों के संयोग से उत्पन्न वर्ण-संकर हैं।"[2]

बीच का कटु प्रसंग आ जाने से थोड़ी देर चुप्पी रही, फिर वे ख़ुद ही बोले—"इसीलिए मैं नए लेखकों से कहता हूँ—लिखो, लिखो, ख़ूब लिखो—इतना लिखो कि तुम्हारी उँगलियाँ दर्द कर उठें! जितना लिख सकते हो लिखो, यह समझकर नहीं कि तुमहारे बौद्धिक-विकास के अनुकूल है या नहीं—बल्कि यह समझकर लिखो कि तुम्हारी आधे से अधिक रचनाएँ लौट आएँगी—इन अस्वीकृत 'रचनाओं' से हताश मत होओ—अगर तुम्हारी आधी रचनाएँ भी लौट आती हैं तो तुम्हारे लिए बहुत है। अच्छा, बुरा, हास्य, रुदन—जो भी विषय मिले—लिखो। ज्यादा चलते विषयों को मत लो! जहाँ तक लेखक के मान-अपमान का प्रश्न है, पता नहीं आप

---

1. चेख़व का लीकन को पत्र।
2. जिस लेखक के माध्यम से चेख़व मोलत्सेव से मिले थे—उसे पत्र।
3. सितम्बर, 1886 में मोरिया केसीलेव को पत्र।

क्या सोचते हैं—लेकिन मैं तो बहुत शुरू से अपनी कहानियाँ वापस पाने का अभ्यस्त हो चुका हूँ।''[3]

''ज्यादा लिखने का क्या मतलब?'' मुझसे पूछे बिना नहीं रहा गया—''क्या लेखक सुबह-सुबह ही काग़ज़ तोलकर बैठ जाए कि इतना लिखकर ही उठूँगा?''

निरंजन के साथ ही चेख़व भी हँस पड़े, बोले—''मेरा मतलब सिर्फ़ मेहनत से है, ढेर लगाने से नहीं। ज्यादा लिखने वाला तो मैंने एक लेखक देखा है—'पोतापैंको'। मुझसे चार साल बड़ा था; गम्भीर बात करनेवालों को, कला और साहित्य की शाश्वत समस्याएँ सुलझानेवालों को, मेरी तरह वह भी बहुत बनाता था—हमेशा हँसी-मज़ाक! उसके साथ आप अपने को ज़िन्दा अनुभव करने लगें। आदमी लेकिन क़माल का था—इतना भयंकर लिक्खाड़ कि ख़ुदा की पनाह! तब मैंने समझा कि भयंकर रूप से इतना अधिक और ऐसा लिखना भी भगवान की ही देन है। वह पट्ठा बिना ज़रा भी रुके, बिना ज़रा भी संशोधन किए—एक दिन में सोलह पृष्ठ लिख सकता था। एक बार तो पाँच दिन में उसने 1100 रूबल कमाए।''

''बस, सोलह ही पृष्ठ?'' मैंने निराशा से कहा—''सोलह पृष्ठ तो कुछ भी नहीं है। हमारे हिन्दुस्तान में तो अस्सी-अस्सी पृष्ठ दिन भर में लिख डालने वाले मौजूद हैं—चालीस-साठ पृष्ठ लिखना तो उनकी दिनचर्या है—उन्हें कभी संशोधन की ज़रूरत ही नहीं पड़ती।''

चेख़व जैसे आमसान से गिरे—''अस्सी? लेकिन आपको मालूम है—पोतापैंको के लिए सुवोरिन ने डायरी में क्या लिख रखा था?—भयंकर लिक्खाड़—लेकिन 'थर्ड रेट' लेखक! शायद उसका यह 'थर्ड रेट' होना ही इस भयंकर उत्पादन का कारण था।''

अब निरंजन से बिना पूछे नहीं रहा गया—''आप आजकल कितना लिख रहे हैं?''

''मैं?'' चेख़व ने कहा—''मेरे लिखने की कुछ न पूछिए। आजकल तो ज़्यादा लिखा ही नहीं जाता। अभी पिछले साल 'सगाई' कहानी ख़त्म की थी। वह और 'चेरी का बग़ीचा' मैंने चार लाइनें एक दिन के हिसाब से लिखी थीं—और इसमें भी काफ़ी कष्ट होता था। 'आइवानोव' का पहला रूप मैंने दस दिन में लिख डाला था। यों मुझे हमेशा अपने आपसे शिकायत रही है कि साहित्य के लिए मुझमें न तो उत्साह है, न प्रतिभा। मेरे भीतर जो आग जलती है, वह बड़ी मन्द और निर्बल है—वह बिना लपट और चटख के जलती है। यही वज़ह है कि मुझसे एक रात में चार-पाँच से अधिक पृष्ठ लिखे ही नहीं गए।... ख़ैर उन दिनों की बात छोड़ दीजिए,

1. मार्च, 1889 के आसपास सुवोरिन को पत्र।

क्योंकि उन दिनों मैं आत्मा में 'गतिरोध'-सा अनुभव करता रहता था।[1] लिखने की गति के अलावा, अपने लिखे हुए से भी मुझे काफ़ी शिक़ायत रही है। मेरी निगाह में मेरी एक भी लाइन ऐसी नहीं है, जिसका गम्भीर साहित्यिक महत्त्व हो। अपने अतीत में मैंने काफ़ी कड़ा परिश्रम किया है; लेकिन उसमें गम्भीर काम का एक मिनट भी नहीं है। ईमानदारी से, मेरी बड़ी प्रबल इच्छा होती है कि पाँच साल को कहीं भाग जाऊँ और फावड़ा चलाने में वक़्त गुजारूँ। मुझे अपना काम सीखना है—और बिलकुल शुरू से सीखना है, क्योंकि एक साहित्यिक के नाते मैं बिलकुल कोरा हूँ। मुझे अपनी इच्छा के अनुसार लिखना है, परिश्रम और उत्साह से लिखना है। एक महीने में पाँच पृष्ठ नहीं, बल्कि पाँच महीने में एक पृष्ठ लिखना है। मुझे घर छोड़ देना चाहिए, और सात-आठ सौ रूबल वार्षिक पर रहना चाहिए—बीच-पच्चीस हज़ार पर नहीं, जो मैं अब कर रहा हूँ (जब यह पत्र लिखा गया था, तब वास्तव में चेख़व ने 3-4 हज़ार बताए थे; लेकिन जिस काल का यह वार्तालाप है, उस समय वे मार्क्स को अपनी रचनाएँ 75000 रूबल में बेच चुके थे। इस सौदे को रद्द कराने के लिए गोर्की ने तर्क रखा था कि चेख़व का वार्षिक ख़र्च 20,000 रूबल वह साहित्यक चंदे से इकट्ठा करेगा—ले.) इन हज़ारों झंझटों से अब मैं मुक्ति चाहता हूँ, लेकिन डर मुझे यही है कि साहस की अपेक्षा मेरे भीतर यूक्रेनियन लोगोंवाली हरामख़ोरी और आलस्य बहुत है।[1] मेरा परिवार बहुत बड़ा था, और मुझे पैसे के लिए ही लिखना पड़ा—इस चीज़ ने मुझे बहुत कष्ट दिया है।" —चेख़व ने फिर नई सिगरेट जलाई और चुपचाप पीने लगे।

घड़ी ने दस बजाय तो हम लोगों ने उठते हुए कहा—"अभी क्या है, आपकी लिखने का असली समय तो अब आया है! अभी तो आप बहुत लिखेंगे..."

"नहीं, अब तो मैं मरने जा रहा हूँ।" शुरू की बात को उन्होंने फिर ज़रा व्यथित मुस्कराहट से दुहराया और अचानक हँसते हुए बोले—"और ज़्यादा बूढ़ा हो गया तो और भी मुसीबत है—अभी तो मैं पाँच बजे उठ बैठता हूँ, फिर चार ही बजे उठ आया करूँगा। मेंने ध्यान दिया है कि सुबह जल्दी उठने वाले लोग बड़े उत्पाती होते हैं। मेरे पुरखे, मुर्गे की बाँग से पहले ही उठ पड़ते थे। यही मुझे भी लगता है कि बुड्ढा होकर मैं भी काफ़ी उपद्रवी और उत्पाती बनूँगा।"[2] हम लोग भी हँस पड़े। उठकर हाथ जोड़ते हुए हमने कहा—"आज आपका बहुत समय बर्बाद किया, लेकिन बहुत-सी बातें मालूम हो गईं—अब आज्ञा दीजिए।"

"समय की बर्बादी की भी कुछ न पूछिए।" हँसकर वे आधे उठ आए—"अब तो लिखना बन्द है, वरना जब लिखता था तो समय बर्बाद करनेवाले लोगों और

1. दिसम्बर, 1889 में सुवोरिन को पत्र।
2. ओर अवसर पर सुवोरिन को पत्र।

अतिथियों-दर्शनार्थियों के मारे परेशान था। कभी-कभी तो जीवन से घृणा हो जाती थी। वही बेवक़ूफ़ी की लम्बी-लम्बी बातें, दुनियाभर की समस्याएँ लेकर लोगों का आना—उन लोगों के मारे मैं इतना ऊब गया था कि उत्तरी ध्रुव पर भाग जाना चाहता था—लेकिन दिक़्क़त यह थी कि मैं बिना लोगों के जीवित भी नहीं रह सकता—जब अकेला होता था तो ऐसा लगता था, जैसे किसी ने प्रशान्त महासागर में उठाकर फेंक दिया हो।''[1]

इस पर फिर हँसी का कहकहा उठा। अभिवादन करके जब हम लोग उनके निवास स्थान से बाहर आए तो निरंजन बोला—''यह तो मानना पड़ेगा कि बुड्ढा है ज़िन्दादिल—''

''ज़िन्दादिल नहीं होता तो इतनी बीमारियों के होते हुए, इतना लिखता और घूमता कैसे?'' मैंने बताया—''इसकी ज़िन्दादिली ही तो इसे ज़िन्दा रखे हुए है।''

''लेकिन मित्र, तेज़ भी बहुत है।'' निरंजन ने हँसकर कहा—''देखो, चलते-चलते भी, तुम्हारे इतनी देर बैठने पर टाँच मार गया और तू भी वहाँ ऐसा जमकर बैठ गया कि हिलने का नाम ही नहीं लेता था।

''अरे यार, मैंने तो उठने की बहुत कोशिश की, लेकिन बात का तार ही नहीं टूटा—एक में से दूसरी बात निकाल लेता था। और बीच में यों छोड़कर चले आना बद्‌तमीज़ी थी।''

''हुँह''! निरंजन झुँझला गया—''तुम तो आए थे 'इन्टरव्यू' लेने—ले लिया इंटरव्यू?—दुनियाभर की रूसी साहित्य की जन्मपत्री ही खोल दी।''

''अरे...तू बड़ा अजब आदमी है!'' मैं चलते-चलते रुक गया और आश्चर्य से उसकी ओर देखकर बोला—''इन्टरव्यू में अब क्या कसर रह गई? सभी कुछ तो पूछ लिया।''

''अच्छा, चलते-चलते बातें करो—देर हो गई है।'' उसने मुझे धक्का दिया, फिर बोला—''ऐसा 'इन्टरव्यू' होता है? दुनियाभर की मतलब-बेमतलब की बातें कर दीं—कैसे खाते हो, कैसे रहते हो। अरे, मतलब-मतलब की बातें पूछते, जवाब लिखते और फिर चल भैया!''

''यानी यों कि आप कब पैदा हुए, कैसे लिखना शुरू किया, साहित्यिक विचार क्या हैं, प्रेरणाएँ क्या रही हैं?—ऐं?'' मैंने अनजान बनकर पूछा।

''और क्या! हम तो 'इन्टरव्यू' का यही मतलब समझते हैं। दुनियाभर की बात पूछने से क्या लाभ? तुम्हारी तरह ही सब इन्टरव्यू लेने लगें—तो पहले तो उसकी, उसके मित्रों की सारी क़िताबें पढ़ लें, फिर उससे 'इन्टरव्यू' करने जाएँ। इतनी मेहनत की ज़रूरत क्या है?'' —निरंजन बोला।

1. जून 1889 में सुवोरिन को पत्र।

"तो एक बात बताऊँ—इस सबकी भी क्या ज़रूरत है कि मिलने जाओ-आओ—समय निश्चित करो—वगैरा-वगैरा? कुछ प्रश्न बना लिए, उन्हें टाइप कराके हरेक के पास भेज दिया—जवाब आ गया—अपने नाम से छपा दिया—चलो छुट्टी हुई!"

"अरे—यही तो तुम नहीं जानते, मित्र!" मेरे कन्धे पर हाथ मारकर वह बोला—"बड़े आदमियों से मिलने जाने में बड़े-बड़े फ़ायदे हैं। लोग तो ऐसे बड़े आदमी के साथ अपनी फ़ोटो अख़बारों-क़िताबों में छपा-छपाकर मशहूर हो जाते हैं—जिस भले आदमी ने ज़िन्दगी में कभी उन्हें देखा भी न हो और तू उन्हें मिलने भी नहीं देगा?...कम्बख़्त!..."

मैं अभी बात पूरी भी नहीं कर पाया था कि बड़ी ज़ोर से कुछ गिरने का शब्द हुआ और मैं हड़बड़ाकर उठ बैठा—सारी नींद और सपना ग़ायब हो गया। देखा कि ऊपर की आलमारी से चूहों ने एक क़िताब गिरा दी है, जो ठीक मेरे सिर के पास आकर पड़ी—ज़रा बच गया, नहीं तो चटनी हो जाती। चौंककर देखा तो क़िताब थी—'इन्टरव्यू: एक कला'। माथा ठोक लिया। अगर चूहा इसे कल संध्या को ही गिरा देता, तो शायद सपने का यह 'इन्टरव्यू' कुछ कलापूर्ण हो जाता! अब उठकर जो देखता हूँ तो चारों तरफ क़िताबें बिखरी पड़ी थीं—एक तरफ गोर्की की 'चेख़व, टॉल्सटॉय और एन्द्रीव के संस्मरण' थे तो दूसरी ओर 'चेख़व के पत्र'—तीसरी ओर 'चेख़व की जीवनी' थी तो एक ओर 'रूसी साहित्य का कोश'—एक ओर कॉन्सटैन्स गारनेट द्वारा अनुवादित चेख़व की रचनाओं का विशाल ढेर था और जिस क़िताब को मैं पढ़ते-पढ़ते सो गया था—मेरी छाती पर डेविड मैगार्शक की 'चेख़व : एक जीवनी' क़िताब खुली रखी थी—उसे हटाते समय जिन लाइनों पर मेरी निगाह गई, वे गोर्की की लाइनें थीं। जर्मनी में मरने के बाद चेख़व का शव मॉस्को लाया गया—"उसकी शव-यात्रा के पीछे केवल सौ आदमी मुश्किल से थे। उनमें से दो वकील तो मुझे अब भी याद हैं—दोनों नए जूते और रंगीन टाइयाँ पहने थे और दूल्हे-से लग रहे थे। पीछे चलते हुए मैंने सुना—उनमें से एक कुत्तों की बुद्धिमत्ता पर बहस कर रहा था, और दूसरा अपने गाँव-घर के आराम तथा आसपास के दृश्यों का बखान कर रहा था।"

गोर्की के इस क्रूर व्यंग्य पर मैं तिलमिला उठा!

एक और टिप्पणी
श्रद्धांजलि और प्रायश्चित

'धर्मयुग' के पिछले एक अंक में मेरा एक लेख—'ए रे मेरे, मरण आया द्वार' स्वर्गीय रांगेय राघव पर निकला था—और जैसीकि उम्मीद थी, उस पर मुझे भरपूर गालियाँ और उन्मुक्त प्रशंसा दोनों ही मिलीं। जिन्होंने गालियाँ दीं, उनका कहना था कि ऐसा लेख मुझे नहीं लिखना चाहिए था—विशेषकर उनकी मृत्यु के पश्चात्। शायद बात वहीं ठंडी पड़ जाती, लेकिन अभी आगरे से निकलने वाले 'युवक' ने स्वर्गीय रांगेय राघव पर एक श्रद्धांजलि-विशेषांक निकाला है, उसके एक लेख में मेरी ख़बर ली गई है। हाँ, लेख का हवाला ज़रूर है—लेकिन नाम मेरा नहीं लिया गया है। यशपालजी ने कहीं कहा है कि यह भी प्राचीन भारतीय परम्परा का एक अंग है। कुछ रिश्तों में 'ए जी' 'ओ जी'—'ये—वो' कहके काम चलाया जाता है, नाम नहीं लिए जाते।

यों 'धर्मयुग' का लेख सम्पादकीय कैंची से गुज़र कर आया है, फिर भी मूल बात में कहीं फ़र्क नहीं पड़ता कि साहित्य में श्रद्धांजलि का अर्थ क्या है? फूलों और आँसुओं का ढेर लगा कर श्रद्धास्पद व्यक्ति को ढक देना श्रद्धांजलि है या साहित्यकार के पुनर्मूल्यांकन की दिशा में लोगों का ध्यान आकर्षित करना? सच पूछा जाए तो मुझे, स्व. रांगेय राघव या अन्य दिवंगत साहित्यकारों पर निकले अधिकांश लेख-संस्मरण—किराए पर रोनेवालों की 'श्रद्धांजलियों' जैसे लगते हैं। दुनिया में हज़ारों अच्छे, सुन्दर, उदार और विद्वान व्यक्ति होंगे, लेकिन साहित्यकार की रचना-परिधि का विस्तार और सम्पूर्ण विकास ही उसका व्यक्तित्व होता है—और हमारी श्रद्धांजलि उसी के लिए होती है। किसी का व्यक्तित्व किन अंशों और रूपों में उसके कला-सृजन का पूरक और प्रेरक सिद्ध होता है—इस खोज और विवेचना को मैं साहित्यकार के प्रति वास्तविक श्रद्धांजलि मानता हूँ और यह कार्य वही कर सकता है, जो व्यक्ति और साहित्य दोनों से परिचित हो, और इन दोनों में

सन्तुलित सम्बन्ध खोजकर साहित्य की विशाल परम्परा में श्रद्धास्पद के स्थान का निरूपण कर सके। स्व. रांगेय राघव पर निकले किसी भी लेख में मुझे वह सन्तुलन नहीं लगा—यों घनश्याम अस्थाना और मनमोहन ठाकौर ने व्यक्तिगत इम्प्रेशन सबसे आत्मीय दिए हैं। सबसे चुभने वाली बात तो यह है कि जो लोग रचनात्मक साहित्य और साहित्यकार के विकास को हिक़ारत, उपेक्षा और उदासीनता की नज़रों से देखते रहे हैं—शास्त्र और ज्ञान की हाथी-दाँती मीनारों से नीचे उतरकर जिन्होंने कभी जानने की तकलीफ़ गवारा नहीं की, कि ईमानदार साहित्यकार किन ग़लियों और ग़लतियों में भटक रहा है, कहाँ सफल और असफल हो रहा है—वे ही उसके मर जाने के बाद कन्धे पर दुशाला डाले, घड़ियाली आँसू बहाने आ खड़े होते हैं—मानो अपनी उदासीनता के पश्चात्ताप के लिए इसी घड़ी का उन्हें इन्तज़ार था और बाक़ी 'मित्र' गांधीवादी गिलगिली नम्रता के साथ, सिर्फ़ इस तलाश में रहते हैं कि 'अमुकजी के जीवन में में मैं कहाँ था, या मेरे जीवन में अमुकजी कहाँ तक थे।' दिवंगत व्यक्ति की क़ीमत पर 'मैं' की यह तलाश और स्थापना—दोनों ही निहायत आपत्तिजनक मनोवृत्तियाँ है, श्रद्धांजलि तो ख़ैर यह है ही नहीं! इन सारे लेखों में कितने ऐसे हैं, जो रांगेय राघव के साहित्यिक व्यक्तित्व को समझने में मदद दें? सभी तो यह सिद्ध करने में जी-जान एक किए हैं कि किस तरह वे काम-क्रोध-मद-लोभ-मोह से ऊपर, अनासक्त देवता थे।

मैं यह नहीं कहता कि साहित्यकार के व्यक्तित्व पर न लिखा जाए लेकिन हमारे यहाँ व्यक्तिगत संस्मरण या व्यक्तित्व पर लिखे जानेवाले अधिकांश लेख—विशेषकर मृत व्यक्ति पर लिखे जाने वाले लेख—उस व्यक्ति को या तो आले में रखा हुआ देवता बना देते हैं या ऐसा हवाई कि उसके वास्तविक अस्तित्व में विश्वास करना कठिन हो जाता है। वस्तुत: हमारे साहित्य में—जीवन की तरह—ढोंग अधिक है और ईमानदार व्यवहार या ईमानदार संस्मरण-लेखन की परम्परा या तो है ही नहीं, या बहुत ही क्षीण है। आज भी जब मैं कृशन चंदर, अब्बास, राजेन्द्रसिंह बेदी और अश्क़ को आपस में मिलते, बातें करते, एक दूसरे को बनाते-काटते-लड़ते और बहस करते देखता हूँ, तो लगता है जैसे ज़िन्दा आदमियों की बातचीत और व्यवहार को देख रहा हूँ। इनमें आपस में ईर्ष्या, प्रतिस्पर्धा और द्वेष क्या कम है? दूसरी ओर इन्हीं की उम्र के, अपने यहाँ के दो साहित्यकारों को मिलते देख लीजिए। दिखाने की कोशिश तो यह कि ईर्ष्या-द्वेष जैसी निम्न चीज़ों से दोनों ऊपर हैं, लेकिन सारे वातावरण और व्यवहार में जो मुर्दनी छा जाएगी, उसे देखकर काँच के पुतलों की याद आएगी—जिन्हें बातचीत, हिलने-डुलने, सभी में एक ख़ास दूरी और सावधानी बरतनी है। अपने-अपने मुकुट सँभाले, सँजीदा मुँह बनाए, एक-दूसरे से आँखें चुराते—जैसे दो विरोधी देशों के डिपलोमेट मिल रहे हों। 'सारिका'

में इतने लेखक 'आईने के सामने' आए, उनमें से किन्हें देखकर लगता है कि उनमें कनफ़ेस करने का साहस है, और वे किसी जीवन्त-ईमानदार परम्परा की कड़ी हैं?

मैं समझता हूँ कि अब समय आ गया है कि हम अपने साहित्य को मुर्दों और पंडों का ही साहित्य न बनाए रक्खें, और ईमानदारी से जो महसूस करते हैं—उसे सच्चाई से लिखें। ज़िन्दगी और साहित्य के दुहरे मानदंडों को हम और कितने दिनों ढोएँगे? संस्मरण के सन्दर्भ में ही बात करूँ तो एक सवाल मन में उभरता है—इस्मत जब अपने भाई ज़ीमबेग़ चग़ताई पर 'दोजख़ी' नामक संस्मरण लिखती है, या साहिर लुधियानवी जब देवेन्द्र सत्यार्थी का ख़ाका खींचता है तो उसे एक साहित्य की स्मरणीय कृति माना जाता है; गोर्की जब अपने संस्मरण में 'महर्षि टॉल्सटॉय' को मौत और औरत से आक्रान्त बताता है, चेख़व जब दॉस्ताएव्स्की के काव्यपाठ के प्रति अपनी जुगुप्सा प्रकट करता है, टॉल्सटॉय की रईसी पर छींट कसता है तो वे सजीव संस्मरण होता है; और रांगेय राघव के बारे में जब कोई कहता है कि उनका दम्भ और अहंकार—एक ईमानदार और परिश्रमी लेखक का आत्म-विश्वास था तो उसे द्वेष में गिना जाता है। मुझे तो साहित्य की उस ढोंगी परम्परा से सचमुच घृणा है, जिसकी गुड-बुक्स में ज़िन्दा रहने के लिए आदमी को भी अपनी मौत की राह देखनी पड़े। दिलों का 'ओवरनाइट' परिवर्तन है या प्रायश्चित... ?

इसी पुस्तक की कुछ पंक्तियाँ हैं—"हम लोग किसी के मर जाने पर बहुत छाती-माथा कूटते हैं, मगर उसके ज़िन्दा रहने के अपराध को कभी क्षमा नहीं कर पाते..."

●●●